Arbeiten für wenig Geld

Prof. Dr. Gerhard Bosch ist Geschäftsführender Direktor, *Dr. Claudia Weinkopf* stellvertretende Geschäftsführende Direktorin des Instituts Arbeit und Qualifikation an der Universität Duisburg-Essen.

Gerhard Bosch, Claudia Weinkopf (Hg.)

Arbeiten für wenig Geld

Niedriglohnbeschäftigung in Deutschland

Campus Verlag
Frankfurt/New York

Bibliografische Information der Deutschen Nationalbibliothek
Die Deutsche Nationalbibliothek verzeichnet diese Publikation in der Deutschen Nationalbibliografie; detaillierte bibliografische Daten sind im Internet unter http://dnb.d-nb.de abrufbar.
ISBN 978-3-593-38429-0

Satz: Marion Jordan, Frankfurt am Main
Druck und Bindung: KM-Druck, Groß-Umstadt
Gedruckt auf säurefreiem und chlorfrei gebleichtem Papier.
Printed in Germany

Besuchen Sie uns im Internet: www.campus.de

Inhalt

Vorwort

Robert M. Solow

Unter Verwendung einer der gebräuchlichen Definitionen von »Niedriglohnarbeit« arbeitet etwa ein Viertel aller Beschäftigten in den USA für einen Niedriglohn. Der entsprechende Anteil ist in anderen vergleichbar entwickelten kapitalistischen Ländern geringer, mitunter sogar deutlich geringer. Diese Tatsache ist nicht gut für das Selbstbildnis der Amerikaner. Sie ist sicherlich auch nicht gemeint mit *»crown(ing) thy good with brotherhood, from sea to shining sea.«*[1] Dieses Paradox, wenn dies der richtige Ausdruck ist, war der Ausgangspunkt für eine umfassende Studie, zu der dieses Buch einen wichtigen Beitrag leistet. Wie sehen die Vergleichszahlen aus, was bedeuten sie und warum haben sie sich so entwickelt?

Eine Stiftung wie die *Russell Sage Foundation*, seit ihrer Gründung der »Verbesserung der Arbeits- und Lebensbedingungen in den Vereinigten Staaten von Amerika« gewidmet, muss sich für Armut, ihre Ursachen, ihren Wandel, ihre Folgen und ihre mögliche Verringerung interessieren. Niedriglohnarbeit ist nicht gleichbedeutend mit Armut, noch weniger mit lebenslanger Armut. Manche Niedriglohnbeschäftigte leben in Familien mit mehreren Erwerbstätigen und teilen mit ihnen den gemeinsamen Lebensstandard, so dass sie nicht unbedingt arm sind. Andere Niedriglohnbeschäftigte sind auf einem sicheren Weg, der sie in absehbarer Zeit in besser bezahlte Beschäftigung bringen wird, so dass sie nicht lebenslang arm sein werden. Aber es gibt auch Beschäftigte, die über längere Zeit keinen Ausweg aus gering bezahlter Arbeit gefunden haben. Für sie bedeutet Niedriglohnarbeit Armut inmitten des Wohlstands.

Selbstverständlich kann das Ausmaß von Armut durch Transferzahlungen außerhalb des Arbeitsmarktes verringert werden. Gleichwohl ist in einer Gesellschaft, in der Selbstvertrauen wichtig ist und in der Erwerbsarbeit Identität und Selbstwertgefühl sowie die Anerkennung der anderen

---

1 Zeile aus »America the beautiful«

verleiht, eine Umverteilung von Einkommen, die nicht oder unzureichend mit Arbeit verknüpft ist, nicht die beste Lösung, außer in besonderen Fällen. In solchen Gesellschaften wird andauernde Niedriglohnarbeit als besonderes soziales Problem empfunden. Sie muss allerdings erst verstanden werden, um geeignete Ansatzpunkte zu finden, ihr Ausmaß zu verringern oder ihre Folgen zu mildern.

Eine offensichtliche Ursache für niedrige Löhne ist zu geringe Produktivität, die vorrangig in der Person begründet sein mag, wie häufig einfach unterstellt wird, sich aber ebenso aus der Art des Arbeitsplatzes ergeben kann. Wenn sie ein Charakteristikum des Arbeitsplatzes ist, kann man Fairness erreichen, indem jeder mal diese Arbeit ausübt, etwa so wie langweilige Gremientätigkeit oder den Wehrdienst, so dass es nicht zu kumulativen Effekten kommt. Worin auch immer die Ursache für niedrige Löhne liegt, eine Steigerung der Produktivität bietet einen doppelten Nutzen: Sie verringert das Ausmaß niedrig bezahlter Arbeit, die getan werden muss, und sie vermehrt die nützlichen Erträge der gesamten Wirtschaft.

Geringe Produktivität, und deswegen auch Niedriglohnarbeit, tendiert dazu, sich von Generation zu Generation zu reproduzieren. Das ist ein zusätzlicher wichtiger Grund, warum ein hoher Anteil von Niedriglohnbeschäftigung ein »sozialer Tatbestand« ist, der unbedingt verbessert werden muss. In einer Familie aufzuwachsen, in der dauerhaft niedrige Löhne verdient werden, begrenzt den Zugang zu guter Bildung, Gesundheitsversorgung und anderen Wegen zum sozialen Aufstieg. Deshalb ist ein dauerhaft hoher Niedriglohnanteil, der sich auf eine bestimmte soziale Gruppe konzentriert, mit dem weithin akzeptierten Ziel sozialer Gerechtigkeit nicht vereinbar.

Dies sind einige der Gründe, warum die *Russell Sage Foundation* im Jahre 1994 ein großes Forschungsprogramm zum Wesen, den Ursachen und Folgen von Niedriglohnarbeit und den Perspektiven von gering bezahlten Beschäftigten eingeleitet hat. Diese Initiative trat an die Stelle eines erfolgreichen, aber eher konventionellen Programms zur Armut. Sie wurde ziemlich umfassend »*Future of Work*« genannt, weil eines der wichtigsten Motive darin bestand, zu verstehen, wie sich gering qualifizierte Beschäftigte in einer Wirtschaft zurechtfinden, in der die meisten Arbeitsplätze technologisch anspruchsvoller werden und höhere Anforderungen an die kognitiven Fähigkeiten und fachlichen Kenntnisse stellen.

Der Programmtitel sollte offensichtlich die Aufmerksamkeit sowohl auf die Beschäftigten als auch auf die Arbeitsplätze lenken, in der Erwartung, dass einfache Arbeitsplätze schneller verschwinden können als gering qualifizierte Beschäftigte. Dies birgt die Gefahr, dass sich die gering Qualifizierten in einer Wirtschaft wieder finden, die keine Verwendung mehr für sie hat. Der Forschungsauftrag wurde also sehr breit verstanden.

Das Forschungsprogramm »*Future of Work*« war selbstverständlich auf die USA ausgerichtet. Es brachte eine große Menge nützlicher und neuer Ergebnisse hervor, die teilweise dargestellt und zusammengefasst sind in dem 2003 erschienenen Buch »*Low-Wage America: How Employers Are Reshaping Opportunity in the Workplace*«, das von Eileen Appelbaum, Annette Bernhardt und Richard Murnane herausgegeben worden ist. Einige der wohltuenden Neuerungen dieser Studien waren, dass die Zwänge und die Möglichkeiten der Unternehmen ebenso wie die Fähigkeiten und Motivation der Beschäftigten einbezogen wurden.

Eine interessante Hypothese aus diesen Arbeiten war die Erkenntnis, dass Unternehmen beachtliche Gestaltungsspielräume bei der Organisation des Einsatzes von gering qualifizierten Beschäftigten haben, je nachdem, welchen Wert sie auf Beschäftigungsstabilität und Produktivität ihres Personals legen. Die Extreme wurden mit den Begriffen »*low-road*« und »*high-road*« der Arbeitsorganisation bezeichnet. Das *low-road* Extrem ist z.B. die Autowäsche, in der Beschäftigte als Gelegenheitsarbeiter angesehen werden, die unter normalen Arbeitsmarktbedingungen von heute auf morgen von der Straße rekrutiert und jederzeit ersetzt werden können. Andere Strategien bringen für die Unternehmer keine Vorteile. Am anderen Ende des Spektrums sind Unternehmer, die ihre gering qualifizierten Beschäftigten als einen Aktivposten ansehen, dessen produktiver Wert durch Qualifizierung und eine längere Betriebsbindung gesteigert werden kann.

Wichtiger noch als diese Unterscheidung ist die Überzeugung, dass in manchen Marktsituationen beide Optionen gangbar sind. Die Position eines Unternehmens in diesem Spektrum wird nicht allein durch Technologien und Intensität des Wettbewerbs auf dem Produktmarkt bestimmt. Auskömmliche Gewinne können mit unterschiedlichen Strategien erzielt werden; in einigen Branchen stehen solche unterschiedlichen Strategien nebeneinander.

Natürlich sind Technologien und Wettbewerbsintensität in einer Branche wichtige Bestimmungsgründe der Ergebnisse des Arbeitsmarktes. Daran besteht kein Zweifel. In manchen Situationen jedoch besteht Spielraum für unterschiedliche Lohnhöhen und Qualitäten der Arbeitsplätze von gering Qualifizierten. Hier ist es sehr wichtig darauf hinzuweisen, dass die Qualität der Arbeitsplätze mehr umfasst als das aktuelle Niveau der Löhne und Sozialleistungen. Sie schließt auch die Reichweite und den Verlauf der internen Lohnskala, das Ausmaß der Beschäftigungssicherheit, Weiterbildungsangebote, Aufstiegsmöglichkeiten, kleinere Annehmlichkeiten ein sowie Rhythmus, Autonomie und Ergonomie der Arbeit. Alle diese Aspekte sind Kosten für das Unternehmen und Nutzen für die Beschäftigten, wobei beides nicht immer zusammengeht.

Es muss nicht weiter begründet werden, dass diese Aspekte der Qualität von Arbeit für die Zufriedenheit der Beschäftigten und ihr Selbstwertgefühl wichtig sein können. Die Herausforderung für die Forschung besteht darin, die unterschiedlichen Faktoren zu verstehen, die die Strategiewahl der Arbeitgeber maßgeblich beeinflussen. Diese können etwa durch historische Vorbilder, Gesetzgebung, das Bildungssystem, Tarifverträge und andere »institutionelle« Rahmenbedingungen geprägt sein.

An dieser Stelle werden die Vorteile internationaler Vergleiche deutlich. Die meisten institutionellen Einflussfaktoren können empirisch nicht allein in den USA untersucht werden, weil sie sich dort im Zeitablauf nur langsam verändern und es wenig regionale Unterschiede gibt. Man kann ihre Wirkungen also nicht durch eine Momentaufnahme erfassen. Man kann spekulieren und Gedankenexperimente vornehmen, aber das ist nicht das Gleiche. So entwickelte sich 2003 die Idee in der *Russell Sage Foundation*, dass es sehr nützlich sein könnte, systematisch zu untersuchen, wie sich das Schicksal von Niedriglohnbeschäftigten in ausgewählten Ländern in Europa unterscheidet. Nicht jedes Land kam hierfür in Frage: Man suchte Länder mit zwar unterschiedlichen, aber nicht gänzlich anderen politischen und ökonomischen Gegebenheiten und sie sollten etwa auf dem gleichen wirtschaftlichen Entwicklungsstand wie die USA sein, damit die Lehren aus dem Vergleich für die USA nützlich sein können. Schließlich wurden die drei unverzichtbaren großen Länder Frankreich, Deutschland und Großbritannien sowie die beiden kleineren nördlichen Länder Dänemark und Niederlande ausgewählt. Die Auswahl wurde bewusst auf Europa beschränkt, um die Komplikation grundsätzlicher Unterschiede der sozialen und politischen Systeme zu umgehen. Nach einer Ausschreibung wurde für jedes der fünf Länder ein Forscherteam ausgewählt.

Die Planer haben das Projekt so ausgestaltet, dass Schlussfolgerungen aus den internationalen Vergleichen erleichtert wurden. Am wichtigsten war es, fünf Tätigkeiten auszuwählen, die intensiv untersucht werden sollten, und zwar dieselben in jedem der beteiligten Länder. Diese waren

(i) Pflegehilfs- und Reinigungskräfte in Krankenhäusern, (ii) Zimmerreinigungspersonal in Hotels, (iii) Kassierer/innen und ähnliche Tätigkeiten in Supermärkten und im Elektro-Einzelhandel, (iv) Beschäftigte in der Verpackung und Produktion in zwei Teilbranchen des Ernährungsgewerbes (nämlich Süßwaren und Fleisch) und (v) Beschäftigte, die in Call Centern eher einfache Aufgaben bearbeiten. (Für die Einbeziehung der letztgenannten Branche sprach, dass man von einer bereits laufenden internationalen Call Center-Studie profitieren konnte). Bei allen genannten Tätigkeiten handelt es sich in den USA um Niedriglohnjobs. Die Tatsache, dass manche der Tätigkeiten in einigen der fünf Länder keine Niedriglohnarbeitsplätze sind, unterstreicht den Wert des internationalen Vergleichs. Denn diese Tatsache lädt dazu ein oder fordert sogar dazu heraus zu fragen: Warum nicht?

Jedes Länderteam war gefordert, einen statistischen Überblick über die Niedriglohnbeschäftigung in seinem Land zu geben – und zwar insbesondere, aber nicht ausschließlich mit Blick auf die fünf untersuchten Tätigkeiten. Außerdem sollten diese Datenauswertungen durch eine Übersicht der historischen, gesetzlichen, bildungspolitischen sowie weiterer institutioneller Rahmenbedingungen komplettiert werden, die einen Einfluss auf die jeweilige Ausgestaltung von einfachen Arbeitsplätzen am unteren Rand des Arbeitsmarktes und den Umgang mit gering Qualifizierten haben. Ein wichtiger Bestandteil der Länderberichte waren Betriebsfallstudien zur Untersuchung der ausgewählten Tätigkeiten, die Interviews mit den Unternehmern, Vorgesetzten, Beschäftigten und anderen Beteiligten einschlossen. (Falls Zeitarbeitskräfte auf den relevanten Arbeitsplätzen eingesetzt wurden, sollten sie wenn immer möglich ebenfalls einbezogen werden). Die Teams aus den fünf Ländern haben sich während der Studie mehrmals getroffen und ihre Forschung koordiniert. Dieses Buch ist der Abschlussbericht des deutschen Teams.

Eine kohärente Geschichte über Deutschland zu erzählen, wird durch die Wiedervereinigung des Landes nach dem Fall des Kommunismus erschwert. Die Produktivität und das Lohnniveau in Ostdeutschland waren (und sind) deutlich niedriger als in Westdeutschland. Sie in einen Topf zu werfen, würde das Bild verzerren, da viele Beschäftigte in Ostdeutschland deutlich weniger als den nationalen Median-Lohn verdienen. Die vorliegende Studie unterscheidet wenn notwendig nach Ost und West.

Das generelle Bild zeigt, dass zwischen 1980 und 1995 der Niedriglohnanteil in Westdeutschland leicht zurückging von gut 15 Prozent auf etwas über 14 Prozent. Von 1995 bis 2003 ist der Niedriglohnanteil auf gut 17 Prozent angewachsen. In Ostdeutschland liegt der Niedriglohnanteil gemessen an der ostdeutschen Niedriglohnschwelle deutlich höher und ist auch in den vergangenen Jahren stärker angestiegen.

Das deutsche Team führt dies vor allem auf grundlegende Veränderungen im gesamten deutschen Produktionssystem zurück. In der Zeit des Wirtschaftswunders nach dem zweiten Weltkrieg führte Westdeutschland ein System ein, das häufig als »diversifizierte Qualitätsproduktion« charakterisiert wird und Deutschland zu einem der führenden Güterproduzenten und Exporteure werden ließ. Zwei wichtige Elemente dieses Systems sollen hier erwähnt werden. Zum einen wurde der hohe Finanzbedarf zum Wiederaufbau der deutschen Wirtschaft von großen Banken zur Verfügung gestellt, die bereit waren, sich auf moderate längerfristige Erträge und nicht auf kurzfristige Profite zu konzentrieren, und deren Vertretung in den Aufsichtsräten es ihnen auch erlaubte, ihre langfristigen Ziele zu verfolgen. Zum anderen nahmen die großen Gewerkschaften vor allem im verarbeitenden Gewerbe Quasi-Managementaufgaben war – über ihre Betriebsräte und ihre Vertretung in Aufsichtsräten – in einem System der Unternehmensführung, das als »Mitbestimmung« bekannt ist. Dieses System ermöglichte Produktivitätssteigerungen und eine relativ geringe Lohnspreizung zumindest im Produktionsbereich; Renten und Gesundheitsversorgung wurden durch lohnbezogene Beiträge zur Sozialversicherung finanziert. Die Gewerkschaftsbewegung war in der Lage, viele dieser Vorteile auch auf andere Branchen außerhalb des Kerns der überwiegend exportorientierten diversifizierten Qualitätsproduktion zu übertragen.

Dieses System ist nun aus einer Reihe von Gründen unter Druck geraten: dazu zählen das unvermeidliche Wachstum des Dienstleistungssektors, der weniger geeignet für diese Art des *Governance* ist und dessen häufig geringere Löhne dazu tendieren, das Arbeitsangebot zu verringern, eine graduelle Schwächung der gewerkschaftlichen Durchsetzungsfähigkeit und ein Trend zur Verlagerung der Tarifverhandlungen von der nationalen auf die regionale oder betriebliche Ebene; hinzu kommen die zunehmende Konkurrenz insbesondere aus Osteuropa, einschließlich einer Erleichterung der Verlagerung, und nach dem Beitritt zur EU auch der Import billiger Arbeitskräfte zu den Arbeitstandards ihrer Heimatländer – insgesamt sinkt der Glaube an korporativistische Ideen. Ein zusätzliches Problem besteht darin, dass das deutsche Wohlfahrtssystem nach wie vor Relikte der Bismarckschen Zentrierung auf (männliche) Einverdiener-Haushalte enthält.

Das deutsche Team setzt sich mit der dahinter liegenden Frage auseinander, ob und inwieweit dieses System unter veränderten Bedingungen tragfähig ist (und aufrechterhalten werden soll). Es kommt zu dem Ergebnis, dass diese Entscheidung noch offen ist und letztendlich nicht alleine durch aktuelle Entwicklungen in Deutschland, sondern auch durch Weichenstellungen auf der europäischen Ebene beeinflusst wird. Das ist eine sehr umfassende Frage.

Bezogen auf 2003 lag der Niedriglohnanteil in Westdeutschland bei 17,3 Prozent und damit höher als in den anderen kontinental-europäischen Ländern, die an der Studie beteiligt waren. Besonders betroffen waren, wie erwartet, Beschäftigte im Dienstleistungssektor und in kleinen Betrieben sowie gering Qualifizierte, Frauen, Jüngere und Ausländer/innen. Die Unterschiede zwischen Männern und Frauen sind besonders ausgeprägt: Unter Vollzeitbeschäftigten liegt der Niedriglohnanteil von Männern nur bei 10 Prozent, während fast jede dritte Frau geringe Löhne erhält. Insgesamt stellen Frauen 36,8 Prozent der Vollzeitbeschäftigten, aber 64,1 Prozent derjenigen mit Löhnen unterhalb der Niedriglohnschwelle.

Eine Besonderheit in Deutschland sind die so genannten Minijobs – mit kurzer Arbeitszeit, in der großen Mehrheit gering bezahlt und häufig instabil, die vorwiegend von Frauen mit Familie und Jüngeren ausgeübt werden. Für die Beschäftigten sind sie besonders attraktiv, weil die Abgaben niedriger als bei anderen Arbeitsverhältnissen sind. Dahinter steht das doppelte Motiv, das Arbeitsangebot für gering bezahlte Arbeitsplätze zu erhöhen und zugleich Frauen den Eintritt in die (wenn auch gering bezahlte) Erwerbsarbeit zu erleichtern. Ganz offensichtlich stellt sich die Frage, ob diese Institution eine tragfähige Langzeit-Lösung in einer modernen Wirtschaft ist.

Der Bericht enthält eine interessante Auseinandersetzung mit dem aktuellen Stand und den Zukunftsperspektiven des besonderen Berufsbildungssystems in Deutschland, das schulische und betriebliche Elemente kombiniert. Die Ursprünge dieses Systems liegen im produzierenden Gewerbe, aber es ist zunehmend auch auf den Dienstleistungssektor ausgeweitet worden. Aktuell besteht jedoch ein Mangel an Ausbildungsplätzen, obwohl versucht worden ist, das System an aktuelle wirtschaftliche Strukturen anzupassen. Offensichtlich entstehen weitere Probleme aus der Absicht, die Hochschulausbildung auszubauen. Es wird befürchtet, dass dies dem Berufsausbildungssystem die fähigsten Bewerber/innen entziehen könnte. Dies könnte dazu führen, dass sich das Qualifikationsniveau im gewerblichen Bereich verschlechtert und damit das System der diversifizierten Qualitätsproduktion beeinträchtigt werden könnte. Das Thema einer ausgewogenen Balance zwischen Berufsausbildung und akademischer Ausbildung sollte auch für Amerikaner/innen von besonderem Interesse sein, weil in den USA eine deutliche Verschiebung hin zur akademischen Bildung erfolgt ist.

New York, N.J., im August 2007

Einleitung

Gerhard Bosch/Claudia Weinkopf

»Arbeiten für wenig Geld? Doch nicht in Deutschland!« – so ist man möglicherweise versucht zu antworten. Galt Deutschland doch über lange Jahre als ein Land, das im internationalen Vergleich eine besonders geringe Einkommensspreizung aufwies – also relativ kleine Unterschiede zwischen sehr niedrigen und sehr hohen Löhnen, zwischen arm und reich. Gewährleistet wurde dies vor allem über eine hohe Tarifbindung und starke Gewerkschaften insbesondere in den Branchen mit hohen Exportanteilen, deren Tarifvereinbarungen auch auf andere Branchen ausstrahlten. Das deutsche Modell hatte aber schon zu seinen besten Zeiten Bereiche, in denen keine existenzsichernden Löhne bezahlt wurden. Vor allem Dienstleistungstätigkeiten mit hohen Frauenanteilen waren betroffen. Im alten Familienmodell wurde dies überwiegend nicht als problematisch angesehen – waren Frauen, wenn denn überhaupt erwerbstätig, entweder jung und auf der Suche nach einem Partner zur Gründung einer Familie oder bereits verheiratet und höchstens darauf aus, etwas zum Einkommen des Ehemanns, der vorrangig für die Existenzsicherung der Familie zuständig war, hinzu zu verdienen.

Erst seit den neunziger Jahren wird verstärkt über Niedriglohnbeschäftigung in Deutschland diskutiert, wobei zunächst vor allem beschäftigungspolitische Fragen eine zentrale Rolle spielten – insbesondere: Müssen wir am unteren Rand des Arbeitsmarkts Löhne weiter senken, um Beschäftigung zu fördern und Arbeitslosigkeit (insbesondere von gering Qualifizierten) zu verringern? Und müsste oder sollte eine solche Strategie vom Staat flankiert oder gefördert werden – etwa durch eine Subventionierung der Sozialversicherungsabgaben im Niedriglohnbereich oder andere »Kombilöhne«? Solche Ansätze wurden seit Ende der neunziger Jahre in diversen Modellprojekten und -programmen erprobt – mit eher enttäuschenden Ergebnissen, wie die begleitenden Evaluationen zeigten. Auch Modellrechnungen und Simulationen zu den Wirkungen flächendeckender

Subventionen im Niedriglohnbereich kamen überwiegend zu dem Ergebnis, dass die Beschäftigungseffekte eher gering, die Kosten aber sehr hoch sein würden.

Die Frage, wie groß der Niedriglohnsektor in Deutschland bereits ist und wie er sich auch ohne politische Interventionen entwickelt hat, spielte damals überraschenderweise kaum eine Rolle. Man sprach immer von der »Einführung« eines Niedriglohnsektors, obwohl die Modellrechnungen zu den Kosten von Kombilöhnen darauf hindeuteten, dass es ihn längst gab, da eine nicht unerhebliche Zahl von bereits Beschäftigten bei Einführung von Niedriglohnsubventionen Anspruch auf Unterstützung gehabt hätte. Diesen Niedriglohnsektor und vor allem sein rasches Wachstum schaute sich aber kaum jemand genauer an. Solche Analysen hätten nur die These von der Notwendigkeit der »Einführung« eines Niedriglohnsektors gestört und womöglich den Blick auf die neuen sozialen Probleme gelenkt. Auch die Frage nach der Qualität solcher Arbeitsplätze wurde nicht aufgeworfen – »Sozial ist, was Arbeit schafft« war gleichermaßen politische Parole im Bundestagswahlkampf 2005 wie auch Leitlinie der meisten Diskussionen in Deutschland.

Vor diesem Hintergrund stieß die Ausschreibung der *Russell Sage Foundation* mit Sitz in New York zur Untersuchung der Niedriglohnbeschäftigung im internationalen Vergleich, die uns im Spätsommer 2003 erreichte, bei uns auf großes Interesse. In fünf europäischen Ländern – neben Deutschland auch in Dänemark, Frankreich, Großbritannien und den Niederlanden – sollten das Ausmaß, die Entwicklung und Struktur der Niedriglohnbeschäftigung untersucht werden. Im Mittelpunkt stand dabei nicht die Frage nach den Beschäftigungswirkungen von Niedriglohnarbeit, sondern auch und vor allem die Qualität dieser Arbeitsplätze und wodurch sie beeinflusst wird: Welche Rolle spielen die jeweiligen institutionellen Rahmenbedingungen, die sich von Land zu Land unterscheiden? Welche Spielräume haben Unternehmen, Arbeitsplätze am unteren Rand des betrieblichen Lohn- und Qualifikationsspektrums zu gestalten? Um dies zu beantworten, sollten die quantitativen Analysen durch qualitative Studien ausgewählter Tätigkeiten in mehreren Branchen ergänzt werden. In der Ausschreibung wurden Call Center, Einzelhandel, Ernährungsindustrie, Hotels, Krankenhäuser und Zeitarbeit genannt – allesamt Branchen, in denen niedrige Löhne in den USA eine große Bedeutung haben, wie die Studien im Rahmen des vorangegangenen Forschungsprogramms »*Future of Work*« der *Russell Sage Foundation* ergeben hatten.

Es stand für uns rasch außer Frage, dass wir uns an dieser Ausschreibung beteiligen würden, reizten doch nicht nur die spannenden Fragestellungen, sondern auch die Absicht der *Russell Sage Foundation*, die Arbeit der Länderteams in Europa eng miteinander abzustimmen, um eine möglichst hohe Vergleichbarkeit der Ergebnisse zu erzielen. Die Entscheidung über die Vergabe der Länderstudien in Deutschland, Frankreich, Großbritannien, den Niederlanden und Dänemark erfolgte Anfang 2004 nach einem umfangreichen Begutachtungsverfahren. In zahlreichen Treffen der europäischen Teams mit den Verantwortlichen der *Russell Sage Foundation* und deren Beraterkreis wurden die Fragestellungen und die Vorgehensweise präzisiert und aufeinander abgestimmt sowie Zwischenergebnisse diskutiert.[1] Die fünf Ländermonographien werden in den USA im Frühjahr 2008 veröffentlicht. Die gemeinsame Arbeit ist damit jedoch noch nicht abgeschlossen. Bis Anfang 2008 steht in einer zweiten Projektphase der internationale Vergleich der Ergebnisse im Mittelpunkt. Hierfür wurden kleinere Arbeitsteams zum Vergleich der Branchen- und Ländererergebnisse gebildet.

In diesem Buch stellen wir die Ergebnisse der deutschen Länderstudie vor. Unsere Analyse zeigt, dass Niedriglohnbeschäftigung in Deutschland seit Mitte der neunziger Jahre erheblich zugenommen und inzwischen ein beträchtliches Ausmaß erreicht hat. Der Niedriglohnanteil in Deutschland liegt inzwischen fast auf dem Niveau der USA und Großbritanniens, während er insbesondere in Frankreich und Dänemark deutlich niedriger ist. In keinem der anderen Länder standen in den letzten Jahren die Löhne am unteren Rande so sehr unter Druck wie in Deutschland und ist die Ausdifferenzierung der Löhne nach unten so ausgeprägt. Rund 5 Prozent aller Beschäftigten verdienen in Deutschland weniger als 5 Euro pro Stunde, was etwa einem Drittel des mittleren deutschen Lohnes, des so genannten Medianlohnes, entspricht. In keinem der anderen europäischen Länder, die

1 Wir möchten uns an dieser Stelle bei der Russell Sage Foundation – insbesondere Eric Wanner und Aixa Cintron-Velez – für die großzügige finanzielle Förderung der Studie und die vertrauensvolle Zusammenarbeit bedanken. Herauszuheben ist auch der Kreis der wissenschaftlichen Beraterinnen und Berater der Stiftung, die mit klugen Fragen und wertvollen Anregungen die europäischen Länderstudien begleitet haben. Ann Carter und Chris Tilly sowie ein weiterer anonymer Referee haben erste Fassungen unseres englischsprachigen Abschlussberichtes begutachtet und uns zahlreiche wertvolle Hinweise für die Überarbeitung gegeben. Auch von der engen Zusammenarbeit mit den Teams aus Dänemark, Frankreich, Großbritannien und den Niederlanden und den guten Hinweisen ihrer Wissenschaftler/innen haben wir sehr profitiert.

an der Studie beteiligt waren, müssen so viele Beschäftigte für so wenig Geld arbeiten, weil gesetzliche Mindestlöhne (in Frankreich, Großbritannien und den Niederlanden) oder aber eine hohe Tarifbindung und starke Gewerkschaften (wie in Dänemark) dies unterbinden. Selbst der im internationalen Vergleich sehr niedrige staatliche Mindestlohn in den USA setzt am unteren Rande eine deutliche Schranke. Auch die Chancen, aus niedrig bezahlter Arbeit in besser bezahlte Beschäftigung aufzusteigen oder Armut zu überwinden, sind in Deutschland besonders gering. Ein solches für die soziale Marktwirtschaft in Deutschland wenig schmeichelhaftes Ergebnis hatten wir nicht erwartet. Uns ist bewusst, dass bei einer Gesamtbewertung im internationalen Vergleich die unterschiedlichen Sozialsysteme und -leistungen der Länder ebenso einbezogen werden müssen wie das Niveau der Lebenshaltungskosten. Dies wird eine zentrale Herausforderung in der wieteren vergleichenden Arbeit sein. Gleichwohl unterstreichen auch einige weitere Ergebnisse unserer Analysen deutlich, dass in Deutschland Handlungsbedarf besteht. So liegt zum Beispiel der Anteil der Erwerbstätigen, die von Armut betroffen sind, in Deutschland über dem europäischen Durchschnitt.

In den drei Jahren, in denen wir uns intensiv mit dem Thema Niedriglohnbeschäftigung im Rahmen dieser Studie befasst haben, hat sich auch die öffentliche und politische Wahrnehmung und Diskussion dieses Themas in Deutschland stark verändert. Es wird inzwischen kaum noch bestritten, dass gering bezahlte Arbeit und zum Teil unwürdige Arbeitsbedingungen relativ weit verbreitet sind. Höchst umstritten ist aber nach wie vor, ob und wenn ja welcher Handlungsbedarf hieraus abzuleiten ist. Dies zeigen die heftigen Debatten darüber, ob Mindestlöhne auch in Deutschland notwendig sind oder aber großen Schaden auf dem Arbeitsmarkt anrichten würden, sehr deutlich. Diese Debatte lässt sich durch einen Blick ins europäische Ausland objektivieren. Die guten Arbeitsmarktbilanzen in Dänemark, Großbritannien und den Niederlanden zeigen, dass man die schwere Arbeit im Niedriglohnsektor auch anständig bezahlen kann, ohne die Beschäftigung zu gefährden.

Dieses Buch ist wie folgt aufgebaut: In Kapitel 1 wird ein Überblick zur Entwicklung der Niedriglohnbeschäftigung, ihrem Ausmaß und ihrer Struktur gegeben und analysiert, welche Veränderungen im deutschen Beschäftigungsmodell es ermöglicht haben, dass Niedriglohnarbeit in Deutschland zugenommen hat. In den folgenden Kapiteln stehen die Ergebnisse der Branchen- und Betriebsfallstudien im Mittelpunkt, wobei der besondere Fokus auf den jeweils ausgewählten eher »einfachen« Tätigkeiten liegt: der Kundenservice in Call Centern, die in den Bereichen Energieversorgung und Finanzdienstleistungen arbeiten (Kapitel 2), Produktions- und Verpackungstätigkeiten im Ernährungsgewerbe an Beispielen aus der Fleisch- und Süßwarenindustrie (Kapitel 3), Pflegehilfs- und Reinigungstätigkeiten in Krankenhäusern (Kapitel 4), die Zimmerreinigung in Hotels (Kapitel 5) sowie Kassen- und Verkaufstätigkeiten im Lebensmittel- und Elektro-Einzelhandel (Kapitel 6). In Kapitel 7 fassen wir die Ergebnisse unserer Studie zusammen und leiten hieraus Schlussfolgerungen zum politischen Handlungsbedarf ab.

1. Niedriglöhne in Deutschland – Zahlen, Fakten, Ursachen

Gerhard Bosch/Thorsten Kalina

1 Einleitung

Lange Zeit galt Deutschland als ein Land mit vergleichsweise geringer Einkommensungleichheit. Entgegen dem internationalen Trend nahm nach Untersuchungen der OECD (1996; 1997) die Einkommensungleichheit in Deutschland von 1980 bis 1995 sogar noch ab. Nur die skandinavischen Länder hatten eine geringere Einkommensspreizung und niedrigere Anteile an gering bezahlten Beschäftigten als Deutschland. Überdies waren die Chancen der gering Bezahlten in Deutschland, auf einen besser bezahlten Arbeitsplatz aufzusteigen, deutlich günstiger als in den USA oder in Großbritannien (OECD 1997: 31). Dieses rosige Bild von Deutschland hat sich mittlerweile jedoch geändert. Seit Mitte der neunziger Jahre wächst der Anteil der Beschäftigten mit niedrigen Löhnen und liegt mittlerweile über dem Durchschnitt der EU-Länder. Es ist unübersehbar, dass das deutsche Beschäftigungsmodell anders als in der Vergangenheit nicht mehr in der Lage ist, eine Expansion von Niedriglohnbeschäftigung zu verhindern.

In der umfangreichen Literatur zum traditionellen deutschen Beschäftigungs- und Produktionsmodell wurde die geringe Einkommensungleichheit bis Mitte der neunziger Jahre auf das besondere Produktportfolio der deutschen Wirtschaft, die so genannte »diversifizierte Qualitätsproduktion« (Streeck 1991), und die hohe Produktivität der Beschäftigten zurückgeführt. Finegold/Soskice (1988) sprachen von einem »*high skill equilibrium*«, das im Unterschied zu Ländern mit einem »*low skill equilibrium*« (zum Beispiel Großbritannien[1]) eine gute Bezahlung auch in den mittleren und unteren Lohngruppen ermöglicht. In dieser Literatur wurde Deutschland als ein Beispiel einer koordinierten Marktwirtschaft oder eines korporati-

1 Wir sprechen im Folgenden von Großbritannien, weil die eigentlich korrekte Bezeichnung »Vereinigtes Königreich« im Deutschen eher unüblich ist.

vistischen Modells bezeichnet, in dem unterschiedliche Akteure langfristige Innovationsstrategien entwickeln können.

Voraussetzung dafür ist auf der Kapitalseite zunächst einmal ein »geduldiges Kapital«, das an langfristiger Rendite interessiert ist. Die »Geduld« des Kapitals ist Folge stabiler Besitzverhältnisse, die sich aus enger Kapitalverflechtung zwischen großen Aktienunternehmen untereinander und mit ihren Hausbanken, dem hohen Anteil von Unternehmen im Familienbesitz im so genannten Mittelstand und der großen Bedeutung öffentlicher Unternehmen ergeben. Die Qualitätsorientierung der Produktion wurde durch hohe Investitionen in Forschung & Entwicklung, die Kooperation von Ingenieuren mit im dualen System der Berufsausbildung gut ausgebildeten Facharbeitern, zahlreiche Qualitätsstandards auf den Produktmärkten und die sukzessive Spezialisierung deutscher Unternehmer in den hochpreisigen Qualitätssegmenten der Märkte gefördert.

Auf den Arbeitsmärkten dominierten langfristige Vertragsbeziehungen, die Folge eines ausgebauten Kündigungsschutzes, hoher Investitionen in die Berufsausbildung der Stammbelegschaften und enger Kooperationsbeziehungen zwischen Kapital und Arbeit über flächendeckende Tarifverträge und Mitbestimmung in den Aufsichtsräten und über Betriebsräte sind. Die durch den Kündigungsschutz und die Mitbestimmung garantierte hohe Beschäftigungssicherheit förderte »Produktivitätskoalitionen« bei der Modernisierung der Berufsbildung und der Reorganisation von Unternehmen. Obligatorische Sozialversicherungen für Krankheit, Pflege (seit 1995), Unfall, Arbeitslosigkeit und Alter schufen ein dichtes soziales Sicherheitsnetz. Die Arbeitsbeziehungen und das soziale Netz ermöglichten betriebliche Innovationen im Austausch gegen soziale Sicherheit. Die hohe Bedeutung beruflicher Arbeitsmärkte und die Übertragbarkeit der Ansprüche an die Sozialversicherungen bei einem Betriebswechsel förderten die zwischenbetriebliche Mobilität. Dies war nicht nur eine Voraussetzung für eine hohe Diffusion von Innovationen, sondern erleichterte bei Strukturwandel auch die Wiederbeschäftigung in einem anderen Unternehmen.

In den fast ausschließlich auf die exportorientierten Teile des Produktionssektors konzentrierten Analysen des deutschen Beschäftigungsmodells findet man wenig Aussagen zu einfachen Produktions- und Dienstleistungstätigkeiten, die auch in den besten Zeiten des deutschen Modells deutlich schlechter bezahlt waren als die Tätigkeiten in der Industrie. Es wurde implizit immer unterstellt, dass man die in der Exportindustrie beobachteten Strukturen und Akteurskonstellationen für das Ganze nehmen könnte. Diese Unterstellung hatte lange Zeit auch eine gewisse Berechtigung. Öffentliche Unternehmen spielten im Dienstleistungssektor eine große Rolle. Eisenbahn, Post, Nahverkehr, Elektrizitäts-, Gas- und Wasserversorgung waren ebenso in öffentlicher Hand wie viele Krankenhäuser oder Kindergärten. Diese Bereiche waren gewerkschaftlich gut organisiert und räumten den Gewerkschaften oft ähnlich weitgehende Mitbestimmungsrechte wie in der Montanindustrie ein.[2] Viele Sozialeinrichtungen (Krankenhäuser, Kindergärten etc.) wurden überwiegend vom Staat finanziert, aber von Wohlfahrtseinrichtungen getragen und lehnten sich an die öffentlichen Gehaltsstrukturen an. Diese öffentlichen oder quasi-öffentlichen Unternehmen waren also ähnlich wie viele Unternehmen im verarbeitenden Gewerbe mit ihrem geduldigen Kapital von kurzfristigem Marktdruck entlastet. Löhne wurden auch in diesen Branchen durch flächendeckende Tarifverträge, die zum Teil allgemein verbindlich erklärt wurden, weitgehend aus dem Wettbewerb genommen. Die Tarifvereinbarungen in der Metallindustrie wirkten auch für die Branchen mit schwächeren Gewerkschaften als Zugpferd, was durch das hohe Beschäftigungsniveau und die Arbeitskräfteknappheit begünstigt wurde. Schließlich beschränkte sich das duale System der Berufsbildung nicht auf das Handwerk und die Produktion, sondern wurde in fast alle Dienstleistungsbereiche ausgedehnt. Deutschland hatte somit in fast allen Branchen einen deutlich höheren Anteil ausgebildeter Fachkräfte als die meisten anderen OECD-Länder. Nicht zuletzt gelten die Arbeitsgesetze und Sozialversicherungen flächendeckend für die Beschäftigten aller Branchen.

In die gelegentlich fast euphorische Typisierung des deutschen Beschäftigungsmodells, vor allem in der angelsächsischen Literatur, mischten sich erst Anfang der neunziger Jahre erste kritische Töne. Es überrascht nicht, dass sie von einem dänischen Autor stammen, der sich nicht für die Kernbereiche der Industrie, sondern für den Wohlfahrtsstaat und soziale Dienstleistungen interessierte. Die Frauenerwerbstätigkeit war in den meisten entwickelten Industriestaaten zu diesem Zeitpunkt bereits stark angewachsen. Die skandinavischen Länder hatten ihre Wohlfahrtsstaaten, insbesondere die Familienpolitik, reformiert. Durch die Finanzierung neuer Dienstleistungen für die Familie (Kinderbetreuung, Ganztagsschulen und Pflege) förderten sie nicht nur die Frauenerwerbstätigkeit, sondern konn-

2 In der Montanindustrie gilt die paritätische Mitbestimmung im Aufsichtsrat und die Gewerkschaften können den Arbeitsdirektor nominieren. In den anderen Branchen hat die Kapitalseite die Stimmenmehrheit im Aufsichtsrat.

ten gleichzeitig für diese Frauen auch neue Beschäftigungsfelder bei den sozialen Dienstleistungen erschließen. Esping-Andersen (1990) sah Deutschland als Musterbeispiel für einen konservativen Wohlfahrtsstaat, der solche Reformen versäumt hatte und weiterhin auf den männlichen Alleinverdiener zugeschnitten war. In diesem Modell erwerben viele Frauen ihre soziale Sicherung über die Erwerbstätigkeit des Ehepartners und der Staat setzt starke finanzielle Anreize für Nichterwerbstätigkeit oder marginale Teilzeitbeschäftigung (Minijobs). Mit der Zunahme der Frauenerwerbstätigkeit erwies sich die Nichtreform des Wohlfahrtsstaats geradezu als Einfallstor für die Zunahme schlecht bezahlter marginaler Teilzeitarbeit, was in Deutschland zunächst nicht weiter auffiel, da die gut bezahlten Industriearbeiter und auch viele Frauen selbst nur einen Zuverdienst, nicht aber einen existenzsichernden Lohn erwarteten.

Lange wurde das deutsche Beschäftigungssystem in der etwas zu funktionalistisch angelegten Literatur für seine Stabilität bewundert. Dafür gab es gute Gründe. Bis Mitte der neunziger Jahre überwogen im deutschen Beschäftigungssystem die beschriebenen Zentripetalkräfte, die den Anteil der gering Bezahlten trotz zunehmenden internationalen Wettbewerbs, hoher Zuwanderung ausländischer Arbeitskräfte, der Expansion des Dienstleistungssektors und zunehmender Frauenerwerbstätigkeit konstant hielten. Ab Mitte der neunziger Jahre sind aber offensichtlich die Zentrifugalkräfte stärker geworden. Seitdem steigt der Anteil der gering Bezahlten und die Lohnabstände zwischen dem industriellen Kern und der Peripherie des deutschen Arbeitsmarktes werden größer. Das Band zwischen der weiterhin erfolgreichen und relativ gut bezahlenden Exportindustrie und anderen Branchen ist offensichtlich erheblich elastischer geworden als in der Vergangenheit.

In der kontroversen Debatte über die Gründe der Zunahme der Arbeitslosigkeit und der gering bezahlten Beschäftigung wird eine Vielzahl unterschiedlicher Erklärungen angeboten. Kitschelt und Streeck (2004) etwa sehen Deutschland mit seiner *»diversified quality production«* in einer *»high quality trap«* mit schrumpfenden Märkten gefangen. Berthold (1997) weist auf den Preisverfall einfacher Arbeit infolge der Automatisierung einfacher Arbeit (*skill-bias* des technischen Fortschritts) und der drastischen Zunahme des Angebots an einfacher Arbeit durch die Entstehung globaler Märkte hin. Er argumentiert mit der Mehrheit der deutschen Ökonom/innen, dass Deutschland nur die Wahl zwischen Gleichheit oder Arbeitslosigkeit habe und daher seinen Arbeitsmarkt deregulieren müsse, um das Beschäftigungsniveau zu erhöhen. Andere Autoren (zum Beispiel Scharpf 2000) orten die Ursache für die hohe Arbeitslosigkeit in Deutschland vor allem in der unzureichenden Entwicklung sozialer Dienstleistungen, deren Expansion sie durch die zu wenig ausdifferenzierte Lohnstruktur gebremst sehen. Scharpf stützt sich dabei auf Baumols (1967) Theorie der Kostenkrankheit von sozialen Dienstleistungen. Danach sind soziale Dienstleistungen gegen Rationalisierung resistent, was bei arbeitsintensiven Dienstleistungen in einer Volkswirtschaft mit einer egalitären Einkommensverteilung zu einem zunehmenden Druck auf die Löhne führt – vor allem, wenn die Nachfrage nach diesen Dienstleistungen sehr elastisch auf Preisveränderungen reagiert.

Die drei genannten Erklärungsansätze thematisieren wichtige Entwicklungen, die ohne Zweifel egalitäre Lohnsysteme unter Druck setzen. Andere Autoren zeigen, dass man egalitäre Lohnsysteme durch die Gestaltung der politischen und ökonomischen Rahmenbedingungen sowie den Umbau von Institutionen stabilisieren kann. Bofinger (2005) und Müller (2004) weisen etwa darauf hin, dass die hohen Exportüberschüsse der letzten Jahre die Thesen von Kitschelt, Streeck und auch Berthold widerlegen. Beide Autoren sehen die Gründe für die hohe Arbeitslosigkeit in den Folgen der deutschen Wiedervereinigung und einer restriktiven Geld- und Finanzpolitik. Gegen die These vom Preisverfall einfacher Arbeit wird eingewendet, dass ein Großteil der gering Bezahlten in Deutschland über eine gute Qualifikation verfügt und dass es gegen den Rückgang der Nachfrage nach einfacher Arbeit eine Gegenmedizin auf der Angebotsseite, nämlich die Höherqualifizierung der Arbeitskräfte, gibt. Freeman/Schettkat (1999) zeigen, dass die Löhne der deutschen Beschäftigten bei gleichem Kompetenzniveau nicht über denen der USA liegen. Im Anschluss an Esping-Andersen argumentieren Bosch/Wagner (2005), dass die Erhöhung der Erwerbsquote von Frauen im konservativen deutschen Wohlfahrtsstaat als eine Art eingebauter Deregulator des traditionellen gut bezahlten Normalarbeitsverhältnisses funktioniert. Die Kostenkrankheit sozialer Dienstleistungen könne wirkungsvoller als durch Lohnsenkungen über einen Umbau des Wohlfahrtsstaates überwunden werden. Sie plädieren dafür, nicht mehr Hausarbeit, sondern stattdessen Dienstleistungen über verschiedene Instrumente, wie Steuern, Umlagen oder Dienstleistungsgutscheine an Geringverdiener, zu finanzieren, wie es die skandinavischen Ländern mit ihren großen Dienstleistungssektoren vorgemacht haben.

Im Folgenden werden wir die Zunahme von Niedriglöhnen, ihre Auswirkungen auf die Arbeitsbedingungen der Beschäftigten und ihre Ursachen untersuchen. Bei den Erklärungsversuchen sind wir auf beträchtliche methodische und theoretische Schwierigkeiten gestoßen. In den letzten Jahren hat sich in Deutschland so viel gleichzeitig verändert, dass es schwierig ist zu beurteilen, worauf die Zunahme gering bezahlter Beschäftigung zurückzuführen ist. Viele der angebotenen Erklärungsversuche – auch die oben genannten – helfen alleine nicht weiter, da sie sich nur auf einen von mehreren Erklärungsfaktoren konzentrieren und oft wichtige Gegentendenzen unbeachtet lassen. Wir sind davon überzeugt, dass die Interaktionen zwischen diesen Faktoren und deren Veränderungen im Zeitverlauf von zentraler Bedeutung sind (Solow 1985). Die zentrale Frage ist daher, warum der heutige Mix von Institutionen in Deutschland im Unterschied zu der Zeit vor 1995 einen Anstieg von Niedriglohnbeschäftigung nicht mehr verhindert. Wir sehen die Gründe erstens in der besonderen gesamtwirtschaftlichen Situation Deutschlands nach der Wiedervereinigung mit ihren vielfältigen Auswirkungen auf die Staatsfinanzen und die Sozialsysteme in Verknüpfung mit einer restriktiven Wirtschaftspolitik. Zweitens haben sich zentrale Institutionen des traditionellen deutschen Beschäftigungsmodells unter dem Druck der hohen Arbeitslosigkeit, aber auch durch gezielte politische Eingriffe geändert, wodurch die Schleusen für Niedriglohntätigkeiten geöffnet wurden. Zu beachten ist auch, dass Institutionen ihren Charakter nicht nur durch Reformen, sondern auch durch Nicht-Reformen in einer veränderten Umwelt wandeln, was insbesondere für das deutsche Familienmodell mit weitreichenden Auswirkungen auf die Bezahlung von Frauen gilt.

Im Folgenden werden wir zunächst auf der Basis eigener Datenanalysen die Entwicklung gering bezahlter Beschäftigung, ihre Struktur, die Chancen eines Aufstiegs aus gering bezahlten Tätigkeiten (die so genannte Einkommensmobilität) sowie den Zusammenhang zwischen Armut und Niedriglöhnen in Deutschland untersuchen (Abschnitt 2). Die Lohndaten unserer Auswertungen beziehen sich auf Bruttolöhne pro Arbeitsstunde oder Monat. Dadurch wird aber der sich aus diesen Bruttolöhnen ergebende Lebensstandard nur teilweise erfasst. Dieser hängt von der Arbeitszeit und zu einem nicht unbeträchtlichen Maße auch von weiteren an ein Beschäftigungsverhältnis gebundenen Leistungen ab, wie etwa Ansprüche auf bezahlten Urlaub oder Sozialleistungen. Umfang und Entwicklung dieser an den Lohn gebundenen sozialen Leistungen werden mit besonderem

Blick auf Niedriglohnbeschäftigte in Abschnitt 3 untersucht. Dabei werden auch die Unterschiede zu den USA thematisiert, um ins Bewusstsein zu rufen, welch hohe Bedeutung allgemeine soziale Standards gerade im Niedriglohnsektor haben. Im weiteren Teil unserer Analyse erklären wir die Zunahme der Niedriglohnbeschäftigung, ihre hohe Konzentration auf bestimmte Beschäftigtengruppen, Branchen, Betriebe und Tätigkeiten sowie die Abnahme der Einkommensmobilität. Die Auswirkungen der Wiedervereinigung und der makro-ökonomischen Politik auf Beschäftigung und Arbeitslosigkeit sind Thema von Abschnitt 4. Anschließend analysieren wir den institutionellen Umbau wichtiger Pfeiler des deutschen Beschäftigungsmodells. Dabei konzentrieren wir uns auf Veränderungen der *Governance*-Strukturen der Unternehmen, der industriellen Beziehungen und des dualen Berufsausbildungssystems sowie der Struktur betrieblicher und beruflicher Arbeitsmärkte und der Familienpolitik (Abschnitt 5).

Wir gehen davon aus, dass sich die Zunahme der Niedriglohnbeschäftigung in Deutschland seit Mitte der neunziger Jahre nur durch das Zusammenspiel eines extremen externen Schocks (Wiedervereinigung), der makro-ökonomischen Entwicklung und Politik sowie der durch Institutionen geprägten Strukturen der deutschen Produkt- und Arbeitsmärkte erklären lässt. Von zentraler Bedeutung sind Interaktionen zwischen diesen Einflussfaktoren und ihre historische Veränderung, die das deutsche Beschäftigungsmodell umgestaltet haben. Dabei ist noch offen, ob sich das alte Beschäftigungsmodell auflöst und der Niedriglohnsektor weiter wächst oder ob es sich unter neuen Bedingungen wieder festigt und der Anteil der gering Bezahlten wieder zurückgeht. Für beide Szenarien gibt es gute Argumente, die wir zum Abschluss thematisieren (Abschnitt 6).

2 Umfang und Struktur der Niedriglohnbeschäftigung in Deutschland

Seit Mitte der neunziger Jahre nimmt der Anteil der gering Bezahlten in Deutschland zu. Nach einer Studie der Europäischen Kommission auf der Basis des Europäischen Haushaltspanels (European Commission 2004) ist der Anteil der gering Bezahlten (mit Löhnen von bis zu zwei Dritteln des jeweiligen länderspezifischen Medians) zwischen 1995 und 2000 in Deutschland von 14,3 Prozent auf 15,7 Prozent angestiegen (Abbildung

1.1). Während Deutschland 1995 noch unter dem EU-Durchschnitt lag, wies es im Jahre 2000 einen überdurchschnittlich hohen Anteil von gering Bezahlten auf. Deutschland und die Niederlande waren die einzigen EU-Länder, in denen der Anteil der Niedriglohnbeschäftigten zwischen 1995 und 2000 zugenommen hat. In den anderen EU-Ländern ist der Anteil teilweise deutlich zurückgegangen – besonders in Spanien, Portugal, Irland und Großbritannien. Deutlich geringere Niedriglohnanteile als in Deutschland finden sich in Dänemark (8,6 Prozent), Italien (9,7 Prozent), Finnland (10,8 Prozent) und Portugal (10,9 Prozent). Höhere Niedriglohnanteile wurden demgegenüber für Großbritannien (19,4 Prozent), Irland (18,7 Prozent) und die Niederlande (16,6 Prozent) ermittelt.

Abbildung 1.1: Niedriglohnanteil (zwei Drittel des nationalen Medianlohns) in EU-Ländern (in %), 1995 und 2000 (Beschäftigte mit mehr als 15 Stunden Wochenarbeitszeit)

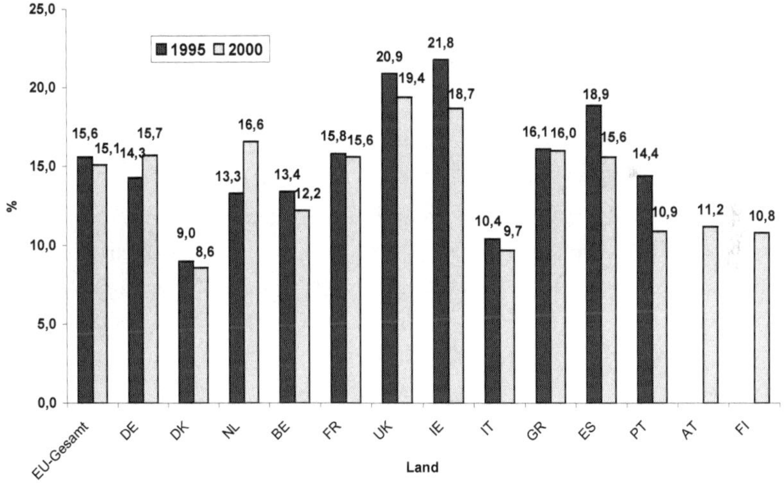

Quelle: European Commission 2004: 168 – eigene Darstellung

Um die Ursachen der Zunahme von Niedriglohnbeschäftigung in Deutschland aufzuspüren, ist es notwendig, ihre Struktur, ihre Verteilung auf Wirtschaftszweige, Tätigkeiten und Unternehmen unterschiedlicher Größe zu untersuchen. Weiterhin sind lange Zeitreihen erforderlich, aus denen die Entwicklungsdynamik der Niedriglohnbeschäftigung in diesen unterschiedlichen Bereichen erkennbar wird. In den folgenden Analysen verwenden wir die Definition der OECD, die die Niedriglohnschwelle bei zwei Drittel des jeweiligen nationalen Medianlohnes zieht. Wir gehen also entsprechend dem internationalen Standard von einem relativen Konzept geringer Bezahlung aus. Dabei ist uns wohl bewusst, dass ein geringer Lohn in Deutschland – auch gemessen in Kaufkraftparitäten – in weniger entwickelten Ländern ein sehr hoher Lohn sein würde. Mit einem relativen Konzept zur Definition von Niedriglöhnen kann man aber messen, wie gleich oder ungleich die Verteilung der Einkommen am unteren Rand der Einkommensverteilung ist. Mit einer solchen standardisierten Messgröße ist auch ein internationaler Vergleich möglich.

Wir haben den Anteil der Niedriglohnbeschäftigten in Deutschland auf der Basis von zwei Datenquellen berechnet. Der größere Datensatz der Bundesagentur für Arbeit basiert auf Stichproben aller sozialversicherungspflichtig Beschäftigten in Deutschland (Kasten 1). Ausgeschlossen sind Beamte und Selbständige. Dieser Datensatz lässt wegen seiner Größe auch repräsentative Auswertungen für die Tätigkeiten, die im Mittelpunkt unserer Studie stehen, nach Branchen zu. Allerdings sind Auswertungen nur für Vollzeitbeschäftigte möglich, da für Teilzeitbeschäftigte keine Angaben zur Zahl der Arbeitsstunden verfügbar sind. Es ist aber davon auszugehen, dass Niedriglohnbeschäftigte unter Teilzeitbeschäftigten stärker vertreten sind als unter Vollzeitbeschäftigten (Marlier/Ponthieux 2000; Bollé 1997). Daher haben wir zusätzliche Auswertungen mit dem Sozio-ökonomischen Panel (SOEP) – einer Panelbefragung, die seit 1984 durchgeführt wird (Kasten 3) – vorgenommen. Im Unterschied zu den BA-Daten enthält das SOEP genauere Informationen zur Arbeitszeit und erlaubt somit die Berechnung von Stundenlöhnen auch für Teilzeitbeschäftigte. Aufgrund geringerer Fallzahlen sind detailliertere Analysen für einzelne Tätigkeiten aber nur begrenzt möglich.

Bei allen Auswertungen haben wir Auszubildende und Personen in Weiterbildung ausgeschlossen. Ausbildungsvergütungen sind ebenso wie Unterhaltsgelder bei Weiterbildung nicht als reine Löhne zu betrachten. Während der Aus- oder Weiterbildung sind die Betroffenen in der Regel weniger produktiv und beteiligen sich an den Kosten der Aus- und Weiterbildung durch Verzicht auf Lohn. Hinzu kommt, dass Deutschland mit seinem dualen System der Berufsausbildung mit 6 Prozent der sozial versicherungspflichtig Beschäftigten erheblich mehr Jugendliche in einer betrieblichen Ausbildung hat als andere Länder. Ihre Einbeziehung würde daher internationale Vergleiche verzerren. Gesellschaftliche Investitionen in Ausbildung würden dann fälschlicherweise als soziales Problem erscheinen.

Kasten 1: Datensätze der Bundesagentur für Arbeit

Das BA-Beschäftigungspanel deckt etwa 80 Prozent aller Beschäftigten ab. Selbständige und Beamte sind nicht enthalten. Beim BA-Beschäftigtenpanel handelt es sich um anonymisierte Quartalsdaten aus der Beschäftigtenstatistik der Bundesagentur für Arbeit (BA). Wir nutzen drei verschiedene Datensätze der BA, welche unterschiedliche Zeiträume – zum Zeitpunkt unserer Berechnungen bis Ende 2003 – abdecken. Die IAB-Beschäftigtenstichprobe ist ein Datensatz zur wissenschaftlichen Nutzung, der anonymisierte Daten von einem Prozent aller sozialversicherungspflichtig Beschäftigten über einen Zeitraum von 21 Jahren (1975–1995) enthält. Fast acht Millionen Beschäftigungsmeldungen dokumentieren die Beschäftigungsbiografie von etwa 560.000 Personen. Einige Betriebsinformationen, die im Rahmen der Sozialversicherungsmeldungen erfasst werden, sind ebenso wie Informationen über Zeiten des Leistungsbezugs enthalten (Bender u.a. 2000). Weiterhin wurden die IAB-Regionalstichprobe (IABS-R01), die den Zeitraum von 1975 bis 2001 abdeckt, und das BA-Beschäftigtenpanel[3], welches ähnliche Informationen wie die anderen beiden Datensätze über 1,92 Prozent aller sozialversicherungspflichtig Beschäftigten für den Zeitraum 1998 bis 2003 umfasst, genutzt. Alle drei Datensätze enthalten sehr umfassende Informationen und erlauben eine Differenzierung der Auswertungen nach Branchen, einzelnen Wirtschaftszweigen und Berufen – zumindest für solche mit einer ausreichend großen Beschäftigtenzahl (zum Beispiel Verkäufer/innen). Die enthaltene Einkommensinformation bezieht sich auf das Brutto-Monatseinkommen.

Ein erster Blick auf die Entwicklung des Anteils der Niedriglohnbeschäftigten an allen sozialversicherungspflichtig Vollzeitbeschäftigten im Zeitablauf bestätigt die von der OECD und der EU festgestellten Trends. Zwischen 1980 und 1993 ist der Anteil der Niedriglohnbeziehenden unter den sozialversicherungspflichtig Vollzeitbeschäftigten in Westdeutschland von 15,3 Prozent auf 13,8 Prozent gesunken. Seit 1995 ist der Niedrig-

3 Beim BA-Beschäftigtenpanel handelt es sich um anonymisierte Quartalsdaten aus der Beschäftigtenstatistik der Bundesagentur für Arbeit (BA). Das Beschäftigtenpanel kann über das Zentralarchiv für Empirische Sozialforschung (Köln) bezogen werden. Für die Verwendung der Daten in diesem Beitrag trägt die Bundesagentur für Arbeit keine Verantwortung.

lohnanteil auf 17,3 Prozent im Jahre 2003 gestiegen. In Ostdeutschland lag der Niedriglohnanteil nach der Wiedervereinigung wegen der egalitäreren Einkommensverteilung in der ehemaligen DDR zunächst erheblich unter dem westdeutschen Niveau. Mit Auflösung der alten Staatsbetriebe wurde bis Mitte der neunziger Jahre das westdeutsche Niveau erreicht und seit 1997 unter dem Druck der höheren Arbeitslosigkeit in Ostdeutschland mit wachsendem Abstand deutlich übertroffen (Abbildung 1.2).

Abbildung 1.2: Anteil der Niedriglohnbeschäftigten unter sozialversicherungspflichtig Vollzeitbeschäftigten (getrennte Niedriglohnschwellen für Ost- und Westdeutschland)

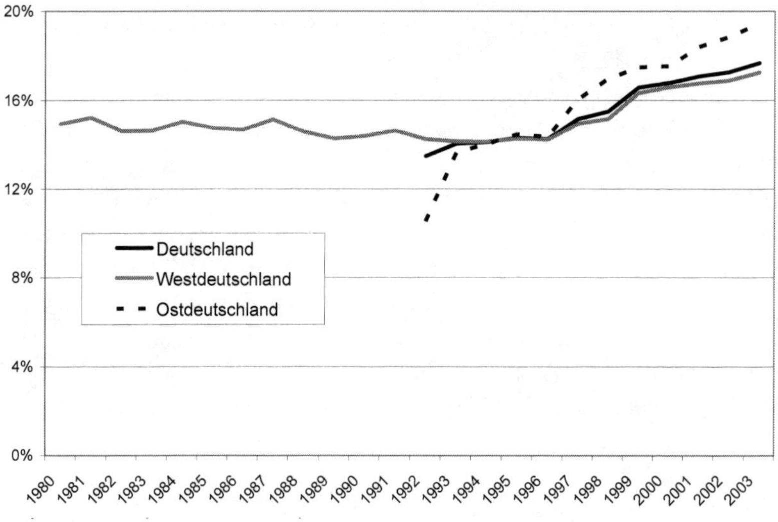

Quelle: IAB-Regionalstichprobe (IABS-R01) bis 1998 und BA-Beschäftigtenpanel ab 1999

Wegen der erheblichen Lohnunterschiede zwischen Ost- und Westdeutschland (siehe Abschnitt 4 sowie Grabka 2000) haben wir zwei getrennte Niedriglohnschwellen (jeweils zwei Drittel des Medianlohnes in Ost- und Westdeutschland) berechnet (Tabelle 1.1). Danach verdienten 2003 17,3 Prozent der Vollzeitbeschäftigten in West- und 19,5 Prozent der Vollzeitbeschäftigten in Ostdeutschland weniger als zwei Drittel des jeweiligen Medianlohns (1.736 Euro in West- und 1.309 Euro pro Monat in Ostdeutschland).[4] Als Mittelwert für Gesamtdeutschland ergibt sich ein

4 Die Einkommensinformation bezieht sich auf Bruttolöhne einschließlich jährlicher oder anderer Sonderzahlungen.

Niedriglohnanteil von 17,7 Prozent. Würden wir stattdessen eine bundeseinheitliche Niedriglohnschwelle berechnen, läge diese bei 1.661 Euro. Gemessen an dieser Schwelle läge der Niedriglohnanteil bei 15,4 Prozent in Westdeutschland, während er in Ostdeutschland mit 36,8 Prozent extrem hoch wäre. Für Gesamtdeutschland läge der Niedriglohnanteil bei 19,6 Prozent.

Tabelle 1.1: Niedriglohnschwellen (Brutto) und Anteil der Niedriglohnbeschäftigten (2003, sozialversicherungspflichtig Vollzeitbeschäftigte)

		Deutschland gesamt	*Ost-West-Differenzierung*
Medianlohn (€/Monat)		2.492 € Deutschland	1.963 € (Ost) 2.604 € (West)
Medianlohn (€/Stunde)		14,94 € Deutschland	11,77 € (Ost) 15,61 € (West)
Niedriglohnschwelle (€/Monat)		1.661 € Deutschland	1.309 € (Ost) 1.736 € (West)
Niedriglohnschwelle (€/Stunde)		9,96 € Deutschland	7,84 € (Ost) 10,41 € (West)
Niedriglohnanteil	Westdeutschland	15,4%	17,3%
	Ostdeutschland	36,8%	19,5%
	Gesamtdeutschland	19,6%	17,7%

Quelle: BA-Beschäftigtenpanel, eigene Berechnungen. Stundenlöhne sind geschätzt für eine durchschnittliche Wochenarbeitszeit von 38,5 Stunden, da im Datensatz keine Arbeitszeitinformation enthalten ist.

Unsere weiteren Auswertungen basieren auf den Berechnungen mit getrennten Niedriglohnschwellen für Ost- und Westdeutschland. Wir untersuchen zunächst auf der Basis der BA-Daten die Verteilung der Vollzeitbeschäftigten im Niedriglohnbereich nach Beschäftigtenmerkmalen sowie die strukturellen Veränderungen seit 1980. Darüber hinaus werden auf der Basis der SOEP-Daten die Niedriglohnanteile für Teilzeit- und geringfügig Beschäftigte analysiert (2.1). In Abschnitt 2.2 wird die Verteilung der Niedriglohnbeschäftigten auf Branchen, Unternehmen und Tätigkeiten analysiert. Die sozialen Folgen geringer Bezahlung können sehr unterschiedlich sein. Wenn ein Niedriglohnjob nur von geringer Dauer und ein Sprungbrett für einen besser bezahlten Job ist, ist das leichter akzeptierbar, als wenn es nur geringe Chancen gibt, aus einem verfestigten Niedriglohnsektor zu entkommen. Aus diesem Grunde untersuchen wir in Abschnitt 2.3 die Einkommensmobilität von Niedriglohnbeschäftigten und ihre Veränderung seit Mitte der neunziger Jahre. Ebenso bedeutsam ist der Zusammenhang zwischen Armut und geringer Bezahlung, der Thema von Abschnitt 2.4 ist. Wenn alle gering Bezahlten in Haushalten mit besser Verdienenden leben oder zusätzliche Transfers erhalten, ist denkbar, dass es trotz geringer Bezahlung wenig Armut gibt.

2.1 Welche Beschäftigtengruppen sind besonders von Niedriglöhnen betroffen?

Überdurchschnittlich hohe Niedriglohnanteile finden sich unter Personen ohne abgeschlossene Berufsausbildung (30,2 Prozent), Frauen (30,8 Prozent), Jüngeren (42,8 Prozent) sowie Ausländern und Ausländerinnen (27,0 Prozent) (Tabelle 1.2). Hohe Niedriglohnquoten bei einzelnen Gruppen bedeuten jedoch nicht in jedem Fall, dass diese Gruppen die Masse der gering Bezahlten ausmachen. Ein Blick auf die Verteilung der Niedriglohnbeschäftigten zeigt, dass 75,5 Prozent aller Niedriglohnbeschäftigten eine abgeschlossene Berufsausbildung haben, die große Mehrheit (74,2 Prozent) zwischen 25 und 54 Jahren alt ist und 89,7 Prozent Deutsche sind. Frauen stellen 64,1 Prozent aller gering bezahlten Vollzeitbeschäftigten.

Kasten 2: Maßzahlen für die Analyse der Struktur von Niedriglohnbeschäftigten

Für die Analyse der Struktur der Niedriglohnbeschäftigung werden drei verschiedene Maßzahlen verwendet:

- der Niedriglohnanteil unter allen Beschäftigten oder in bestimmten Gruppen (zum Beispiel Anteil der Niedriglohnbeschäftigten unter Frauen);
- die Niedriglohnverteilung (Anteil einer Gruppe an der Gesamtzahl aller Niedriglohnbeschäftigten);
- die Konzentration (Relation aus dem Niedriglohnanteil innerhalb einer Gruppe zum Wert für die Gesamtwirtschaft oder Relation aus dem Anteil der Gruppe an allen Niedriglohnbeschäftigten zu ihrem Anteil an der Beschäftigung in der Gesamtwirtschaft).

Tabelle 1.2: Strukturmerkmale der Niedriglohnbeschäftigten (Deutschland 2003, sozialversicherungspflichtig Vollzeitbeschäftigte)

	Kategorie	*Niedriglohn-anteil (in Kategorie)*	*Verteilung (Niedriglohn-beschäftigte)*	*Verteilung (Gesamt-wirtschaft)*	*Konzen-tration*
Qualifikation[5]	Ohne Berufsausbildung	30,2%	22,2%	13,0%	1,71
	Mit Berufsausbildung	17,6%	75,5%	75,6%	1,00
	Universität/ Fachhochschule	3,6%	2,3%	11,4%	0,20
Geschlecht	Männer	10,0%	35,9%	63,2%	0,57
	Frauen	30,8%	64,1%	36,8%	1,74
Alter	Unter 25	42,8%	18,0%	7,4%	2,42
	25 – 34	18,6%	25,9%	24,6%	1,05
	35 – 44	14,8%	27,8%	33,2%	0,84
	45 – 54	14,5%	20,6%	25,1%	0,82
	55+	14,3%	7,7%	9,6%	0,81
Nationalität	Deutsch	17,0%	89,7%	93,3%	0,96
	Ausländisch	27,0%	10,2%	6,7%	1,53
Gesamtwirtschaft		17,7%	100,0%	100,0 %	1,0

Quelle: BA-Beschäftigtenpanel, eigene Berechnungen

In Ostdeutschland haben sogar mehr als 90 Prozent der Niedriglohnbeschäftigten eine abgeschlossene Berufsausbildung. Das Risiko, zu einem Niedriglohn beschäftigt zu sein, ist für Frauen in Ostdeutschland etwas niedriger als in Westdeutschland. Ausländer und Ausländerinnen sind in Ostdeutschland noch häufiger von Niedriglöhnen betroffen als in Westdeutschland.

5 In 11,6 Prozent aller Fälle war keine Information zum Ausbildungsniveau verfügbar. In der folgenden Auswertung wurde angenommen, dass diese Fälle anteilsproportional auf alle Ausbildungsniveaus verteilt sind (vgl. zu dieser Vorgehensweise auch Reinberg/ Hummel 2002; Riede/Emmerling 1994; Reinberg/Schreyer 2003).

Betroffenheit und Zusammensetzung der gering Bezahlten haben sich in den letzten beiden Jahrzehnten deutlich verändert. Da lange Zeitreihen nur für Westdeutschland zur Verfügung stehen, sind Aussagen nur für diesen Teil Deutschlands möglich. In allen Qualifikationsgruppen hat sich der Anteil der gering Bezahlten zwischen 1980 und 2003 erhöht. In Prozentpunkten gemessen, war der Anstieg bei den gering Qualifizierten mit einem Zuwachs von +7,2 am stärksten. Bei Beschäftigten mit akademischem Abschluss hat sich der Niedriglohnanteil mehr als verdoppelt, was den stärksten prozentualen Anstieg aller Qualifikationsgruppen ausmacht (Tabelle 1.3). Niedriglohnbeschäftigung wird also zunehmend ein Problem für formal Qualifizierte. 1980 hatten 59 Prozent aller Niedriglohnbeschäftigten eine abgeschlossene Berufsausbildung oder einen höheren Abschluss; 2003 lag der entsprechende Anteil schon bei 74 Prozent. Frauen sind die einzige Personengruppe, bei der sich der Niedriglohnanteil 2003 gegenüber 1980 verringert hat. Dahinter steht ein relativ deutlicher Rückgang auf 29 Prozent bis 1995, während sich der Niedriglohnanteil bis 2003 auf knapp 32 Prozent wieder erhöht hat. Der Niedriglohnanteil unter Männern hat sich hingegen von etwa 5 Prozent im Jahre 1980 auf über 9 Prozent 2003 nahezu verdoppelt.

Der Niedriglohnanteil ist in allen Altersgruppen gestiegen. Auffallend ist der starke Zuwachs unter Jüngeren. Mit 42,3 Prozent bezieht 2003 fast jede/r Zweite in der Altersgruppe unter 25 Jahre einen Niedriglohn (obwohl wir Auszubildende aus der Analyse ausgeklammert haben). 1980 war es nur jeder Dritte. Dennoch hat sich der Anteil der Jüngeren an allen gering Bezahlten aufgrund des Anstiegs der gering Bezahlten in allen anderen Altersgruppen, die ja erheblich mehr Beschäftigte umfassen, verringert. Während 1980 62 Prozent der Niedriglohnbeziehenden 25 Jahre und älter waren, ist dieser Anteil bis 2003 auf 81 Prozent gestiegen (diese Daten sind nicht in der Tabelle enthalten).

Besonders auffallend ist die Veränderung des Niedriglohnanteils unter Ausländern und Ausländerinnen. 1980 jedoch lag der Anteil der Niedriglohnbeschäftigten in dieser Gruppe mit 14,1 Prozent noch unter dem von Deutschen (15,7 Prozent), was damit zusammenhängen dürfte, dass die meisten ausländischen Beschäftigten damals noch im gut bezahlenden verarbeitenden Gewerbe tätig waren. Bis 2003 hat sich der Niedriglohnanteil von Ausländern und Ausländerinnen hingegen fast verdoppelt, da mittlerweile gerade die gut bezahlten einfachen Arbeitsplätze im verarbeitenden

Tabelle 1.3: Strukturmerkmale der Niedriglohnbeschäftigten (Deutschland 2003, sozialversicherungspflichtig Vollzeitbeschäftigte)

	Kategorie	*1980*	*1995*	*1999*	*2003*
Qualifikation[6]	Ohne Berufsausbildung	22,6%	23,6%	27,7%	29,8%
	Mit Berufsausbildung	13,5%	13,2%	15,5%	16,7%
	Universität/ Fachhochschule	1,8%	2,3%	3,1%	3,7%
Geschlecht	Männer	5,1%	6,7%	8,3%	9,3%
	Frauen	36,3%	29,2%	31,3%	31,9%
Alter	Unter 25	33,5%	33,7%	39,8%	42,3%
	25–34	11,4%	13,0%	15,6%	17,8%
	35–44	10,7%	12,3%	13,8%	14,4%
	45–54	10,4%	11,6%	13,4%	14,0%
	55+	11,2%	11,5%	12,8%	14,2%
Nationalität	Deutsch	15,7%	13,2%	15,5%	16,4%
	Ausländisch	14,1%	23,5%	25,6%	26,6%
Gesamtwirtschaft		15,6%	14,2%	16,3%	17,3%

Quelle: Bis 1995 IAB-Beschäftigtenstichprobe und ab 1999 BA-Beschäftigtenpanel, eigene Berechnungen

Gewerbe verloren gegangen sind. Außerdem haben zunehmend auch die ausländischen Frauen eine Beschäftigung aufgenommen und ausländische Jugendliche der zweiten und dritten Generation haben nur schwer auf dem Arbeitsmarkt Fuß gefasst. Der Anteil der ausländischen Niedriglohnbeschäftigten begann schon Ende der achtziger Jahre anzusteigen, als die Niedriglohnanteile bei den Deutschen noch zurückgingen. Die Zunahme der Niedriglöhne unter Ausländer/innen sowie in Ostdeutschland kann man möglicherweise als Frühindikator für die Gesamtentwicklung interpretieren.

6 In 11,6 Prozent aller Fälle war keine Information zum Ausbildungsniveau verfügbar. In der folgenden Auswertung wurde angenommen, dass diese Fälle anteilsproportional auf alle Ausbildungsniveaus verteilt sind (vgl. zu dieser Vorgehensweise auch Reinberg/ Hummel 2002; Riede/Emmerling 1994; Reinberg/Schreyer 2003).

Auch bei den Auswertungen des Sozio-ökonomischen Panels (SOEP) haben wir getrennte Niedriglohnschwellen für Ost- und Westdeutschland (definiert als zwei Drittel des Medianlohns in der jeweiligen Region) berechnet. Für Westdeutschland lag die Niedriglohnschwelle bei 9,83 Euro pro Stunde (Brutto), während sich für Ostdeutschland (inkl. Ostberlin) ein Wert von 7,15 Euro ergab. Diese Schwellen liegen niedriger als beim Datensatz der BA, da nunmehr auch die Teilzeit- und geringfügig Beschäftigten einbezogen sind, die überdurchschnittliche Anteile von gering Bezahlten aufweisen.

Kasten 3: Das Sozio-ökonomische Panel (SOEP)

Das Sozio-ökonomische Panel (SOEP) ist eine repräsentative, jährliche Panelbefragung unter privaten Haushalten, die seit 1984 durchgeführt wird. Unsere Auswertungen basieren auf den Daten der Welle U aus dem Jahre 2004 und beziehen *Teilzeitbeschäftigte* ein. Bestimmte Kategorien von Beschäftigten, für die sich entweder keine sinnvollen Stundenlöhne berechnen lassen oder für die spezielle Entlohnungsregelungen gelten, wurden aus der Analyse ausgeklammert (Selbständige und Freiberufler, mithelfende Familienangehörige, Auszubildende, Praktikanten, Personen in Umschulung und Rehabilitation, Personen in Arbeitsbeschaffungs- und Strukturanpassungsmaßnahmen, Beschäftigte in Behindertenwerkstätten, Wehr- und Zivildienstleistende sowie Beschäftigte in Altersteilzeit). Ebenfalls ausgeschlossen wurden Schüler/innen, Studierende und Rentner/innen, weil diese Gruppen üblicherweise nur einer Nebenbeschäftigung nachgehen. Die Daten zum Einkommen und zur Arbeitszeit beziehen sich bei den Auswertungen mit dem SOEP zunächst auf die Hauptbeschäftigung. Nur wenn weder eine Arbeitszeitinformation noch eine Einkommensinformation für die Hauptbeschäftigung vorlagen, wurde die entsprechende Information aus der Nebentätigkeit verwendet. Somit wurden Nebenbeschäftigungen ausgeschlossen, die zusätzlich zu einer Haupttätigkeit ausgeübt werden und jede/r Beschäftigte ist nur mit einem Beschäftigungsverhältnis in der Auswertung enthalten. Sonderzahlungen wurden zum Einkommen hinzugerechnet. Die Einkommensinformation zu Sonderzahlungen stammt aus dem Vorjahr (2003) und wurde nur verwendet, wenn es in der Zwischenzeit keinen Arbeitgeberwechsel gab. In den folgenden Auswertungen wird ein Minijob (geringfügige Beschäftigung) als ein Beschäftigungsverhältnis mit einem monatlichen Einkommen von 400 Euro oder weniger definiert, unabhängig von der Arbeitszeit. Eine Vollzeitbeschäftigung ist definiert als Beschäftigungsverhältnis mit einer vertraglich vereinbarten Wochenarbeitszeit von 35 Stunden und mehr; entsprechend wurden Beschäftigungsverhältnisse mit weniger als 35 Stunden als Teilzeit klassifiziert, wenn sie nicht unter die Definition für Minijobs fielen.

Nach den Daten des SOEP lag der Niedriglohnanteil für Gesamtdeutschland im Jahre 2004 bei 20,8 Prozent. Bei einer Grundgesamtheit von 29 Millionen Beschäftigten bedeutet dies, dass gut sechs Millionen Beschäftigte einen Stundenlohn unterhalb der Niedriglohnschwelle beziehen.[7] Wie bei den vorherigen Auswertungen für Vollzeitbeschäftigte ist der Niedriglohnanteil in Ostdeutschland mit 22,5 Prozent höher als in Westdeutschland mit 20,5 Prozent. Da Zweit- oder Nebenjobs nicht enthalten sind, müssen die in Tabelle 1.4 ausgewiesenen Werte als Untergrenze für eine Schätzung des realen Umfangs der Niedriglohnbeschäftigung in Deutschland angesehen werden. Bemerkenswert gegenüber allen anderen Ländern mit einem Mindestlohn, der eine unterste Lohnschranke einzieht, ist darüber hinaus die große Streuung der niedrigen Löhne nach unten. So beziehen 9,1 Prozent der Beschäftigten in West- und 8,6 Prozent in Ostdeutschland einen Niedrigstlohn (50 Prozent des Medianlohnes), der im Westen bei 7,38 Euro und im Osten bei 5,57 Euro liegt. 1,5 Millionen Beschäftigte in Deutschland erhalten weniger als 5 Euro pro Stunde und hiervon 876.000 sogar weniger als 4 Euro.

Tabelle 1.4: Niedriglohnschwellen und Niedriglohnanteil, 2004 (alle Beschäftigten, inklusive Teilzeit)

	Niedriglohnschwelle	*Niedriglohnanteil*
Westdeutschland	9,83 €	20,5%
Ostdeutschland	7,15 €	22,5%
Gesamtdeutschland		20,8%
Basis: 29.044.714 Beschäftigte		

Quelle: Sozio-ökonomisches Panel 2004, eigene Berechnungen

7 Bezieht man Schüler/innen, Studierende und Rentner/innen mit in die Untersuchung ein, sind von 31 Millionen Beschäftigten 22,1 Prozent Niedriglohnbeziehende, was absolut 6,9 Millionen Niedriglohnbeschäftigten entspricht.

Teilzeitbeschäftigte und geringfügig Beschäftigte haben ein höheres Niedriglohnrisiko als Vollzeitbeschäftigte (Tabelle 1.5). Mit einem Anteil von 48,5 Prozent machen sie knapp die Hälfte aller Niedriglohnbeziehenden aus, obwohl ihr Anteil an der Beschäftigung in der Gesamtwirtschaft nur bei 27,9 Prozent liegt. Dies ist vor allem auf den extrem hohen Niedriglohnanteil unter den Beschäftigten in Minijobs zurückzuführen. Immerhin 85,8 Prozent dieser Beschäftigten bekommen einen Stundenlohn unterhalb der Niedriglohnschwelle. Demgegenüber liegt der Niedriglohnanteil bei sozialversicherungspflichtig Teilzeitbeschäftigten mit 21,1 Prozent deutlich niedriger, aber trotzdem noch deutlich über dem der Vollzeitbeschäftigten (14,6 Prozent). Mit 9,4 Prozent ist der Niedriglohnanteil unter Hochschul absolvent/innen mehr als doppelt so hoch wie bei der Analyse auf Grundlage der BA-Daten (3,6 Prozent). Der Frauenanteil unter den Niedriglohn-

Tabelle 1.5: Strukturmerkmale der Niedriglohnbeschäftigten (Deutschland 2004, alle Beschäftigten inklusive Teilzeit)

	Kategorie	*Niedriglohn-anteil (in Kategorie*	*Verteilung (Niedriglohn-beschäftigte)*	*Verteilung (Gesamtwirt-schaft)*	*Konzen-tration*
Arbeitszeit	Vollzeit	14,6%	51,5%	72,1%	0,71
	Teilzeit	21,1%	22,2%	21,6%	1,03
	Geringfügig Beschäftigte	85,8%	26,3%	6,3%	4,19
Qualifikation	Ohne Berufsausbildung	42,1%	22,4%	11,2%	2,01
	Mit Berufsausbildung	21,5%	67,2%	65,6%	1,02
	Universität/ Fachhochschule	9,4%	10,4%	23,2%	0,45
Geschlecht	Männer	12,6%	30,4%	50,7%	0,60
	Frauen	29,6%	69,6%	49,3%	1,41
Nationalität	Deutsch	20,3%	92,7%	95,2%	0,97
	Ausländisch	31,2%	7,3%	4,8%	1,50
Gesamtwirtschaft (Beschäftigte: 29.044.714)		20,8%	100%	100%	1,0

Quelle: Sozio-ökonomisches Panel 2004, eigene Berechnungen

beschäftigten liegt aufgrund ihrer höheren Teilzeitquote noch deutlich höher als in der Auswertung mit BA-Daten. Sie machen fast 70 Prozent aller gering Bezahlten aus.

2.2 Die Verteilung der Niedriglohnbeschäftigten auf Branchen, Unternehmen und Tätigkeiten

Überdurchschnittliche Anteile von Niedriglohnbeschäftigten finden sich in der Landwirtschaft und einigen, aber nicht allen Dienstleistungsbereichen. Gegen den allgemeinen Trend einer Zunahme von Niedriglohnbeschäftigung hat sich der Niedriglohnanteil in einigen Kernbranchen sogar verringert. Dies trifft vor allem auf das produzierende Gewerbe und die ökonomischen Transaktionsleistungen (Banken und Versicherungen) zu. Dieser Rückgang ist vor allem eine Folge des Outsourcings bestimmter Tätigkeiten, die damit in andere Branchen verlagert wurden. Es ist ebenfalls festzustellen, dass sich in Groß- und Mittelbetrieben die ohnehin bereits unterdurchschnittlichen Anteile von gering Bezahlten noch weiter verringert haben. In den kleineren (20 bis 99 Beschäftigte) und vor allem in den Kleinstbetrieben (weniger als 20 Beschäftigte) stiegen die Niedriglohnanteile hingegen von einem ohnehin schon hohen Niveau noch kräftig an. Auch dies dürfte Folge des Outsourcings bestimmter Tätigkeiten aus Großbetrieben in kleinere Betriebe ohne Tarifbindung und Betriebsräte sein. Eine weitere Erklärung ist das starke Beschäftigungswachstum in neuen Dienstleistungsbereichen.[8]

Von besonderem Interesse sind die Niedriglohnanteile in denjenigen Branchen und Tätigkeiten, die im Rahmen unserer Studie anhand von Betriebsfallstudien genauer untersucht wurden (vergleiche Kapitel 2 bis 6). Alle Branchen weisen in West- und Ostdeutschland (außer dem Gesundheitswesen in Ostdeutschland) überdurchschnittliche Niedriglohnanteile auf. In Ostdeutschland ist der Niedriglohnanteil insgesamt höher als in Westdeutschland. In einigen der untersuchten Branchen (Hotel- und Gaststättengewerbe, Gesundheitswesen) ist die Relation jedoch umgekehrt. Tabelle 1.7 weist überdurchschnittliche Niedriglohnanteile für nahezu alle

8 Der hohe Niedriglohnanteil in bestimmten Wirtschaftszweigen und für bestimmte Beschäftigtengruppen wird auch durch eine logistische Regressionsrechnung bestätigt (Tabelle A.6 im Anhang).

Tabelle 1.6: Entwicklung der Niedriglohnbeschäftigung im Zeitverlauf nach Betriebsmerkmalen (Westdeutschland, sozialversicherungspflichtig Vollzeitbeschäftigte)

	Kategorie	*1980*	*1995*	*1999*	*2003*
Wirtschaftsgruppe[9]	Landwirtschaft	44,4 %	41,6 %	38,6 %	40,7 %
	Produzierendes Gewerbe	12,2 %	8,9 %	8,9 %	9,1 %
	Bauwirtschaft	7,9 %	8,1 %	10,5 %	11,4 %
	Infrastruktur- und Transportdienstleistungen	6,2 %	8,9 %	12,6 %	15,3 %
	Unternehmensnahe Dienstleistungen	28,4 %	27,5 %	26,9 %	27,5 %
	Ökonomische Transaktionsdienst-leistungen	23,7 %	17,1 %	18,6 %	18,9 %
	Politische Transaktionsdienstleistungen	6,4 %	6,0 %	6,7 %	6,2 %
	Haushalts- und personenbezogene Dienstleistungen	29,0 %	28,5 %	31,2 %	32,1 %
Betriebsgröße	1-19 Beschäftige	33,6 %	31,5 %	34,6 %	36,4 %
	20-99 Beschäftigte	16,6 %	14,4 %	16,5 %	18,4 %
	100-499 Beschäftigte	11,6 %	8,4 %	10,1 %	10,4 %
	500 Beschäftigte und mehr	4,5 %	2,3 %	3,3 %	3,2 %
Gesamtwirtschaft (Niedriglohnanteil)		15,6 %	14,2 %	16,3 %	17,3 %

Quelle: BA-Beschäftigtenpanel (ab 1999) und IAB-Beschäftigtenstichprobe (bis 1995), eigene Berechnungen

---

9 Wir haben die einzelnen Wirtschaftszweige folgendermaßen zusammen gefasst: *Infrastruktur- und Transportdienstleistungen:* Elektrizitäts-, Gas- und Wasserversorgung, Abwasser- und Abfallbeseitigung und sonstige Entsorgung; Transport und Logistik, Post und Telekommunikation; *Unternehmensnahe Dienstleistungen:* Forschung und Entwicklung, Architektur- und Ingenieurbüros und damit verbundene technische Beratung, technische, chemische und physikalische Untersuchung, Datenverarbeitung und damit verbundene Tätigkeiten, Wach- und Sicherheitsdienste, Gebäudereinigung, managementbezogene Dienstleistungen, andere unternehmensbezogene Dienstleistungen; *Ökonomische Transaktionsdienstleistungen:* Handel, Banken und Versicherungen, Immobilienwirtschaft; *Politische Transaktionsdienstleistungen:* Aktivitäten von Gewerkschaften, Wirtschafts-, Arbeitgeber- und Berufsvereinigungen, Aktivitäten weiterer Interessenvertretungen, Öffentliche Verwaltung, Verteidigung, Sozialversicherung; *Haushalts- und personenbezogene Dienstleistungen:* Gesundheit und Soziales, Erziehung, Hotel- und Gaststättengewerbe, Reisebüros- und Reiseveranstalter, Kultur und Sport sowie andere haushalts- und personenbezogene Dienstleistungen.

Tabelle 1.7: Niedriglohnanteil in den untersuchten Branchen und Tätigkeiten 2003 (sozialversicherungspflichtig Vollzeitbeschäftigte)

Branche/Tätigkeit	*West*	*Ost*	*Deutschland*
Ernährungsgewerbe, Tabakverarbeitung (NACE 15, 16)	34,3%	45,9%	36,6%
Fleisch-, Wurstwarenhersteller (BKZ 402)	34,8%	40,4%	36,0%
Zucker-, Süßwaren-, Speiseeishersteller (BKZ 433)	40,2%	(19,7%)	35,5%
Einzelhandel (NACE 52)	33,1%	34,9%	33,4%
Verkäufer (BKZ 682)	41,5%	46,8%	42,6%
Kassierer (BKZ 773)	36,8%	(27,5%)	35,2%
Hotel- und Gaststättengewerbe (NACE 55)	72,0%	65,5%	70,5%
Übrige Gästebetreuer (BKZ 913)	82,0%	78,4%	81,3%
Hauswirtschaftliche Betreuer (BKZ 923)	88,3%	75,9%	86,2%
Raum- und Hausratreiniger (BKZ 933)	91,7%	86,4%	90,8%
Gesundheitswesen (NACE 85)	23,5%	19,4%	22,6%
Helfer in der Krankenpflege (BKZ 854)	25,3%	21,3%	24,5%
Raum- und Hausratreiniger (BKZ 933)	43,3%	32,3%	41,4%
Gesamtwirtschaft	17,3%	19,5%	17,7%

Quelle: BA-Beschäftigtenpanel, eigene Berechnungen

untersuchten Tätigkeiten aus. Bemerkenswert ist darüber hinaus, dass die Niedriglohnanteile bei Tätigkeiten, die in unterschiedlichen Branchen vorkommen, unterschiedlich hoch sind. So sind etwa Reinigungstätigkeiten im Gesundheitswesen besser entlohnt als im Hotel- und Gaststättengewerbe.

Der Blick auf die Zeitreihen von 1980 bis 2003 lässt eine erhebliche Lohndynamik in den untersuchten Branchen und Tätigkeiten erkennen (Tabelle 1.8). Dabei muss man wieder zwischen der Periode 1980 bis 1995, als in Deutschland die Niedriglohnbeschäftigung zurückging, und den Jahren 1995 bis 2003, als sie stark anstieg, unterscheiden. In der ersten Periode ist eine Verbesserung der relativen Einkommensposition der Beschäftigen in einigen Tätigkeiten (Süßwaren, Beschäftigte in Krankenhäusern und im Einzelhandel) erkennbar, während die Niedriglohnanteile in den anderen Tätigkeiten schon in dieser Periode anstiegen. In der zweiten Phase kann man eine leichte Verbesserung nur noch bei den Kassentätigkeiten feststellen; während die Beschäftigten in allen anderen Tätigkeiten von steigenden Niedriglohnanteilen betroffen waren. Am extremsten fällt die Zunahme bei Reinigungstätigkeiten in Krankenhäusern aus, deren Niedriglohnanteil sich innerhalb von nur acht Jahren fast verdoppelte. Insgesamt zeigt der Blick auf die untersuchten Tätigkeiten, dass hier im Vergleich zu den Veränderungen in der Gesamtwirtschaft die Ausschläge erheblich größer sind, da sich die Niedriglohnbeschäftigung zunehmend konzentriert. Am stärksten gestiegen ist die Niedriglohnbeschäftigung also gerade in den Tätigkeiten, in denen sie ohnehin schon sehr hoch war.

Tabelle 1.8: Langzeitentwicklung des Niedriglohnanteils in den untersuchten Branchen und Tätigkeiten, Westdeutschland (sozialversicherungspflichtig Vollzeitbeschäftigte)

Branche bzw. Tätigkeit	*1980*	*1995*	*1999*	*2003*
Ernährungsgewerbe, Tabakverarbeitung (NACE 15, 16)	34,3%	33,4%	31,3%	34,3%
Fleisch-, Wurstwarenhersteller (BKZ 402)	22,5%	31,3%	31,8%	34,8%
Zucker-, Süßwaren-, Speiseeishersteller (BKZ 433)	59,0%	39,0%	39,0%	40,2%
Einzelhandel (NACE 52)	29,9%	22,0%	32,7%	33,1%
Verkäufer (BKZ 682)	53,5%	36,9%	42,0%	41,5%
Kassierer (BKZ 773)	55,4%	48,9%	37,4%	36,8%
Hotel- und Gaststättengewerbe (NACE 55)	62,1%	67,9%	69,5%	72,0%
Übrige Gästebetreuer (BKZ 913)	75,9%	81,2%	84,2%	82,0%
Hauswirtschaftliche Betreuer (BKZ 923)	84,1%	89,2%	82,9%	88,3%
Raum- und Hausratreiniger (BKZ 933)	78,9%	91,0%	92,6%	91,7%
Gesundheitswesen (NACE 85)	20,3%	19,7%	21,4%	23,5%
Helfer in der Krankenpflege (BKZ 854)	11,4%	9,6%	19,3%	25,3%
Raum- und Hausratreiniger (BKZ 933)	31,0%	22,4%	37,1%	43,3%
Westdeutschland (Gesamt)	15,6%	14,2%	16,3%	17,3%

Quelle: BA-Beschäftigtenpanel ab 1999 und IAB Beschäftigtenstichprobe bis 1995, eigene Berechnungen. Daten vor beziehungsweise nach 1995 basieren auf unterschiedlichen Wirtschaftsgruppensystematiken und sind nicht vollständig vergleichbar.

2.3 Aufstiegsmobilität der Niedriglohnbeschäftigten

Sozialpolitisch gesehen sind kurzzeitige Phasen von Niedriglohnbeschäftigung im Erwerbsverlauf weniger problematisch, als wenn sich Niedriglöhne auf bestimmte Personengruppen konzentrieren und die Betroffenen nur geringe Chancen haben, in besser bezahlte Tätigkeiten aufzusteigen. In Deutschland wird zugunsten einer Ausweitung von Niedriglohnbeschäftigung häufig angeführt, dass gering bezahlte Jobs einen Einstieg in den Arbeitsmarkt ermöglichen und sich die Beschäftigten im Laufe der Zeit zu besser bezahlten Beschäftigungsverhältnissen hocharbeiten können.

Bisherige Studien haben herausgefunden, dass die Einkommensmobilität – also der Aufstieg in eine besser bezahlte Tätigkeit – Anfang der neunziger Jahre in Deutschland größer als etwa in den USA oder Großbritannien war (OECD 1997: 31; Keese u.a. 1998: 249). Neuere Studien zeigen jedoch, dass sich dies mit der Zunahme der Niedriglohnbeschäftigung in Deutschland geändert hat. Nach einer Studie der Europäischen Kommission (European Commission 2004) lag die Aufstiegsmobilität für Niedriglohnbeschäftigte in Deutschland zwischen 1995 und 2001 unterhalb des Durchschnitts der EU-Länder. Die Ergebnisse mehrerer deutscher Studien zur Veränderung der Aufstiegsmobilität im Zeitverlauf (Kaltenborn/Klös 2002; Fertig et al. 2004; Rhein et al. 2005) sind widersprüchlich hinsichtlich der Aussage, ob die Aufstiegsmobilität im Zeitverlauf zu- oder abgenommen hat. Daher haben wir eine eigene Analyse zur Aufstiegsmobilität auf der Basis der BA-Daten durchgeführt.

Kasten 4: Zur Methodik der Mobilitätsanalyse

Um die Veränderung der Aufstiegsmobilität im Zeitverlauf von 1975/1976 bis 2002/2003 in Westdeutschland zu untersuchen, haben wir den Erwerbsstatus von Vollzeitbeschäftigten zu einem Stichtag mit dem Status zum gleichen Stichtag im Folgejahr verglichen. Für Vollzeitbeschäftigte mit gültigen Einkommensinformationen zu beiden Stichtagen wurde unterschieden zwischen Beschäftigten, die im Niedriglohnbereich verblieben sind, und solchen, die in besser bezahlte Beschäftigung aufgestiegen sind. Da die Ergebnisse mit der Konjunkturentwicklung schwanken, haben wir den Trend berechnet. Die anschließende Strukturanalyse für Deutschland insgesamt basiert auf demselben Vorgehen, allerdings für einen Beobachtungszeitraum von fünf Jahren (1998 bis 2003).

Zwischen 1975/1976 und 2000/2001 hat sich die Aufstiegsmobilität in Westdeutschland im Trend verringert, auch wenn es zwischenzeitliche konjunkturell bedingte Schwankungen gibt (Abbildung 1.3) Der Trend nach unten ist stark durch die abnehmenden Wachstumsraten nach dem Wiedervereinigungsboom geprägt und könnte sich durch eine lange Wachstumsphase möglicherweise auch wieder verändern. Wird die Auswertung durch Daten aus dem BA-Beschäftigtenpanel ergänzt, wird sichtbar, dass sich der Rückgang der Aufstiegsmobilität in den Jahren 2002 und 2003 fortgesetzt hat.

Abbildung 1.3: Aufstiegsmobilität im Zeitverlauf (Westdeutschland, sozialversicherungspflichtig Vollzeitbeschäftigte)

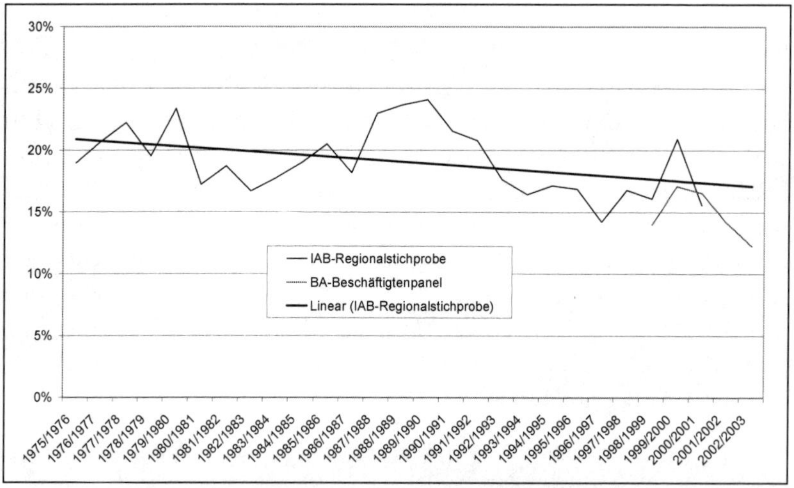

Quelle: IAB-Regionalstichprobe und BA-Beschäftigtenpanel, eigene Berechnungen

Die Strukturanalyse für den Zeitraum 1998 bis 2003 zeigt, dass insgesamt 34,4 Prozent aller Niedriglohnbeziehenden der Aufstieg aus dem Niedriglohnbereich gelang (Abbildung 1.4). Die Wahrscheinlichkeit aufzusteigen war erheblich höher für Männer (50,4 Prozent), Hochschulabsolvent/innen (62,3 Prozent) und Jüngere (53,6 Prozent für die unter 25-jährigen und 40,1 Prozent in der Altersgruppe von 25 bis 34). Der Anteil der Aufsteiger lag bei Beschäftigten mit abgeschlossener Berufsausbildung mit 34,7 Prozent nur knapp über dem Durchschnitt. Die Aufstiegschancen waren in Westdeutschland (35,6 Prozent) größer als in Ostdeutschland (30,5 Prozent). Frauen (27,2 Prozent), gering Qualifizierte (33,5 Prozent) und ältere Beschäftigte (über 45 Jahre) waren die Gruppen mit der niedrigsten Aufstiegsmobilität. Selbst in der Altersgruppe der 35- bis 44-Jährigen war die Aufstiegsmobilität mit nur 27,6 Prozent schon unterdurchschnittlich. Über 55-Jährige können nur noch in Ausnahmefällen darauf hoffen, eine besser bezahlte Beschäftigung zu erreichen.

Abbildung 1.4: Aufstiegsmobilität aus dem Niedriglohnbereich zwischen 1998 und 2003 (Deutschland, sozialversicherungspflichtig Vollzeitbeschäftigte)

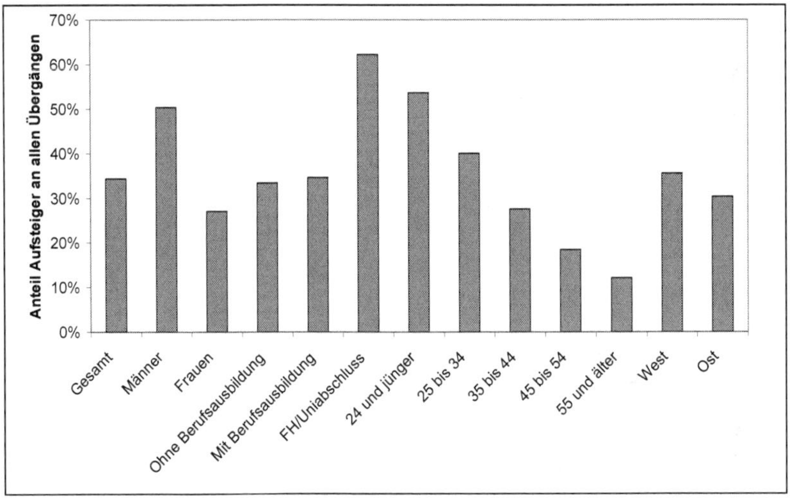

Quelle: BA-Beschäftigtenpanel, eigene Berechnungen

2.4 Niedriglohnbeschäftigung und Armut

Nicht jeder, der einen niedrigen Lohn bezieht, ist auch arm. Armut ergibt sich erst aus dem Kontext eines Haushalts. Auch mit einem geringen Einkommen kann man über der Armutsgrenze liegen, wenn andere Familienmitglieder gut verdienen oder das Haushaltseinkommen durch Transferleistungen aufgestockt wird. Bei großen Haushalten mit nur einem Verdiener ist es umgekehrt aber auch möglich, dass selbst ein Einkommen deutlich über der Niedriglohngrenze nicht ausreicht, um Armut zu vermeiden. Die meisten Untersuchungen zum Zusammenhang von Erwerbstätigkeit und Armut, also zu den »*working poor*«, gehen von einem relativen Armutskonzept aus. Als arm werden in der Regel diejenigen bezeichnet, die über weniger als 60 Prozent (oder je nach Definition weniger als 50

Prozent oder 40 Prozent) des mit einem nach der Zahl der Haushaltsmitglieder gewichteten durchschnittlichen Äquivalenzeinkommens verfügen.

Zunächst einmal ist festzuhalten, dass in Deutschland die meisten Armen nicht erwerbstätig sind. Je nach Definition von Armut gehen nur zwischen 21 und 27 Prozent der Armen einer Beschäftigung nach (Strengmann-Kuhn 2003: 40). Zwischen 14 und 16 Prozent sind arbeitslos und zwischen 57 und 65 Prozent sind nicht erwerbstätig. Schließt man allerdings Kinder und Ältere aus und beschränkt die Analyse auf das primäre Erwerbsalter (25 bis 55 Jahre), sind je nach Datengrundlage immerhin zwischen 39 Prozent und 45 Prozent der Armen erwerbstätig. Die anderen sind nicht erwerbstätig oder arbeitslos.

Die Gruppe der erwerbstätigen Armen ist Gegenstand mehrerer Untersuchungen, die allerdings zumeist nicht zwischen Niedrigeinkommen und höheren Einkommen differenzieren. Nur Marlier/Ponthieux (2000) thematisieren den Zusammenhang zwischen Niedriglöhnen und Armut. Sie definieren Niedriglöhne als Löhne von weniger als 60 Prozent des nationalen monatlichen Medianlohns[10] und Armut als Haushaltseinkommen von bis zu 60 Prozent des nationalen Medianeinkommens, gewichtet nach der modifizierten OECD-Äquivalenzskala. Danach gelten in Deutschland 24 Prozent der Niedriglohnbeziehenden im Haushaltskontext als arm (EU-13: 20 Prozent). Niedriglohnbeschäftigte haben ein erheblich höheres Armutsrisiko als Beschäftigte insgesamt (10 Prozent) und die Gesamtbevölkerung (16 Prozent). In Deutschland arbeiten 41 Prozent aller armen Beschäftigten im Niedriglohnbereich, was über dem EU-13 Durchschnitt von 37 Prozent liegt.

Seit 1991 hat der Anteil armer Haushalte in Deutschland zugenommen. Während 1991 noch 9,3 Prozent aller Haushalte mit einem Äquivalenzeinkommen von weniger als 50 Prozent des Mittelwertes auskommen mussten, waren es 2005 schon 10,6 Prozent (Statistisches Bundesamt 2006a: 612). Die Entwicklung wird vom Statistischen Bundesamt wie folgt erklärt: »Die langjährig zu beobachtende Zunahme an Ungleichheit geht in erster Linie auf die zunehmende Spreizung der Markteinkommen zurück.« (Statistisches Bundesamt 2006a: 610) Im Rahmen des zweiten Armuts- und Reichtumsberichts hat die Bundesregierung (2005) einen gesonderten Bericht zum Lebensstandard von Erwerbstätigenhaushalten in Auftrag gegeben, in dem allerdings nicht zwischen niedrigen und höheren Einkommen

10 Diese Monatslöhne enthalten keine Sozialversicherungsbeiträge und Steuern. Nur Beschäftigte, die mindestens 15 Wochenstunden arbeiten, sind in der Analyse enthalten.

differenziert wird (Haisken-De New 2004). Für alle Erwerbstätigenhaushalte kommt der Bericht zu dem Ergebnis, dass im Jahre 2002 8 Prozent von Armut betroffen waren. Bei Haushalten mit einem Vollzeiterwerbstätigen oder zwei Teilzeiterwerbstätigen liegt der Anteil armer Haushalte nur bei 4 Prozent. Im Gegensatz dazu weisen Haushalte, in denen nur ein Familienmitglied teilzeitbeschäftigt ist, eine Armutsquote von 30 Prozent auf (Haisken-De New 2004: 31). Um Armut durch Erwerbstätigkeit zu entkommen, muss man also entweder vollzeitbeschäftigt sein oder es muss in der Familie mindestens zwei Teilzeitbeschäftigte geben.

Ebenso wie die Einkommensmobilität von Niedriglohnbeschäftigten scheint auch die Einkommensmobilität von armen Haushalten abgenommen zu haben. Der Sachverständigenrat fand heraus, dass die Einkommensungleichheit der Haushaltseinkommen (Netto- und Markteinkommen) zwischen 1991 und 2002 zugenommen hat (Sachverständigenrat 2004: 571). Gleichzeitig ist die Aufstiegsmobilität armer Haushalte zurückgegangen. Während in Westdeutschland etwa 55 Prozent der armen Haushalte ihre Einkommensposition zwischen 1990 und 1993 verbessern konnten, gelang dies von 1999 bis 2002 nur 39 Prozent. Die Chancen für einen Aufstieg sind in Ostdeutschland (62 Prozent) deutlich größer als in Westdeutschland (39 Prozent). Haushalte mit mindestens einem abhängig Beschäftigten haben eine höhere Aufstiegsmobilität (59 Prozent für Gesamtdeutschland) als Haushalte insgesamt (etwa 42 Prozent).

2.5 Zwischenfazit

Die Datenanalysen zielten darauf ab, einen Überblick über Ausmaß, Verteilung und Dynamik der Niedriglohnbeschäftigung in Deutschland zu geben – also die empirische Ausgangslage zu beschreiben, die im Folgenden erklärt werden soll. Im Ergebnis lässt sich feststellen, dass seit Mitte der neunziger Jahre der Anteil der gering Bezahlten in Deutschland kontinuierlich gewachsen ist. Im Unterschied zu Ländern mit einem Mindestlohn oder einer höheren Gewerkschaftsdichte ist die Streuung der Löhne nach unten in Deutschland sehr groß. Beachtliche Teile der Beschäftigten verdienen weniger als 5 Euro oder sogar 4 Euro pro Stunde. Überdurchschnittlich betroffen sind vor allem Frauen, gering Qualifizierte, geringfügig Beschäftigte und Ausländer/innen. Die größten Zuwächse gab es bei den Ausländer/innen, deren Niedriglohnanteil in den achtziger Jahren noch unterdurchschnittlich war. Als deutsche Besonderheit ist festzuhalten, dass mehr als drei Viertel der gering Bezahlten über eine abgeschlossene Berufsausbildung oder sogar einen akademischen Abschluss verfügen.

Die Niedriglohnbeschäftigung konzentriert sich zunehmend auf kleinere Betriebe, während sie in größeren sogar abgenommen hat. Auch in Branchen mit hoher Tarifbindung (zum Beispiel verarbeitendes Gewerbe oder Banken und Versicherungen) ist der Anteil der Niedriglohnbeschäftigten gesunken, während er in vielen Dienstleistungsbranchen starke Zuwächse verzeichnet. In den in dieser Studie untersuchten Branchen und Tätigkeiten finden wir überdurchschnittliche Anteile von gering Bezahlten. Während zwischen 1980 und 1995 in einzelnen Tätigkeiten die Niedriglohnbeschäftigung teilweise sogar stark abnahm, ist sie seit 1995 in nahezu allen Tätigkeiten gestiegen. Insgesamt ist die Veränderungsdynamik in den untersuchten Branchen und Tätigkeiten erheblich größer als in der Gesamtwirtschaft. Die stärksten Zuwächse der Niedriglohnbeschäftigung sind offensichtlich dort zu verzeichnen, wo ihr Anteil ohnehin schon überdurchschnittlich war.

Seit 1991 nimmt auch der Anteil der armen Haushalte zu. Die Spreizung der Markteinkommen ist der Hauptgrund für die Zunahme. Der Anteil der *working poor* mit einem Niedrigeinkommen in Deutschland liegt leicht über dem europäischen Durchschnitt. Gleichzeitig nimmt die Einkommensmobilität der Haushalte ab, was auf eine Verfestigung der Armut schließen lässt.

3 Löhne und Lohnnebenkosten

Typisch für den deutschen Sozialstaat bismarckscher Prägung[11] ist die enge Verknüpfung von Erwerbseinkommen mit obligatorischen Sozialleistungen. Der Lohn muss nicht nur für die Arbeitsleistung hier und heute, sondern auch für Zeiten gezahlt werden, in denen nicht gearbeitet wird (zum

11 Mit diesem Begriff werden in der Literatur zu *»varieties of capitalism«* Wohlfahrtssysteme bezeichnet, die über Sozialversicherungsbeiträge stark an Erwerbstätigkeit gebunden sind. Wir sind nicht glücklich mit dem Begriff, da die von Bismarck eingerichteten Sozialversicherungen nur eine bescheidene Grundsicherung vorsahen. Die deutlichen Verbesserungen der Sozialleistungen im Jahrhundert nach Bismarck waren Ergebnis von teilweise heftigen sozialen Auseinandersetzungen.

Beispiel Urlaub, Krankheit, Feiertage). Hinzu kommen Beiträge an die gesetzlichen Sozialversicherungen sowie ggf. tariflich vereinbarte und freiwillige Sozialleistungen. Aus dieser »zweiten Lohntüte«, wie sie umgangssprachlich genannt wird, ergeben sich Ansprüche auf Leistungen, die zu unterschiedlichen Zeiten des Erwerbs- und Lebensverlaufs gezahlt werden.

Jeder abhängig Beschäftigte hat in Deutschland einen gesetzlichen Anspruch auf vier Wochen bezahlten Jahresurlaub, die Bezahlung von gesetzlichen Feiertagen und auf volle Lohnfortzahlung im Krankheitsfall (für bis zu sechs Wochen ab Krankheitsbeginn).[12] Der bezahlte Jahresurlaub ist in vielen Tarifverträgen auf sechs Wochen angehoben worden. Im Jahr 2004 entfielen 11,5 Prozent der jährlichen Arbeitskosten für Vollzeitbeschäftigte auf die Vergütung arbeitsfreier Zeiten (Statistisches Bundesamt 2006b: 44). Die einkommensabhängigen Beiträge zur Sozialversicherung werden von Arbeitgebern und Arbeitnehmer/innen getragen. Zu den Bruttolöhnen, die an die Beschäftigten ausgezahlt werden, müssen die Unternehmen im Durchschnitt rund 21 Prozent Beiträge an die gesetzlichen Sozialversicherungen zahlen.

Die Unterhaltszahlungen aus der Sozialversicherung (Arbeitslosengeld, Krankengeld nach der sechsten Woche, Rente) bemessen sich nach der Höhe des Einkommens. Darüber hinaus werden Sachleistungen wie medizinische Behandlung und Pflege ohne Bezug auf die Höhe der Beiträge gewährt. Hinzu kommen tarifvertraglich und betrieblich ausgehandelte Leistungen wie zum Beispiel Zuschüsse zu privater Altersvorsorge und Weiterbildung sowie Abfindungen bei Kündigungen. Alle Lohnzusatzkosten zusammen, die gesetzlichen, die tarifvertraglichen und die freiwilligen auf betrieblicher Ebene, machten im Jahr 2004 im Durchschnitt 31,6 Prozent der gesamten Arbeitskosten von Vollzeitbeschäftigten aus.[13]

Allerdings bestehen vor allem bei den tariflichen und freiwilligen Sozialleistungen große Unterschiede zwischen Groß- und Kleinbetrieben sowie zwischen Hochlohn- und Niedriglohnbranchen. So liegen die Lohnzusatzkosten in Großunternehmen mit 1.000 und mehr Beschäftigten mit 38,1 Prozent von durchschnittlich 37,19 Euro Arbeitskosten pro Stunde

---

12 Zusätzlich haben Beschäftigte in den meisten Bundesländern Anspruch auf eine Woche bezahlten Bildungsurlaub pro Jahr, der aber nur von 1 Prozent der Beschäftigten in Anspruch genommen wird.

13 Wenn Zahlungen für arbeitsfreie Tage einbezogen werden, belaufen sich die Lohnnebenkosten auf 43,3 Prozent. In die Arbeitskostenerhebung sind nur Betriebe mit mehr als 9 Beschäftigten einbezogen.

deutlich höher als in Kleinunternehmen mit 10 bis 49 Beschäftigten (29,1 Prozent von 21,34 Euro). Während im Handel der Anteil der Lohnzusatzkosten pro Vollzeitbeschäftigtem 30,9 Prozent (von 23,88 Euro Arbeitskosten pro Stunde) und im Gastgewerbe 34,3 Prozent (von 15,34 Euro pro Stunde) beträgt, sind es in den Hochlohnbranchen wie etwa der Energie- und Wasserversorgung 48,9 Prozent (von 41,40 Euro) (Statistisches Bundesamt 2006b). Die größten Unterschiede in den Lohnnebenkosten zwischen Branchen und Unternehmen verschiedener Größe zeigen sich in der zusätzlichen betrieblichen Altersvorsorge. Bei den Energieversorgern zum Beispiel belaufen sich diese Kosten auf 20,5 Prozent der gesamten Arbeitskosten, während im Einzelhandel und im Hotel- und Gaststättengewerbe der entsprechende Anteil bei nur 1,9 beziehungsweise 2 Prozent liegt.

Diese Unterschiede nach Branchen und Unternehmensgrößen sind zwischen 1992 und 2004 größer geworden, da in Klein- und Mittelbetrieben (Abbildung 1.5) und in Niedriglohnbranchen viele dieser zusätzlichen

Abbildung 1.5: Arbeitskosten 2004 und Veränderungsrate der Arbeitskosten 1992–2004

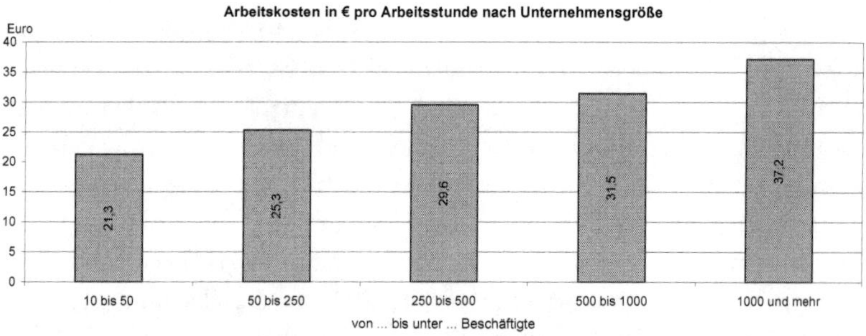

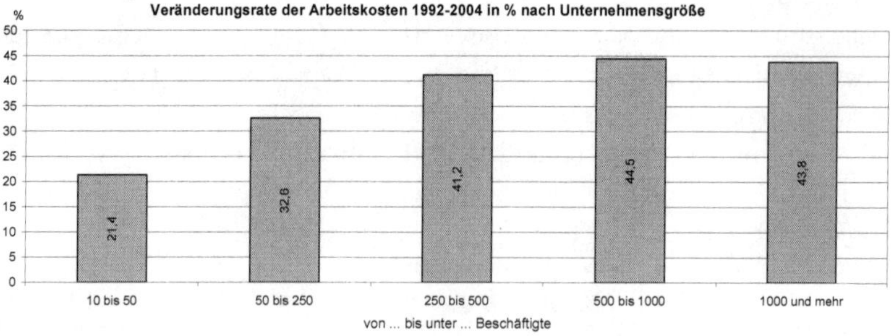

Quelle: Statistisches Bundesamt 2006b

Leistungen eingeschränkt oder gestrichen worden sind. Zudem sind jährliche Sonderzahlungen, die Teil des direkten Entgelts sind, zurückgegangen. Im Hotel- und Gaststättengewerbe hat sich ihr Anteil am Bruttoentgelt zum Beispiel von 4,5 auf 4,2 Prozent reduziert, während er in der Energie- und Wasserversorgung von 11,2 auf 12,1 Prozent und im Verarbeitenden Gewerbe von 9,8 auf 10,4 Prozent gestiegen ist. Unsere Branchenstudien (Kapitel 2 bis 6) und der wachsende Abstand in den Arbeitskosten zwischen Verarbeitendem Gewerbe und Dienstleistungen (Abbildung 1.8) bestätigen diesen Trend.

Auch für befristet Beschäftigte, Zeitarbeitskräfte[14] und Teilzeitbeschäftigte gilt die gesetzliche Versicherungspflicht und die Verpflichtung der Unternehmen, Löhne auch für die erwähnten Zeiten der Nichtarbeit weiter zu zahlen. Der früher übliche Ausschluss vieler Teilzeitbeschäftigter aus tariflichen oder betrieblichen Leistungen ist in den letzten Jahrzehnten schrittweise aufgehoben worden. Teilzeitbeschäftigte haben *Pro-Rata*-Ansprüche auf Sozialleistungen und auf gleiche Bezahlung. In der gesetzlichen Krankenversicherung erwerben sie sogar einen vollen Anspruch auf die Sachleistungen der Krankenkasse, sofern sie mehr als 400 Euro im Monat verdienen. Ausgeschlossen von der allgemeinen Versicherungspflicht sind nur die so genannten Minijobs (Kasten 5).

Kasten 5: Minijobs

Beschäftigte mit weniger als 400 Euro Monatseinkommen (325 Euro vor 2003) werden von der Sozialversicherungspflicht nicht erfasst und müssen keine eigenen Beiträge abführen. Der Unternehmer zahlt für solche Arbeitsverhältnisse seit Mitte 2006 eine Pauschalabgabe von 30 Prozent (vorher 25 Prozent – davon gehen ab: 13 Prozent an die Kranken- und 15 Prozent an die Rentenversicherung sowie 2 Prozent Pauschalsteuer). Hinzu kommen Beiträge zur Unfallversicherung und für eine Ausgleichskasse, aus der Krankengeld gezahlt werden soll. Aus dieser Pauschalabgabe ergeben sich für die Beschäftigten allerdings keine Ansprüche auf Sozialversicherungsleistungen. Die Pauschalabgabe soll vor allem sicherstellen, dass die Unternehmen geringfügig Beschäftigte

14 Gemeint ist hier das Personal, das im Rahmen der gewerblichen Arbeitnehmerüberlassung in Entleihbetrieben zum Einsatz kommt. Es ist höchst umstritten, ob diese treffender als »Leiharbeitskräfte« oder »Zeitarbeitskräfte« zu bezeichnen sind. Manchmal ist auch von »Personalleasing« die Rede. Wir benutzen in diesem Buch die Begriffe Zeitarbeit und Zeitarbeitskräfte, weil uns dies inzwischen gängiger erscheint.

nicht wegen geringerer Lohnzusatzkosten bevorzugt einstellen. Minijobs können auch als Nebenjob zusätzlich zu einer abhängigen oder selbständigen Hauptbeschäftigung ausgeübt werden. Die Steuer- und Sozialabgabenfreiheit von Minijobs für Beschäftigte ist eine erhebliche Subvention im unteren Einkommensbereich, also für Tätigkeiten mit geringem Stundenlohn oder geringer Stundenzahl, die völlig unabhängig von sonstigen Einkünften, Vermögen oder dem Haushaltseinkommen gewährt wird.

Während befristete Beschäftigte, Zeitarbeitskräfte und sozialversicherungspflichtige Teilzeitbeschäftigte in der Regel die ihnen aus dem Lohnverhältnis zustehenden Leistungen auch in Anspruch nehmen, ist dies bei Minijobs häufig nicht der Fall. Obgleich geringfügig Beschäftigten wie allen anderen Beschäftigten auch die Vergütung bei Urlaub, Feiertagen oder Krankheit nach dem Gesetz zusteht, wird in der betrieblichen Praxis offensichtlich vielfach nur die geleistete Arbeit bezahlt. Hinweise auf diese rechtswidrige Praxis geben auch die Überschüsse der Lohnausgleichskasse für die Zahlung des Krankengelds. Nur wenige Betriebe, die Minijobber/innen beschäftigen, beantragen einen Ausgleich für die Entgeltfortzahlung bei Krankheit (Bäcker 2006: 258). Die extrem hohen Niedriglohnanteile bei Minijobs (Abschnitt 2.1) deuten darauf hin, dass faktisch häufig die Unternehmen und nicht die Beschäftigten von der Subvention profitieren. Sie bezahlen den Beschäftigten in Minijobs – oft im Gegensatz zu geltenden Tarifverträgen – niedrigere Löhne (Kalina/Weinkopf 2006). Für die Beschäftigten sind die Minijobs gleichwohl oft attraktiv, da sie über den Ehepartner sozialversichert sind oder bei einem Nebenjob nicht wie bei Überstunden in die Steuerprogression geraten. Vor diesem Hintergrund ist die Zahl der Minijobs von 5,53 Millionen im Juni 2003 auf 6,76 Millionen im Dezember 2006 deutlich gestiegen (Online Datenbank der BA). Umstritten ist, ob und inwieweit die Zunahme der Minijobs mit einer Substitution regulärer Beschäftigungsverhältnisse einhergeht (Rudolph 2003; Kapitel 6).

2004 lag die Gesamtabgabenquote (Steuern und Sozialabgaben) in Deutschland bei 38,7 Prozent des Bruttosozialproduktes (21,9 Prozent Steuern und 16,8 Prozent Sozialabgaben), was niedriger als der EU-15 Durchschnitt von 39,5 Prozent war. Verglichen mit 1999 ist die Gesamtabgabenquote um etwa 3,5 Prozentpunkte zurückgegangen – vor allem aufgrund von Steuersenkungen, besonders im oberen Bereich der Einkommensteuer und bei der Unternehmensteuer (Statistisches Bundesamt 2006c). Über diese Quote wird heft debattiert: Während einige Autor/innen sie wegen der damit verbundenen Leistungen der Sozialversicherungen und des Staates als Indikator für eine hohe Lebensqualität und Garant für Chancengleichheit sehen, argumentieren andere, dass die Abgaben wegen steigender Kosten des Sozialsystems und der Staatsbürokratie eine unkalkulierbare Ursache für zusätzliche Lohnsteigerungen seien und damit die Beschäftigung – besonders von gering Qualifizierten – verringerten. Obgleich die Auffassung, dass die Arbeitskosten durch Sozialbgaben und Steuern übermäßig verteuert worden sind, angesichts der seit 1995 geringen Lohnsteigerungen wenig überzeugend ist, bestimmt sie gleichwohl die Politik in Deutschland.

Bezogen auf den Anteil der Lohnnebenkosten an den gesamten Arbeitskosten stimmen die Regierungen seit 1998 überein, dass diese auf unter 40 Prozent gesenkt werden sollen. Mit dieser politischen Zielgröße ist die Summe der Sozialversicherungsbeiträge von Beschäftigten und Unternehmen ohne Unfallversicherung gemeint. Während die Sozialversicherungsbeiträge bis Mitte der neunziger Jahre automatisch mit den Steigerungen der Bruttolöhne wuchsen, gibt es seitdem neben den tariflichen Lohnverhandlungen Jahr für Jahr eine zweite politische Lohnrunde, die sich auf die Sozialversicherungsbeiträge bezieht. Durch mehrere Rentenreformen wurde das Rentenniveau verringert, um die Beitragszuwächse aufgrund der demographischen Entwicklung zu begrenzen. Kostendämpfungsmaßnahmen und höhere Selbstbeteiligung der Patient/innen im Gesundheitswesen erlaubten seit 2005 eine leichte Absenkung der Beiträge zur Krankenversicherung. Die erste rot-grüne Regierung führte eine Ökosteuer ein, deren Einnahmen teilweise in die Rentenversicherung flossen und Beitragssenkungen ermöglichten. Ohne die Ökosteuer hätte der Beitrag 2004 1,7 Prozentpunkte höher gelegen (BMF 2004: 11).

Ebenfalls kontrovers debattiert wird die These, dass vor allem im unteren Lohnbereich bedenkliche Fehlanreize zur Arbeitsaufnahme bestehen. Die Beseitigung solcher »Niedriglohnfallen« ist eine zentrale Zielsetzung der »*OECD-Job Strategy*« (OECD 2006b: 63) ebenso wie der Europäischen Beschäftigungsstrategie. Auch im Rahmen der *Hartz*-Reformen wurden entsprechende Maßnahmen umgesetzt. Zum einen wurde zeitgleich mit der Erhöhung der Einkommensgrenzen für Minijobs im April 2003 eine Gleitzone für Monatseinkünfte zwischen 400 und 800 Euro eingeführt, in der die Arbeitnehmerbeiträge zur Sozialversicherung schrittweise von 4 Prozent auf den vollen Beitragssatz von durchschnittlich 21 Prozent steigen. Damit sollte die Grenzbelastung für Minijobber/innen bei der Ausdehnung ihrer Arbeitszeit verringert werden. Diese Maßnahme ist allerdings bislang nicht besonders wirkungsvoll gewesen, da in den theoretischen Überlegungen nicht in Rechnung gestellt wurde, dass die Grenzbelastung für die Unternehmen wegen der höheren Stundenlöhne für Midijobs und für viele Beschäftigte durch den Wegfall der kostenlosen Mitversicherung in der Krankenversicherung über den Ehepartner (bei einem monatlichen Verdienst über 400 Euro) hoch blieb. Entsprechend ist die Zahl der Midijobs gering geblieben. Sie lag Ende 2003 bei 416.000 (neuere Angaben lagen bei Redaktionsschluss nicht vor). Von erheblich größerer Bedeutung für den Arbeitsmarkt war hingegen die Abschaffung der einkommensabhängigen Arbeitslosenhilfe (Kasten 6).

Kasten 6: Die Hartz-Reformen

2002 legte eine Regierungskommission unter Leitung des damaligen Arbeitsdirektors der Volkswagen AG, Peter Hartz, einen Bericht zur Reform der Arbeitsmarktpolitik vor. Die rot-grüne Regierung verabschiedete in Absprache mit der Mehrheit der CDU/CSU im Bundesrat insgesamt vier *Hartz*-Gesetze, die zwar den Namen des Kommissionsvorsitzenden tragen, allerdings nur teilweise den Vorschlägen der Kommission folgten. Im *Hartz* I-Gesetz von 2003 wurde die Arbeitnehmerüberlassung dereguliert und eine Reihe neuer Instrumente der Arbeitsmarktpolitik (zum Beispiel Personal-Service-Agenturen, Ich-AG) eingeführt. Mit *Hartz* II wurden die Mini- und Midijobs neu geregelt (siehe Kasten 5) und die Arbeitsvermittlung neu organisiert. *Hartz* III befasste sich mit dem Umbau der Bundesanstalt für Arbeit. Mit *Hartz* IV wurde die einkommensabhängige Arbeitslosenhilfe abgeschafft und durch eine bedarfsorientierte Grundsicherung, das so genannte Arbeitslosengeld II, ersetzt. Dieses Arbeitslosengeld II wird allen bedürftigen und erwerbsfähigen Langzeitarbeitslosen gezahlt sowie Erwerbstätigen mit einem Haushaltseinkommen unterhalb des Bedarfssatzes. Deutliche Einkommenseinbußen hatten die zuvor gut verdienenden Bezieher/innen von Arbeitslosenhilfe und ältere Langzeitarbeitslose zu verzeichnen.

Bis Ende 2004 erhielten Langzeitarbeitslose in Abhängigkeit von ihrem Vermögen und dem Einkommen des Ehepartners zeitlich unbegrenzt die steuerfinanzierte Arbeitslosenhilfe in Höhe von 53 Prozent beziehungsweise 57 Prozent (mit Kindern) des vorherigen Nettoeinkommens. Ältere Arbeitslose, die häufig von Langzeitarbeitslosigkeit betroffen sind, konnten zudem Arbeitslosengeld in Höhe von 60 Prozent beziehungsweise 67 Prozent (mit Kindern) für bis zu 32 Monate beziehen, während die Bezugsdauer für unter 55-jährige bei maximal 12 Monaten lag. Die maximale Bezugsdauer für Ältere ist auf 18 Monate verkürzt worden. Nunmehr haben Arbeitslose nach Auslaufen des Arbeitslosengeldes nur noch Anspruch auf die Grundsicherung, die – unabhängig vom vorherigen Einkommen – einheitliche Sätze vorsieht. [15] Damit sollen die Anreize zur Aufnahme einer gering bezahlten Tätigkeit erhöht werden. Gleichzeitig wurden die Zumutbarkeitskriterien verschärft, so dass für *Hartz* IV-Beziehende jede Beschäftigung bis zu 30 Prozent unterhalb des ortsüblichen Entgelts als zumutbar gilt.

Ziel der *Hartz*-Reformen war es, durch eine Senkung der Arbeitslosigkeit sowie der Unterhaltsgelder für Arbeitslose die Kosten für den Sozialstaat zu senken. Hartz selber hat die Verringerung der Arbeitslosigkeit um mehr als 2 Millionen vorausgesagt, was aber nicht eingetreten ist. Tatsächlich haben sich die Kosten für die Grundsicherung nach *Hartz* IV deutlich erhöht. 2005 stiegen sie von erwarteten 14,6 Milliarden auf tatsächliche 25,6 Milliarden Euro und sanken 2006 nur leicht auf 24,6 Milliarden Euro. Der wichtigste Grund für diese Kostensteigerung war, dass in den Bedarfsgemeinschaften, die Arbeitslosengeld II beziehen, nunmehr alle Personen im Erwerbsalter, die mehr als drei Stunden pro Tag arbeiten können, eine Erwerbsarbeit suchen müssen. Der Staat hat durch den verschärften Arbeitszwang für alle Haushaltsmitglieder viele bislang nicht erwerbstätige Haushaltsmitglieder dazu veranlasst, sich arbeitslos zu melden und Arbeitslosengeld II zu beziehen. Hierdurch hat sich die Zahl der registrierten Arbeitslosen um rund 380.000 erhöht (IMK 2005), so dass 2005 die Grenze von 5 Millionen Arbeitslosen überschritten wurde.

15 Die monatliche Zahlung liegt bei 345 Euro (2007) für Alleinstehende. Wohnungskosten werden zusätzlich übernommen.

Die umfangreiche Evaluierung dieser größten Sozialreform in der Geschichte der Bundesrepublik zeigt, dass die Abläufe in der Bundesagentur für Arbeit effektiviert wurden. Größere autonome Beschäftigungseffekte der Arbeitsmarktpolitik konnten jedoch bislang nicht festgestellt werden.

Das Grundsicherungssystem dient nicht nur dazu, eine Mindestsicherung bei Arbeitslosigkeit zu gewährleisten, sondern dient auch zur Aufstockung niedriger Erwerbseinkommen, wenn diese nicht ausreichen, um den Bedarf des Haushaltes zu decken. Die Grundsicherung wirkt in diesen Fällen wie eine negative Einkommenssteuer. Die Zahl derjenigen, die dies in Anspruch nehmen, ist seit 2005 kontinuierlich gestiegen. Im Oktober 2006 erhielten bereits rund 1,1 Millionen Erwerbstätige zusätzlich zu ihrem Lohn ergänzendes Arbeitslosengeld II, wobei es sich bei 440.000 Personen um Vollzeitbeschäftigte handelte (Bundesagentur für Arbeit 2006). Knapp die Hälfte der so genannten »Aufstocker/innen« waren geringfügig beschäftigt.[16] Bei einem kleinen Teil handelt sich auch um Selbständige, die auf diese Weise auch in den Genuss einer gesetzlichen Krankenversicherung kommen. Da ein Basisbetrag von 100 Euro auf die Grundsicherung nicht angerechnet wird, steigen die Transferentzugsraten mit steigendem Einkommen. Hieran wird vielfach kritisiert, dass dadurch nur relativ geringe Anreize zur Ausdehnung der Arbeitszeit (insbesondere über Minijobs hinaus) bestehen.

Für die Unternehmen im Niedriglohnbereich bestehen mit der Einführung der Grundsicherung Anreize, ihre Löhne zu senken, da der Staat die Differenz ausgleicht. In der politischen Debatte wird immer wieder gefordert, die Lohnkosten im unteren Bereich noch stärker von Sozialabgaben zu entlasten, um vor allem die Beschäftigung von gering Qualifizierten zu fördern. Zu solchen so genannten »Kombilöhnen« wurden in den vergangenen Jahren diverse Modellversuche durchgeführt, die aber wenig erfolgreich waren. Außerdem haben mehrere ökonometrische Studien belegt, dass solche Subventionen, wenn sie flächendeckend und unbefristet gewährt würden, äußerst kostspielig wären und nur geringe Beschäfti-

16 Dies wird häufig als »Missbrauch« bezeichnet. Jedoch wird dabei völlig außer Acht gelassen, dass Arbeitgeber häufig Minijobber bevorzugen und dass es nicht notwendigerweise eine freiwillige Entscheidung von Seiten des Arbeitslosen ist, nicht mehr Stunden zu arbeiten (Jaehrling/Weinkopf 2006).

gungseffekte hätten, da nicht subventionierte Beschäftigung durch subventionierte verdrängt würde (Jaehrling/Weinkopf 2006).

Noch nicht absehbar ist, welche Auswirkungen die langfristige Absenkung des Rentenniveaus in Verbindung mit der Zunahme von gering bezahlter Beschäftigung auf die soziale Lage im Alter hat. Ein Beschäftigter mit einem Durchschnittseinkommen muss rund 27 Jahre Beiträge zahlen, um eine Rente über der steuerfinanzierten Grundsicherung zu erhalten. Bei einem Niedrigverdiener mit 75 Prozent des Durchschnittseinkommens sind es 36,3 Jahre und bei 50 Prozent des Durchschnittseinkommens sogar 54 Jahre. Wegen der Absenkung des Rentenniveaus in den nächsten Jahrzehnten werden sich diese Fristen weiter erhöhen, so dass eine wachsende Anzahl von Niedrigverdiener/innen nicht mehr in der Lage sein wird, durch Beitragszahlungen eine über der Grundsicherung liegende Rente zu erwerben. Sie werden damit denjenigen, die nicht gearbeitet haben und ebenfalls Anspruch auf Sozialhilfe haben, gleichgestellt, was den Anreiz zur Erwerbsarbeit mindern kann. Allerdings haben die Bezieher/innen der Grundsicherung keine Wahlfreiheit zwischen Arbeit und Nichtstun, sondern müssen jede zumutbare Arbeit annehmen.

4 Wachstum und Arbeitslosigkeit in Deutschland 1990–2005

Einer der wichtigsten Gründe für die Zunahme gering bezahlter Beschäftigung ist die lang andauernde Wachstumsschwäche der deutschen Wirtschaft seit Ende des Wiedervereinigungsbooms 1992. Zwischen 1993 und 2005 wuchs die deutsche Wirtschaft im Durchschnitt nur um 1,5 Prozent pro Jahr und damit weit geringer als die der meisten anderen OECD-Länder (USA 3,3 Prozent, Großbritannien 2,9 Prozent, Schweden, 2,9 Prozent, Frankreich 2,1 Prozent EU-15 2,2 Prozent, OECD 2,8 Prozent). Die Beschäftigung in Deutschland nahm im selben Zeitraum mit 0,27 Prozent pro Jahr nur geringfügig zu, während sie in anderen Ländern zum Teil kräftig anstieg (USA 1,4 Prozent, Großbritannien 1,1 Prozent, Schweden 0,6 Prozent, Frankreich 1,0 Prozent, EU-15 1,1 Prozent, OECD 1,1 Prozent).[17] In der Folge stieg die Arbeitslosenquote in Deutschland, die in den siebziger

17 Berechnet nach OECD 2006a.

und achtziger Jahren immer deutlich unter dem EU- und OECD-Durchschnitt gelegen hatte, auf ein Rekordniveau der Nachkriegsgeschichte von 9,2 Prozent (2004) an. Weiterhin verschlechterte sich die relative Einkommensposition Deutschlands im internationalen Vergleich. Während das deutsche Bruttosozialprodukt pro Kopf im Jahre 1990 noch bei 154 Prozent des europäischen Durchschnitts (ohne Deutschland) lag, fiel es bis 2002 auf 127 Prozent des Durchschnitts (Sachverständigenrat 2002: 309).

Die Wachstumsschwäche und die Zunahme der Arbeitslosigkeit ist zu einem guten Teil Folge der direkten und der indirekten Auswirkungen der Modalitäten der deutschen Wiedervereinigung. Die direkten Auswirkungen liegen in dem Zusammenbruch der ostdeutschen Wirtschaft nach der Währungsunion und den Transferzahlungen von West- nach Ostdeutschland. Die Währungsunion mit dem Eins-zu-Eins-Umtausch der ostdeutschen Mark führte zu einer realen Aufwertung der ostdeutschen Währung um 300 Prozent, wodurch die ostdeutsche Wirtschaft mit ihrem veralteten Maschinenpark und Produktportfolio über Nacht jegliche Wettbewerbsfähigkeit verlor. Die Unternehmen mussten nunmehr Materialien und Löhne in DM zahlen, konnten aber ihre Produkte nicht zu kostendeckenden Preisen absetzen. Zudem waren sie mit Altschulden belastet, die auf Druck der westdeutschen Banken im Verhältnis Eins-zu-Zwei umgewandelt worden waren.

Ostdeutsche Unternehmen hatten damit beträchtlich schlechtere Startchancen als westdeutsche Unternehmen nach der Währungsreform von 1949, die sie von allen Altschulden entlastete. Gleichzeitig wurden Investitionen in Ostdeutschland durch den im Vereinigungsvertrag festgeschriebenen Vorrang der Rückgabe von Eigentum vor Investitionen blockiert, der zahlreiche Rechtsstreitigkeiten auslöste, die sich oft jahrelang hinzogen (Hankel 1993). Um einen völligen Zusammenbruch der ostdeutschen Betriebe zu verhindern und den Umbruch sozial abzufedern (eine Voraussetzung für die Zustimmung der ostdeutschen Bevölkerung in den Wahlen), wurden erhebliche Transferzahlungen aus Westdeutschland notwendig (Bosch/Knuth 1993).

Die Finanzierung dieser Transfers erfolgte über Erhöhungen der Steuern und Sozialversicherungsbeiträge und zusätzliche Kreditaufnahme. Zur Einkommensteuer kam ein Solidaritätszuschlag hinzu und die ostdeutschen Beschäftigten wurden in die Sozialversicherungssysteme integriert. Sie erhielten Leistungen ohne vorherige Beitragszahlung im Westen (Rente oder Arbeitslosengeld). Der Anteil der Sozialversicherungsbeiträge am

Bruttoinlandsprodukt stieg von 15 Prozent im Jahre 1990 auf 18,5 Prozent im Jahre 1997 und ging danach nur leicht zurück (Bofinger 2005: 67). Gleichzeitig wurden die öffentlichen Budgets über den Finanzausgleich zwischen den Ländern zugunsten ostdeutscher Länder umverteilt. Danach erhalten die ärmeren ostdeutschen Länder nach einem festgelegten Schlüssel einen Teil der Steuereinnahmen der reicheren westdeutschen Länder. Die Schuldenquote (die Relation von Staatsverschuldung zum nominalen Bruttoinlandsprodukt) wuchs von rund 40 Prozent im Jahr 1991 auf 60 Prozent im Jahr 2002 (Sachverständigenrat 2002: 320).

Die Transfers betragen seit Anfang der neunziger Jahre rund 4 Prozent des westdeutschen Bruttoinlandsproduktes und zunächst 50 Prozent sowie heute etwa ein Drittel des ostdeutschen Bruttoinlandsproduktes (Ragnitz 2003). Ohne die Transfers hätte Deutschland in den letzten Jahren die Maastricht-Kriterien erfüllt und 2006 bereits einen Budgetüberschuss aufgewiesen. Der Sachverständigenrat (2002: 212) schrieb hierzu: »Kein anderes Land in der Europäischen Union sah sich im letzten Jahrzehnt vergleichbaren ökonomischen Herausforderungen gegenüber: Vermutlich hätte allerdings auch kein anderes europäisches Land ähnliche Belastungen besser verkraftet oder bewältigt.«

Nach der Wiedervereinigung gingen in Ostdeutschland rund 4 der 9,8 Millionen Arbeitsplätze verloren, was durch den Arbeitsplatzzuwachs wegen des Wiedervereinigungsbooms in Westdeutschland nicht kompensiert wurde. Dies führte zu einem Anstieg der Arbeitslosenquote in Ostdeutschland, die 2005 mit 18,7 Prozent fast doppelt so hoch lag wie in Westdeutschland, zu einem Rückgang der Beschäftigungsquote von 86,7 Prozent im Jahre 1992 auf 78,6 Prozent im Jahre 2001 und zu einer Abwanderung vor allem Jüngerer und gut Qualifizierter in den Westen. 1989 lebten auf dem Gebiet der ehemaligen DDR 16,4 Millionen Personen, heute sind es noch rund 15 Millionen.

1990 glaubte noch die Mehrheit der Deutschen (einschließlich ihrer Ökonom/innen), dass Ostdeutschland den Entwicklungsrückstand rasch aufholen würde. Auf dieser Basis wurde eine schnelle Angleichung der Löhne an das westdeutsche Niveau von den Tarifpartnern vereinbart. Tatsächlich stieg das Bruttoinlandsprodukt pro Erwerbstätigem zunächst von 41,2 Prozent des westdeutschen Niveaus 1992 auf rund 63,1 Prozent 1997. Seitdem ist der Aufholprozess ins Stocken geraten und der entsprechende Wert stieg bis 2005 nur noch leicht auf 67 Prozent beziehungsweise nahm zwischenzeitlich sogar ab (ifo 2006: 36). In der Wirtschaftskrise 2001 bis 2003 zeigte sich sogar eine höhere Konjunkturanfälligkeit der ostdeutschen Wirtschaft, da dort der Anteil der nachgelagerten Fertigung hoch ist, während die Unternehmenszentralen in Westdeutschland angesiedelt sind.

Ebenso wichtig wie die direkten sind die indirekten Wirkungen der Wiedervereinigung. Die Umverteilung der öffentlichen Budgets zugunsten der ostdeutschen Bundesländer wurde vor allem durch Einschnitte bei den Investitionen in Infrastruktur sowie Erziehung und Bildung finanziert. Insgesamt wurden die öffentlichen Investitionen von 1991 bis 2003 um 20 Prozent gekürzt. Hierdurch fiel der Anteil der öffentlichen Investitionen am Bruttoinlandsprodukt, der 1970 noch 4,8 Prozent betragen hatte, bis 2004 auf 1,7 Prozent, was eine der niedrigsten Quoten in der EU ist (Mosebach 2005). Hinzu kam, dass durch die Übertragung aller westdeutschen Institutionen auf Ostdeutschland lange anstehende Reformen vor allem im Bereich der Familien-, der Arbeitsmarkt-, der Bildungs- und Steuerpolitik in Vergessenheit gerieten. Im Zuge dieses innerdeutschen Institutionentransfers wurde das westdeutsche System als überlegen dargestellt, woraus ähnlich wie bei den Kolonialmächten in der Vergangenheit ein struktureller Konservativismus folgte, der jede Reformdiskussion erstickte. Diese Män-

*Abbildung 1.6: Anstieg der privaten Konsumausgaben in den ersten zehn Quartalen des jeweiligen Konjunkturzyklus**

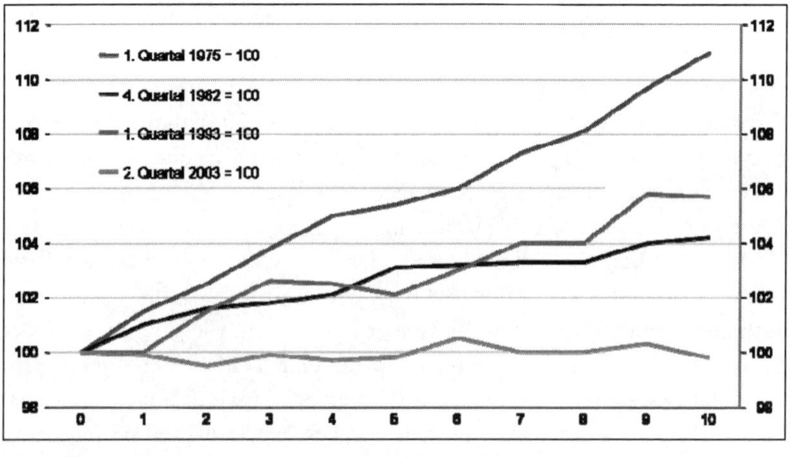

* bis 1990 Westdeutschland

Quelle: Statistisches Bundesamt und ifo-Berechnungen, in: Ifo Schnelldienst 8/2006: 30

gel an Zukunftsinvestitionen und kontinuierlicher institutioneller Weiterentwicklung ließen das Wachstum erlahmen.

Nach der Wiedervereinigung stieg zunächst die inländische Nachfrage aufgrund der hohen Investitionen in Ostdeutschland und der hohen Konsumquote der ostdeutschen Bevölkerung, die ihren Nachholbedarf befriedigte. Die internen Kapazitäten waren ausgelastet und Deutschland war 1990 bis 1992 durch seinen Importbedarf der Wachstumsmotor in Europa. Nach Auslaufen des Wiedervereinigungsbooms und den großen Entlassungswellen in Ostdeutschland gelang es den Gewerkschaften angesichts der steigenden Arbeitslosigkeit in den folgenden Jahren nur noch, geringe Lohnerhöhungen durchsetzen. Zwischen 1993 und 2005 lagen die realen Lohnsteigerungen in der Privatwirtschaft mit 0,15 Prozent pro Jahr weit unter den Werten anderer OECD-Länder (USA 1,9 Prozent, Großbritannien 2,0 Prozent, Frankreich 0,9 Prozent, Schweden 2,5 Prozent, EU-15 0,7 Prozent, OECD 1,1 Prozent – OECD 2006: 22). Seit Mitte der neunziger Jahre wächst die interne Nachfrage in Deutschland nur noch mäßig und wirkt als Wachstumsbremse. Abbildung 1.6 zeigt, dass im Konjunkturzyklus 2003 auch im zehnten Quartal nach dem Tiefpunkt der Konjunktur die Konsumausgaben im Unterschied zu früheren Konjunkturzyklen nicht gewachsen sind.

Gleichzeitig verbesserte sich die ökonomische Situation der Exportwirtschaft. Die Unternehmen des exportstarken Produktionssektors, die Anfang der neunziger Jahre wegen ihrer Konzentration auf Ostdeutschland Marktanteile im Ausland eingebüßt hatten, waren nach 1992 die Vorreiter einer bis heute andauernden Reorganisation der Unternehmen. Diese betrifft die Internationalisierung der Produktion, die Konzentration auf das Kerngeschäft, das internationale Outsourcing einfacher Tätigkeiten (Geishecker 2002), die Neuordnung der Zulieferketten, die Erhöhung der Transparenz durch interne Controllingsysteme bei gleichzeitiger Dezentralisierung der Verantwortung für die Ausführung und die Flexibilisierung der Produktion durch eine Modernisierung der Arbeitsorganisation.

Die Veränderungen der Arbeitsorganisation wurden durch die deutsche Mitbestimmungskultur und Reformen der Berufsausbildung begünstigt (vergleiche Abschnitt 5.2 und 5.3). Mittlerweile haben deutsche Betriebe die längsten Betriebszeiten in der EU (Bauer/Groß 2006) und nutzen auch stärker als in anderen Ländern interne Anpassungsinstrumente (flexible Arbeitszeiten, funktionale Flexibilität) zur Bewältigung von Auftragsschwankungen (Schief 2006). Die Exportwirtschaft profitierte zudem von der Verbesserung der preislichen Wettbewerbsfähigkeit. Wegen der vergleichsweise geringen Lohnsteigerungen in Verbindung mit einer Verbesserung der Produktivität erhöhten sich die Lohnstückkosten weniger als in allen anderen OECD-Ländern außer Japan. Infolgedessen haben die deutschen Exportüberschüsse in den letzten Jahren kontinuierlich zugenommen. Sie sind die eigentliche Stütze des bescheidenen Wachstums (Abbildung 1.7).

Dieser besondere Entwicklungspfad, charakterisiert durch eine schwache Binnennachfrage und hohe Exportüberschüsse, wurde durch die Wirtschaftspolitik aktiv forciert. Die Stärkung der Wettbewerbsfähigkeit der deutschen Exportindustrie stand und steht im Mittelpunkt der deutschen wirtschaftspolitischen Debatte. Die Mehrheit der deutschen Ökonom/innen und auch viele internationale Beobachter/innen sehen zu hohe Löhne, zu großzügige Sozialleistungen, starre Regelungen auf dem Arbeitsmarkt und zu hohe Unternehmenssteuern als die zentrale Ursache der hohen Arbeitslosigkeit in Deutschland (Siebert 1998; Sinn 2004; OECD 2004b; Kitschelt/Streeck 2004).

Abbildung 1.7: Deutschlands Exportüberschuss in % des Bruttoinlandsprodukts

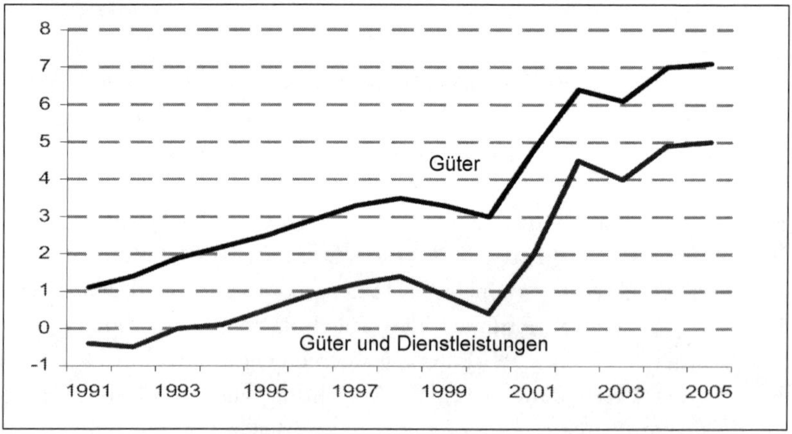

Quelle: Eurostat, entnommen aus Düthmann et al 2006: 16

Auch in den Unternehmensverbänden dominiert die Exportwirtschaft. Es gehört zu den Paradoxien der wirtschaftspolitischen Diskussion in Deutschland, dass die größten Schwächen dort gesehen werden, wo Deutschland besonders stark ist, während die Stärkung der Binnennachfrage und die Entwicklung des relativ kleinen Dienstleistungssektors wegen eines immer noch dominanten konservativen Familienmodells (vergleiche Abschnitt 5.5) von der Tagesordnung verschwunden sind. Durch mehrere Steuerreformen der rot-grünen Koalition wurden vor allem die größeren Unternehmen und hohe Einkommen entlastet, während kleine Personengesellschaften kaum profitierten. Die Steuerreformen wurden durch Kürzungen im Bildungs- und Sozialsystem und bei den Investitionen in Infrastruktur gegenfinanziert. Der Anteil der Steuern am Bruttoinlandsprodukt sank von 23,3 Prozent 1995 auf 20,4 Prozent im Jahr 2004 und der Anteil der Steuern und Sozialabgaben zusammen genommen von 38,2 Prozent auf 34,6 Prozent (BMF 2006). Deutschland hat nach neueren Untersuchungen zwar hohe nominale Steuersätze für Unternehmen, aufgrund der kleineren Bemessungsgrundlage jedoch eine niedrige reale Steuerbelastung (Jarass/Obermeier 2005). Deutschland betreibt mit aller Kraft eine Politik der Abwertung zur Verbesserung der Exportchancen. Da innerhalb der Euro-Zone Variationen der Wechselkurse nicht mehr möglich sind, kann man reale Abwertungen nur über geringere reale Lohnsteigerungen erreichen. Der Sachverständigenrat (2004) beziffert die Abwertung Deutschlands aufgrund der Lohnzurückhaltung innerhalb der Euro-Zone allein für die Periode zwischen 2001 und 2004 auf 5 Prozent.

Abbildung 1.8: Entwicklung der Arbeitskosten im privaten Dienstleistungssektor im Verhältnis zum Verarbeitenden Gewerbe (Index: Verarbeitendes Gewerbe = 100)

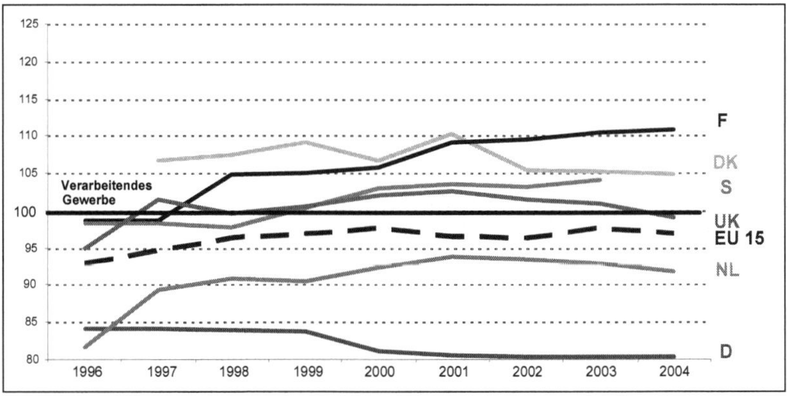

Quelle: Eurostat, entnommen aus Düthmann u.a. 2006: 13

Auf die Lohnstruktur hat der besondere deutsche Entwicklungspfad sichtbare Auswirkungen. Die Lohnsteigerungen bei den Dienstleistungen bleiben aufgrund der schwachen Binnennachfrage und der geringen Gewerkschaftsdichte und Tarifbindung bei privaten Dienstleistungen hinter den Lohnsteigerungen im Verarbeitenden Gewerbe zurück. Damit wächst der in Deutschland im Unterschied zu anderen EU-Ländern ohnehin überdurchschnittlich große Abstand zwischen den Arbeitskosten in beiden Sektoren (Abbildung 1.8).

Schaut man auf einzelne Branchen, wird diese Auseinanderentwicklung der Arbeitskosten noch deutlicher, da ja einzelne Dienstleistungsbereiche expandieren und eng an die Exportwirtschaft gekoppelt sind. So stiegen die Arbeitskosten je geleisteter Arbeitstunde zwischen 1997 und 2006 im Verarbeitenden Gewerbe um 22 Prozent und im Kredit- und Versicheungsgewerbe um 24,9 Prozent, im Hotel- und Gaststättengewerbe aber nur um 1 Prozent. Die ohnehin schon sehr deutliche Lohndifferenzierung zwischen starken und schwachen Branchen hat also im letzten Jahrzehnt noch zugenommen, was die Ausweitung des Anteils von Niedriglöhnen begünstigt hat. Unsere Branchenstudien (vergleiche Kapitel 2 bis 6) unterstreichen, dass diese Auseinanderentwicklung der Löhne auch auf die Verlagerung vieler Tätigkeiten aus Hochlohn- in Niedriglohnbranchen über Outsourcing zurückzuführen ist.

5 Veränderungen der Institutionen des deutschen Modells

Im Folgenden werden die wichtigsten Veränderungen in den Basisinstitutionen des deutschen Beschäftigungsmodells dargestellt. Zunächst werden Veränderungen in der *Corporate Governance* (5.1) und in den industriellen Beziehungen (5.2) untersucht. Daran schließen sich Analysen der Veränderungen in der beruflichen Bildung (5.3), der Struktur interner und externer Arbeitsmärkte (5.4) sowie des Wohlfahrtsstaats und der Familienpolitik (5.5) an.

5.1 *Corporate Governance* – Das Kapital wird ungeduldig

Deutsche Unternehmen wechselten im Unterschied zu angelsächsischen Unternehmen in der Vergangenheit nicht häufig den Besitzer. Die meisten Aktien waren im Besitz anderer Aktiengesellschaften oder der Hausbanken. Nur 25 Prozent der Aktien befanden sich im Streubesitz (Höpner

2003), wodurch die Unternehmen vor Übernahmen geschützt waren. In der Mehrfachrolle des Besitzers, Kreditgebers und Kontrolleurs der Unternehmen über den Aufsichtsrat konzentrierten sich die Banken auf die Maximierung der langfristigen Erträge.[18] Dies galt auch für den so genannten Mittelstand, dessen zahlreiche Klein- und Mittelbetriebe von manchen Autoren (Simon 1996) sogar als die »*hidden champions*« oder das innovative Rückgrat der deutschen Wirtschaft beschrieben wurden. So wie die größten Privatbanken Großunternehmen finanzierten, stellten die lokalen Sparkassen »*patient capital*« für diese kleinen und mittleren Betriebe zur Verfügung. Hinzu kam ein ausgedehnter Bereich öffentlicher Unternehmen im Bereich der öffentlichen Daseinsvorsorge (Post, Bahn, Nahverkehr, Wasser, Energie, Krankenhäuser etc.).

Die alte Deutschland AG befindet sich infolge von Veränderungen des Regulierungssystems und neuer Strategien der Kapitaleigner jedoch in Auflösung. Die erste rot-grüne Koalition hat in einer Steuerreform die Veräußerungsgewinne beim Verkauf von Unternehmensbeteiligungen steuerfrei gestellt. Diese Steuerpflicht hat bislang wie eine Sperre gegen die Auflösung stiller Reserven in den Bilanzen gewirkt. Schon früher war das so genannte Schachtelprivileg gefallen, wonach Dividenden bei Beteiligungen von über 25 Prozent nicht besteuert wurden (Hanke 2006: 24). Die großen deutschen Aktienunternehmen konzentrierten sich im Zuge der Globalisierung auf ihr Kerngeschäft. Sie verkauften viele ihrer Finanzbeteiligungen, um ihre Kriegskassen zu Aufkäufen in diesem Kernbereich zu füllen. Die Banken zogen sich aus der langfristigen Industriefinanzierung zurück und konzentrierten sich zunehmend auf das profitablere Investmentbanking. All dies erfolgte in verblüffender Geschwindigkeit. Während Anfang 2000 noch 20 Prozent des Kapitals der Deutschen Bank in Industriebeteiligungen gebunden war, lag dieser Anteil 2004 nur noch bei 3,9 Prozent (Hanke 2006: 23). An die Stelle der Banken und Unternehmen traten vor allem institutionelle Anleger mit häufig sehr kurzfristigen Renditeerwartungen und größerer Bereitschaft, ihre Aktienpakete auch nach kurzer Zeit wieder abzustoßen.

Ebenso bedeutsam waren die vor allem durch EU-Regulierungen forcierten Privatisierungen öffentlicher Unternehmen in den Bereichen Post, Telekommunikation, Bahn, Energie, Wasser und Nahverkehr. Damit müs-

---

18 »So kam es, dass sich in den Aufsichtsräten der deutschen Aktiengesellschaften immer wieder dieselben Manager trafen – die Deutschland AG kontrollierte sich selbst, was vor allem angelsächsischen Investoren nicht passte.« (Handelsblatt 31.8. 2005)

sen Bereiche, die bislang von langfristigen staatlichen Investitionen getragen wurden und in denen Konkurrenz zugunsten öffentlicher Monopole ausgeschaltet war, nunmehr privatwirtschaftlichen Rentabilitätskriterien folgen und sich am Markt gegen Konkurrenten bewähren. Ein funktionales Äquivalent zur »Finanzialisierung« (Kädtler 2003) im privatwirtschaftlichen Bereich ist die Übernahme privater Budgetierungsregelungen im öffentlichen Bereich, vor allem in der Altenpflege und den Krankenhäusern. Wegen der Schere zwischen der unzureichenden Entwicklung der Beitragseinnahmen und den wachsenden Anforderungen aufgrund der demographischen Entwicklung und der Kostensteigerungen für solche Dienstleistungen stehen diese Bereiche unter erheblichem finanziellem Druck. So wurden Krankenhäusern in der Vergangenheit die tatsächlichen Kosten erstattet, während heute durch Fallpauschalen der Zwang zur Kostenreduzierung an die Krankenhäuser zurückgegeben wird (vergleiche Kapitel 4). Ein neuartiger Konkurrenzdruck entsteht auch für Auftragnehmer größerer öffentlicher Aufträge, die mittlerweile europaweit ausgeschrieben werden müssen.

Ob die Veränderung der *Corporate Governance* tatsächlich zu einem kurzfristigeren Handeln in den Unternehmen geführt hat, ist umstritten. Für die größeren Aktienunternehmen stellen Fiss/Zajac (2004) eher Kontinuität fest, wenn sie schreiben: »Deutsche Unternehmen koppeln sich ab, indem sie eine Orientierung auf den Shareholder Value verkünden, dies aber nicht anwenden.« Vitols (2003) spricht von einem mit unterschiedlichen *stakeholdern*, darunter auch den Beschäftigten und den Gewerkschaften, verhandelten *Shareholder Value*, der eher in der Tradition der deutschen Beschäftigungsmodells steht. Diese Verhandlungskultur und die dahinter stehenden Modernisierungsallianzen von Kapital und Arbeit wurden vor allem in Aktienunternehmen festgestellt, die ihre Stammbelegschaften in den letzten Jahren deutlich verringert haben. Der wachsende Kostendruck auf die Unternehmen wurde zum Teil durch Auslagerung vieler Tätigkeiten in schlechter bezahlte Branchen abgefedert. Wegen der erheblichen Lohnunterschiede zwischen Branchen und der kleinen Anzahl allgemein verbindlicher Tarifverträge, welche Lohnkonkurrenz zwischen den tarifgebundenen und nicht tarifgebundenen Unternehmen beschränken, war das deutsche Modell besonders anfällig für den wachsenden Lohnkostenwettbewerb, der aus veränderten *Governance*-Strukturen folgte. Dies gilt insbesondere im Vergleich zu den skandinavischen Ländern, in denen die Lohnunterschiede zwischen den Branchen gering sind, sowie zu Frankreich und den Niederlanden, wo nahezu alle Tarifverträge allgemeinverbindlich erklärt werden.

5.2 Industrielle Beziehungen: Tarifverträge werden löchriger

Die im internationalen Vergleich geringe Lohnungleichheit in der Vergangenheit ist vor allem auf die Flächentarifverträge und die hohe Tarifbindung in Deutschland zurückzuführen. Die Flächentarifverträge für Branchen werden von Gewerkschaften und Arbeitgeberverbänden abgeschlossen. Sie decken alle Betriebe einer Branche ab, was zu einer starken Homogenisierung der Lohnstrukturen innerhalb der Branchen geführt hat. Die autonome Rechtssetzung von Arbeitsbedingungen und Löhnen durch die Sozialpartner ohne die Intervention des Staates ist zentrales Merkmal der industriellen Beziehungen in Deutschland. Einmal vereinbarte tarifliche Standards sind gesetzlich mehrfach abgesichert. Sie können durch Verhandlungen auf betrieblicher Ebene nicht unterschritten, sondern nur verbessert werden (das so genannte »Günstigkeitsprinzip«). Wenn ein Unternehmen den Arbeitgeberverband verlässt, wirkt der Tarifvertrag so lange nach, bis ein neuer Tarifvertrag oder ein neuer Arbeitsvertrag abgeschlossen wird. Dies macht es Unternehmen mit starken Gewerkschaften und Betriebsräten schwer, sich der Bindung durch Tarifverträge zu entledigen. Damit die Unternehmen nicht neue Tarifverträge mit »gelben« Gewerkschaften abschließen, müssen Gewerkschaften eine gewisse »Mächtigkeit« (Mitgliederzahl, Fähigkeit zum Arbeitskampf) haben, um Tarifverträge abschließen zu dürfen. Jedoch überprüfen Gerichte diese Bedingung nicht mehr genau, so dass in vielen Fällen der Christliche Gewerkschaftsbund neue Tarifverträge mit Unternehmen abgeschlossen hat, in denen er nicht vertreten ist.

Auf der Seite der Beschäftigten dominieren die Gewerkschaften des deutschen Gewerkschaftsbundes (DGB), die die meisten Tarifverträge alleine aushandeln. Der DGB ist nicht berechtigt, Tarifverträge auszuhandeln. Die DGB-Gewerkschaften organisieren mehr als 85 Prozent aller Gewerkschaftsmitglieder in Deutschland. Daneben gibt es noch eine große Gewerkschaft der Beamten, den kleinen äußerst arbeitgeberfreundlichen christlichen Gewerkschaftsbund und mehrere Berufsverbände (zum Beispiel der Ärzte, Piloten und Lokomotivführer). Nach mehreren Fusionen hat der DGB mittlerweile nur noch acht Mitgliedsgewerkschaften. Die größten sind die Industriegewerkschaft Metall und die Vereinigte Dienstleistungsgewerkschaft Ver.di mit jeweils mehr als zwei Millionen Mitgliedern. Die Arbeitgeber sind ebenfalls auf Branchenebene organisiert. Ihre Organisationsstruktur ist kleinteiliger als die der Gewerkschaften. Die Tarifpolitik der Arbeitgeber wird allerdings zentral durch die Bundesvereinigung der Arbeitgeberverbände (BDA) koordiniert, während der DGB keine Tarifverhandlungen führen darf.

In der Vergangenheit übernahm die IG-Metall meist die Vorreiterrolle in den Tarifverhandlungsrunden. Alle sechs bis sieben Jahre kam es zu einem Arbeitskampf in der Metallindustrie über strittige Verhandlungsthemen (zum Beispiel Lohnfortzahlung im Krankheitsfall für Arbeiter 1956 und Verkürzung der Wochenarbeitszeit unter 40 Stunden 1984). Die anderen Branchen folgten in der Regel den Tarifabschlüssen in der Metallindustrie. Anders als in Frankreich, Italien, Spanien oder den Beneluxländern wurden nur in wenigen Branchen mit vielen Klein- und Mittelbetrieben und schwachen Gewerkschaften wie zum Beispiel im Einzelhandel Tarifverträge auf Empfehlung des paritätisch besetzten Tarifausschusses für allgemein verbindlich erklärt.

In der Vergangenheit stiegen in Unternehmen mit guter wirtschaftlicher Situation die Effektivlöhne schneller als die Tariflöhne, wodurch sich insbesondere in den sechziger und siebziger Jahren eine erhebliche Lohndrift aufbaute. Diese Lohndrift wurde in der Regel zwischen Betriebsräten und Unternehmensleitungen in einer »zweiten Lohnrunde« im Betrieb ausgehandelt. Betriebsräte können nach dem Betriebsverfassungsgesetz in allen Betrieben mit mehr als fünf Beschäftigten von den Beschäftigten gewählt werden. Sie sind dem Wohl des Unternehmens verpflichtet und haben kein Streikrecht, das den Gewerkschaften vorbehalten ist. Betriebsräte haben nach dem Gesetz die Aufgabe, die Einhaltung von Gesetzen und Tarifverträgen zu überwachen. Vor allem bei Personalangelegenheiten verfügen sie über starke Mitbestimmungsrechte (zum Beispiel Genehmigung von Überstunden). Für ihre Tätigkeit können sie regelmäßig an Weiterbildungsmaßnahmen auf Kosten des Unternehmens teilnehmen und haben das Recht auf unbezahlte Freistellung für weitere Schulungen. Betriebsräte müssen angemessen mit Sachmitteln und Personal ausgestattet werden. Ab einer bestimmten Betriebsgröße werden Betriebsräte von der Arbeit freigestellt.[19] Diese Regelungen des Betriebsverfassungsgesetzes haben zu einer

19 So müssen etwa in Betrieben mit 10.000 Beschäftigten zwölf Betriebsräte freigestellt werden.

starken Professionalisierung der Betriebsratsarbeit vor allem in größeren Betrieben geführt. In so genannten Tendenzbetrieben (Kirchen, Medien, Politik) gilt das Betriebsverfassungsgesetz nur eingeschränkt oder gar nicht. Da große Teile der Sozialeinrichtungen (Kindergärten, Pflege, Krankenhäuser) mit öffentlicher Finanzierung in der Trägerschaft von Kirchen liegen, sind hiervon viele Beschäftigte betroffen (siehe Kapitel 4).

Vor allem in mittleren und größeren Betrieben sind Betriebsräte eine wirkungsvolle Kontrollinstanz für die Einhaltung der Tarifverträge. Von den rund 220.000 gewählten Betriebsräten gehören je nach Branche zwischen 60 und 80 Prozent einer DGB-Gewerkschaft an. Die restlichen Mitglieder der Betriebsräte sind weitgehend unorganisiert (Rudolph/ Wassermann 2003). Die Vertretung durch Betriebsräte variiert beträchtlich mit der Betriebsgröße. Zum Beispiel werden 2005 in Westdeutschland 12 Prozent der Beschäftigten in Betrieben mit fünf bis 50 Beschäftigten durch einen Betriebsrat vertreten, 45 Prozent der Beschäftigten in Betrieben mit 51 bis 100 Beschäftigten, 67 Prozent der Beschäftigten in Betrieben mit 101 bis 199 Beschäftigten, 81 Prozent der Beschäftigten in Betrieben mit 200 bis 500 Beschäftigten und 92 Prozent der Beschäftigten in Großbetrieben (Ellguth 2007: 156). Um die Betriebsratsdichte und Effektivität der Interessenvertretung in Klein- und Mittelbetrieben zu erhöhen, hat die rot-grüne Regierung 2001 das Betriebsverfassungsgesetz geändert. Die Freistellung eines Betriebsrats ist seitdem schon ab einer Beschäftigtenzahl von 200 anstelle von 300 vorgesehen. Weiterhin wurden die Wahlprozeduren erleichtert. So muss in kleinen und mittleren Betrieben die Wahl innerhalb einer Woche nach dem Wahlvorschlag erfolgen, damit Unternehmer weniger Möglichkeiten haben, Betriebsratswahlen zu verhindern (Bosch 2004b). Diese Gesetzesänderungen haben nach Angaben des DGB zu einer Zunahme der Anzahl von Betriebsratsmitgliedern und möglicherweise zu zahlreichen Neugründungen von Betriebsräten geführt (Rudolph/Wassermann 2003: 8f.).

Bis Anfang der neunziger Jahre setzten Gewerkschaften und Arbeitgeber über die Tarifverträge Mindestbedingungen auf dem Arbeitsmarkt. 1990 fielen noch über 80 Prozent der Beschäftigten unter einen Tarifvertrag (OECD 2004a: 145). Die meisten nicht tarifgebundenen Unternehmen folgten dem Tarifvertrag ihrer Branche. Wirtschaftlicher Strukturwandel bedrohte die Tarifbindung nicht, da neue Unternehmen bald den Arbeitgeberverbänden beitraten und expandierende Unternehmen nicht versuchten, Aktivitäten in tariffreie Zonen zu verlegen. Alle Akteure waren sich einig, dass angesichts dieser Situation ein gesetzlicher Mindestlohn nicht nötig sei. Das Gesetz über die Festsetzung von Mindestarbeitsbedingungen von 1952, das dem Staat diese Möglichkeit gegeben hätte, blieb bis heute ungenutzt.

Seit Anfang der neunziger Jahre ist das Tarifsystem jedoch zunehmend löchriger geworden. Die Tarifbindung hat erheblich abgenommen, in Ostdeutschland stärker als in Westdeutschland (Abbildung 1.9). Hinzu kommt, dass sich die Betriebe, die nicht unter einen Tarifvertrag fallen, immer seltener an einem Tarifvertrag orientieren. Durch die Ausbreitung großer Zonen nicht mehr über Tarifverträge regulierter Teilarbeitsmärkte ist die Lohnhöhe wieder zum Wettbewerbsfaktor geworden.

Abbildung 1.9: Tarifbindung der Beschäftigten in West und Ostdeutschland (in %)

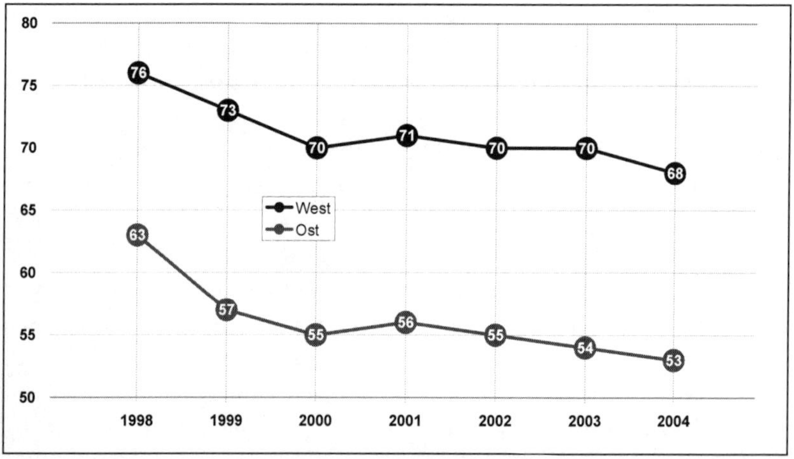

Quelle: IAB- Betriebspanel, entnommen aus DGB 2004; Ellguth/Kohaut 2005

Dies hat mehrere Ursachen: Erstens hat aufgrund der steigenden Arbeitslosigkeit die Konkurrenz auf dem Arbeitsmarkt zugenommen. Dies bietet vielen Unternehmen Außenseiterchancen, Beschäftigte unter Tarif einzustellen, um einen Konkurrenzvorteil zu erzielen. Zweitens haben die neuen *Governance*-Strukturen vielen Unternehmen die Chance zur Lohnunterbietung gegeben. Durch die Privatisierung öffentlicher Betriebe ebenso wie durch die neuen Budgetierungsregulierungen (etwa im Krankenhausbereich – Kapitel 4) kommt es zunehmend zu einem Lohnwettbewerb zwischen den gewerkschaftlich gut organisierten ehemaligen öffentlichen Betrieben und neuen nicht tarifgebunden Konkurrenten mit einem Lohnniveau, das oft 30 bis 40 Prozent niedriger liegt. Drittens ermöglicht die *Dienstleistungsfreiheit* in der Europäischen Union die Vergabe von Aufträgen an ausländische Firmen, die zu den Arbeitsbedingungen ihres Landes (*Herkunftslandprinzip*) Tätigkeiten in Deutschland ausüben, wodurch das *Territorialprinzip* der Branchentarife untergraben wird. Die Bauwirtschaft ist die hauptsächliche Zielbranche für solche entsendeten Werkauftragnehmer (Bosch/Worthmann 2006). Seit der Osterweiterung der EU ist zunehmend auch die Fleischindustrie eine weitere Zielbranche für entsandte Arbeitskräfte geworden (vergleiche Kapitel 3). Viertens nutzen zunehmend Unternehmen in Branchen mit starken Gewerkschaften und hoher Tarifbindung die hohen Branchenunterschiede in den Löhnen und lagern bestimmte Bereiche wie Reinigung, Kantinen oder Logistik in andere Tarifgebiete oder tariffreie Zonen aus (*Outsourcing*). Fünftens haben die Unternehmerverbände den traditionellen Konsens über die Begrenzung des Lohnwettbewerbs aufgekündigt. Die Bundesvereinigung der Arbeitgeberverbände blockiert unter dem Druck ihrer Mitglieder, die vom Outsourcing profitieren, jede Allgemeinverbindlichkeitserklärung von Lohntarifen im paritätisch besetzten Tarifausschuss. Deshalb wird die Lohnkonkurrenz zwischen tarifgebundenen und tariffreien Betrieben anders als in Frankreich oder den Niederlanden nicht mehr durch allgemeinverbindliche Tarifverträge begrenzt.

Dieser Verlust des sozialen Konsenses ist Ausdruck der zunehmenden Schwäche der Verbände. Die Zahl der Gewerkschaftsmitglieder ist von 11,8 Millionen im Jahre 1991 auf 6,8 Millionen 2005 gefallen und die Gewerkschaftsdichte hat sich von 31,2 Prozent 1990 auf 22,6 Prozent 2003 verringert (Visser 2006). Der damit für die Arbeitgeber zurückgehende Druck, sich auch zu organisieren, zeigt sich am Beispiel der Metall-Arbeitgeberverbände, die in Westdeutschland alleine im Zeitraum von 1993 bis 2003 einen Rückgang ihres Organisationsgrades von etwa 46 Prozent auf gut 25 Prozent der Betriebe (bezogen auf die Beschäftigten von 70 Prozent auf 58 Prozent) haben hinnehmen müssen (Haipeter/Schilling 2006). Der Rückgang des Organisationsgrads der Arbeitgeber ist weniger auf Austritte aus dem Arbeitgeberverband als vielmehr auf Nichteintritte neu gegründeter Betriebe zurückzuführen. Vor allem neue Betriebe in Dienstleistungsbranchen sind häufig nicht mehr Mitglied in einem Arbeitgeberverband. Zum Teil gründen tarifgebundene Unternehmen für neue Aktivitäten selbständige nicht tarifgebundene Betriebe (etwa Call Center – vergleiche Kapitel 2). Beim Outsourcing von Betriebsteilen gehen zwar die

Arbeitsverträge auf das neue Unternehmen über, die tariflichen Standards sind aber nur unzureichend gesichert. Falls das Unternehmen in einen niedrigeren Tarifvertrag mit der gleichen Gewerkschaft wechselt, gilt dieser niedrigere Standard sofort. Durch die Gewerkschaftsfusionen sind die Zuständigkeiten der Einzelgewerkschaften inzwischen so breit geworden, dass sich die Wahlmöglichkeiten für Unternehmer erweitert haben. In einigen Branchen sind die Gewerkschaften so schwach, dass sie Tarifverträge nicht mehr neu aushandeln können (zum Beispiel Fleischindustrie – vergleiche Kapitel 3). Um dennoch neue Mitglieder zu gewinnen, bieten viele Unternehmensverbände inzwischen sogar Mitgliedschaften ohne Tarifbindung (OT) an (Haipeter/Schilling 2005).

Das Outsourcing von Tätigkeiten aus den Kernbranchen der deutschen Wirtschaft und aus gut organisierten Großbetrieben in Bereiche mit niedrigen Standards verschiebt sukzessive die Niedriglohnbeschäftigung in die nicht oder schwächer regulierten Zonen an den Rändern des Arbeitsmarktes. Diese Segmente finden sich insbesondere unter kleinen und mittleren Unternehmen mit geringer Tarifbindung und ohne Betriebsrat. In den letzten Jahren sind die Arbeitskosten pro Stunde in diesen Unternehmen deutlich weniger angestiegen als in größeren Unternehmen, wodurch ein Outsourcing bestimmter Tätigkeiten zunehmend attraktiv geworden ist (Abbildung 1.5). Ein Indikator dafür ist der Rückgang des Niedriglohnanteils im Produzierenden Gewerbe und bei Banken und Versicherungen zwischen 1980 und 1995 sowie bei Großbetrieben. Im Dienstleistungsbereich und bei Kleinbetrieben, die oft keinen Betriebsrat haben, hat der Niedriglohnanteil zugenommen oder ist zumindest gleich geblieben (vergleiche Tabelle 1.6).

Der in Abschnitt 5.1 beschriebene besondere deutsche »*Negotiated Shareholder Value*« hat also die Zunahme von Niedriglohnbeschäftigung durch Outsourcing nicht verhindert. Er hat auch eine Absenkung von Standards in den Kernbranchen nicht abwenden können. So wurden in praktisch allen Branchen inzwischen Öffnungs- oder Härtefallklauseln vereinbart, die es tarifgebundenen Betrieben bei wirtschaftlichen Schwierigkeiten erlauben, die Löhne abzusenken und die Arbeitszeit ohne Lohnausgleich zu verlängern. Allerdings handelten die Betriebsräte im Gegenzug häufig Investitionszusagen und Beschäftigungsgarantien aus.

Diese wirtschaftlichen »Schwierigkeiten« sind nicht selten Folge der *Finanzialisierung* der Unternehmen. So kaufen zunehmend Anlagefonds Unternehmen mit dem Ziel auf, sie nach kurzer Zeit wieder gewinnbringend weiter zu veräußern. Die Übernahmekosten werden den Unternehmen aufgebürdet und anschließend werden oft mit Erfolg Konzessionen von den Belegschaften zur Wiederherstellung der Rentabilität verlangt. Insgesamt sind in den Kernbranchen des Verarbeitenden Gewerbes die Gewerkschaften aber noch so stark, dass die Arbeitgeber weiterhin an gemeinsamen tarifpolitischen Reformprojekten interessiert sind. So haben die Tarifpartner 2003 in der Metallindustrie einen neuen Tarifvertrag abgeschlossen, der die alte Unterscheidung zwischen Arbeitern und Angestellten für die gesamte Branche aufhebt und die Entlohnung orientiert an einer modernen, weniger hierarchischen Unternehmensorganisation mit Prämien für Gruppenarbeit etc. Ebenfalls in der Metallindustrie wurden Qualifizierungstarifverträge abgeschlossen, die für jeden Beschäftigten ein Recht auf ein jährliches Qualifizierungsgespräch und die Einleitung erforderlicher Qualifizierungsmaßnahmen festlegen.

In vielen anderen Branchen funktioniert dieser klassische Branchenkorporativismus nicht mehr. Obwohl beide Seiten die Tarifstrukturen für überholungsbedürftig halten, kommt es nicht zu neuen Vereinbarungen. Durch die Schwäche der Gewerkschaften ist hier das Machtgleichheit so nachhaltig gestört, dass die Arbeitgeber nicht mehr kompromissbereit sind. Die Gewerkschaften halten aus Schwäche am Überholten fest, da sie befürchten, ansonsten zu viel zu verlieren (so etwa im Einzelhandel oder der Süßwarenindustrie – vergleiche Kapitel 6 und 3). Wenn sich die DGB-Gewerkschaften nicht hinreichend konzessionsbereit zeigen, schließen Arbeitgeberverbände zunehmend Verträge mit »gelben« Gewerkschaften (so im Bereich der Zeitarbeit mit dem christlichen Gewerkschaftsbund). Die DGB-Gewerkschaften bestreiten mit gemischtem Erfolg auf gerichtlichem Weg deren Gewerkschaftseigenschaft wegen fehlender »Mächtigkeit«. Die Auseinanderentwicklung der Arbeitsbedingungen zwischen den Branchen zeigt sich auch bei den Löhnen. Die schwächeren Branchen folgen nicht mehr den Tariferhöhungen in der Metallwirtschaft.

Die Gewerkschaften versuchen mittlerweile aktiver als in der Vergangenheit den Geltungsbereich der Tarifverträge durch Allgemeinverbindlichkeitserklärungen wieder auszudehnen. Dafür fehlt aber der frühere Konsens mit den Arbeitgebern. Ein Teil der Arbeitgeberverbände – vor allem die in der Bundesvereinigung der deutschen Industrie (BDI) zusammengeschlossene Großindustrie – plädiert für den Vorrang betrieblicher Verhandlungen, den sie durch die Abschaffung des Günstigkeitsprinzips sichern wollen. Hierfür haben sie Bündnispartner in der CDU/CSU und der FDP gefunden. Die BDA, die die Tarifpolitik koordiniert, verteidigt zwar verbal noch das deutsche Tarifsystem, will aber nur noch Rahmenverträge, während die Regelung von Arbeitszeiten und Löhnen den Betrieben überlassen werden soll. Die im Zusammenhang mit der Zunahme entsandter Arbeitskräfte von den Tarifpartnern in der Bauwirtschaft ausgehandelten Mindestlöhne wurden unter Umgehung der BDA durch eine Rechtsverordnung des Arbeitsministeriums als allgemeinverbindlich erklärt. Diese Möglichkeit, die Allgemeinverbindlichkeit von Mindestlöhnen für entsendete Beschäftigte per Dekret zu erlassen, wurde 1998 geschaffen, da die BDA sich weigerte, Mindestlohnvereinbarungen für allgemeinverbindlich zu erklären. In vielen Branchen sind die Gewerkschaften gezwungen, durch die Absenkung von Löhnen und die Einführung von Niedriglohngruppen in bestehende Tarifverträge das Überleben ihrer Unternehmen in der Konkurrenz mit nicht tarifgebunden Unternehmen zu sichern und Outsourcing zu begrenzen (zum Beispiel in den Krankenhäusern und Versorgungsunternehmen (Kapitel 4 und 2). Da die Gewerkschaften über die Tarifpolitik nicht mehr in der Lage sind, Mindeststandards festzusetzen, fordern mittlerweile vor allem die Gewerkschaften aus den schwächeren Branchen, wieder mehr Tarifverträge allgemeinverbindlich zu erklären und zusätzlich die Einführung eines gesetzlichen Mindestlohns. Die Gewerkschaften aus den stärkeren Branchen verhielten sich erst ablehnend, da sie hierin eine Bedrohung ihrer höheren Standards sahen. Mittlerweile unterstützen sie aber diese Forderung, um die Zunahme von Niedriglöhnen zu begrenzen (vergleiche ausführlicher Kapitel 7).

5.3 Berufliche Bildung und berufliche Arbeitsmärkte

Innerhalb der OECD-Länder hat Deutschland eine untypische Qualifikationsstruktur. Der Anteil der Absolventen mit Hochschulausbildung im typischen Abschlussalter lag im Jahre 2003 mit 19,5 Prozent weit unter dem OECD-Durchschnitt von 32,2 Prozent (OECD 2005). Der Grund für diese Besonderheit, die Deutschland mit Österreich, der Schweiz und Dänemark teilt, ist das ausgebaute System der Berufsbildung. In der deutschen »*skill-machine*« (Culpepper/Finegold 1999) absolvieren rund zwei Drittel der Jugendlichen eine Berufsausbildung, die in den meisten Fällen drei Jahre dauert. Der überwiegende Teil wird also im dualen System der Berufsausbildung qualifiziert. Die Auszubildenden schließen einen Ausbildungsvertrag mit einem Betrieb ab und werden innerhalb des Betriebes und ergänzend in staatlichen Berufsschulen qualifiziert. Daneben gibt es vor allem in den Sozial- und Gesundheitsberufen (zum Beispiel für Krankenschwestern) vollzeitschulische Ausbildungen, die durch Praktika in den Betrieben ergänzt werden. Die Ausbildung erfolgt in bundesweit anerkannten Berufen. Im dualen System werden die Standards der rund 340 Berufe von Unternehmern und Gewerkschaften gemeinsam entwickelt. Das duale Berufsbildungssystem hat sich im Handwerk herausgebildet und ist im letzten Jahrhundert sukzessive auf den industriellen und den Dienstleistungssektor ausgedehnt worden. Jede Berufsausbildung kann in gleichfalls zwischen den Sozialpartnern geregelten Kursen für Führungs- und Spezialistenfunktionen fortgesetzt werden, die mit anerkannten Abschlüssen zum Techniker, Meister oder dessen Äquivalent im Dienstleistungsbereich, dem Fachwirt, enden.

Der wohl wichtigste Unterschied zu den rein schulischen Berufsbildungssystemen anderer Länder ist die enge Verknüpfung mit fachlich strukturierten Arbeitsmärkten. 83 Prozent aller Beschäftigten mit einer beruflichen Ausbildung gaben 2004 an, ausbildungsadäquat beschäftigt zu sein. Diese Quote lag sogar leicht über der von Hochschulabsolvent/innen (80 Prozent) und ist über die beiden letzten Jahrzehnte stabil geblieben (Konsortium Bildungsberichterstattung 2006: 185). Die enge Verknüpfung von Bildung und Arbeitsmarkt wäre ohne eine direkte Beteiligung der Sozialpartner bei der Gestaltung der Berufsausbildung nicht denkbar. Dieselben Organisationen, die die Qualifikationsstandards beschließen, handeln auch die Entlohnung aus. Die Entgeltgruppen in den Tarifverträgen entsprechen daher weitgehend den Abschlüssen des Ausbildungssystems. Im Unterschied zu den angelsächsischen oder romanischen Ländern wird in Deutschland deshalb stärker nach beruflicher Qualifikation als nach Betriebszugehörigkeit bezahlt (Blöndal u.a. 2002). Die mittleren Führungskräfte und Spezialisten werden in Deutschland weniger aus dem Hochschulbereich, wie in vielen anderen Ländern, sondern aus dem Reservoir der Absolvent/innen einer beruflichen Aufstiegsfortbildung rekrutiert. Rund 10 Prozent der Absolvent/innen einer beruflichen Ausbildung erwerben einen anerkannten Aufstiegsabschluss (Krewerth 2004: 10f). Für diese Ausbildungsgänge werden vom Staat Stipendien und Darlehen gewährt; ebenso auch an Auszubildende, die nicht mehr bei ihren Eltern wohnen und nur eine niedrige Ausbildungsvergütung erhalten. Im Grundsatz wurden die Stipendienregelungen für Studierende an Hochschulen auch auf die berufliche Ausbildung ausgedehnt.

Vergleichende Studien zwischen deutschen, US-amerikanischen und britischen Betrieben – sowohl im Verarbeitenden Gewerbe als auch im Dienstleistungsbereich – haben gezeigt, dass die Rekrutierung der Führungskräfte aus dem *shop floor* Vorteile hat. Sie sind mit ihrem praktischen betrieblichen Wissen Garanten für einen guten Kommunikationsfluss zwischen der Unternehmensspitze und der betrieblichen Produktion. Die breite Qualifikationsbasis auf der Ausführungsebene erleichtert die Diffusion neuen Wissens. Dadurch entstehen für deutsche Unternehmen im Idealfall Produktivitätsvorteile von bis zu 30 Prozent gegenüber Unternehmen in anderen Ländern mit stärker polarisierten Qualifikationsstrukturen (Finegold/Wagner 1998; Prais/Wagner 1983; Wagner/Finegold 1999). Die gute Qualifikation der Facharbeiter/innen erlaubt eine Spezialisierung auf hochwertige Produkte. Diese Wechselwirkungen zwischen Qualifizierungssystem einerseits und Arbeitsorganisation und Produktportfolio andererseits sind die Voraussetzungen des *high-skill equilibriums* in Deutschland (Finegold/Soskice 1988).

In einigen Teilmärkten wird die Beruflichkeit durch Produktmarktregulierungen abgesichert. Bis 2004 konnte in 94 Handwerksberufen nur der Inhaber eines Meisterbriefs ein Unternehmen führen. Diese Regulierungen haben zwar ihren Preis, tragen aber auch zur hohen Qualität der Facharbeit im Handwerk bei. Durch die gleichzeitige öffentliche Förderung der Meisterqualifikation entstanden auch keine Engpässe auf dem Produktmarkt. Dennoch wurde 2004 die Handwerksordnung weitgehend dereguliert, um die Preise im Handwerk zu senken. Die Zahl der zulassungspflichtigen Gewerke wurde auf 41 verringert. Dabei handelt es sich vor allem um »gefahrengeneigte« Berufsgruppen wie zum Beispiel Gasinstallateure. In einigen der 53 ganz deregulierten Berufe, zum Beispiel bei den Gebäudereinigern oder Fliesenlegern, hat dies zu einer drastischen Zunahme neuer Unternehmen – oft Miniunternehmen mit geringer Überlebenswahrscheinlichkeit – geführt (vergleiche Kapitel 5).

Die Auswirkungen des Berufsbildungssystems auf die Löhne sind erheblich. Erstens erlaubt die hohe durchschnittliche Produktivität trotz der Lohnmäßigung der letzten Jahre ein im internationalen Vergleich immer noch relativ hohes Lohnniveau. Dies gilt insbesondere für das Verarbeitende Gewerbe, in dem im Unterschied zu den USA, Frankreich oder Großbritannien vor allem ausgebildete Fachkräfte und nur noch wenige

Un- und Angelernte beschäftigt werden. Zweitens ermöglicht eine flache Qualifikationshierarchie auch eine egalitärere Einkommensverteilung als in Ländern mit polarisierter Qualifikationsstruktur. Freeman/Schettkat (1999) schätzen, dass rund 40 Prozent der unterschiedlichen Verteilung der Einkommen in den USA und in Deutschland auf die Qualifikationsunterschiede in beiden Ländern zurückzuführen ist. Drittens sind durch die berufliche Strukturierung der Arbeitsmärkte in Deutschland und durch die Aufstiegsmöglichkeiten aus einer Berufsausbildung die Anreize zu Bildungsinvestitionen im unteren und mittleren Bereich der Qualifikationshierarchie wesentlich höher als in den USA (Freeman/Schettkat 2001). Abbildung 1.10 zeigt, dass es in der Lohnverteilung der Absolvent/innen einer Berufsausbildung einen zweiten Hochpunkt bei rund 5.000 Euro Monatsgehalt gibt, der auf hohe Aufstiegsmobilität schließen lässt.[20]

Abbildung 1.10: Entgeltverteilung nach Qualifikation (Westdeutschland 2003, sozialversicherungspflichtig Vollzeitbeschäftigte)

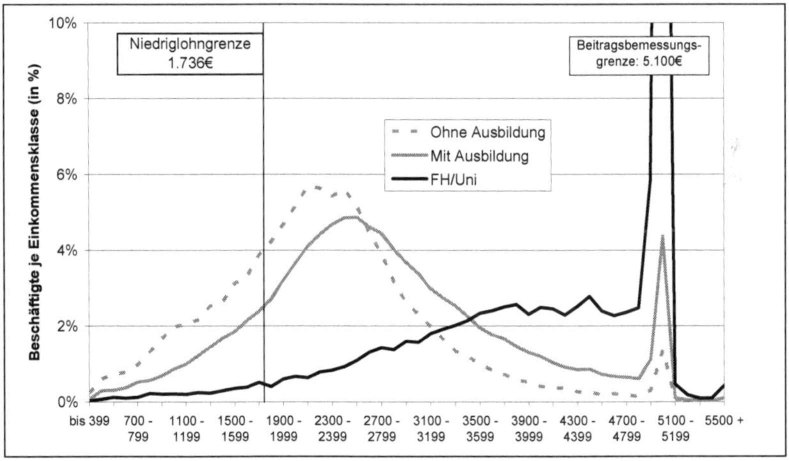

Quelle: BA-Beschäftigtenpanel, Welle 24, eigene Berechnungen

20 Der Peak der Hochschulabsolvent/innen bei 5.000 bis 5.099 Euro erklärt sich durch die Beitragsbemessungsgrenze. Etwa 34,2 Prozent der Hochschulabsolvent/innen sind in dieser Einkommensgruppe. Bis zur Grenze von 5.100 Euro müssen Beiträge an die Rentenversicherung gezahlt werden. Die Einkommen werden in der Beschäftigtendatei der Bundesagentur für Arbeit nur bis zu dieser Grenze erfasst. Die erfassten Einkommen können in einzelnen Monaten die Beitragsbemessungsgrenze überschreiten, nicht aber im Jahresdurchschnitt.

Hinzu kommen die in dieser Statistik nicht vertretenen selbständigen Betriebsinhaber/innen mit einem Meisterzertifikat. Viertens ist aus Abbildung 1.10 aber auch erkennbar, dass eine Berufsausbildung nicht vor niedrigen Löhnen schützt (vergleiche Abschnitt 5.2). Die starke Orientierung auf eine Tätigkeit in ihrem erlernten Beruf ist oft für die Beschäftigten ein zentrales Motiv, ihren Arbeitsplatz trotz schlechter Bezahlung nicht aufzugeben. Dies war zumindest im Einzelhandel festzustellen (Kapitel 6), während die qualifizierten Arbeitskräfte in Hotels, in denen die Löhne noch unter denen des Einzelhandels liegen, wegen niedriger Bezahlung häufiger in andere Branchen wechseln (Kapitel 5). Die Dominanz beruflicher Arbeitsmärkte hat dazu geführt, dass auch in Branchen mit hohen Anteilen gering bezahlter Beschäftigter Unternehmen ihren Nachwuchs über eine berufliche Ausbildung rekrutieren (zum Beispiel im Einzelhandel – vergleiche Kapitel 6; Hieming u.a. 2005). Nur so können sie wegen des kleinen Pools ungelernter Arbeitskräfte in Deutschland Nachwuchskräfte mit den gewünschten Fähigkeiten gewinnen. Dies ist einer der Gründe dafür, dass mehr als drei Viertel aller Niedriglohnbeziehenden einen höheren Qualifikationsabschluss (Berufsausbildung oder Hochschulausbildung) haben, während der Anteil der niedrig Qualifizierten im Niedriglohnsektor in anderen Ländern wie zum Beispiel den USA deutlich höher ist (CBO 2006: 18).

Mit der Einführung neuer Formen der Arbeitsorganisation in den neunziger Jahren geriet die berufliche Bildung in Deutschland in Kritik. Sabel (1995) sah in der Tradition der US-amerikanischen Debatte über *demarcation* zwischen verschiedenen Berufen in der beruflichen Spezialisierung der deutschen Facharbeiter/innen eine Barriere für die Einführung von Teamarbeit. Obgleich es in Deutschland – außer im Handwerk – keine institutionalisierte *demarcation* zwischen Berufen gibt, hatte in der Tat die Modernisierung der Berufsbilder nicht mit den Veränderungen der Arbeitsanforderungen Schritt gehalten. Sie war zu fachlich und zu sehr auf Verhalten in hierarchischen Managementstrukturen orientiert. Mitte der neunziger Jahre einigten sich die Sozialpartner daher auf die Schaffung neuer und die raschere Modernisierung bestehender Berufe. Zwischen 1996 und Juli 2006 wurden 68 neue Berufe geschaffen (fast alle im Dienstleistungsbereich) und 209 der 340 bestehenden Berufe modernisiert. Zu den erfolgreichsten neuen Berufen gehören die acht Informationstechnik- oder Medienberufe, die zu einer Ausdehnung des dualen Systems in neue Tätigkeitsbereiche geführt haben. Die Modernisierung der alten Berufe folgte Leitbildern einer modernen Arbeitsorganisation und einer flexiblen Berufskarriere (Bosch 2005). In der neuesten Reform der Metallberufe wurden zum Beispiel 16 Berufe auf fünf Grundberufe mit breiten Basisqualifikationen verringert (vor 1987 waren es noch 45 Berufe). Die Jugendlichen lernen in allen Branchen zunehmend in praktischen Projekten, um frühzeitig Teamarbeit zwischen verschiedenen Berufen und Kundenkontakte einzuüben.

Die Berufsausbildung ist durch die Modernisierung ihrer Inhalte und Lernformen in vielen Branchen vom Nachzügler zum Antreiber betrieblicher Reorganisation vor allem in den noch traditionell organisierten Unternehmen geworden (Schumann 2002) und hat damit ihre Rolle als Stütze des *high-skill-equilibriums* wieder zurück gewonnen. Dies gilt allerdings nicht für alle Branchen. Im Kredit- und Versicherungswesen nimmt zum Beispiel die Ausbildungsquote ab. Diese Branche rekrutiert stattdessen seit geraumer Zeit mehr Akademiker/innen. Ebenso können wir etwa in der Fleischindustrie den Bedeutungsverlust der klassischen handwerklichen Ausbildung beobachten, wobei in Zukunft mit wachsender Automatisierung der Bedarf an Fachkräften im Bereich Lebensmitteltechnik steigen wird (Kapitel 3). Es gibt aber auch starke Anzeichen, dass Auszubildende in einzelnen Branchen als billige Arbeitskräfte genutzt werden. Dies gilt etwa für das Gastgewerbe, in dem nach der Ausbildung nur 30 Prozent vom Betrieb weiterbeschäftigt werden (gegenüber 70 Prozent in der Produktionsgüterindustrie) (Konsortium Bildungsberichterstattung 2006: 266).

Trotz dieser Generalüberholung steht das System der beruflichen Bildung weiterhin vor erheblichen Problemen, die sich vor allem aus einer unzureichenden Zahl von Ausbildungsplätzen ergeben. Seit den neunziger Jahren übersteigt durch den Eintritt geburtenstarker Jahrgänge in den Arbeitsmarkt die Nachfrage das Angebot an Ausbildungsplätzen. Das Ausbildungsplatzangebot ist nicht entsprechend mit gestiegen. Der Anteil der ausbildenden Unternehmen ging von 34,3 Prozent im Jahr 1985[21] auf 24,3 Prozent im Jahr 2002 zurück, wobei in den neuen Bundesländern die Quote bei nur 19,5 Prozent lag (BMBF 2004). Als Gründe werden der Strukturbruch in Ostdeutschland und neue *Governance*-Strukturen in den Unternehmen genannt, durch die langfristige Investitionen in Humankapital zunehmend in Gegensatz zur neuen Kurzfrist-Orientierung vieler Unternehmen geraten. Ein 2004 beschlossenes Gesetz zur Einführung ei-

21 Dieser Wert war allerdings ein historisches Höchstniveau nach der Ausbildungsplatzkampagne von Helmut Kohl in einer guten wirtschaftlichen Situation.

ner Ausbildungsplatzabgabe, das auch nicht ausbildende Unternehmen an den Kosten der Berufsausbildung beteiligen sollte, wurde wegen starken Widerstands der Wirtschaftsverbände nicht umgesetzt (Bosch 2004a).

Die massiven Überhänge bei der Ausbildungsplatznachfrage haben die Übergänge von der Schule in den Beruf in den letzten Jahren verändert. Die Unternehmen haben die Chance, sich die besten Jugendlichen auszusuchen. Während 1970 noch 80 Prozent der Auszubildenden einen Hauptschulabschluss hatten, waren es 2004 nur noch 37 Prozent. Gleichzeitig nimmt die Bedeutung schulischer Ausbildung zu. Während 1993 noch zwei Drittel aller Jugendlichen einen Ausbildungsvertrag im dualen System abschlossen, waren es 2004 noch 59,5 Prozent (Männer 65 Prozent, Frauen 45 Prozent[22]), von denen zudem ein nicht unerheblicher Teil (vor allem in Ostdeutschland) staatlich subventioniert wird. Ein wachsender Teil (vor allem Frauen) geht in eine schulische Ausbildung, die wegen des Bedeutungsgewinns der sozialen Dienstleistungen an Gewicht zunimmt, so dass der Anteil von Jugendlichen ohne eine Berufsausbildung mit etwa 11 Prozent seit Jahren konstant geblieben ist (Troltsch 2006). Zunehmend gelingt der Übergang in eine Ausbildung erst nach einer staatlich finanzierten Berufsvorbereitungsmaßnahme (Konsortium Bildungsberichterstattung 2006: 80).

Die deutliche Verschlechterung der Ausbildungschancen von Absolventen einer Hauptschule hat negative Rückwirkungen auf die Motivation der Schüler dieser Schulform. Dies betrifft insbesondere die an Hauptschulen stark vertretenen jugendlichen Ausländer, von denen nur noch rund 25 Prozent (2004) einen Ausbildungsplatz im dualen System erhielten (Deutsche: 59 Prozent) (Uhly/Granato 2006: 52). Die Hauptschulen werden vor allem in städtischen Ballungszentren zur »Restschule« für ausländische Jugendliche und Jugendliche aus schwierigen Familienverhältnissen. Die PISA-Studie hat dem deutschen Bildungssystem schlechte Noten erteilt, da es weniger als die Schulen in anderen Ländern die sich aus der Schichtzugehörigkeit ergebenden Nachteile ausgleicht. Der Bericht zur technologischen Leistungsfähigkeit Deutschlands (BMBF 2006) spricht deshalb zu Recht von »Rissen im Fundament« einer vor allem auf Qualifikation beruhenden Volkswirtschaft.

Gleichzeitig droht mit der geplanten Expansion der tertiären Bildung das duale System die besten Jugendlichen zu verlieren. Um die Attraktivität

22 Junge Frauen sind stärker in der schulischen Berufsausbildung in den Gesundheits- und Sozialberufen vertreten.

einer beruflichen Ausbildung zu erhalten, haben inzwischen Meister/innen den Hochschulzugang erhalten. Zugleich richten die Fachhochschulen zunehmend duale Studiengänge ein, in denen Studierende gleichzeitig eine Ausbildung und ein Studium absolvieren. Das Prinzip der dualen Ausbildung wandert also möglicherweise eine Etage im Bildungssystem höher.

5.4 Interne Arbeitsmärkte und Beschäftigungsstabilität

Im Unterschied zu Japan oder den romanischen Ländern haben sich in Deutschland nur in wenigen Bereichen wie etwa dem öffentlichen Dienst geschlossene interne Arbeitsmärkte herausgebildet, in denen interne Karriereleitern und Entlohnung nach Alter und Betriebszugehörigkeit zwischenbetriebliche Mobilität einschränken. Zu beobachten sind vielmehr häufig Mischformen von beruflichen und internen Arbeitsmärkten. Der hohe Anteil von Beschäftigten mit einem anerkannten Beruf und die Organisation innerbetrieblicher Hierarchien nach beruflichen Abschlüssen hat zwischenbetriebliche Mobilität ohne Einkommens- und Statusverlust erleichtert. Gleichzeitig haben aber der ausgebaute Kündigungsschutz und die starke betriebliche Interessenvertretung über die Betriebsräte zu guten Löhnen und einer Stabilisierung der Beschäftigung beigetragen. Die Beschäftigungsstabilität in Deutschland liegt aufgrund dieser Arbeitsmarktstrukturen höher als in den angelsächsischen Ländern mit ihren ausgeprägten externen Arbeitsmärkten, aber niedriger als in oben erwähnten Ländern mit starken internen Arbeitsmärkten. Die durchschnittliche Betriebszugehörigkeit betrug 1998 in Deutschland 10,4 Jahre, in Großbritannien 8,2 Jahre, in den USA, 6,6 Jahre, in Italien 12,1 Jahre und in Japan 11,6 Jahre (Auer/Cazes 2000).

Maßgeblich für die Herausbildung interner Arbeitsmärkte ist der Kündigungsschutz für regulär Beschäftigte, den man in einen individuellen und einen kollektiven Kündigungsschutz unterteilen kann. Im individuellen Kündigungsschutz werden die Rechte des einzelnen Beschäftigten festgelegt. Kündigungen müssen grundsätzlich sozial gerechtfertigt sein, das heißt, es müssen nachweisbare Gründe vorliegen, die in betrieblichen Erfordernissen (zum Beispiel Rationalisierung oder Auftragseinbruch) oder im Verhalten des Beschäftigten (zum Beispiel Diebstahl) liegen können. Die Kündigungsfristen steigen von einem Monat nach Ende der Probezeit, die bis zu sechs Monate betragen kann, bis auf sieben Monate zum Ende des Kalenderjahres nach 20 Jahren Betriebszugehörigkeit. In vielen Tarifverträgen werden die gesetzlichen Kündigungsfristen generell oder für einzelne Gruppen (vor allem ältere Beschäftigte) verlängert, in einzelnen Fällen aber auch verkürzt, um den Besonderheiten der Branche Rechnung zu tragen (zum Beispiel Bauwirtschaft). Zum kollektiven Kündigungsschutz zählen die Rechte des Betriebsrats, Kündigungen zu widersprechen, wenn Beschäftigte stattdessen etwa im Betrieb versetzt werden können, oder Sozialpläne bei Entlassungen auszuhandeln. In diesen Sozialplänen werden zumeist Abfindungen geregelt. Die Höhe der Abfindungen richtet sich nach der ökonomischen Lage des Unternehmens. Sie liegen in der Regel bei einem halben Monatsgehalt pro Beschäftigungsjahr, können aber auch ganz entfallen, wenn das Unternehmen insolvent oder in wirtschaftlichen Schwierigkeiten ist. Der Kündigungsschutz wird nicht durch Veränderungen der Eigentumsverhältnisse des Unternehmens berührt. Wenn ein Unternehmen oder einzelne Teile eines Unternehmens verkauft werden, tritt der neue Eigentümer in die Vertragsverhältnisse ein.

Sowohl der individuelle als auch der kollektive Kündigungsschutz ist nach Betriebsgröße gestaffelt. Sozialpläne können erst in Betrieben mit mehr als 20 Beschäftigten ausgehandelt werden. In Betrieben mit weniger als zehn Beschäftigten (vor 2004 weniger als 20 Beschäftigte) müssen die Betriebe nicht mehr nachweisen, dass die Kündigung sozial gerechtfertigt ist, sondern nur noch die Kündigungsfristen einhalten. Niedriglohnbeschäftigung hat sich in den letzten Jahren auf kleine und mittelgroße Betriebe verlagert, also genau dorthin, wo der individuelle Kündigungsschutz schwächer ist und der kollektive entfällt.

Die OECD hat in ihren internationalen Vergleichen den deutschen Kündigungsschutz für reguläre Beschäftigte als relativ strikt klassifiziert. Beim Kündigungsschutz für regulär Beschäftigte erhielt Deutschland 2003 auf einer Skala von 1 bis 6 den Wert 2,7 gegenüber 0,2 in den USA, 1,1 in Großbritannien, 1,5 in Dänemark, 2,5 in Frankreich und 3,1 in den Niederlanden. Beim Indikator für Massenentlassungen weist Deutschland mit 3,8 ebenfalls einen hohen Wert auf (Dänemark 3,9, Frankreich 2,1, Niederlande 3,0, Großbritannien und USA 2,9 – OECD 2004a: 117). Diese Indikatoren berücksichtigen allerdings nicht ausreichend die starken Differenzierungen des Kündigungsschutzes in Deutschland nach Betriebszugehörigkeit, Betriebsgröße und wirtschaftlicher Lage des Unternehmens. Diese Differenzierung ermöglicht den Aufbau sehr unterschiedlicher Teilarbeitsmärkte. In Branchen mit hohen Auftragsschwankungen und geringer durchschnittlicher Betriebsgröße wie etwa im Hotel- und Gaststättengewerbe ist die durchschnittliche Betriebszugehörigkeit erheblich niedriger als in Branchen mit größeren Betrieben und stabilerer Auftragslage wie zum Beispiel den Banken und Versicherungen.

Der Kündigungsschutz und die hohe Beschäftigungsstabilität wird von einigen Autor/innen als Voraussetzung für hohe Investitionen in Aus- und Weiterbildung der Beschäftigten und die Entwicklung der internen funktionalen und numerischen Flexibilität angesehen und somit als einer der Pfeiler der *»diversified quality production«*. Andere sehen im Kündigungsschutz wegen der damit verbunden Trennungskosten ein Beschäftigungshemmnis. Um Einstellungen in Kleinbetrieben zu erleichtern, wurde der Kündigungsschutz in den letzten Jahren mehrfach geändert. So wurde die Schwelle des Kündigungsschutzes 1998 von fünf auf zehn Beschäftigte angehoben, dann wieder gesenkt und schließlich 2004 wieder auf zehn angehoben. Mehrere empirische Untersuchungen dieses »Realexperiments« stellten fest, dass sich das Einstellungsverhalten der Kleinbetriebe durch die Einschränkung des Kündigungsschutzes nicht verändert hat. Als Gründe wurden die geringe Konflikthaftigkeit von Kündigungen (niedrige Klagequote gegen Kündigungen) und die niedrigen Kosten (kaum Abfindungszahlungen bei kleinen und mittleren Unternehmen) genannt (Pfarr u.a. 2004).

Erheblich mehr Änderungen der Rechtslage gab es an den Rändern des Arbeitsmarktes. Mitte der achtziger Jahre ist die Befristung von Arbeitsverträgen erleichtert worden. Mehrjährige Befristungen wurden bei Vorliegen eines sachlichen Grundes (zum Beispiel vorübergehender Bedarf oder Vertretung eines anderen Beschäftigten) legalisiert. Um die Verbreitung von Teilzeitarbeit zu fördern, wurde die Gleichbehandlung von Teilzeitbeschäftigten in der Entlohnung und bei allen Sozialleistungen festgelegt. Zudem wurde Vollzeitbeschäftigten das Recht auf eine zeitweilige Verringerung ihrer Arbeitszeit eingeräumt. Weiterhin wurde die Einkommensschwelle für die nicht sozialversicherungspflichtige geringfügige Teilzeitbeschäftigung erhöht (vergleiche Abschnitt 3). Die Beschäftigten in diesen Minijobs unterliegen zwar formal dem Kündigungsschutz für regulär Beschäftigte, werden in der Praxis aber häufig wie jederzeit kündbare Arbeitskräfte behandelt. Am stärksten waren aber die Veränderungen im Bereich der gewerblichen Arbeitnehmerüberlassung beziehungsweise Zeitarbeit (Kasten 7).

Kasten 7: Veränderungen der Regulierung von Zeitarbeit

Bis 1972 war Arbeitnehmerüberlassung in Deutschland grundsätzlich verboten. Nach ihrer Zulassung war sie zunächst strikt geregelt. Zeitarbeitsunternehmen mussten eine Erlaubnis zum Verleih von Arbeitskräften beantragen, die bei Nichteinhaltung von Vorschriften widerrufen werden konnte. Zeitarbeitskräfte mussten grundsätzlich einen unbefristeten Vertrag erhalten. Die zeitliche Synchronisierung der Dauer des Arbeitsvertrages mit der Dauer eines betrieblichen Einsatzes war unzulässig; es musste eine gewisse Nachbeschäftigungszeit gewährt werden. Zur Verhinderung der Substitution regulärer Beschäftigung war der Einsatz in einem Entleihbetrieb zunächst auf drei Monate begrenzt. Diese Frist wurde mehrfach ausgedehnt – zuletzt auf zwei Jahre. Aufgrund dieser zahlreichen Restriktionen galt Zeitarbeit in Deutschland im Vergleich zu anderen Ländern lange Zeit als relativ stark reguliert (Storrie 2002). Allerdings gab es – mit Ausnahme einiger weniger Haustarifverträge bei einzelnen Zeitarbeitsunternehmen – keinerlei Vorgaben zur Entlohnung. Im Jahre 2002 verdienten Zeitarbeitskräfte durchschnittlich rund 30 Prozent weniger als andere Beschäftigte. Mit den *Hartz*-Gesetzen von 2003 wurden die vorherigen Restriktionen von Zeitarbeit weitgehend aufgehoben. Das Synchronisierungsverbot und vor allem die Begrenzung der zeitlichen Dauer des Verleihs entfielen. Dafür wurde das Recht auf gleiche Bezahlung gesetzlich festgeschrieben. Allerdings enthält das Gesetz eine Ausnahmeklausel für den Fall, dass ein für die Zeitarbeitsbranche gültiger Tarifvertrag zur Anwendung kommt. In der Praxis hat diese Ausnahmeregelung dazu geführt, dass sich fast alle Zeitarbeitsunternehmen an einem der inzwischen recht zahlreichen Tarifverträge orientieren – die Ausnahme ist also zur Regel geworden.

Anfangs befürchteten die führenden Zeitarbeitsverbände, dass sich die DGB-Gewerkschaften nicht auf Tarifverhandlungen einlassen würden, um dem Gebot der gleichen Bezahlung, das zum Beispiel in Frankreich die Regel ist, Geltung zu verschaffen. Nachdem der christliche Gewerkschaftsbund jedoch rasch Tarifverträge, die sehr niedrige Löhne vorsahen, mit einem kleineren Arbeitgeberverband und einigen Zeitarbeitsunternehmen abgeschlossen hatte, standen die DGB-Gewerkschaften unter Druck, selbst Tarifverträge mit den beiden großen Arbeitgeberverbänden in der Zeitarbeit abzuschließen, die zumindest etwas bessere Bedingungen vorsahen. Die Konkurrenz durch die gelbe Gewerkschaft führte jedoch dazu, dass alle Tarifverträge Einstiegslöhne vorsehen, die weit unter den Tariflöhnen in typischen Einsatzbranchen liegen. Aktuell liegen die tariflichen Einstiegslöhne in der Zeitarbeit überwiegend bei etwa 7 Euro pro Stunde, in manchen Fällen (insbesondere bei Haustarifverträgen, die die christlichen Gewerkschaften abgeschlossen haben) auch noch erheblich niedriger (zum Beispiel 4,50 Euro, was nur rund 45 Prozent des Median entspricht). In Kombination mit der Möglichkeit, Zeitarbeitskräfte ohne zeitliche Befristung einzusetzen, setzt das niedrige Lohnniveau in der Zeitarbeit die Löhne in anderen Branchen erheblich unter Druck. Zum Teil gründen Unternehmen aus anderen Branchen auch eigene Zeitarbeits-Tochtergesellschaften, in denen Beschäftigte zu den Bedingungen eines der Zeitarbeitstarifverträge beschäftigt, aber auf Dauer in den Ursprungsunternehmen eingesetzt werden. Zwei der drei großen Arbeitgeberverbände in der Zeitarbeit fordern inzwischen, einen mit den DGB-Gewerkschaften im Jahre 2006 abgeschlossenen Mindestlohn-Tarifvertrag über die Aufnahme ins Entsendegesetz für allgemein verbindlich zu erklären, um Lohndumping zu unterbinden (vergleiche Weinkopf 2006 und Kapitel 7).

Schließlich ist noch die Dienstleistungsfreiheit auf europäischer Ebene zu erwähnen. Deutsche Unternehmen können ausländische Unternehmen aus der EU beauftragen, bestimmte Tätigkeiten mit eigenen Arbeitskräften auszuführen. Diese Arbeitskräfte werden nicht nach deutschen Tarifen bezahlt, sondern unterliegen den Standards ihrer Heimatländer. Zur Begrenzung der Lohnunterbietung können nach der EU-Entsenderichtlinie[23] die EU-Länder Mindestlöhne festgelegen. In Deutschland gibt es solche Mindestlöhne für ausländische Werkvertragnehmer seit 1997 in der Bauwirtschaft, nicht aber in anderen Branchen. Voraussetzung für eine Allgemeinverbindlichkeitserklärung durch das Arbeitsministerium ist ein flächendeckender Branchentarifvertrag, der in vielen Branchen jedoch nicht vorliegt. Durch entsendete Werkauftragnehmer aus dem Ausland wurden vor allem ausländische Arbeitskräfte verdrängt, die bislang nach heimischen Tarifen bezahlt wurden. Das kann man deutlich in der Fleischindustrie (Kapitel 3), aber auch in der Bauwirtschaft, auf die die meisten Entsendungen entfallen, feststellen. In der deutschen Bauwirtschaft ging die Zahl der ausländischen Beschäftigten von 20 Prozent 1970 auf 9 Prozent 2002

23 Direktive 96/71/EC des Europäischen Parlaments und Konzils vom 16. Dezember 1996 betreffend die Entsendung von Arbeitnehmern im Rahmen der Erbringung von Dienstleistungen, Artikel 3.

zurück, während gleichzeitig der Anteil der entsendeten Werkauftragnehmer bis 2002 auf 16,4 Prozent aller Bauarbeiter anstieg (Bosch/Zühlke-Robinet 2003).

Durch die beschriebenen Gesetzesänderungen, mehr aber noch infolge neuer Unternehmensstrategien haben sich die Arbeitsmarktstrukturen in Deutschland in den letzten 20 Jahren deutlich verändert. Zunächst haben periphere Beschäftigungsformen an Bedeutung gewonnen (Abbildung 1.11). Die Entwicklung der einzelnen Beschäftigungsformen verlief nicht unabhängig voneinander. Generell gilt, dass die schlechter regulierten die besser regulierten Arbeitsverhältnisse verdrängen. Stark zugenommen hat vor allem die Zahl der Zeitarbeitskräfte und der marginalen Teilzeitbeschäftigten, während die Zahl der befristet Beschäftigten kaum angestiegen ist (Abbildung 1.11).

Abbildung 1.11: Beschäftigte nach Beschäftigungsform (bis 1990 Westdeutschland, ab 1991 einschließlich Ostdeutschland)

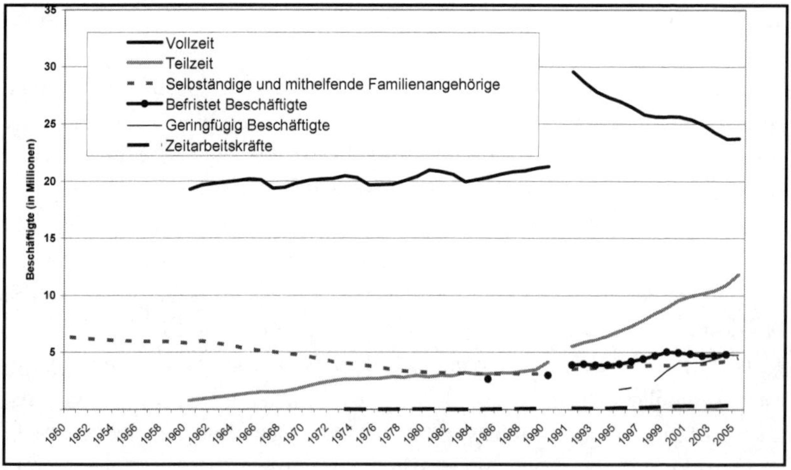

Quelle: Bundesagentur für Arbeit; Statistisches Bundesamt; Eurostat

Trotz des Gleichbehandlungsgebotes liegt der Niedriglohnanteil unter sozialversicherungspflichtig Teilzeitbeschäftigten höher als bei Vollzeitbeschäftigten, was auch daran liegen dürfte, dass Teilzeitarbeit in qualifizierten Positionen nach wie vor weniger verbreitet ist. Die Teilzeitbeschäftigung ist vor allem wegen der steigenden Frauenerwerbstätigkeit gewachsen. Zum Teil wurde sozialversicherungspflichtige durch marginale Teilzeitarbeit verdrängt. Die Arbeitszeitwünsche der Frauen zeigen, dass viele mit kurzer Teilzeit gerne zwischen 20 und 30 Stunden in der Woche arbeiten würden (Bielenski u.a. 2002), aber aufgrund der sozialrechtlichen Regelungen in Minijobs gefangen sind. Die Minijobs konzentrieren sich auf Dienstleistungstätigkeiten und hier insbesondere auf den Einzelhandel, Gebäudereinigung und die Gastronomie. Während der Frauenanteil bei den Minijobs mit 64,4 Prozent hoch ist, ist Zeitarbeit mit einem Frauenanteil von 27 Prozent eine Männerdomäne. Zeitarbeit konzentriert sich auf Produktionstätigkeiten. Zeitarbeitskräfte verdienten 2002 rund 42 Prozent weniger als regulär Beschäftigte (Jahn 2004: 225). Überdies dürften sich die Chancen von Zeitarbeitskräften auf eine Übernahme in reguläre Beschäftigung durch die Aufhebung des Synchronisierungsverbots und das weiterhin große Lohngefälle (insbesondere bei Helfertätigkeiten) verringert haben. Es gibt Anzeichen, dass Unternehmen bestimmte Tätigkeiten durch Zeitarbeitskräfte zunehmend dauerhaft ausführen lassen (Weinkopf 2006).

Für befristet Beschäftigte sind die Perspektiven deutlich günstiger. Sie erhalten als Beschäftigte eines Betriebes nicht nur die gleichen Löhne, sondern haben auch gute Chancen auf eine Übernahme in ein festes Beschäftigungsverhältnis. Rund zwei Drittel von ihnen wechselt in eine dauerhafte Beschäftigung (Giesecke/Groß 2006). Ebenfalls gewachsen ist die Zahl der entsendeten Arbeitskräfte aus anderen EU-Ländern, insbesondere aus Osteuropa. Zahlen liegen hier nur für die Bauwirtschaft vor, da dort im Zusammenhang mit der Einführung eines Mindestlohnes auch eine Registrierungspflicht eingeführt wurde. Im Jahre 2002 waren im Bauhauptgewerbe rund 120.000 entsandte Arbeitskräfte beschäftigt, was etwa 16 Prozent aller Beschäftigten in dieser Branche entsprach (Bosch/Worthmann 2006). Auch die Zahl der Selbständigen hat zugenommen. Unter ihnen finden sich zunehmend Solo-Unternehmer, die nur für einen Auftraggeber für geringes Entgelt arbeiten und häufig weniger als Beschäftigte in gleicher Position verdienen, vor allem aber nicht sozialversichert sind (Betzeld/Fachinger 2004).

Noch deutlicher werden die Veränderungen in den letzten 20 Jahren, wenn man Veränderungen von betrieblichen Teilarbeitsmärkten analysiert. Die bislang vertikal organisierten internen Arbeitsmärkte mit internen Mobilitäts- und Qualifizierungsketten und hoher Beschäftigungssicherheit sind vielfach in Richtung leistungsorientierter interner Arbeitsmärkte umstrukturiert worden. Die Unternehmen versprechen nicht mehr eine Beschäftigung auf Dauer, sondern die Beschäftigten müssen sich ihre Position auf der Basis von Erfolgsindikatoren regelmäßig neu »verdienen«. Überraschend ist, dass sich trotz größerer Turbulenz auf den Produktmärkten und neuer interner Steuerungsmechanismen die durchschnittliche Dauer der Betriebszugehörigkeit in Deutschland kaum verändert hat (Erlinghagen 2006). Eine Erklärung hierfür bieten die gestiegenen Qualifikationsanforderungen, die ein Heuern und Feuern kostspieliger machen. Die deutschen Unternehmen haben daher in besonderem Maße darauf gesetzt, ihre interne Flexibilität auszubauen. Durch die neuen breiteren Berufsbilder und die Einführung von Teamarbeit wurden die funktionale Flexibilität und durch die mit den Gewerkschaften ausgehandelten flexiblen Arbeitszeiten auch die intern-numerische Flexibilität erhöht. Europäische Vergleiche zeigen, dass deutsche Betriebe mittlerweile in der Arbeitszeitflexibilität an der Spitze liegen (Schief 2006).

Die internen Arbeitsmärkte sind gleichzeitig durch die Auslagerung von Tätigkeiten an die Ränder des Unternehmens oder in andere Unternehmen kleiner geworden. Vor allem sind die bislang gut bezahlten einfachen Tätigkeiten wie etwa einfache Montagearbeiten, Wachdienste, Kantinendienste, Reinigung und Transport aus den internen Arbeitsmärkten in arbeitsrechtlich und tariflich weniger regulierte Bereiche verlagert worden (Köhler/Struck 2007). Ausgedehnt haben sich hierbei gering regulierte externe Arbeitsmärkte, in denen die wechselseitige Bindung wegen geringer Bezahlung und aufgrund der leicht austauschbaren Qualifikationen niedrig ist und Kündigungen auch rechtlich leicht zu realisieren sind. Die von uns festgestellte Abnahme von Niedriglöhnen in Kernsektoren der deutschen Wirtschaft und ihre zunehmende Konzentration in Klein- und Mittelbetrieben mit einem geringen gesetzlichen Kündigungsschutz (Abschnitt 2), wenig Betriebsräten und in Branchen mit niedriger Tarifbindung bestätigen dieses Bild. Der überproportionale Zuwachs von gering bezahlten Ausländer/innen weist darauf hin, dass diese sich zunehmend in den neuen Randarbeitsmärkten konzentrieren.

5.5 Wohlfahrtsstaat und Familienpolitik

Zwischen 1949 und 1990 entwickelten die beiden deutschen Staaten eine völlig unterschiedliche Familienpolitik. Die DDR strebte eine hohe Erwerbsbeteiligung der Frauen an und ermöglichte diese durch ein ausgebautes System von Kindertagesstätten und Ganztagsschulen. Die Beschäftigungsquote der Frauen war fast ebenso hoch wie die der Männer und die Teilzeitquote war gering. Durch ihre Erwerbstätigkeit erwarben sich Frauen eine eigene soziale Sicherung. In Westdeutschland hingegen wurde in Reaktion auf das Nazi-Regime, aber auch auf die Entwicklung in Ostdeutschland jede Intervention in Erziehungsaufgaben der Familie als unerwünschter Eingriff des Staates in die Privatsphäre abgelehnt. Für Kinder unter drei Jahren gab es praktisch keine öffentliche Betreuung, Kindergärten für Kinder zwischen drei und sechs Jahren schlossen in der Regel mittags, der Schulunterricht fand nur am Vormittag statt und es gab keine garantierten Schulzeiten (d.h. bei Krankheit von Lehrkräften wurden die Kinder nach Hause geschickt). Eine Betreuung nach der Schule gab es nur für wenige als bedauernswert angesehene sozial benachteiligte Kinder, deren Mütter arbeiten mussten. Das soziale Sicherungssystem war auf den männlichen Alleinverdiener ausgerichtet. Die Ehefrau und die Kinder waren über ihn kostenlos krankenversichert und die Rente des Mannes beziehungsweise bei seinem Tode die Hinterbliebenenrente waren die wichtigste Quelle der Alterssicherung von Frauen. Die nicht-erwerbstätigen Frauen wurden durch Unterhaltspflichten des Mannes im Falle einer Scheidung gesichert, während in Ostdeutschland geschiedene Frauen längst für ihren Lebensunterhalt selbst aufkamen. 1958 wurde in Westdeutschland das Ehegattensplitting eingeführt, nach dem das Einkommen beider Partner vor der Versteuerung durch zwei geteilt und dann versteuert wird. Dieses Steuermodell begünstigt in einem stark progressiven Steuersystem wie in Deutschland vor allem Haushalte mit einem Verdiener beziehungsweise Haushalte mit zwei Verdiener/innen, deren Einkommen stark voneinander abweichen. Es verringert insbesondere die Steuerlast für gut Verdienende, weshalb das Ehegattensplitting von dieser Gruppe heftig verteidigt wird. Es wird ebenso von Unternehmen verteidigt, die die wohlfahrtsstaatliche Absicherung von Frauen zur Fragmentierung von Beschäftigungsverhältnissen nutzen. Besonders deutlich zeigt sich dies im Einzelhandel (Kapitel 6).

Das westdeutsche Familienmodell war in der Nachkriegszeit in der westlichen Welt keine Ausnahme. Außergewöhnlich ist allein, dass es bis heute trotz völlig veränderter Familienstrukturen und Erwerbsmuster überlebt hat. Als die Unternehmen in den sechziger Jahren aufgrund der Arbeitskräfteknappheit so genannte »Hausfrauenschichten« einrichteten, wurde marginale Teilzeit eingeführt, bei der Arbeitsverhältnisse bis 15 Stunden pro Woche nicht sozialversicherungspflichtig waren und einer geringen Pauschalsteuer unterlagen. Diese Jobs waren für Hausfrauen attraktiv, da der Einkommensvorteil durch das Ehegattensplitting und die soziale Absicherung über den Ehemann erhalten blieben. Sie sind gleichermaßen attraktiv für Schüler/innen, Studierende und Rentner/innen, die anderweitig sozialversichert oder finanziell abgesichert sind. Die marginalen Entzugsraten einer Erhöhung der Arbeitszeit über die Minijobschwelle hinaus sind äußerst hoch. Sie können je nach Steuersatz der Familie leicht über 100 Prozent liegen und blockieren – wie die starke Zunahme der geringfügigen Teilzeitarbeit (vergleiche Abschnitt 3) zeigt – eine Ausdehnung vor allem des weiblichen Arbeitsangebots sehr wirkungsvoll. Es ist erstaunlich, dass die deutschen Ökonom/innen, die ansonsten sehr detailliert Einkommensdifferenzen und Anreizprobleme in den Blick nehmen, die politische Tabuisierung des deutschen Familienmodells mitgetragen und bislang einen großen Bogen um die Analyse der Auswirkungen des Ehegattensplitting und der Minijobs auf den Arbeitsmarkt und die Finanzierung des Sozialsystems gemacht haben.

Mit der Wiedervereinigung wurde das westdeutsche Familienmodell auch auf Ostdeutschland übertragen. Im Zuge der massiven De-Industrialisierung wurden weit mehr Frauen als Männer entlassen. In der Folge sank die Beschäftigungsquote der ostdeutschen Frauen, während die der westdeutschen Frauen weiter anstieg. Obgleich sich die Beschäftigungsquoten der Frauen im Alter zwischen 19 und 59 Jahren in Ost- und Westdeutschland aufgrund der hohen Arbeitslosigkeit in Ostdeutschland mittlerweile angeglichen haben, unterscheiden sich die Erwerbsorientierungen weiterhin. Die Erwerbsquote der ostdeutschen Frauen in dieser Altersgruppe, die die registrierten Arbeitslosen einschließt, lag 2000 mit 83 Prozent deutlich höher als in Westdeutschland (70 Prozent) (Holst/Schupp 2001). Hinter vergleichbaren Beschäftigungsquoten verbergen sich zudem erhebliche Unterschiede im geleisteten Arbeitsvolumen. Die Teilzeitquote der ostdeutschen Frauen lag 2003 bei 26,6 Prozent, in Westdeutschland hingegen bei 44,7 Prozent (Sachverständigenrat 2004: 173). 65 Prozent der westdeutschen Frauen führen Familienverpflichtungen als Grund für Teilzeit an, während 52 Prozent der ostdeutschen Frauen angeben, dass sie keinen Vollzeitjob gefunden haben (Statistisches Bundesamt 2001: 28). In Ostdeutschland ist die Beschäftigungsquote von Frauen mit Kindern sogar höher als die Beschäftigungsquote aller Frauen, während dies in Westdeutschland umgekehrt ist (Statistisches Bundesamt 2001: 36). Einer der Gründe für diese unterschiedlichen Beschäftigungsmuster von Frauen ist das größere Angebot an öffentlicher Kinderbetreuung in Ostdeutschland (Abbildung 1.12).

Abbildung 1.12: Entwicklung des Angebots an Kinderbetreuung (pro 100 Kinder) für Kinder bis drei Jahre (1965–2004 nach Region, in Prozent)

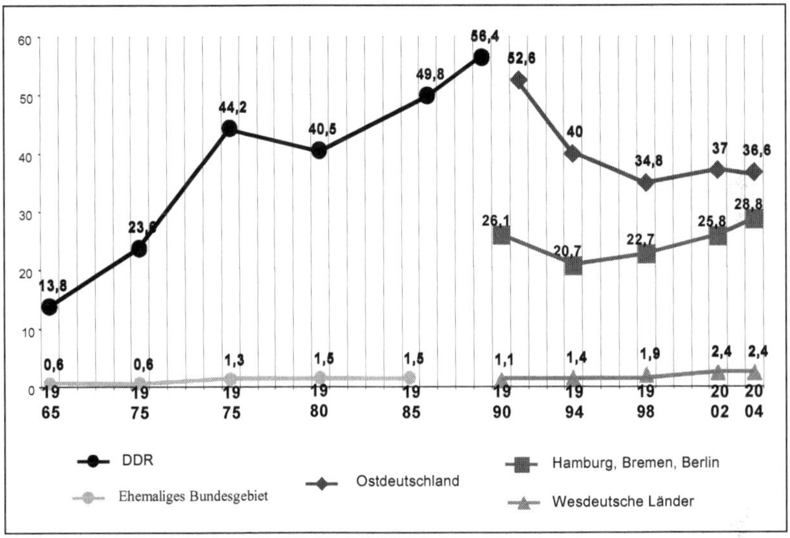

Quelle: Entnommen aus Konsortium Bildungsberichterstattung 2006: 34

Trotz starker Einschnitte in die Kinderbetreuung nach der Wiedervereinigung standen in Ostdeutschland im Jahre 2004 für 36,6 Prozent der Kinder unter drei Jahren Krippenplätze zur Verfügung – verglichen mit 28,8 Prozent in Hamburg, Bremen und Berlin und nur 2,4 Prozent in den westdeutschen Ländern (Konsortium Bildungsberichterstattung 2006: 34). Das Angebot an Kindergärtenplätzen für ältere Kinder (drei bis sechs Jahre) erscheint auf den ersten Blick fast identisch. 80 Prozent der westdeutschen und 85 Prozent der ostdeutschen Kinder in dieser Altersgruppe gehen in einen Kindergarten – in Westdeutschland davon allerdings 80 Prozent nur vormittags (Ostdeutschland 71 Prozent den ganzen Tag) (Spieß u.a. 2002). Ganztagsbetreuung für Schulkinder (entweder Ganztagsschulen oder Betreuungsangebote nach der Schule) sind in den ostdeutschen Ländern für 50 bis 70 Prozent der Kinder verfügbar, während dies im Westen nur auf weniger als 20 Prozent der Kinder zutrifft (Konsortium Bildungsberichterstattung 2006: 59).

Im europäischen Vergleich kann man feststellen, dass Deutschland und Österreich die einzigen Länder in der EU-15 sind, in denen trotz einer Zunahme der Beschäftigungsquote von Frauen das auf sie entfallende Arbeitszeitvolumen aufgrund der starken Fragmentierung durch Teilzeitarbeit und Minijobs zurückgegangen ist (Tabelle 1.9).

Tabelle 1.9: Beschäftigungsquote von Frauen 1993–2005 (15–64 Jahre), in Prozent

	Deutschland		*Niederlande*		*Groß-britannien*		*Dänemark*		*Frankreich*	
	1993	*2005*	*1993*	*2005*	*1993*	*2005*	*1993*	*2005*	*1993*	*2005*
Beschäftigungsquote	55,1	59,6	52,2	66,4	60,8	65,9	68,2	71,9	51,5	57,6
Beschäftigungsquote in Vollzeitäquivalenten	46,4	45,2	33,6	41,7	46,4	51,5	58	61,1	46,3	50,8

Quelle: European Commission 2006

Die geringe Frauenerwerbstätigkeit ist einer der Gründe, warum in Deutschland auch die Beschäftigungsquoten in sozialen und personenbezogenen Dienstleistungen niedriger sind als in Ländern mit hoher Frauenbeschäftigung. In mehreren Studien über die Dienstleistungslücke im internationalen Vergleich wurde gezeigt, dass das Outsourcing von Dienstleistungen aus dem privaten Haushalt eine der wichtigsten Triebkräfte für das Wachstum dieser Dienstleistungen ist (Bosch/Wagner 2005; Freeman/Schettkat 1998).

Erst in den letzten Jahren hat das ideologische Fundament des deutschen Familienmodells angefangen zu bröckeln. Die Einstellungen zur Familie haben sich in Westdeutschland seit der Wiedervereinigung deutlich verändert: Im Jahre 1991 meinten 74 Prozent der Ostdeutschen (77 Prozent der Frauen), aber nur 43 Prozent der Westdeutschen (49 Prozent der Frauen), dass sich die Erwerbstätigkeit der Frauen nicht negativ auf die Kinder auswirke. Im Jahre 2004 lagen die entsprechenden Werte bei 88 Prozent (92 Prozent für Frauen) in Ostdeutschland und 59 Prozent (67 Prozent für Frauen) in Westdeutschland (Statistisches Bundesamt 2006a: 518). Zudem haben das Absinken der Geburtenrate und die schlechten Ergebnisse in den Pisa-Vergleichen bei gleichzeitig beachtlichen Ausgaben für Familienpolitik und – seit der Wiedervereinigung – der Einfluss ostdeutscher Institutionen und Wertvorstellungen die Frage nach der Effizienz dieser Politik aufkommen lassen. Deutschland wendet rund 1,9 Prozent des Bruttosozialproduktes für Familienpolitik auf. Davon entfällt jedoch der größte Teil auf Geldleistungen (Ehegattensplitting und Kindergeld) und nur 0,8 Prozent auf Dienstleistungen wie etwa Kinderbetreuungseinrichtungen. In Frankreich und Dänemark sind die Anteile für solche Dienstleistungen erheblich höher (Dänemark 2,3 Prozent, Frankreich 1,3 Prozent – vergleiche BMFSFJ 2006: 67).[24] In keinem europäischen Land erhalten die Familien so viel Kindergeld wie in Deutschland.[25]

Der allmähliche Stimmungswechsel in Deutschland ist daran zu erkennen, dass ein Ausbau der Kinderbetreuung inzwischen nicht mehr als Intervention in Elternrechte angesehen wird. Zur Verbesserung der Bildungschancen ausländischer Kinder wird mittlerweile sogar ein verpflichtender Kindergartenbesuch zum Erwerb ausreichender Deutschkenntnisse diskutiert.

Die rot-grüne Regierung hat zu Beginn ihrer Regierungsphase in westdeutscher Tradition noch einmal die Geldleistungen an die Haushalte durch eine Anhebung des Kindergeldes kräftig erhöht und in ihrer Endphase zwei wichtige Reformschritte zum Ausbau der Sachleistungen eingeleitet. Gegen den Willen mehrerer CDU-regierter Länder, die am alten Familienmodell festhielten, wurden den Bundesländern 4 Milliarden Euro für den Ausbau von Ganztagsschulen zur Verfügung gestellt, die bis Ende 2007 abgerufen werden können. Über das Tagesbetreuungsausbaugesetz von 2005 soll die Zahl der Kinderkrippenplätze von 60.000 auf 120.000 (2006) und 230.000 bis zum Jahr 2010 erhöht werden. Parallel zu diesen Reformschritten hob dieselbe Regierung jedoch die Einkommensschwelle für die Minijobs an, wodurch das alte Familienmodell zusätzlich gestützt wurde. Die neue große Koalition beschloss ein Elterngeld nach schwedischem Vorbild. Dies sieht vor, dass Erwerbstätige ab Anfang 2007, wenn sie nach der Geburt eines Kindes ihre Erwerbstätigkeit unterbrechen oder reduzieren, einen Ausgleich in Höhe von zwei Dritteln des bisherigen Einkommens – höchstens jedoch 1.800 Euro pro Monat – erhalten. Ziel ist es,

24 Diese Quoten enthalten nicht familienbezogene Elemente in anderen Teilen des Sozialsystems, wie die kostenfreie Mitversicherung von Kindern und Frauen oder die Hinterbliebenenrente. In Deutschland gibt es bislang keine zuverlässige Gesamtaufstellung aller familienbezogenen öffentlichen Leistungen.

25 Für zwei Kinder zwischen sechs und 18 Jahren erhalten Familien in Deutschland 308 Euro, in Dänemark 206 Euro, in Frankreich 111 Euro und in den Niederlanden 140 Euro pro Monat (http://de.wikipedia.org/wiki/Kindergeld).

die Einkommenseinbußen bei Geburt eines Kindes zu verringern. Wenn auch der Partner die Erwerbstätigkeit unterbricht, werden zwei weitere Monate gezahlt. Anfang 2007 verständigte sich die große Koalition darauf, die Zahl der Krippenplätze bis 2013 auf 750.000 auszubauen, so dass dann für jedes dritte Kind unter drei Jahren ein Betreuungsplatz zur Verfügung steht. Zudem hat der Sachverständigenrat im Jahre 2006 zum ersten Mal die mit Minijobs verbundenen sozialen und fiskalischen Regelungen in Frage gestellt. Jedoch ging es ihm dabei weniger um die Veränderung des deutschen Familienmodells als vielmehr um die »Erhöhung der Arbeitsanreize« (also des Drucks zur Arbeitsaufnahme) im Niedriglohnbereich.[26]

Trotzt erster Reformmaßnahmen besteht das alte deutsche Familienmodell unverändert weiter; gleichzeitig versucht die Politik erste Reformschritte zum Umbau des konservativen deutschen Sozialstaates. Solange das alte Modell mit seinen hohen Kosten jedoch weiter mehr oder weniger unangetastet bleibt, sind die neuen Reformschritte unterfinanziert. So ist zum Beispiel die Finanzierung der zusätzlichen Kinderkrippenplätze bislang nicht geklärt. Die Anreize zur Fragmentierung der Beschäftigungsverhältnisse von Frauen können erst durch eine Reform der Minijobs zusammen mit einer Abschaffung des Splittingsystems bei der Einkommenssteuer und der abgeleiteten Ansprüche für Ehepartner/innen im Sozialversicherungssystem beseitigt werden. Auf der Nachfrageseite muss dies durch eine ausreichende Finanzierung von zusätzlichen sozialen Dienstleistungen (wie etwa Kinderbetreuung und Pflege) – also durch die Entwicklung einer nachhaltigen Dienstleistungsökonomie – flankiert werden.

6 Löst sich das deutsche Beschäftigungsmodell auf?

Das deutsche Beschäftigungsmodell befindet sich ohne Zweifel aktuell im Umbruch. Ein wichtiger Indikator hierfür ist die stetige Zunahme gering

26 Demnach soll das Arbeitslosengeld II um 30 Prozent gekürzt und die Einkommensgrenze für Minijobs auf 200 Euro gesenkt werden. Gleichzeitig soll die marginale Entzugsrate geändert werden: Einkommen bis zu 200 Euro sollen bei der Berechnung von Arbeitslosengeld II komplett anrechnungsfrei sein. Für Einkommen zwischen 200 und 800 Euro soll die Anrechnungsrate bei 50 Prozent liegen (bisher 20 Prozent) (Sachverständigenrat 2006: 26ff.).

bezahlter Beschäftigter und die Abnahme ihrer Einkommensmobilität seit Mitte der neunziger Jahre. In der Vergangenheit hatte ein Netz von Institutionen dafür gesorgt, dass der Anteil der Niedriglohnbeschäftigten gering gehalten wurde. Eine entscheidende Rolle spielten dabei die *Governance*-Strukturen der Unternehmen auf den Produktmärkten, die diese vor kurzfristigen Rentabilitätserwartungen abschirmten und die hohe Tarifbindung. Das Berufsbildungssystem sowie die Entwicklung interner Arbeitsmärkte mit starken Betriebsräten und einem ausgebauten Kündigungsschutz unterstützten dieses System, während die auf den männlichen Alleinverdiener orientierte Familienpolitik eine Fragmentierung der Beschäftigungsverhältnisse von Frauen bewirkte. Gering bezahlte Tätigkeiten gab es im deutschen Beschäftigungsmodell schon immer. Es dominierten aber die Mechanismen, die dafür sorgten, dass Lohnerhöhungen in den Kernbereichen der »*diversified quality production*« auch Lohnerhöhungen in den Branchen mit niedrigeren Löhnen nach sich zogen. Ohne Zweifel war die bis Anfang der neunziger Jahre im internationalen Vergleich niedrige Arbeitslosigkeit – also eine gewisse Knappheit an Arbeitskräften – ein entscheidender Grund für die gleichmäßigen Lohnerhöhungen in allen Branchen.

Dieses gemeinsame Band zwischen besser und schlechter bezahlten Tätigkeiten und Branchen ist teilweise gerissen. Es ist kaum zu entscheiden, ob die deutsche Wiedervereinigung mit der aus ihr folgenden Wachstumsschwäche und Zunahme der Arbeitslosigkeit oder der Umbau zentraler Institutionen der wichtigste Grund waren. Vermutlich erklärt das Zusammenwirken beider Faktoren die Ausdehnung des Niedriglohnsektors – umso mehr, als wichtige Entscheidungen politischer Akteure zum Umbau der Institutionen mit der hohen Arbeitslosigkeit und der Wachstumsschwäche begründet wurden.

Eine entscheidende Bresche in die hohe Tarifbindung wurde durch die Veränderung der *Governance*-Strukturen der Unternehmen nach Auflösung der engen Eigentumsverflechtungen zwischen Unternehmen und Banken sowie der Privatisierung vieler öffentlicher Unternehmen geschlagen. Die autonome Rechtssetzung von Arbeitsstandards durch die Sozialpartner erwies sich angesichts des im Unterschied zu Dänemark und Schweden nur mittleren Organisationsgrads der Gewerkschaften und ohne die staatliche Rückendeckung über die Allgemeinverbindlichkeitserklärung von Tarifverträgen und Mindestlöhnen (wie etwa in Frankreich) als zu schwach, um die neue Konkurrenz zwischen tarifgebundenen und nicht tarifgebundenen Betrieben aufzufangen. Die Tarifbindung nahm deutlich ab und die schlecht bezahlten Tätigkeiten wanderten durch Outsourcing oder die Umwandlung von Normalarbeitsverhältnissen in weniger regulierte neue Arbeitsformen wie Zeitarbeit, Minijobs oder entsandte Arbeitskräfte, in kleine und mittelgroße Betriebe mit schwächeren oder gar keinen Gewerkschaften und in tarif- und arbeitsrechtlich weniger regulierte Zonen ab.

In den Kernbranchen hat der Anteil der Niedriglohnbeschäftigten durch diese Wanderung in den letzten Jahren sogar abgenommen, während er an den Rändern des Arbeitsmarktes stark anstieg. Ostdeutschland mit seiner hohen Arbeitslosigkeit war der Vorreiter für diese Entwicklung, der aber Westdeutschland wenig später folgte.

Gleichzeitig wurde das alte Beschäftigungsmodell teilweise revitalisiert. Die Gewerkschaften sind in Kernbranchen noch stark genug, um neue Reformprojekte wie Qualifizierungstarifverträge durchzusetzen, welche jedoch eine kleinere Anzahl von Kernbeschäftigten betreffen als in der Vergangenheit. Gleichzeitig haben die Sozialpartner das Berufsbildungssystem gemeinsam durch die Einführung neuer und die Modernisierung bestehender Berufe grundlegend reformiert. Dies war eine der Voraussetzungen für die Wiedererstarkung der auf Kompetenz bauenden Exportindustrien. Der Staat verhielt sich widersprüchlich. Auf der einen Seite deregulierte er vor allem neue Beschäftigungsformen wie Zeitarbeit und Minijobs; auf der anderen Seite stärkte er die betriebliche Mitbestimmung und hat erste zögerliche Schritte zum Umbau des konservativen Familienmodells vorgenommen. Das umfassende deutsche Wohlfahrtssystem und Arbeitsrecht haben zwar die Zunahme von gering bezahlter Arbeit nicht verhindern können. Sie konnten aber dazu beitragen, dass Armut nicht in gleichem Tempo wuchs. Anders als in den USA haben alle Niedriglohnbeschäftigten in Deutschland Anspruch auf bezahlten Urlaub und Lohnfortzahlung für Feier- und Krankheitstage sowie (mit der Ausnahme von Minijobs[27]) eine Einbeziehung in die Kranken-, Pflege- Arbeitslosen- sowie Rentenversicherung. Da der Sozialstaat und das Arbeitsrecht in Deutschland universell gelten, haben Beschäftigte sowohl der primären als auch der sekundären Segmente ein gemeinsames Interesse an ihrem Erhalt und manifestieren dieses Interesse auch deutlich in den Wahlen. Das traditionelle deutsche Sozialmodell hat immer noch soviel Unterstützung, dass es zumindest noch einige wichtige politische Entscheidungen beeinflussen kann.

---

27 Die Minijobber/innen haben jedoch über abgeleitete Rechte über ihren Partner zumindest zum Teil auch einen Anspruch auf diese Sozialleistungen.

Unsere Analyse hat gezeigt, dass die hohe Arbeitslosigkeit in Deutschland vor allem Folge der Wiedervereinigung und einer restriktiven Finanzpolitik ist; hinzu kamen die Wettbewerbsschwäche der Exportindustrien Anfang der neunziger Jahre und die politischen Schwierigkeiten, den traditionellen Wohlfahrtsstaat umzubauen und soziale Dienstleistungen zu entwickeln. Die Wettbewerbsschwäche wurde durch eine Modernisierung des verarbeitenden Gewerbes und eine Politik der Lohnzurückhaltung mehr als ausgeglichen. Dem Nachfrageverfall nach einfacher Arbeit durch das internationale Outsourcing wurde – allerdings unzureichend – durch eine verbesserte berufliche Ausbildung begegnet. Der einseitige Blick auf die Wettbewerbsfähigkeit – eine politische Folge der Dominanz der Exportindustrie in Deutschland – hat den Blick auf die Reformen des Wohlfahrtsstaates, die Entwicklung der sozialen Dienstleistungen und die Stärkung der internen Nachfrage durch eine angemessene Erhöhung der Löhne verstellt. Wir sehen also – um zur theoretischen Debatte über die deutsche Wachstumsschwäche in der Einleitung dieses Kapitels zurückzukommen – keine Belege für die »*high quality trap*« der weiterhin erfolgreichen deutschen Exportindustrie. Ebenso bieten rigide Arbeitsmärkte und zu hohe Löhne keine stichhaltige Erklärung für die Wachstumsschwäche. Die Löhne sind in geringerem Maße als in anderen Ländern gestiegen und die Arbeitsmärkte so weit flexibilisiert worden, dass die Lohnspreizung stärker als in anderen Ländern zugenommen hat. Im Ergebnis dieses »Realexperiments« der letzten zehn Jahre wurden weder das Beschäftigungsniveau erhöht noch die Beschäftigungssituation gering Qualifizierter verbessert. Im deutschen Niedriglohnsektor sind vor allem Qualifizierte beschäftigt, die angesichts des Überangebots an Arbeitskräften auch in den einfachen Jobs die gering Qualifizierten verdrängt haben. Eine weitere Lohnspreizung und Lohnzurückhaltung würde die aktuellen wirtschaftlichen Probleme, die auch mit der schwachen Binnennachfrage zusammenhängen, nur verschärfen.

Für die Zukunft sind zwei gegensätzliche Szenarien denkbar. Im ersten Szenario bleibt angesichts des erlahmenden Aufholprozesses der ostdeutschen Wirtschaft und der internen Konsumschwäche die Arbeitslosigkeit hoch. Die politischen Befürworter/innen einer Auflösung des deutschen Sozialmodells gewinnen die politische Mehrheit, lockern den Kündigungsschutz und legalisieren vom Flächentarif abweichende Betriebsvereinbarungen. Dadurch werden die Gewerkschaften marginalisiert und der Lohn wird zwischen den Betrieben zum entscheidenden Wettbewerbsparameter mit einer weiteren Polarisierung der Lohnstrukturen. Die Arbeitslosigkeit bleibt angesichts einer restriktiven Wirtschaftspolitik, geringer Lohnsteigerungen und einer Unterfinanzierung sozialer Dienstleistungen hoch. Im zweiten Szenario erholt sich die deutsche Wirtschaft aufgrund der gestiegenen internationalen Wettbewerbsfähigkeit, die Unternehmen und der Staat erhöhen ihre Investitionen und auch die ostdeutsche Wirtschaft zieht mit. Nach Jahren der Lohnzurückhaltung steigen die Reallöhne in der Höhe des Produktivitätsfortschritts und der Staat erhöht seine Investitionen. Mit abnehmender Arbeitslosigkeit verringert sich die innere Erosion der Tarifverträge und die Unternehmen beginnen wieder den Konsens mit den Gewerkschaften zu suchen, wodurch der traditionelle *Korporativismus* wieder an Bedeutung gewinnt. Gleichzeitig gibt es auf zentraler Ebene angesichts der verbesserten wirtschaftlichen Rahmenbedingungen keine politische Unterstützung für eine radikale Deregulierung – wohl aber starke Kräfte, die einen gesetzlichen Mindestlohn, die Allgemeinverbindlichkeitserklärung von Branchentarifverträgen sowie eine Modernisierung der Familienpolitik nach skandinavischem Muster durchsetzen.

Der wirtschaftliche Aufschwung 2006 und 2007 zeigt für einige Jahre in die Richtung des zweiten Szenarios. Nach Jahren des Rückgangs der internen Nachfrage nehmen die privaten Investitionen wieder zu, da die Unternehmen einen hohen Nachholbedarf haben und aufgrund der hohen Exportnachfrage auch ihre Kapazitäten erweitern. Der Staat hält die *Maastricht*-Kriterien wieder ein und kann dank höherer Steuereinnahmen ebenfalls investieren, so dass zum Beispiel mit dem Elterngeld sogar eine neue Sozialleistung verabschiedet werden konnte. Mit der Bildung der großen Koalition haben die Konservativen (CDU/CSU) ihre radikale Deregulierungsstrategie aufgeben müssen. Die große Koalition bietet die Chance, die Familienpolitik weiter zu reformieren, da die beiden großen Parteien nicht mehr Angst haben müssen, dass die weiterhin starken Bastionen des alten Modells in ihrer Wählerschaft gegen solche Reformen mobilisiert werden. Welcher Weg eingeschlagen wird, hängt nicht nur von der politischen und ökonomischen Entwicklung in Deutschland, sondern auch von der Entwicklung in anderen EU-Ländern und dem gemeinsamen Bemühen der europäischen Staaten ab, ein europäisches Sozialmodell in einem Markt mit offenen Grenzen zu entwickeln.

Literatur

Auer, Peter/Cazes, Sandrine (2000), »The Resilience of the long-term Employment Relationship: Evidence from the Industrialized Countries«, *International Labour Review*, H. 4, S. 379–409.

Bäcker, Gerhard (2006), »Was heißt hier ›geringfügig‹? – Minijobs als wachsendes Segment prekärer Beschäftigung«, *WSI-Mitteilungen*, H. 5, S. 255–261.

Bauer, Frank/Groß, Hermann (2006), »Betriebszeiten in Europa – Wo stehen die deutschen Betriebe«, *WSI-Mitteilungen*, H. 6, S. 314–319.

Baumol, William Jack (1967), »Macroeconomics of unbalanced growth: The anatomy of urban crisis«, *American economic review*, Vol. 57, S. 416–426.

Bender, Stefan/Haas, Anette/Klose, Christoph (2000), IAB employment subsample 1975–1995. Opportunities for analysis provided by the anonymised subsample. IZA Discussion Paper No. 117. Bonn.

Berthold, Norbert (1997), »Arbeitslosigkeit oder Einkommensungleichheit – Fluch globaler Märkte?«, *Politische Studien*, H. 352, S. 36–57.

Betzelt, Sigrid/Fachinger, Uwe (2004), »Jenseits des ›Normalunternehmers‹ – Selbständige Erwerbsformen und ihre soziale Absicherung«, *Zeitschrift für Sozialreform*, H. 50, S. 312–343.

Bielenski, Harald/Bosch, Gerhard/Wagner, Alexandra (2002), *Wie die Europäer arbeiten wollen. Erwerbs- und Arbeitszeitwünsche in 16 Ländern*, Frankfurt.

Blöndal, Sveinbjörn/Filed, Simon/Girouard, Nathalie (2002), »Investment in human capital through upper-secondary and tertiary education«, *OECD Economic Studies*, H. 34, S. 41–89.

BMBF (2004), *Berufsbildungsbericht 2004*, Bundesministerium für Bildung und Forschung, Berlin.

BMBF (2006), *Bericht zur technologischen Leistungsfähigkeit Deutschlands 2006*, Bundesministerium für Bildung und Forschung, Berlin.

BMF (2004), *Bilanz der Ökologischen Steuerreform*, Bundesministerium der Finanzen, Berlin.

BMF (2006), Die wichtigsten Steuern im internationalen Vergleich 2005, Bundesministerium der Finanzen, Berlin.

BMFSFJ (2006), *Siebter Familienbericht. Familie zwischen Flexibilität und Verlässlichkeit*, Bundesministerium für Jugend, Senioren, Frauen und Jugend, Berlin.

Bofinger, Peter (2005), *Wir sind besser als wir glauben*, München.

Bollé, Patrick (1997), »Perspectives. Part-time work: Solution or trap?«, *International Labour Review*, H. 4, S. 557–579.

Bosch, Gerhard (2004a), »Die Krise der Selbstverpflichtung«, *ifo Schnelldienst*, H. 6, S. 16–20.

Bosch, Gerhard (2004b), »The changing nature of collective bargaining in Germany coordinated decentralization«, in: Harry Charles Katz/Wonduck Lee/Joohee Lee (Hg.), *The new structure of labor relations: tripartism and decentralization*, 1. ed., Ithaca/New York, S. 84–118.

Bosch, Gerhard (2005), *Vocational Training in Germany, A comparative perspective on vocational training in ten countries: systems, innovations, and results*, Ms.

Bosch, Gerhard/Knuth, Matthias (1993), »The Labour Market in East Germany«, *Cambridge Journal of Economics*, H. 17, S. 295–308.

Bosch, Gerhard/Zühlke-Robinet, Klaus (2003), »Germany: the labor market in the German construction industry«, in: Gerhard Bosch/Peter Philips (Hg.), *Building chaos: an international comparison of deregulation in the construction industry*, London, S. 48–72.

Bosch, Gerhard/Wagner, Alexandra (2005), »Measuring economic tertiarisation: a map of various European service societies« in: Gerhard Bosch/Steffen Lehndorff (Hg.), *Working in the service sector. A tale from different worlds*, London.

Bosch, Gerhard/Worthmann, Georg (2006), »Arbeitsmobilität in der EU. Bisherige Erfahrungen und künftige Herausforderungen«, *Arbeit*, H. 4, S. 292–297.

Bundesagentur für Arbeit (2006), *Beschäftigung von erwerbsfähigen Hilfebedürftigen*, Oktober 2006, Nürnberg.

Bundesregierung (2005), *Lebenslagen in Deutschland. Der 2. Armuts- und Reichtumsbericht der Bundesregierung*, Berlin.

CBO (2006), *Changes in the low-wage labor markets between 1979 and 2005*, Congress of the United States. Congressional Budget Office, Washington.

Culpepper, Pepper D./Finegold, David (1999), *The German Skills Machine. Sustaining Comparative Advantage in a Global Economy*, New York/Oxford.

DGB (2004), *Tarifbindung: Flucht aus Tarifverträgen gestoppt*, DGB-Einblick 17.

Düthmann, Anja/Hohlfeld, Peter/Horn, Gustav/Logeay, Camille/Rietzler, Katja/Stephan, Sabine/Zwiener, Rudolf (2006), *Arbeitskosten in Deutschland bisher überschätzt*. Auswertung der neuen Eurostat-Statistik. IMK-Report Nr. 11, Institut für Makroökonomie und Konjunkturforschung (IMK) in der Hans-Böckler-Stiftung, Düsseldorf.

Ellguth, Peter (2007), »Betriebliche und überbetriebliche Interessenvertretung – Ergebnisse aus dem IAB-Betriebspanel 2005«, *WSI Mitteilungen*, H. 3, S. 155–157.http://www.boeckler.de/cps/rde/xchg/SID-3D0AB75D-B1965313/hbs/hs.xsl/169_30905.html

Ellguth, Peter/Kohaut, Susanne (2004), »Tarifbindung und betriebliche Interessenvertretung: Ergebnisse des IAB-Betriebspanels 2003«, *WSI-Mitteilungen*, H. 8, S. 450–454. http://www.boeckler.de/cps/rde/xchg/SID-3D0AB75D-B1965313/hbs/hs.xsl/169_30905.html

Ellguth, Peter/Kohaut, Susanne (2005), »Tarifbindung und betriebliche Interessenvertretung Ergebnisse aus dem IAB-Betriebspanel«, *WSI-Mitteilungen*, H. 7, S. 398–403.

Erlinghagen, Marcel (2006), »The case of West Germany – Flexibility and continuity in the German Labour market«, in: Christoph Köhler/Kyra Junge/Tim Schröder/Olaf Struck (Hg.), *Trends in employment stability and labour market segmentation. Current debates and findings in Eastern und Western Europe*, SFB 580 Mitteilungen 2006, H. 16, Jena, S. 111–121.

Esping-Andersen, Gøsta (1990), *The Three Worlds of Welfare Capitalism*, Polity Press, Cambridge.

European Commission (2004), *Employment in Europe 2004*, Luxemburg.

European Commission (2006), *Employment in Europe 2006*, Luxemburg.

Fertig, Michael/Kluve, Jochen/Scheuer, Markus (2004), *Aspekte der Entwicklung von Minijobs. Abschlussbericht,* Rheinisch-Westfälisches Institut für Wirtschaftsforschung, Essen.

Finegold, David/Soskice, David (1988), »The Failure of Training in Britain: Analysis and Prescription«, *Oxford Review of Economic Policy,* Autumn 1988, S. 21–51.

Finegold, David/Wagner, Karin (1998), »The Search for Flexibility: Workplace Innovation in the German Pump Industry«, *British Journal of Industrial Relations,* Vol. 36, H. 3, S. 469-487.

Fiss, Peer C./Zajac, Edward J. (2004), *The diffusion of ideas over contested terrain: The (non)adaptation of a shareholder value orientation among German firms*, Cornell University.

Freeman, Richard/Schettkat, Ronald (1998), *Low Wages Services: interpreting the US-German Difference,* Paper to the LOWER Conference Groningen, The Netherlands, November 19–21.

Freeman, Richard/Schettkat, Ronald (1999), »The Role of Wage and Skill Differences in US-German Employment Differences«, *Jahrbücher für Nationalökonomie und Statistik* 219, H.(1–2), S. 49–66.

Freeman, Richard/Schettkat, Ronald (2001), »Skill compression, wage differentials and employment: Germany vs. the US«, *Oxford Economic Papers*, S. 582–603.

Geishecker, Ingo (2002), *Outsourcing and the demand for low-skilled labour in German Manufacturing: New evidence*, DIW Discussion papers 313, Berlin.

Giesecke, Johannes/Groß, Martin (2006), »Befristete Beschäftigung«, *WSI-Mitteilungen*, H. 5, S. 247–254.

Grabka, Markus M. (2000), »Einkommensverteilung in Deutschland – Stärkere Umverteilungseffekte in Ostdeutschland«, *DIW-Wochenbericht 19,* S. 291–297.

Haipeter, Thomas/Schilling, Gabi (2005), »Tarifbindung und Organisationsentwicklung: OT-Verbände als Organisationsstrategie der metallindustriellen Arbeitgeberverbände«, in: Institut Arbeit und Technik (Hg.), *Jahrbuch 2005*, Gelsenkirchen, S. 169–184.

http://www.iaq.uni-due.de/aktuell/veroeff/jahrbuch/jahrb05/07-haipeter-schilling.pdf

Haipeter, Thomas/Schilling, Gabi (2006), *Arbeitgeberverbände in der Metall- und Elektroindustrie: Tarifbindung, Organisationsentwicklung und Strategiebildung*, Hamburg.

Haisken-De New, John (2004), *Lebensstandarddefizite bei Erwerbstätigenhaushalten*, Forschungsprojekt des Bundesministeriums für Gesundheit und Soziale Sicherung, Rheinisch-Westfälisches Institut für Wirtschaftsforschung, Essen.

Hanke, Thomas (2006), *Der neue deutsche Kapitalismus. Republik im Wandel,* Frankfurt/New York.

Hankel, Wilhelm (1993), *Die sieben Todsünden der Vereinigung. Wege aus dem Wirtschaftsdesaster*, Berlin.

Hieming, Bettina/Jaehrling, Karen/Kalina, Thorsten/Vanselow, Achim/Weinkopf, Claudia (2005), *Stellenbesetzungsprozesse im Bereich "einfacher" Dienstleistungen: Abschlussbericht einer Studie im Auftrag des Bundesministeriums für Wirtschaft und Arbeit*, Bundesministerium für Wirtschaft und Arbeit, BMWA-Dokumentation, Bd. 550, Berlin.

Höpner, Martin (2003), *Wer beherrscht die Unternehmen?* Shareholder Value, Managerherrschaft und Mitbestimmung in Deutschland, Frankfurt/New York.

Holst, Elke/Schupp, Jürgen (2001), »Erwerbsverhalten von Frauen: Trotz Annäherung immer noch deutliche Unterschiede zwischen Ost und West«, *DIW-Wochenbericht*, H. 42, S. 648–658.

Ifo (2006), »Die Lage der Weltwirtschaft und der deutschen Wirtschaft im Frühjahr 2006. Gemeinschaftsdiagnose«, *ifo-schnelldienst*, H. 8.

IMK (2005), *Wirtschaftliche Entwicklung 2006: Vor schwierigen Weichenstellungen*, Institut für Makroökonomie und Konjunkturforschung, IMK Report, H. 3.

Jaehrling, Karen/Weinkopf, Claudia (unter Mitarbeit von Bettina Hieming und Bruno Kaltenborn) (2006), *Kombilöhne – neue Wege, alte Pfade, Irrweg?* Expertise im Auftrag der Friedrich-Ebert-Stiftung, Gesprächskreis Arbeit und Qualifizierung, Bonn. http://library.fes.de/pdf-files/asfo/03978.pdf

Jahn, Elke (2004), »Leiharbeit – für Arbeitslose (k)eine Perspektive?«, in: Anne van Aaken/Gerd Grözinger (Hg.), *Ungleichheit und Umverteilung*, Marburg, S. 215–236.

Jarass, Lorenz/Obermair, Gustav M. (2005), *Geheimnisse der Unternehmenssteuern. Steigende Dividenden, sinkendes Steueraufkommen*, Eine Analyse der DAX 30-Geschäftsberichte 1996–2002 unter Berücksichtigung der Volkswirtschaftlichen Gesamtrechnung. 2. Auflage, Marburg.

Kädtler, Jürgen (2003), »Globalisierung und Finanzialisierung. Zur Entstehung eines neuen Begründungskontextes für ökonomisches Handeln«, in: Klaus Dörre/Bernd Röttger (Hg.), *Das neue Marktregime*, Hamburg, S. 227–249.

Kalina, Thorsten/Weinkopf, Claudia (2006), *Mindestens sechs Millionen Niedriglohnbeschäftigte in Deutschland: welche Rolle spielen Teilzeitbeschäftigung und Minijobs?*, IAT-Report 2006-03, Gelsenkirchen. http://www.iaq.uni-due.de/iat-report/2006/report2006-03.pdf

Kaltenborn, Bruno/Klös, Hans-Peter (2002), »Niedriglöhne und Kombi-Einkommen – Sackgasse oder Ausgangspunkt einer Karriere? Eine Mobilitätsuntersuchung für Westdeutschland 1984/96«, in: Sabine Dann u.a. (Hg.), *Kombi-Einkommen – Ein Weg aus der Sozialhilfe?*, Baden-Baden, S. 141–157.

Keese, Mark/Puymoyen, Agnès/Swain, Paul (1998), »The incidence and dynamics of low-paid employment in OECD countries«, in: Rita Asplund/Peter J. Sloane/Ioannis Theodossiou (Hg.), *Low pay and earnings mobility in Europe*, Cheltenham/ Northampton, S. 223–265.

Kitschelt, Herbert/Streeck, Wolfgang (2004), »From stability to stagnation: Germany at the beginning of the twenty-first century«, in: Herbert Kitschelt/Wolfgang Streeck (Hg.), *Germany: Beyond the stable stat*, London, S. 1–34.

Köhler, Christoph/Struck, Olaf (Hg.) (2007), *Betrieb und Beschäftigung – Risiken und Nebenwirkungen*, Wiesbaden. (forthcoming)

Konsortium Bildungsberichterstattung (2006), *Bildung in Deutschland. Ein indikatorengestützter Bericht mit einer Analyse zu Bildung und Migration*, Bundesministerium für Bildung und Forschung, Berlin. http://www.bildungsbericht.de/daten/gesamtbericht.pdf

Krewerth, Andreas (2004), *Aspekte des lebenslangen Lernens: Absolvierung von Aufstiegsfortbildungen und nachträglicher Erwerb von Studienberechtigungen. Ein Vergleich von Bildungsverläufen in unterschiedlichen Alterskohorten*, Bundesinstitut für Berufsbildung, Wissenschaftliche Diskussionspapiere Heft 70, Bonn.

Marlier, Eric/Ponthieux, Sophie (2000), *Low-wage employees in EU countries*, European Commission, Statistical Office: Statistics in focus/Population and social conditions 11/2000, Eurostat, Luxembourg.

Mosebach, Kai (2005), »Erosion of the Tax Basis. Fiscal Policy and International Tax Competition«, in: Stefan Beck/Frank Klobes/Christoph Scherrer (Hg.), *Surviving Globalization? Perspectives for the German Economic Mode*, Dordrecht, S. 157–178.

Müller, Albrecht (2004), *Die Reformlüge*, München.

OECD (1996), *Employment Outlook*, Paris.

OECD (1997), *Employment Outlook*, Paris.

OECD (2004a), *Employment Outlook*, Paris.

OECD (2004b), (OECD) *Economic Surveys 2004*, Germany, Volume 2004/12, Paris.

OECD (2005), *Education at a glance*, Paris.

OECD (2006a), *Employment Outlook*, Paris.

OECD (2006b), *OECD Tax Database*. http://www.oecd.org/document/60/0,2340,en_2649_37427_1942460_1_1_1_37427,00.html

Pfarr, Heide/Scheider, Julia/Bothfeld, Silke/Ullmann, Karen/Kimmich, Martin/Bradtke, Markus (2004), »Personalpolitik und Arbeitsrecht – Differenzierung nach Betriebsgröße«, *Recht der Arbeit*, H. 4, S. 193–200.

Prais, Sig J./Wagner, Karin (1983), »Some practical aspects of human capital investment: training standards in five occupations in Britain and Germany«, *National Institute Economic Review*, H. 105, S. 46–65.

Ragnitz, Joachim (2003), *Wie hoch sind die Transferleistungen für die neuen Länder?*, Institut für Wirtschaftsforschung, IWH Pressemitteilung 21/2003, Halle.

Reinberg, Alexander/Hummel, Markus (2002), *Qualifikationsspezifische Arbeitslosenquoten – reale Entwicklung oder statistisches Artefakt?*, Institut für Arbeitsmarkt- und Berufsforschung, IAB-Werkstattbericht 4, Nürnberg.

Reinberg, Alexander/Schreyer, Franziska (2003), *Studieren lohnt sich auch in Zukunft*, Institut für Arbeitsmarkt- und Berufsforschung, IAB-Kurzbericht 20, Nürnberg.

Rhein, Thomas/Gartner, Hermann/Krug, Gerhard (2005), *Niedriglohnsektor. Aufstiegschancen für Geringverdiener verschlechtert,* Institut für Arbeitsmarkt- und Berufsforschung, IAB-Kurzbericht 3, Nürnberg.

Riede, Thomas/Emmerling, Dieter (1994), »Analysen zur Freiwilligkeit der Auskunfterteilung im Mikrozensus. Sind Stichprobenergebnisse bei freiwilliger Auskunfterteilung verzerrt?«, *Wirtschaft und Statistik*, H. 9, S. 733–742.

Rudolph, Helmut (2003), *Mini- und Midijobs. Geringfügige Beschäftigung in neuem Outfit,* Institut für Arbeitsmarkt- und Berufsforschung, IAB-Kurzbericht 6, Nürnberg.

Rudolph, Wolfgang/Wassermann, Wolfram (2003), *Trendwende zu mehr Stabilität und Repräsentanz des Betriebsrätewesens, Ergebnisse aus den Betriebsrätewahlen 2002,* Büro für Sozialforschung, Kassel.

Sabel, Charles F. (1995), »Regionale Basis globaler Wettbewerbsfähigkeit«, in: Franz Lehner/Friederich Schmidt-Bleek/Heiderose Kilper (Hg.), *Regiovision – Neue Strategien für alte Industrieregionen,* München/Mering, S. 21–33.

Scharpf, Fritz W. (2000), »Economic changes, vulnerablities, and institutional capabilities«, in: Fritz W. Scharf/Vivien Ann Schmidt (Hg.): *Welfare and work in the open economy*, Vol. I: From Vulnerability to competiveness, University Press, Oxford, S. 21–124.

Schief, Sebastian (2006), »Nationale oder unternehmensspezifische Muster der Flexibilität? Eine empirische Untersuchung von Flexibilitätsmustern aus- und inländischer Unternehmen in fünf europäischen Ländern«, in: Steffen Lehndorff (Hg.), *Das Politische in der Arbeitspolitik: Ansatzpunkte für eine nachhaltige Arbeits- und Arbeitszeitgestaltung,* Berlin, S. 228–248.

Schumann, Michael (2002), *Struktureller Wandel und Entwicklung der Qualifikationsanforderungen,* Vortrag auf dem 4. BiBB-Fachkongress 2002, Berlin, 23.–25.10.2002.

Siebert, Horst (1998), *Arbeitslos ohne Ende? Strategien für mehr Beschäftigung,* Wiesbaden.

Simon, Hermann (1996), *Die heimlichen Gewinner. Erfolgsstrategien unbekannter Weltmarktführer,* Frankfurt/New York.

Sinn, Hans-Werner (2004), *Ist Deutschland noch zu retten?,* München.

Solow, Robert M. (1985), »Economic history and economics«, *American economic review*, Vol. 75, H. 2, S. 328–331.

Spieß, Katharina C./Büchel, Felix/Frick, Joachim R. (2002), »Kinderbetreuung in West- und Ostdeutschland: Sozioökonomischer Hintergrund entscheidend«, *DIW-Wochenbericht,* H. 31, S. 518–524.

Statistisches Bundesamt (2001), *Leben und Arbeiten in Deutschland.* Ergebnisse des Mikrozensus 2000, Wiesbaden.

Statistisches Bundesamt (2003), *Statistisches Jahrbuch für die Bundesrepublik Deutschland,* Wiesbaden.

Statistisches Bundesamt (2006a), *Datenreport 2006,* Zahlen und Fakten über die Bundesrepublik Deutschland, Teil II, Wiesbaden. http://www.destatis.de/datenreport/d_datend.htm

Statistisches Bundesamt (2006b), *Was kostet Arbeit in Deutschland.* Ergebnisse der Arbeitskostenerhebung 2004, Wiesbaden. http://www.destatis.de/presse/deutsch/pk/2006/arbeitskosten_2004i.pdf

Statistisches Bundesamt (2006c), *Statistisches Jahrbuch 2006,* Wiesbaden.

Storrie, Donald (2002), *Temporary Agency Work in the European Union*, European Foundation for the Improvement of Living and Working Conditions, Dublin.

Streeck, Wolfgang (1991), »On the Institutional Conditions of Diversified Quality Production«, in: Egon Matzner/Wolfgang Streeck (Hg.), *Beyond Keynesianism. The Socio-Economics of Production and Employment*, London, S. 21–61.

Strengmann-Kuhn, Wolfgang (2003), *Armut trotz Erwerbstätigkeit*, Frankfurt/Main.

Sachverständigenrat (2002), *Zwanzig Punkte für Beschäftigung und Wachstum.* Jahresgutachten des Sachverständigenrats 2002/3, Wiesbaden. http://www.sachverstaendigenrat-wirtschaft.de/gutacht/02_ii.pdf

Sachverständigenrat (2004), *Erfolge im Ausland – Herausforderungen im Inland*, Jahresgutachten des Sachverständigenrates 2004/5. http://www.sachverstaendigenrat-wirtschaft.de/download/gutachten/04_ges.pdf

Sachverständigenrat (2006), *Widerstreitende Interessen – Ungenutzte Chancen*, Jahresgutachten des Sachverständigenrats 2006/7, Wiesbaden. http://www.sachverstaendigenrat-wirtschaft.de

Troltsch, Klaus (2006), »1,6 Millionen Jugendliche im Abseits? Strukturelle Arbeitslosigkeit in Deutschland«, *BWP 3*, S. 44–46.

Uhly, Alexandra/Granato, Mona (2006), »Werden ausländische Jugendliche aus dem dualen System der Berufsausbildung verdrängt?«, *BWP 3*, S. 51–55.

Visser Jelle (2006), »Union membership statistics in 24 countries«, *Monthly labour review*, January, S. 38–49.

Vitols, Sigurt (2003), *Negotiated Shareholder Value: The German Version of an Anglo-American Practice,* Discussion Paper SP II 2003 – 25, Wissenschaftszentrum Berlin.

Wagner, Karin/Finegold, David (1999), »The German Skill-Creation System and Team-Based Production: Competitive Asset or Liability?«, in: Pepper D. Culpepper/David Finegold (Hg.), *The German Skills Machine. Sustaining Comparative Advantage in a Global Economy*, New York/Oxford, S. 115–157.

Weinkopf, Claudia (2006), *Mindestbedingungen für die Zeitarbeitsbranche?* Expertise im Auftrag des Interessenverbandes Deutscher Zeitarbeitsunternehmen (iGZ), Institut Arbeit und Technik, Gelsenkirchen, http://www.iaq.uni-due.de/aktuell/veroeff/2006/weinkopf13.pdf

2. Löhne im Kundenservice unter Druck – Beschäftigte in Call Centern

Claudia Weinkopf

1 Einleitung

Im Vergleich zu den anderen hier im Mittelpunkt stehenden Branchen weisen Call Center einige Besonderheiten auf. Bei ihnen handelt es sich nicht um eine klar abgrenzbare »Branche«, sondern um eine spezifische Form der Erbringung von Dienstleistungen: Telefonische Kundenanfragen, die früher von verschiedenen Abteilungen eines Unternehmens bearbeitet wurden, werden inzwischen häufig zentral in Call Centern abgewickelt, die inzwischen nicht selten auch die Bearbeitung von Anfragen per E-Mail übernehmen. Aufgrund dessen und wegen des schlechten Image von Call Centern bezeichnen manche Unternehmen diese Einheiten inzwischen auch als »*Customer Communication Center*«. Die Zielsetzungen, die mit der Bündelung der Kundenkommunikation verfolgt werden, sind einerseits bessere und intensivere Kundenkontakte und andererseits die kostengünstige und effiziente Organisation der Schnittstelle zu den Kunden. Diese Dienstleistungen können entweder von unternehmensinternen Call Centern (»*Inhouse*«-Call Center) oder von eigenständigen beziehungsweise ausgelagerten Unternehmen, die für verschiedene Auftraggeber arbeiten, erbracht werden. Nur im Fall der eigenständigen Dienstleister kann man von einer neuen »Branche« sprechen. In Call Centern werden zudem keineswegs nur sehr einfache und standardisierte Anfragen bearbeitet, sondern das Spektrum der Tätigkeiten kann auch Sachbearbeitung bis hin zu sehr qualifizierter Beratung umfassen.

Die Spaltung des Marktes in eigenständige Dienstleistungsunternehmen und Inhouse-Call Center, die doppelte Zielsetzung (Kostenreduzierung und Erhöhung der Servicequalität) und das breite Spektrum unterschiedlicher Aufgaben, die zum Teil auch sehr anspruchsvoll sein können, sind Erklärungen dafür, dass das Spektrum der Löhne und Arbeitsbedingungen der Beschäftigten – der so genannten »Call Center-*Agents*« – offenbar extrem breit ist. Nach den Ergebnissen einer bundesweiten Befragung lagen die Brutto-Stundenlöhne der »typischen« Call Center-Beschäftigten in Deutschland im Jahre 2004 zwischen 6 und 40 Euro (Holtgrewe 2005). Der durchschnittliche Stundenlohn betrug 11,30 Euro, was knapp 76 Prozent des Medians[1] von Vollzeitbeschäftigten entspricht und damit über der Niedriglohnschwelle in Deutschland liegt.

Das ungewöhnlich breite Spektrum der Löhne hängt auch damit zusammen, dass manche Call Center (vorrangig die Inhouse-Call Center) fest im deutschen Modell verankert sind, während andere – vor allem viele externe Dienstleister in diesem Bereich – mehr oder weniger unbeeinflusst von traditionellen Institutionen (zum Beispiel Tarifverträgen und Betriebsräten), die Löhne und Arbeitsbedingungen typischerweise beeinflussen, arbeiten. Diese Besonderheit dürfte auch eine wichtige Ursache für die rasche Entwicklung des Marktes für eigenständige Dienstleister sein: Unternehmen verfolgen mit der Gründung von Call Centern vielfach auch oder sogar vorrangig das Ziel, Kosten einzusparen – und das lässt sich am einfachsten durch eine Auslagerung der Aufgaben in Unternehmen erreichen, die nicht an Tarifverträge gebunden sind (vergleiche auch Holtgrewe 2005). Wenn der Qualität des Kundenservice und der Vernetzung mit anderen Unternehmensbereichen eine größere Bedeutung beigemessen wird, bevorzugen Unternehmen hingegen häufig Inhouse-Call Center oder zumindest eine Kombination unterschiedlicher Lösungen.

Die Löhne in den von uns untersuchten Call Centern in den Bereichen Versorgung und Finanzdienstleistungen sind mehrheitlich (zum Teil deutlich) höher als der Durchschnittswert von 11,30 Euro pro Stunde. Dies liegt zum einen daran, dass sich das Aufgabenspektrum der Call Center-Agents überwiegend auf einem mindestens mittleren Komplexitätsniveau bewegt. Zum anderen unterliegen zumindest die Inhouse-Call Center denselben Tarifverträgen wie ihre Mutterunternehmen, die zudem gerade in diesen Branchen häufig starke Betriebsräte haben. Beides trägt auf direkte und indirekte Weise dazu bei, rein kostenorientierte Strategien zu verhindern oder zu erschweren und stattdessen die Umsetzung qualitätsorientierter Strategien zu fördern. Dies betrifft zum Beispiel die Begrenzung ri-

1 In diesem Beitrag wird jeweils auf die Werte für Gesamtdeutschland Bezug genommen – also 14,94 Euro pro Stunde, 2.492 Euro pro Monat bzw. 29.904 Euro pro Jahr und die entsprechenden Niedriglohnschwellen (zwei Drittel des Medians) von 9,96 Euro pro Stunde und 1.661 Euro pro Monat (vergleiche Tabelle 1.1).

gider Kontrollmethoden, eine höhere Beschäftigungssicherheit sowie eine Bevorzugung funktionaler gegenüber numerischen Flexibilitätsstrategien.

Bislang haben die Praktiken der Inhouse-Call Center zum Teil sogar auf das Segment der externen Dienstleister ausgestrahlt. Diese weisen allerdings ein im Durchschnitt um etwa 20 Prozent niedrigeres Lohnniveau auf und haben auch in weiteren Bereichen geringere Kosten (zum Beispiel niedrigere betriebliche Sozialleistungen, weniger Urlaubstage, längere Arbeitszeiten). In Kombination mit verschärftem Wettbewerb und Bestrebungen zur Kostensenkung in den untersuchten Branchen schafft dies offenbar starke Anreize für ein verstärktes Outsourcing – also die Ausgliederung von Tätigkeiten in Firmen mit geringerer Regulierung – und setzt gleichzeitig auch die Löhne in den Inhouse-Call Centern zunehmend unter Druck.[2] Unsere Betriebsfallstudien zeigen, wie unterschiedlich Unternehmen hierauf reagieren können.

Im Folgenden wird zunächst in Abschnitt 2 ein kurzer Überblick über die »Branche« und unsere Betriebsfallstudien gegeben. Ausgehend von der unterschiedlichen Wirksamkeit von Einflüssen der industriellen Beziehungen auf Inhouse-Call Center und externe Dienstleister (Abschnitt 3) steht in Abschnitt 4 im Mittelpunkt, welche Einflüsse dies auf die Entlohnung hat und wie sich der verschärfte Kosten- und Wettbewerbsdruck hierauf auswirkt. In Abschnitt 5 wird analysiert, wo Gemeinsamkeiten und Unterschiede in den betrieblichen Strategien bezogen auf die Beschäftigtenstruktur, die Nutzung unterschiedlicher Möglichkeiten zur Flexibilisierung des Personaleinsatzes und die Arbeitsorganisation bestehen und wodurch sich Unterschiede erklären lassen. Im abschließenden Abschnitt 6 resümieren wir die Ergebnisse und geben eine Einschätzung zu den künftigen Perspektiven der Qualität der Arbeitsplätze in deutschen Call Centern.

2 Die »Branche« und die Betriebsfallstudien

Die Telefonauskunft der früheren deutschen Bundespost wird häufig als ein früher »Prototyp« der heutigen Call Center bezeichnet. Die ersten pri-

---

2 Dass dies inzwischen auch vor finanzkräftigen Großunternehmen nicht mehr halt macht, belegt die vorgesehene Auslagerung von zahlreichen Arbeitsplätzen im Kundenservice bei der *Deutschen Telekom* in Tochterunternehmen, auf die in Abschnitt 6 detaillierter eingegangen wird, sehr deutlich.

vatwirtschaftlichen Call Center wurden Ende der siebziger Jahre vor allem im Bereich des Telemarketing gegründet, gefolgt von den Bestellannahmen der großen Versandhäuser in den achtziger Jahren. In den neunziger Jahren boomte der Markt für Call Center und verbreitete sich in vielen Branchen. Begünstigt wurde dies durch technologische Entwicklungen und die Liberalisierung des Telekommunikationssektors, aber auch durch öffentliche Förderprogramme, die auf eine Ansiedelung neuer Call Center abzielten. Schätzungen zufolge wurden etwa 80 Prozent der Call Center in Deutschland nach 1992 gegründet (Kolinko 2002). In der zweiten Hälfte der neunziger Jahre waren Call Center einer der Beschäftigungsbereiche in Deutschland mit hoher Wachstumsdynamik. Allerdings ist umstritten, ob die wachsende Zahl der Arbeitsplätze in Call Centern tatsächlich gleichzusetzen ist mit einem entsprechenden Zuwachs der Gesamtbeschäftigung. Kritische Stimmen verweisen darauf, dass Arbeitsplätze in Call Centern oftmals mit einer Verlagerung von Aufgaben aus anderen Unternehmensbereichen einhergehen und es sich daher nicht in jedem Fall um neue zusätzliche Dienstleistungen handelt (Michalke 1999).

Aufgrund der unterschiedlichen Organisationsformen von Call Centern sind alle Angaben zur Entwicklung der »Branche« generell mit hohen Unsicherheiten behaftet. Verlässliche Daten liegen nicht vor, weil die statistische Erfassung unzureichend ist. Dies hat mehrere Ursachen: So gibt es keine präzise Definition für Call Center. *Arnold/Ptasczek* (2003: 40) verwiesen zum Beispiel darauf, dass etwa die Hälfte der Unternehmen, die sich als Call Center bezeichnen, keine entsprechenden technischen Systeme wie *Automatic Call Distribution* (ACD) oder *Computer Telephony Integration* (CTI) verwenden (siehe Kasten 1). Außerdem sind die Inhouse-Call Center als Teil von Unternehmen in unterschiedlichen Branchen schwierig zu identifizieren. Daher mag es kaum überraschen, dass die quantitativen Angaben zu ihrer Verbreitung und Entwicklung aus verschiedenen Quellen teilweise stark voneinander abweichen: So variieren beispielsweise für das Jahr 2000 die Angaben zur Zahl der Call Center zwischen 2.450 (Datamonitor) und 4.000 (Profitel) und zur Zahl der Beschäftigten zwischen 148.000 (Datamonitor) und 357.000 (Gemini Consulting).

Kasten 1: Kleines Glossar zu Call Center-Fachbegriffen

Call Center-Agents: die Beschäftigten, die für die Kommunikation mit den Kundinnen und Kunden zuständig sind und die große Mehrheit des Call Center-Personals stellen

Inhouse-Call Center: Call Center, die Teil von Unternehmen in unterschiedlichen Branchen sind (interne Call Center)

Externe Dienstleister: eigenständige Unternehmen, die Call Center-Dienstleistungen für mehrere Kundenunternehmen erbringen

Inbound: in einem Call Center eingehende Kundenanrufe

Outbound: Anrufe bei Kunden, die vom Call Center initiiert werden

Automatic Call Distribution (ACD): Telefonanlage, die eingehende Anrufe automatisch nach vorgegebenen Regeln auf die anwesenden Agents im Call Center verteilt

Computer Telephony Integration (CTI): technisches System, das eingehende Anrufe verteilt und dabei zum Beispiel sicherstellen kann, dass die Kundendaten automatisch auf dem Bildschirm der betreffenden Call Center Agents, die die Anrufe annehmen, erscheint

Tabelle 2.1 zeigt die Entwicklung der Zahl der Beschäftigten und Call Center in den letzten elf Jahren auf der Basis von Angaben eines der führenden Call Center-Verbände (Deutscher Direktmarketing Verband 2006). Demnach arbeiteten 2006 in Deutschland 380.000 Beschäftigte in 5.700 Call Centern. Einschränkend ist allerdings darauf hinzuweisen, dass die Quellen für diese Angaben nicht offengelegt werden. Zudem spiegeln die Angaben nicht oder jedenfalls nur sehr begrenzt die Krise des Marktes in den Jahren 2001/2002 wider (zum Beispiel Entlassungswellen bei großen Call Centern wie *Comdirect* und *Citibank* sowie Insolvenzen zahlreicher kleinerer Unternehmen – vergleiche Kolinko 2002).

Der Mangel an verlässlichen statistischen Daten zur Beschäftigung in Call Centern ist auch die Ursache dafür, dass wir – anders als in den anderen Untersuchungsbranchen – den Anteil von Niedriglöhnen in dieser »Branche« nicht berechnen konnten.[3] Vor diesem Hintergrund wird im

3 Dies ist auch der Grund dafür, dass die Berechnungen zur Niedriglohnbeschäftigung in Kapitel 1 keine Tätigkeiten in Call Centern beinhalten. Die einzige Ausnahme ist Tabelle

Tabelle 2.1: Daten zur Entwicklung deutscher Call Center

Jahr	*Zahl der Call Center*	*Zahl der Beschäftigten*	*Zahl der Plätze*
1995		44.800	31.000
1996		85.100	44.800
1997		116.100	61.100
1998	1.600	150.500	79.200
1999	2.300	187.300	98.600
2000	2.750	224.800	108.300
2001	3.350	261.800	137.800
2002	3.750	280.000	150.000
2003	4.300	320.000	162.000
2004	4.900	330.000	170.000
2005	5.550	350.000	175.000
2006	5.700	380.000	190.000

Quelle: Deutscher Direktmarketing Verband 2006

Folgenden häufig Bezug genommen auf die Ergebnisse einer bundesweiten telefonischen Befragung von Call Center-Manager/innen, die im Jahre 2004 im Rahmen des internationalen Netzwerkes »*The Global Call Center Project*«[4] durchgeführt wurde (im Folgenden als »*GCC-Befragung*« bezeichnet). Die Befragungsergebnisse erlauben zwar keine Rückschlüsse auf die aktuelle Zahl von Call Centern in Deutschland, geben aber interessante Einblicke in wichtige strukturelle Merkmale der Unternehmen und Beschäftigten.

Allerdings ist hierbei eine Besonderheit zu beachten: Der Anteil von Inhouse-Call Centern liegt in dieser Befragung mit etwa einem Drittel (Holtgrewe 2005: 5) deutlich niedriger als in anderen Studien, die deren Anteil für Ende der neunziger Jahre zwischen 62 und 80 Prozent beziffern (Bittner u.a. 2000: 46). In einer anderen aktuelleren Studie wird der

---

A.1, in der der Anteil der Vollzeitbeschäftigten mit Niedriglöhnen in Call Centern mit 52,6 Prozent beziffert wird. Hierbei ist allerdings zu berücksichtigen, dass sich dies nur auf Call Center bezieht, die als solche statistisch erfasst sind – also einen Teil der externen Dienstleistungsunternehmen. Dies ist sicher nicht repräsentativ für alle Call Center, verweist aber darauf, dass Niedriglöhne bei unabhängigen Call Centern relativ weit verbreitet sind.

4 Im Rahmen dieses Netzwerkes, das von Rose Batt geleitet wird, wurden vergleichbare Befragungen in zahlreichen Ländern durchgeführt. Für eine international vergleichende Analyse der Ergebnisse vergleiche Holman u.a. 2007.

Anteil der reinen Inhouse-Call Center mit immerhin knapp 44 Prozent angegeben (Profitel 2006).[5] Für diese Unterschiede gibt es mehrere mögliche Erklärungen: Der Trend zur Auslagerung von Call Center-Tätigkeiten nahm in den vergangenen Jahren zu, und Inhouse-Call Center werden in der GCC-Befragung untererfasst, weil diese als Teil bestehender Unternehmen in verschiedenen Branchen schwierig zu identifizieren sind. Darüber hinaus werden zur Abgrenzung zwischen den Call Center-Typen unterschiedliche Definitionen zugrunde gelegt. So erscheint etwa die Unterscheidung zwischen outgesourcten Tochterunternehmen und externen Dienstleistern (Scholten/Holtgrewe 2005: 8) wenig trennscharf, weil die Übergänge fließend sein können. Viele Unternehmen haben in den letzten Jahren Call Center-Dienstleistungen in *Profit Center* oder Tochterunternehmen ausgelagert, erbringen aber zum Teil ihre Dienstleistungen inzwischen auch für andere Unternehmen. Entsprechend wird in der anderen Studie (Profitel 2006) zwischen Inhouse-Call Centern, unabhängigen Dienstleistern (15,8 Prozent) und Mischformen, die sich aus früher internen Call Centern entwickelt haben, inzwischen aber für mehrere Kunden arbeiten (40,6 Prozent), unterschieden. Wir unterscheiden im Folgenden nur zwischen Inhouse-Call Centern und externen Dienstleistern, die für mehrere Kundenunternehmen arbeiten.

Jenseits dieser unterschiedlichen Definitionen und Abgrenzungen ist auffällig, dass der Anteil der Inhouse-Call Center in Deutschland geringer ist als in den meisten anderen Ländern (überwiegend rund drei Viertel interne Call Center und in den USA sogar 86 Prozent). Der höhere Anteil outgesourcter oder unabhängiger Anbieter in Deutschland dürfte vor allem daran liegen, dass die finanziellen Anreize für die Verlagerung der Tätigkeiten zu externen Dienstleistern besonders hoch sind, weil dies die Möglichkeit bietet, bestehende Tarifverträge zu umgehen. Hierfür spricht, dass – wie in den Abschnitten 3 und 4 gezeigt wird – der Einfluss institutioneller Rahmenbedingen auf die Qualität der Arbeitsbedingungen bei externen Dienstleistern deutlich schwächer ist und die Löhne häufig erheblich niedriger sind als bei Inhouse-Call Centern.

Im Vergleich zum Call Center-Markt in einigen anderen Ländern wie etwa den USA gibt es eine Reihe weiterer interessanter Unterschiede: So ist ein Trend zur Verlagerung und Zentralisierung von Call Centern in »*remote*

5 In der deutschen GCC-Befragung wird unterschieden zwischen Inhouse-Call Centern, outgesourcten Tochterunternehmen und freien Dienstleistern, die mit 53,6 Prozent die Mehrheit stellen (Scholten/Holtgrewe 2006).

areas« (Batt 2001: 428) bislang nicht erkennbar: Die räumliche Nähe zu Mutter- oder Kundenunternehmen ist in Deutschland nach wie vor ein wichtiges Kriterium bei der Standortwahl – selbst wenn dies mit höheren Kosten verbunden ist (Arnold/Ptasczek 2003: 45f.). Ebenso scheint die Spezialisierung auf bestimmte Kundensegmente in Deutschland deutlich weniger weit fortgeschritten zu sein als in anderen Ländern. In den USA zum Beispiel bedient nur noch knapp ein Fünftel der Call Center Geschäfts- und Privatkunden gleichermaßen (Batt u.a. 2005: 2). In Deutschland ist dies demgegenüber mit 59,2 Prozent nach wie vor die deutliche Mehrheit (Holtgrewe 2005: 9). Ähnliches gilt auch für den Grad der Spezialisierung von Beschäftigten auf bestimmte Aufgaben oder Themen, die in anderen Ländern teilweise sehr ausgeprägt ist. Deutsche Call Center setzen demgegenüber vielfach nach wie vor eher auf deren breite Einsetzbarkeit (vergleiche ausführlicher 5.3). Nicht zuletzt ist die Verlagerung (das so genannte »*Offshoring*«) von Call Centern in andere Länder mit einem niedrigeren Lohnniveau in Deutschland bislang weniger ausgeprägt als zum Beispiel in den angelsächsischen Staaten. Eine wesentliche Ursache hierfür dürfte sein, dass zum Beispiel in Indien nur wenige Menschen über gute Kenntnisse der deutschen Sprache verfügen. Allerdings werden einige andere Regionen wie etwa die Türkei, Osteuropa, Südafrika und die Kanarischen Inseln als geeignete Standorte für die Auslagerung deutscher Call Center angesehen und zum Teil auch bereits erprobt (Pause 2005).

Die Betriebsfallstudien in Call Centern, die wir im Rahmen dieser Studie durchgeführt haben, konzentrierten sich auf zwei Teilbranchen: Finanzdienstleistungen und Versorgungsunternehmen. Für die Einbeziehung des Bereichs Finanzdienstleistungen sprach vor allem, dass auf ihn zahlreichen vorliegenden Studien (Bittner u.a. 2002: 54; Holtgrewe 2005: 6) zufolge ein beachtlicher Teil des gesamten Call Center-Marktes entfällt. Call Center in Versorgungsunternehmen sind zwar quantitativ weniger bedeutsam, aber aus anderen Gründen interessant. So liegen bislang kaum Studien zu Call Centern in diesem Bereich vor. Die Branche, die früher Teil des öffentlichen Sektors war, ist in den vergangenen Jahren von erheblichen Umstrukturierungen aufgrund der zunehmenden Privatisierung und Deregulierung betroffen. Vor diesem Hintergrund interessierte insbesondere, wie sich dies auf die Organisation von Call Center-Dienstleistungen und die dort Beschäftigten auswirkt. Der Focus lag in beiden Teilbranchen auf *Inbound*-Aktivitäten.[6]

Kasten 2: Betriebsfallstudien und Vorgehensweise

Im Mittelpunkt der Untersuchung stand die Tätigkeit der Call Center-Agents – also derjenigen Beschäftigten, die für die Kundenkommunikation zuständig sind. Insgesamt wurden sechs Fallstudien in Call Centern durchgeführt – vier im Bereich der Versorgungsunternehmen und zwei in Banken-Call Centern. Alle hatten ihren Standort in Westdeutschland.[7] Bei den Versorgungsunternehmen waren jeweils zwei Inhouse-Call Center und zwei externe Dienstleister vertreten, während es sich bei den beiden Fallstudien im Bereich Finanzdienstleistungen um Inhouse-Call Center handelte. Die Zahl der in den Call Centern Beschäftigten lag zwischen knapp 20 und fast 700.

Interviews wurden auf mehreren Ebenen der Unternehmen geführt (Management, Vorgesetzte, Verantwortliche für Training, Beschäftigte, Betriebsrat). Insgesamt konnten 38 Personen in den untersuchten Call Centern befragt werden – mit einer Spanne von einem bis zehn Interviewten pro Fallstudie. Mit einer Ausnahme wurden alle Betriebsfallstudien von zwei Forscherinnen durchgeführt.[8]

In den meisten Fällen stellten die Unternehmen zusätzlich schriftliche Materialien zur Verfügung – zum Beispiel Jahresberichte, Präsentationen oder Unterlagen zur Qualifizierung und Einarbeitung der Beschäftigten. Ergänzende Informationen stammen aus Kontextgesprächen bei Gewerkschaften und Zeitarbeitsunternehmen sowie mit Beschäftigten und Betriebsräten in anderen Call Centern und aus Recherchen in Zeitschriften sowie im Internet.

---

6 Hinsichtlich der Bedeutung von *Inbound*- und *Outbound*-Aktivitäten wird häufig geschätzt, dass etwa zwei Drittel der Call Center überwiegend eingehende Kundenanfragen bearbeiten und nur ein Drittel einen Schwerpunkt im *Outbound* hat. In der GCC-Befragung wird das Verhältnis auf 70:30 beziffert (Holtgrewe 2005: 12).

7 Trotzdem werden in diesem Teil zur Bestimmung des relativen Lohnniveaus in den Call Centern die Medianwerte für Gesamtdeutschland zugrunde gelegt, weil die zum Vergleich herangezogenen Ergebnisse der GCC-Befragung keine Ost-West-Differenzierung beinhalten.

8 In diesem Zusammenhang möchte ich mich bei meiner Kollegin Bettina Hieming für ihre sehr hilfreiche Mitwirkung bedanken.

3 Wirksamkeit von Institutionen: Erhebliche Unterschiede vor allem bei industriellen Beziehungen

Obwohl alle Call Center zentralen gesetzlichen Arbeitsmarktregulierungen in Deutschland unterliegen, gibt es zwischen Inhouse-Call Centern und unabhängigen externen Dienstleistern erhebliche Unterschiede hinsichtlich der Bedeutung von gewerkschaftlicher Einflussnahme und betrieblicher Interessenvertretung. Inhouse-Call Center unterliegen grundsätzlich denselben institutionellen Rahmenbedingungen, die für das Unternehmen, dessen Teil sie sind, gelten. Dies betrifft insbesondere Tarifverträge und die betriebliche Interessenvertretung, wobei allerdings zu berücksichtigen ist, dass deren Reichweite und Verbreitung je nach Branche und Unternehmensgröße unterschiedlich sind. Tendenziell haben sie im gewerblichen Sektor einen größeren Einfluss als in manchen Dienstleistungsbranchen (vergleiche Kapitel 1). Die hier einbezogenen Branchen Versorgungsunternehmen und Finanzdienstleistungen weisen in Deutschland traditionell eine hohe Tarifbindung auf und gelten zudem als Bereiche mit eher überdurchschnittlicher Entlohnung.

Externe Dienstleister, die den eigentlichen Kern der Call Center-»Branche« ausmachen, entziehen sich hingegen dem direkten Einfluss des deutschen Systems industrieller Beziehungen bislang weitgehend. Dies liegt zum einen daran, dass die Branche noch relativ jung ist und sich entsprechende Strukturen erst langsam entwickeln. Zum anderen ist es aber auch ein zentraler Bestandteil des Geschäftskonzeptes vieler externer Dienstleister, außerhalb tariflicher Standards zu agieren, um Dienstleistungen kostengünstiger erbringen zu können. Dies ist zweifellos eine zentrale Triebkraft des Wachstums dieses Marktsegmentes in Deutschland.

Ende der neunziger Jahre wurde der Anteil tarifgebundener Call Center von Seiten der Gewerkschaften auf ungefähr 50 bis 60 Prozent geschätzt (Meier 1999). In der GCC-Befragung lag der Anteil der Call Center mit Tarifvertrag allerdings erheblich niedriger (25,7 Prozent), was auch mit dem relativ geringen Anteil von Inhouse-Call Centern in der Stichprobe zusammenhängen dürfte. Von den an der Befragung beteiligten Inhouse-Call Centern unterlagen immerhin 45,8 Prozent einem Tarifvertrag, während die große Mehrheit (gut vier Fünftel) der externen Dienstleister nicht tarifgebunden war (Holtgrewe 2005: 14). Wenn überhaupt ein Tarifvertrag bestand, dann handelte es sich bei den Inhouse-Call Centern mehrheitlich um einen Branchentarifvertrag, während bei den externen Dienstleistern

Haustarifverträge überwogen (Scholten/Holtgrewe 2006: 33). In unseren Betriebsfallstudien war der Anteil der tarifgebundenen Call Center mit vier von sechs Unternehmen im Vergleich hierzu deutlich höher. Allerdings handelte es sich im Einklang mit den oben erläuterten Strukturen bei den nicht tarifgebundenen Unternehmen um die beiden externen Dienstleister.

Betriebsräte oder andere Formen der Interessenvertretung von Beschäftigten sind nach Ergebnissen der GCC-Befragung in immerhin 45 Prozent der deutschen Call Center und damit wesentlicher häufiger als tarifliche Vereinbarungen vertreten. Auch hier sind jedoch deutliche Unterschiede zwischen den beiden Grundtypen von Call Centern zu erkennen. Während in 82 Prozent der Inhouse-Call Center ein Betriebsrat existierte, traf dies unter den externen Dienstleistern nur auf 22,2 Prozent zu. Die ausgelagerten Tochterunternehmen lagen mit einem Anteil von 45 Prozent dazwischen (Scholten/Holtgrewe 2006: 34), was daran liegen könnte, dass sie teilweise die Tradition aus ihren Mutterunternehmen beibehalten haben. In dieser Hinsicht weicht unsere Stichprobe deutlich ab, denn alle untersuchten Call Center haben eine betriebliche Interessenvertretung, deren Einfluss allerdings bei den externen Dienstleistern weniger gewichtig zu sein scheint.

Der deutsche Call Center-Markt ist in dieser Hinsicht also gespalten. Während Inhouse-Call Center keine Besonderheiten im Vergleich zu anderen Branchen aufweisen, weil sie ja Teil von Unternehmen in diesen Branchen sind, agieren viele externe Dienstleister ohne tarifliche Regulierung. Die relativ geringe Bedeutung von Tarifverträgen in diesem Marktsegment rührt auch daher, dass die hierfür erforderlichen Akteure bislang fehlen oder schwach sind: Aufgrund der Organisation der deutschen Gewerkschaften nach Branchen ist die Zuständigkeit für Call Center zersplittert bzw. teilweise auch innergewerkschaftlich umstritten. Nur in Einzelfällen konnten bislang Haustarifverträge für externe Dienstleister, die branchenübergreifend arbeiten, abgeschlossen worden. Die Voraussetzungen für den Abschluss von Flächentarifverträgen, der in den Niederlanden (de Grip u.a. 2005) und in Schweden (EIROnline 2001) gelungen ist, sind in Deutschland eher ungünstig – auch, weil auf der Arbeitgeberseite entsprechende Akteure fehlen. Die bestehenden Call Center-Verbände verstehen sich nicht als Arbeitgeberverbände, sondern verfolgen andere Zielsetzungen.[9]

Auf Seiten der Gewerkschaften gab es Ende der neunziger Jahre zahlreiche Initiativen, Arbeitskreise und Projekte, um die Arbeitsbedingungen in Call Centern zu thematisieren und zu verbessern. Allerdings sind die meisten dieser Aktivitäten inzwischen wieder eingestellt worden, was auch damit begründet wird, dass die Organisation von Beschäftigten in Call Centern besonders schwierig ist und der durch Mitgliederrückgang entstandene Druck zu Sparmaßnahmen die Gewerkschaften dazu zwingt, sich auf erfolgversprechendere Felder zu konzentrieren.

Wie anhand unserer Betriebsfallstudien später noch deutlicher wird, werden sowohl die Entlohnungs- und Arbeitsbedingungen als auch die Arbeitsorganisation in Call Centern durch die Existenz von Tarifverträgen und Betriebsräten maßgeblich mit beeinflusst. Neben Löhnen und betrieblichen Sonderzahlungen wird in Tarifverträgen oftmals auch festgelegt, ob und in welcher Höhe Anspruch auf Zuschläge für die Arbeit zu bestimmten »unsozialen« Zeiten besteht. In den hier im Mittelpunkt stehenden Teilbranchen enthalten Tarifverträge zudem häufig auch Vereinbarungen, die bereits Beschäftigte bei internen Umsetzungen auf andere Arbeitsplätze oder bei Einführung neuer Vergütungssysteme vor Lohnsenkungen schützen (*»Bestandsschutz«*).[10] Betriebsräte haben auf der Basis des Betriebsverfassungsgesetzes zudem relativ umfassende Möglichkeiten, auf wichtige Arbeitsbedingungen wie zum Beispiel auf einzelplatzbezogenes *Monitoring* Einfluss zu nehmen (Michalke 1999).

Arbeitsrechtliche Regelungen wie etwa der Kündigungsschutz, Regelungen zum Einsatz befristeter Arbeitsverträge, das Gebot der Nicht-Diskriminierung von Teilzeitbeschäftigten oder gesetzliche Urlaubsansprüche gelten grundsätzlich für alle Call Center. Teilweise wird deren faktische Wirksamkeit allerdings dadurch beeinflusst, ob Betriebsräte über die Einhaltung wachen bzw. ergänzende tarifliche Vereinbarungen bestehen. Wo kein Tarifvertrag existiert, gibt es zum Beispiel oft keine Zuschläge für Nacht- oder Wochenendarbeit.

---

9 Ihre Aktivitäten umfassen unter anderem die Durchführung von Jahrestagungen, die Entwicklung von Qualifizierungsmaßnahmen, *Benchmarks*, Internetangeboten, Newslettern und die Herausgabe diverser Fachzeitschriften.

10 In einem Tarifvertrag lautet die entsprechende Formulierung: »Günstigere Arbeitsbedingungen, auf die ein/e ArbeitnehmerIn durch Betriebsvereinbarung oder kraft eines besonderen Arbeitsvertrages Anspruch hat, bleiben bestehen.«

Eine potenzielle Restriktion für Call Center mit langen Betriebszeiten war früher die Erlaubnispflicht für Sonntagsarbeit. Allerdings haben die meisten Bundesländer bereits vor Jahren generelle Ausnahmen für Call Center erlassen (Bittner u.a. 2000: 21). Spezifische Restriktionen für Call Center bestehen in Deutschland allerdings (wie auch in einigen anderen Ländern) für *Outbound*-Telefonate zu Privathaushalten (so genannte »*cold calls*«), was die Spielräume der Call Center in diesem Bereich begrenzt. Ohne schriftliche Zustimmung von Kunden sind solche Anrufe nicht erlaubt. Allerdings wird dagegen offenbar zunehmend häufiger verstoßen, weil eine wirksame Kontrolle in der Praxis sehr schwierig ist und nur geringe Bußgelder drohen (Koch 2006).

Umstritten ist, ob und inwiefern die Institution des dualen Berufsausbildungssystems in Deutschland für Call Center bedeutsam ist. So vertreten etwa Holtgrewe/Scholten (2005: 10) die These, dass »*qualification in call centres [...] is de-institutionalised and turned into portfolios of firm-specific, short-term skills and ascribed personality traits*«. Nach unserer Einschätzung ist hierbei allerdings vor allzu pauschalen Schlüssen zu warnen: Zwar sind Call Center-spezifische Ausbildungsgänge im Rahmen des dualen Berufsausbildungssystems erst im Jahr 2005 eingeführt worden und es ist noch nicht absehbar, in welchem Umfang die Call Center diese Möglichkeit künftig nutzen werden. Aber vorliegende Studien zeigen übereinstimmend, dass die große Mehrheit der Call Center-Agents in Deutschland über eine abgeschlossene Berufsausbildung verfügt (Profitel 2006). Mehr noch: In den meisten untersuchten Unternehmen ist eine abgeschlossene Berufsausbildung ein wichtiges Einstellungskriterium und die hierbei erworbenen Qualifikationen werden oftmals auch entsprechend genutzt (vergleiche ausführlicher 5.1).

4 Löhne und Arbeitsbedingungen

Die Gründung von Call Centern beinhaltet eine neue inner- oder zwischenbetriebliche Arbeitsteilung, die häufig als Standardisierung und Fragmentierung von Arbeitsaufgaben charakterisiert wird. Vor diesem Hintergrund werden Call Center häufig als Prototyp »neo-tayloristischer« Arbeitsorganisation im Dienstleistungssektor bezeichnet und die Qualität der Arbeitsplätze (bezogen auf Bezahlung und Arbeitsbedingungen) wird überwiegend als eher schlecht angesehen. Vorliegende Studien haben aber bereits aufgezeigt, dass solche pauschalen Urteile zu kurz greifen (zum Beispiel Batt u.a. 2002; Frenkel u.a. 1999; Weinkopf 2006). Eine wichtige Frauge, die sich in diesem Zusammenhang stellt, lautet: Inwieweit hat die unterschiedliche Relevanz und Ausprägung der industriellen Beziehungen einen Einfluss auf die Löhne und Arbeitsbedingungen in deutschen Call Centern? Vorliegende Studien für die Branche insgesamt und Ergebnisse unserer Betriebsfallstudien zeigen, dass die Löhne in vielen Fällen (teils deutlich) oberhalb der Niedriglohnschwelle liegen, aber aktuell häufig erheblich unter Druck stehen (4.1). Bezogen auf die Arbeitsbedingungen gehen wir hier auf einige ausgewählte Aspekte wie zum Beispiel die räumliche und technische Ausstattung ein (4.2). Andere wichtige Elemente wie etwa die Nutzung unterschiedlicher Arbeitsformen werden in Abschnitt 5.2 thematisiert, weil sie aus unserer Sicht zentrale Stellgrößen der betrieblichen Strategien sind.

4.1 Die Löhne – überwiegend relativ hoch, aber unter Druck

Die Ergebnisse der GCC-Befragung haben gezeigt, dass das Spektrum der Stundenlöhne für »typische« Agents in deutschen Call Centern im Jahre 2004 zwischen 6 und (außergewöhnlichen) 40 Euro brutto lag (Holtgrewe 2005). Der durchschnittliche Stundenlohn entspricht mit 11,30 Euro knapp 76 Prozent des Medianlohnes von Vollzeitbeschäftigten in Deutschland und liegt damit oberhalb der Niedriglohnschwelle. Dass eine Tarifbindung die Lohnhöhe positiv beeinflusst, zeigt der Vergleich der Entlohnung nach Art der Call Center: Die durchschnittlichen Stundenlöhne in *Inhouse*-Call Centern liegen mit 13,19 Euro (88,3 Prozent des Medians) deutlich höher als bei den deutlich seltener tarifgebundenen externen Dienstleistern (10,47 Euro = 70 Prozent des Medians). Ein Vergleich von tarifgebundenen und nicht tarifgebundenen Call Centern zeigt ein ähnliches Bild. Die durchschnittlichen Stundenlöhne liegen hier bei 13,72 Euro bzw. 10,55 Euro (Holtgrewe 2005: 31).

Die Call Center in den Bereichen Versorgungsunternehmen und Finanzdienstleistungen, in denen Betriebsfallstudien durchgeführt wurden, bieten überwiegend Arbeitsplätze, die nicht am unteren Rand des Lohnspektrums angesiedelt sind. Die Einstiegslöhne (brutto ohne Sonderzahlungen) liegen meist zwischen knapp 11 und über 16 Euro (ca. 73 bis 107

Prozent des Medians). Ausreißer ist allerdings einer der beiden externen Dienstleister, bei dem der Einstiegslohn nur 6 Euro (40 Prozent des Medians) beträgt und Agents selbst nach längerer Betriebszugehörigkeit und Übernahme zusätzlicher Aufgaben maximal etwas über 10 Euro brutto verdienen können, was etwa dem Niveau der Niedriglohnschwelle in Deutschland entspricht.[11] Die höchsten tariflichen Stundenlöhne, die erfahrene Call Center-Beschäftigte nach einer gewissen Beschäftigungsdauer in den untersuchten Unternehmen erreichen können, liegen demgegenüber bei gut 20 Euro (etwa 134 Prozent des Medians). Besonders niedrige Löhne sind nach vorliegenden Informationen eher in anderen Teilbranchen mit vergleichsweise einfachen Aufgaben wie zum Beispiel im Versandhandel und häufiger in Ostdeutschland vorzufinden.[12] Aus Presseberichten und aus anderen Quellen wissen wir, dass die Stundenlöhne hier in Einzelfällen mit 3 bis 5 Euro brutto (zwischen 20 und 33,5 Prozent des Medians) noch erheblich niedriger liegen können.

Auf Jahresbasis und unter Einrechnung von Sonderzahlungen wie Weihnachtsgeld, Urlaubsgeld und Prämien, die sich von Unternehmen zu Unternehmen unterscheiden, aber bis auf eine Ausnahme in allen Fällen vorgesehen sind, liegt das Spektrum der Bezahlung für vollzeitbeschäftigte Agents in den im Rahmen unserer Studie untersuchten Call Centern zwischen 12.480 und 45.242 Euro pro Jahr.[13] Die Lohnunterschiede sind also beträchtlich – bezogen auf den gesamtdeutschen Median liegt die Spanne zwischen knapp 42 und gut 151 Prozent. Erwartungsgemäß werden die

11 Dies ist eine Schätzung, weil es dem Interviewpartner von Seiten des Managements dieses Call Centers untersagt worden war, genaue Angaben zu den Löhnen zu machen. Bei einem weiteren Call Center wurde die Beteiligung an unserer Studie abgelehnt, weil die genaue Lohnhöhe »Betriebsgeheimnis« bleiben sollte. Dies unterstreicht, dass im Segment externer Dienstleister die Lohnkosten häufig ein zentraler Wettbewerbsfaktor sind.

12 Die Komplexität der Aufgaben ist allerdings nicht in jedem Fall entscheidend. So ist uns zum Beispiel ein Call Center aus dem Bereich der Markt- und Meinungsforschung bekannt, das sehr niedrige Einstiegslöhne zahlt, obwohl die Anforderungen an die Beschäftigten keineswegs gering sind. Das Unternehmen profitiert offenbar davon, dass das Arbeitsangebot in dieser Region aufgrund einer hohen Zahl von Studierenden und einer hohen Arbeitslosigkeit sehr groß ist.

13 Anzumerken ist hier, dass diese Angaben keine Zuzahlungen enthalten, die sich auf die persönlichen Lebensumstände beziehen (etwa die Zahl der Kinder, was in vier Unternehmen üblich ist) oder aber für Arbeit zu unüblichen Zeiten gewährt werden. Letzteres betrifft insbesondere die beiden Call Center im Finanzbereich.

höchsten Löhne von tarifgebundenen Inhouse-Call Centern gezahlt; die niedrigsten bei den beiden externen Dienstleistern ohne Tarifvertrag.

Bemerkenswert ist darüber hinaus, dass es mit Ausnahme von zwei Call Centern, die beide transparente und relativ wenig ausdifferenzierte Vergütungssysteme haben, auch innerhalb der einzelnen Call Center zwischen den Beschäftigten teils große Lohnunterschiede gibt, die nicht auf unterschiedlichen Aufgaben oder Lohndifferenzierungen nach Betriebszugehörigkeit oder Berufserfahrung beruhen. In den internen Call Centern ist dies vor allem Folge des bereits erwähnten »Bestandsschutzes«, der Beschäftigten den Erhalt eines einmal erreichten Lohnniveaus sichert, selbst wenn sie aufgrund einer Versetzung innerhalb des Unternehmens eine eigentlich geringer entlohnte Tätigkeit übernehmen oder ein neues Vergütungssystem eingeführt wird, nach dem sie Anspruch auf eine geringere Entlohnung hätten. In einem Unternehmen mit niedriger Fluktuation und hoher Beschäftigungsstabilität führt dies dazu, dass Beschäftigte nach vier sehr unterschiedlichen Vergütungssystemen entlohnt werden. Dies ist gleichzeitig auch der einzige Fall, in dem für einen Teil der Beschäftigten individuelle leistungsbezogene Prämien für Vertragsabschlüsse zum Beispiel bezogen auf Kredite oder Wertpapiere vorgesehen sind (in Höhe von maximal einem Monatseinkommen pro Jahr).

Innerbetriebliche Lohnunterschiede können allerdings auch noch gänzlich andere Ursachen haben: Beim nicht tariflich gebundenen kleineren externen Dienstleister wurden die Löhne bis vor kurzem frei ausgehandelt, so dass es von der Konzessionsbereitschaft der Geschäftsleitung und dem Verhandlungsgeschick der Beschäftigten abhing, welche Entlohnung konkret vereinbart wurde, was zu beträchtlichen Lohnunterschieden geführt hat. Der Betriebsrat sieht eine seiner wichtigsten Aufgaben darin, hier künftig für mehr Transparenz und Gerechtigkeit zu sorgen. Ein Positivbeispiel ist demgegenüber eines der untersuchten Inhouse-Call Center. Hier gab es bislang aufgrund von Aufkäufen anderer Unternehmen ebenfalls zum Teil erhebliche Lohnunterschiede an den verschiedenen Standorten, was auch von der Unternehmensleitung als problematisch angesehen wurde. Daher hat sie die Initiative für den Abschluss eines Tarifvertrags mit der zuständigen Gewerkschaft ver.di ergriffen, der für Call Center-Agents Stundenlöhne zwischen gut 75 und 90 Prozent des Medians sowie Jahressonderzahlungen in Höhe von bis zu zwei Monatsgehältern vorsieht. Nach einhelliger Auskunft aller Interviewten haben sich die Beschäftigten hierdurch verbessert – zum Teil sogar um 250 bis 300 Euro pro Monat.

Bei den anderen Inhouse-Call Centern stehen die tariflichen Löhne jedoch ganz erheblich unter Druck. Dies betrifft nicht allein die Call Center-Beschäftigten, sondern vielmehr das gesamte Personal der jeweiligen Unternehmen. Verschärfte Wettbewerbsbedingungen (und im Falle der Versorgungsunternehmen auch die Privatisierung) führen dazu, dass die traditionell recht hohe Entlohnung in beiden Branchen, die sich teilweise an den Bedingungen des öffentlichen Dienstes orientierte, zunehmend in Frage gestellt wird. In allen drei Unternehmen sind zwischenzeitlich neue Tarifverträge abgeschlossen worden, die in vielen Aspekten ungünstigere Bedingungen vorsehen, was sowohl die Löhne als auch andere Arbeitsbedingungen betrifft (zum Beispiel Zuschläge, betriebliche Sonderzahlungen, Arbeitszeit). Zunächst sind hiervon oft nur Neueinstellungen betroffen, weil Regelungen zum Bestandsschutz direkte Auswirkungen für bereits Beschäftigte abbremsen. Aber nicht selten werden diese Ansprüche mit künftigen Lohnsteigerungen verrechnet, so dass sich die Unterschiede zwischen bereits Beschäftigten und Neueingestellten mit der Zeit reduzieren.

Mit den neuen Tarifverträgen sind zudem zusätzliche Lohngruppen am unteren Rand des Lohnspektrums eingeführt worden. Begründet wird dies in der Regel damit, dass man anderenfalls gerade im Bereich einfacherer Dienstleistungen nicht mehr wettbewerbsfähig sei. Gewerkschaft und Betriebsräte betonen, dass sie dem zugestimmt haben, um die teils massiven Anreize für ein verstärktes Outsourcing bestimmter Tätigkeiten (zum Beispiel im Call Center) zu verringern: »Sonst sind die Arbeitsplätze nicht zu halten.« Der Verbleib der Arbeitsplätze unter dem Dach der Mutterkonzerne auch um den Preis niedrigerer Löhne biete – so die typische Argumentation – immerhin den Vorteil, dass die im Vergleich zu externen Dienstleistern meist besseren Zusatzleistungen, insbesondere die höhere Beschäftigungssicherheit und die verbindlicheren Arbeitszeitstandards, erhalten blieben.

4.2 Arbeitsbedingungen

Die Arbeitsbedingungen in Call Centern werden häufig – unter anderem wegen langer Betriebszeiten und hohen physischen und psychischen Belastungen durch die Arbeit am Telefon – als eher ungünstig eingeschätzt. Allerdings zeigen unsere Fallstudien, dass erhebliche Unterschiede zwischen den Unternehmen bestehen und es zahlreiche Ansatzpunkte gibt, um die Arbeitsbedingungen im Interesse der Beschäftigten günstiger zu gestalten.

Betriebszeiten von Call Centern sind tatsächlich tendenziell lang, aber in unseren Betriebsfallstudien sehr unterschiedlich. Die Spannbreite reichte von üblichen Bürozeiten bis hin zu 24 Stunden an sieben Tagen in der Woche (vor allem im Bereich der Finanzdienstleistungen). Betriebszeiten rund um die Uhr sind allerdings nur eine Option, die aktuell kaum genutzt wird. Zudem ist die Besetzungsstärke nachts und am Wochenende durchgängig sehr gering – weil Kunden das eher selten nutzen, zum Teil aber auch, weil die Unternehmen die Service-Ziele (Erreichbarkeit und Qualität) für solche Zeiten bewusst niedriger setzen. Deutliche Unterschiede haben wir in der Vorgehensweise der Unternehmen zur Besetzung solcher Schichten festgestellt: Während einige Call Center von allen Beschäftigten erwarten, dass sie auch Nacht- oder Wochenendschichten übernehmen, gibt es bei anderen Ausnahmeregelungen für bestimmte Beschäftigtengruppen (zum Beispiel Alleinerziehende). Zum Teil werden solche Zeiten auch von speziellen Teams abgedeckt oder grundsätzlich auf freiwilliger Basis besetzt, was offenbar gut funktioniert – insbesondere, wenn hierfür attraktive Zuschläge gewährt werden. Erhebliche Unterschiede gab es auch beim Umgang mit der gesetzlich vorgeschriebenen »Bildschirmpause«. Während diese in einem Unternehmen in der Einsatzplanung explizit vorgesehen war, wurde dies in den anderen an unserer Studie beteiligten Call Centern »flexibler« gehandhabt.

Die Gestaltung der Arbeitsräume und Arbeitsplätze in den untersuchten Call Centern ist im Vergleich zu einigen anderen, die wir aus einer früheren Studie (Bittner u.a. 2002) kennen, überwiegend gut. Die Arbeitstische sind meist groß; die technische Ausstattung ist modern. Nur in zwei Fällen erschienen uns die Arbeitsplätze vergleichsweise beengt bzw. die Technik nicht durchgängig auf dem neuesten Stand. In vier von sechs Call Centern haben die Beschäftigten einen eigenen Arbeitsplatz, den sie auch persönlich gestalten können. Zusätzlich stehen in allen Fällen Kantinen sowie Pausenräume zur Verfügung. Teilweise werden hier auch kalte und warme Getränke (sowie in einem Fall sogar frisches Obst) kostenlos angeboten.

Alle Unternehmen verfügen über ACD-Anlagen, die nicht nur die Verteilung der eingehenden Anrufe auf die anwesenden Beschäftigten steuern, sondern auch eine Vielzahl von Daten und Kennziffern generieren – zum Beispiel zum aktuellen Servicelevel, zur durchschnittlichen Dauer der Gespräche und Nachbearbeitungszeiten oder zur Zahl der aktuell verfügbaren freien Agents. Alle Systeme bieten die Möglichkeit, auch Auswertungen zur individuellen Leistung einzelner Beschäftigter zu erstellen. Überwiegend werden diese Daten allerdings nicht für die individuelle Leistungsbewertung bzw. zu disziplinarischen Zwecken genutzt, sondern lediglich auf Teamebene ausgewertet und kommuniziert. Die Zahl der durchschnittlich bearbeiteten Anrufe pro Stunde lag zwischen 7,5 und 11,5 – die Länge eines Telefonats einschließlich eventuell erforderlicher Nachbearbeitung durchschnittlich bei etwa drei bis acht Minuten. Tendenziell dauert der Bearbeitungsvorgang in den Call Centern im Bereich der Versorgungsunternehmen länger als im Bereich der Finanzdienstleistungen.

In allen untersuchten Call Centern macht die Arbeit am Telefon und am Bildschirm einen großen Teil der gesamten Arbeitszeit aus. Eine systematische Mischung mit anderen Aufgaben ist nur in einem Unternehmen vorgesehen, in dem die Call Center-Beschäftigten inzwischen vorrangig als *Back Office* für zwei externe Dienstleister arbeiten (vergleiche 5.2). In allen anderen Fällen gibt es solche Arbeiten kaum oder sie werden von anderen Beschäftigtengruppen übernommen. Überraschenderweise wurde der geringe Anteil nicht telefongebundener Arbeiten von den Beschäftigten, mit denen wir Interviews geführt haben, kaum kritisiert. Die meisten gehen offenbar davon aus, dass dies in Call Centern unvermeidlich ist.[14]

Als eine Achillesferse der Call Center-Arbeit gilt typischerweise, dass – auch aufgrund der eher flachen Hierarchien – wenig interne Aufstiegsmöglichkeiten bestehen. In den von uns untersuchten Unternehmen sind die Chancen sogar besonders gering, weil in vier von sechs Fällen die Beschäftigtenzahl stabil oder sogar rückläufig ist und Teamleitungsfunktionen nur zum Teil bevorzugt aus dem Kreis der Agents besetzt werden. Die Möglichkeiten des Wechsels in andere Unternehmensbereiche sind ebenfalls überwiegend begrenzt – bei den externen Dienstleistern, weil es kaum andere Arbeitsbereiche gibt, und in den Inhouse-Call Centern oft aufgrund unternehmensübergreifender Stellenkürzungen. Selbst der externe Arbeitsmarkt bietet in den meisten Fällen kaum attraktive Alternativen, was auch mit der vergleichsweise hohen Arbeitslosigkeit zusammenhängt.

---

14 Für einen detaillierteren Überblick zur individuellen Bewertung der Arbeitsbedingungen in Call Centern aus der Sicht der Beschäftigten auf der Basis einer schriftlichen Befragung vergleiche Weinkopf 2006.

5 Personalmanagement und Unternehmensstrategien

Die Analyse der Personalmanagement-Strategien der untersuchten Call Center macht deutlich, dass die Unternehmen trotz ähnlicher Marktbedingungen zum Beispiel bei der Frage des Outsourcings sehr unterschiedlich agieren. In einigen anderen Feldern gibt es größere Gemeinsamkeiten, die von den typischen Mustern in anderen Ländern (insbesondere auch in den USA) abweichen und sich zum Teil auch deutlich von anderen Dienstleistungsbranchen in Deutschland unterscheiden. Wir gehen im Folgenden auf die Beschäftigtenstruktur, die Nutzung verschiedener Arbeits- und Flexibilitätsformen, die Arbeitsinhalte und Handlungsspielräume der Beschäftigten in Call Centern sowie abschließend auf vorherrschende Unternehmensstrategien ein.

5.1 Die Beschäftigten – meist gut qualifiziert und nicht immer jung

In der Öffentlichkeit ist das Bild verbreitet, Call Center-Agents seien typischerweise weiblich, eher gering qualifiziert und jung. Während dies in einigen Ländern auch tatsächlich der Fall zu sein scheint, zeigen sowohl vorliegende Studien als auch unsere eigenen Betriebsfallstudien, dass sich die Beschäftigtenstruktur in deutschen Call Centern hiervon mehr oder weniger deutlich abhebt. Dies betrifft vor allem das Qualifikationsniveau, aber auch die Altersstruktur des Personals.

Zutreffend ist hingegen, dass Frauen die große Mehrheit der Call Center-Beschäftigten stellen. Ihr Anteil liegt in Deutschland nach den Ergebnissen der GCC-Befragung mit knapp 72 Prozent sogar noch etwas höher als in einigen anderen Ländern wie etwa den USA (Scholten/Holtgrewe 2005). Auch in unseren Fallstudienunternehmen stellen Frauen bis auf zwei Ausnahmen die Mehrheit der Beschäftigten, wobei der weitaus höchste Anteil (85,3 Prozent) in einem Inhouse-Call Center im Bereich der Finanzdienstleistungen zu verzeichnen ist, in das viele weibliche Beschäftigte, die vorher manuelle Buchungen durchgeführt hatten, übernommen worden sind.

Das Qualifikationsniveau der Beschäftigten in deutschen Call Centern ist hingegen keineswegs niedrig. Mehr als drei Viertel der Call Center-Agents in Deutschland verfügen über eine abgeschlossene Berufsausbildung und 10,4 Prozent sogar über einen akademischen Abschluss. Weitere

9,5 Prozent sind Studierende (Scholten/Holtgrewe 2005: 18). Auch andere Studien kommen zu dem Ergebnis, dass formal gering Qualifizierte in deutschen Call Centern kaum vertreten sind (Bittner u.a. 2002; Profitel 2006). In unseren Fallstudien ist deutlich geworden, dass ein Berufsabschluss für die meisten Unternehmen ein wichtiges Einstellungskriterium ist. Dies muss nicht zwingend eine einschlägige Ausbildung in der betreffenden Branche sein; aber bevorzugt werden in beiden Teilbranchen oftmals Personen mit kaufmännischen Berufsabschlüssen. Call Center greifen also in hohem Maße auf das deutsche Berufsausbildungssystem als Auswahlkriterium zurück. Dies könnte auch eine Ursache dafür sein, dass die Einarbeitungsphase im Durchschnitt im Vergleich zu den USA und insbesondere Großbritannien relativ kurz ist (Holman u.a. 2007). Wir werden in Abschnitt 5.3 noch detaillierter darauf eingehen, dass das vergleichsweise hohe Qualifikationsniveau der Beschäftigten in deutschen Call Centern nach unserer Einschätzung direkte und indirekte Effekte auf die Arbeitsorganisation und damit auch auf die Qualität der Arbeitsplätze hat.

Nach den Ergebnissen der amerikanischen GCC-Studie ist der typische Agent in den USA 30 Jahre alt (Batt u.a. 2005), und auch für andere Länder wird konstatiert, dass die große Mehrheit der Beschäftigten in Call Centern sehr jung ist. Für Deutschland ist eine Befragung zu dem Ergebnis gekommen, dass knapp die Hälfte der Call Center-Agents unter 31 Jahre alt ist (soCa 2004: 9f.). In den hier untersuchten Call Centern war dies jedoch anders. Die Anteile der über 30-Jährigen lagen mit zwischen 60 Prozent und 92 Prozent sehr hoch. Wenngleich in den Fallstudien nicht durchgängig der Fall, spricht einiges dafür, dass hierbei deutliche Unterschiede zwischen Inhouse-Call Centern und externen Dienstleistern bestehen: Da die internen Call Center ihr Personal häufig aus dem Kreis der bereits in den Unternehmen Beschäftigten rekrutieren, liegt das Durchschnittsalter hier tendenziell höher. Aufgrund der meist geringen Fluktuation ist überdies davon auszugehen, dass die Beschäftigten oft mit ihren Call Centern »altern«.

Hohe Anteile von jungen Beschäftigten weisen eher externe Dienstleister sowie insbesondere Call Center mit vielen Studierenden auf. Deren Beschäftigungsanteil ist nach Ergebnissen der GCC-Befragung in Deutschland mit durchschnittlich 9,5 Prozent allerdings niedriger als häufig angenommen (Holtgrewe 2005: 36). Dies dürfte auch darauf zurückzuführen sein, dass viele Call Center überhaupt keine Studierenden beschäftigen. Im Rahmen unserer Studie traf dies auf zwei Unternehmen zu. Bei den übrigen lagen die Anteile von Studierenden zwischen 7,8 und 19,6 Prozent der Beschäftigten.

Die vergleichsweise hohen Anteile von formal qualifizierten und älteren Beschäftigten in Inhouse-Call Centern werden nach unserer Einschätzung durch tarifliche und betriebliche Regelungen zum Bestands- und Kündigungsschutz begünstigt, die verhindern, dass die Personalpolitik nach »rein marktwirtschaftlichen Grundsätzen« gestaltet wird. Inhouse-Call Center in Unternehmen mit einer starken betrieblichen Interessenvertretung müssen sich häufig damit arrangieren, dass sie Beschäftigte aus anderen Unternehmensbereichen übernehmen müssen und externe Einstellungen – wenn überhaupt – nur begrenzt möglich sind. Letztlich fahren die betroffenen Call Center damit gar nicht so schlecht, wie eines der Fallstudienunternehmen zeigt: Obwohl hier noch niemals extern rekrutiert wurde und viele Call Center-Agents aus ganz anderen Bereichen des Unternehmens stammen, rangiert das Call Center bei den jährlich durch unabhängige Beratungsunternehmen durchgeführten Vergleichsstudien zur Qualität des Kundenservice regelmäßig weit vorne.

5.2 Schichtarbeit, Teilzeit und Outsourcing als wichtigste Strategien zur Flexibilisierung

Welche Instrumente setzen die Call Center vorrangig ein, um den Personaleinsatz flexibel und möglichst passgenau an die Schwankungen des Anrufvolumens im Tages- und Wochenverlauf anzupassen? Abgesehen von unvorhersehbaren Ereignissen (zum Beispiel großen Stromausfällen oder Presseberichten über Sicherheitsmängel beim Online-Banking) sind die Schwankungen auf der Basis langfristiger Erfahrungswerte nach Auskunft der Befragten recht gut prognostizierbar. Vor allem bei den größeren Call Centern mit langen Betriebszeiten wird die Personalbesetzung typischer Weise durch mehr oder weniger differenzierte Schichtsysteme gesteuert. Zusätzliche Flexibilität verschaffen einerseits Jahresarbeitszeitkonten und andererseits der Einsatz von Teilzeitbeschäftigten.

Die Angaben zum Anteil von Teilzeitbeschäftigten in deutschen Call Centern variieren. Während eine Studie (Profitel 2006) den Teilzeitanteil auf fast die Hälfte der Beschäftigten (48,7 Prozent) beziffert, liegt der entsprechende Wert nach den Ergebnissen der GCC-Befragung mit 42,8 Prozent etwas niedriger (Holtgrewe 2005: 20). In unseren Fallstudien haben wir diesbezüglich eine erhebliche Spannbreite festgestellt: Während der Teilzeitanteil in vier Unternehmen etwa 40 Prozent beträgt, liegt er im kleinsten Inhouse-Call Center mit Betriebszeiten, die nah an typischen Bürozeiten liegen, bei nur 25 Prozent. Den weitaus höchsten Teilzeitanteil (78 Prozent) hat demgegenüber der große externe Dienstleister in unserer Studie, der keine Arbeitszeitkonten nutzt, sondern statt dessen eine spezielle Strategie der flexiblen Arbeitszeitgestaltung verfolgt, die das Auslastungsrisiko größtenteils auf die Beschäftigten abwälzt: Arbeitsverträge werden überwiegend mit relativ geringen Stundenvolumen abgeschlossen, aber das Unternehmen kann mit Zustimmung der Beschäftigten bei Bedarf auch deutlich mehr Arbeitszeit abrufen.

Auffällig ist, dass deutsche Call Center – im Unterschied zu Unternehmen in anderen Dienstleistungsbranchen wie zum Beispiel Einzelhandel (vergleiche Kapitel 6) und Gebäudereinigung – kaum auf Minijobs zurückgreifen. Nach einer aktuellen Studie liegt deren Anteil nur bei 1 Prozent aller Arbeitsplätze in Call Centern (Profitel 2006). In der GCC-Befragung waren zwar immerhin 10,5 Prozent aller Arbeitsverhältnisse in Call Centern Minijobs, aber mehr als 85 Prozent der Call Center verzichteten gänzlich auf diese Art von Arbeitsverhältnissen (Holtgrewe 2005: 19f). Nur zwei der hier untersuchten Unternehmen nutzen überhaupt Minijobs – und dies auch nur vereinzelt. Ohne Ausnahme wurde von Seiten des Managements betont, dass solche Arbeitsverhältnisse für Call Center nicht geeignet seien, weil sich der relativ hohe Einarbeitungsaufwand für derart kleine Arbeitsvolumen nicht lohne.

Der zweite wichtige Eckpfeiler der Flexibilisierungsstrategien rund um die Erbringung von Call Center-Dienstleistungen ist zweifellos das Outsourcing. Hierauf verweisen der im internationalen Vergleich in Deutschland niedrige Anteil von Inhouse-Call Centern (vergleiche Abschnitt 2.1) ebenso wie die Ergebnisse unserer Fallstudien. Allerdings haben wir diesbezüglich erhebliche Unterschiede zwischen den Unternehmen festgestellt: Die beiden externen Dienstleister profitieren von den Outsourcing-Strategien ihrer Auftraggeber, deren Zahl in beiden Fällen beachtlich ist, wobei allerdings betont wurde, dass die meisten Aufträge Outbound-Aktivitäten beträfen, weil viele Kundenunternehmen das Inbound-Geschäft, also eingehende Kundenanfragen, nach wie vor bevorzugt selbst abwickeln würden. Von den hier untersuchten Unternehmen mit internen Call Centern nutzen drei die Kooperation mit externen Dienstleistern – allerdings zu sehr unterschiedlichen Zwecken: Das Unternehmen mit den höchsten

Löhnen im internen Call Center nutzt das Outsourcing seit Jahren und in zunehmendem Umfang. Inzwischen haben die beiden beauftragten Dienstleister, die erheblich niedrigere Löhne zahlen, einen großen Teil des gesamten Anrufvolumens übernommen. Parallel hierzu wurde im internen Call Center des Auftraggebers die Zahl der Beschäftigten deutlich reduziert. Das verbliebene Personal übernimmt inzwischen überwiegend so genannte *Back Office*-Aufgaben wie zum Beispiel die Bearbeitung komplexer oder besonderer Kundenanfragen oder nachgelagerter Verwaltungsvorgänge. Abgesehen von einem kleinen Team aus Studierenden, die ausschließlich telefonieren, werden die Beschäftigten nur noch an wenigen Tagen pro Monat im Call Center eingesetzt. Bei einem ungeplant hohen Anrufvolumen, das die Dienstleister alleine nicht bewältigen können, besteht allerdings die Möglichkeit, sehr kurzfristig zu reagieren, indem sich Beschäftigte aus dem *Back Office* »zuschalten«. In diesem Fall fungieren also die Beschäftigten des Auftraggebers als Puffer für Schwankungen des Anrufvolumens und nicht die externen Dienstleister, wie es sonst häufig der Fall ist.

In den anderen beiden Fällen werden nur kleinere Teile des Anrufvolumens über externe Dienstleistern abgewickelt. In dem einen Unternehmen aus dem Bereich der Finanzdienstleistungen betrifft dies eine ganz spezielle Aufgabe; im anderen Fall seit kurzem die Abdeckung bestimmter Zeiten am Abend und am Wochenende, um die Kosten zu reduzieren (vor allem durch Einsparung von tariflichen Zuschlägen für diese Zeiten). Als weiteres Argument wurde vom Management dieses Call Centers angeführt, dass hierdurch die Belastungen des eigenen Personals reduziert werden sollen. Die Beschäftigten selbst sehen dies allerdings ambivalent: Manche sind froh darüber, nunmehr nicht mehr bis 23 Uhr arbeiten zu müssen; andere konnten dies mit ihrem Privatleben gut vereinbaren und bedauern den Verlust von Zuschlägen. Der zuständige Betriebsrat geht davon aus, dass das zunächst eng begrenzte Outsourcing für das Management ein Testlauf ist, um dies künftig ggf. stärker auszuweiten.

Unabhängig von der tatsächlichen Nutzung des Outsourcings in den Unternehmen hat die Option zur Auslagerung bestimmter Aufgaben jedoch weitere tiefgreifende Auswirkungen: Wie bereits angesprochen, enthalten in drei der vier Inhouse-Call Center die neuen Tarifverträge – mit Zustimmung der Gewerkschaft und Betriebsräte – niedrigere Lohngruppen, um die finanziellen Anreize für das Outsourcing zu verringern. Teilweise wurde in diesem Zusammenhang auch argumentiert, dass die Erhaltung der eigenen Call Center nur bei einem ausgewogenen Mix mit der Beauftragung externer Dienstleister möglich sei. Die Outsourcing-Option übt also einerseits direkten Druck auf die Löhne in den internen Call Centern aus, kann andererseits aber auch dazu beitragen, zumindest einen Teil der internen Kapazitäten zu erhalten und die Arbeitsbedingungen dieser Beschäftigten zu verbessern (vergleiche auch Doellgast 2005: 115).

Von den anderen Instrumenten für einen flexibleren Personaleinsatz sind in Call Centern vor allem befristete Arbeitsverträge bedeutsam, die nach den Ergebnissen der GCC-Studie im Durchschnitt 20,1 Prozent aller Arbeitsverhältnisse ausmachen (Scholten/Holtgrewe 2006: 15). Alle hier untersuchten Call Center nutzen befristete Arbeitsverträge, wobei die Anteile mit 7,5 bis gut 20 Prozent jedoch meist niedriger sind. Beim großen externen Dienstleister sind allerdings fast 60 Prozent aller Arbeitsverträge befristet und es werden grundsätzlich alle rechtlichen Spielräume zur wiederholten Befristung ausgeschöpft, bevor Beschäftigte hier einen unbefristeten Arbeitsvertrag erhalten. Damit will man sich eine höchstmögliche Flexibilität erhalten, um bei Verlust größerer Kundenaufträge, die typischerweise zeitlich befristet sind, Personalüberhänge rasch abbauen zu können.

Nach den Ergebnissen der GCC-Befragung spielen bei manchen Call Centern auch freie Mitarbeiter/innen, die keinen Arbeitsvertrag haben, sondern auf selbständiger Basis arbeiten (12,5 Prozent), und in geringerem Maße Zeitarbeitskräfte (4,5 Prozent) eine gewisse Rolle, wobei sich deren Nutzung aber jeweils auf wenige Call Center konzentriert. Freie Mitarbeit wird von den an unserer Studie beteiligten Call Centern überhaupt nicht genutzt.[15] Auch Zeitarbeit spielt quantitativ – im Unterschied etwa zu Call Centern in Großbritannien und den Niederlanden – keine große Rolle. Zwar nutzte immerhin die Hälfte der untersuchten Unternehmen auch Zeitarbeit, aber in vergleichsweise geringem Umfang. In einem Fall wird dies vor allem als zusätzliches Instrument zur Rekrutierung und Erprobung neuer Mitarbeiter/innen eingesetzt, während bei den beiden anderen Inhouse-Call Centern damit Personalengpässe kompensiert werden, die über Neueinstellungen nicht abgedeckt werden können, weil das Management einen generellen Einstellungsstopp verhängt hat.

15 Aus Kontextgesprächen wissen wir allerdings, dass manche Call Center zum Teil auf freie Mitarbeiter/innen als eine weitere Möglichkeit der Kostensenkung setzen, wenn der regionale Arbeitsmarkt dies ermöglicht.

5.3 Arbeitsinhalte und Handlungsspielräume der Beschäftigten

Die Aufgaben, die von Call Centern übernommen werden, reichen von einfachen Auskunftsdiensten (zum Beispiel zu Veranstaltungen oder Telefonnummern) bis hin zu sehr spezialisierter Beratung (zum Beispiel zu medizinischen Fragen durch Ärzt/innen). In unserer Betriebsauswahl handelt es sich überwiegend um Tätigkeiten auf einem mittleren Niveau (Sachbearbeitung), wobei manche Anfragen sehr einfach zu bearbeiten sind (zum Beispiel Adressänderungen oder Überweisungen), während andere spezielle Fachkenntnisse und Erfahrung erfordern (zum Beispiel die Bearbeitung von Kreditanträgen). In beiden Teilbranchen arbeiten die Call Center-Agents typischerweise mit unternehmensspezifischen Software-Programmen (SAP-gestützt), für deren Bedienung normale Computerkenntnisse nicht ausreichen. Obwohl es in Einzelfällen eine gewisse Spezialisierung gibt, wurde in allen Call Centern betont, dass die Beschäftigten in der Lage sein müssen, ein breites Spektrum unterschiedlicher Kundenanfragen zu bearbeiten. Weiterleitungen an Fachabteilungen sollen möglichst vermieden und ein hoher Anteil der Anfragen soll »fallabschließend« bearbeitet werden. Zusammen genommen spricht dies für eine mindestens mittlere Komplexität der Tätigkeiten mit einer besonderen Betonung der funktionalen Flexibilität der Beschäftigten. In den USA gibt es demgegenüber offenbar eine starke Tendenz zur Segmentierung von Call Center-Aufgaben nach verschiedenen Kundengruppen und Arbeitsaufgaben. *Batt* (2001: 428f) verweist darauf, dass dies Spielräume zu einer stärkeren Ausdifferenzierung von Löhnen und Anforderungen an die Agents schaffe (*»sorting mechanism for the demand of skill«*) und damit effizienter sei. Ein Vorteil der in Deutschland vorherrschenden Strategie, stärker auf die funktionale Flexibilität der Beschäftigten zu setzen, besteht demgegenüber darin, dass sich Schwankungen des Arbeitsanfalls und der Art der Kundenanfragen besser bewältigen lassen als bei engen Spezialisierungen der Agents.

Als weitere Indikatoren für Komplexität der Arbeitsaufgaben gelten die Dauer der Einarbeitung und die Zeit, bis neue Beschäftigte voll einsetzbar sind. Die meisten Unternehmen in unserer Studie gaben an, dass es mindestens sechs Monate dauert, bis dies erreicht ist. In einem Fall wurde von Seiten des Managements sogar berichtet, dass das gesamte Spektrum anfallender Aufgaben erst nach vier bis fünf Jahren beherrscht wird. Dies steht tendenziell im Widerspruch zu den Ergebnissen der GCC-Studie, nach denen die durchschnittliche Länge dieser Zeiten in Deutschland kür-

zer ist als in einigen anderen Ländern. Besonders ausgeprägt sind die Unterschiede zu Großbritannien, etwas weniger stark auch zu den USA (Holman u.a. 2007): So ist etwa die durchschnittliche Zeitspanne bis zur vollen Einsetzbarkeit von Beschäftigten in den USA mit 20 Wochen fast doppelt so lang wie in Deutschland (11,1 Wochen). In Großbritannien beziffern über 50 Prozent der Call Center diese Zeitspanne auf mehr als 24 Wochen, während der entsprechende Anteil in Deutschland mit unter 16 Prozent erheblich niedriger liegt. Allerdings ist hierbei zu berücksichtigen, dass der Einarbeitungsaufwand auch davon abhängt, welches Bildungsniveau neu Eingestellte mitbringen (vergleiche auch Batt 2003: 588). Ist dieses durchschnittlich relativ hoch wie in Deutschland, können auch kürzere Einarbeitungszeiten ausreichen, um die Agents für komplexe Arbeitsaufgaben fit zu machen.
Am deutlichsten lässt sich dieser Zusammenhang illustrieren am Beispiel eines Inhouse-Call Centers, das traditionell ausschließlich intern rekrutiert. In der jüngeren Vergangenheit betrifft dies vor allem junge Beschäftigte, die im Unternehmen eine dreijährige fachspezifische Berufsausbildung (als Bankkaufleute bzw. als Bürokaufleute) absolviert haben. Der Wechsel in eines der Call Center ist derzeit die einzige Möglichkeit, überhaupt im Anschluss an die Ausbildung im Unternehmen weiter beschäftigt zu werden. Aus der Perspektive der betroffenen Beschäftigten entspricht dies häufig nicht ihren Erwartungen und Wünschen, zumal der Stundenlohn relativ niedrig ist. Aus der Sicht des Call Center-Managements bietet dieser Rekrutierungsweg jedoch den Vorteil, dass kaum spezifische Einarbeitung erforderlich ist, weil alle unternehmens- und fachspezifischen Kenntnisse vorhanden sind und die Beschäftigten während der Ausbildung bereits für mehrere Monate im Call Center eingesetzt wurden.

Die Ergebnisse des *Global Call Center*-Projekts im internationalen Vergleich verweisen darauf, dass die Handlungs- und Entscheidungsspielräume der Beschäftigten in Deutschland überdurchschnittlich groß sind (etwa vergleichbar ist nur Dänemark): Während in Deutschland 38 Prozent der Unternehmen »beachtliche Handlungsspielräume«[16] bieten, liegen die Anteile vor allem in den Niederlanden (8 Prozent) und in Großbritannien (11 Prozent) erheblich niedriger (Holman u.a. 2007). Ähnliches gilt auch

16 Große Entscheidungsspielräume der Call Center-Agents bestehen nach Auskunft des befragten Managements vor allem bei der Gesprächsführung (56,5 Prozent), bei Pausenzeiten (48,4 Prozent) sowie bei der Gestaltung der täglichen Arbeitsaufgaben (35,3 Prozent) und dem Arbeitstempo (34,2 Prozent).

für die USA, für die im Abschlussbericht der dortigen GCC-Befragung festgestellt wird, dass die Beschäftigten in Call Centern sehr geringe Entscheidungsspielräume haben (Batt u.a. 2005: 18). In eine ähnliche Richtung weisen auch die Ergebnisse von *Doellgast* (2005), die auf der Basis deutsch-amerikanischer Vergleiche festgestellt hat, dass innovative Formen der Arbeitsorganisation und -gestaltung (zum Beispiel seltener verbindliche Gesprächsleitfäden, weniger rigide Kontrolle) in Deutschland deutlich weiter verbreitet sind als in den USA. Nach unserer Einschätzung könnte dies an mehreren sich wechselseitig verstärkenden Einflüssen liegen: Die Beschäftigten in deutschen Call Centern sind überwiegend gut qualifiziert und die Fluktuation ist häufig gering, was zum einen auf die Unternehmensstrategien, zum anderen aber auch auf den Einfluss von Betriebsräten und Tarifverträgen (vor allem bei internen Call Centern) zurückzuführen ist. Längere Betriebszugehörigkeit und Erfahrung bieten gute Voraussetzungen, um den Beschäftigten größere Gestaltungsspielräume einzuräumen und innovative Formen der Arbeitsgestaltung erfolgreich umzusetzen.

Bei den externen Dienstleistern ist das Bild hingegen weniger eindeutig: Diejenigen Call Center, die qualitätsorientiert arbeiten, orientieren sich tendenziell an den Strategien der Inhouse-Call Center, während ein anderes Marktsegment Kostenorientierung in den Vordergrund stellt (vergleiche 5.4) und dabei häufig auch höhere Fluktuationsraten in Kauf nimmt: Nach der GCC-Studie liegt die Fluktuation bei externen Dienstleistern erheblich höher als bei internen Call Centern: Dies betrifft insbesondere arbeitgeberseitige Kündigungen, die mit 21 Prozent mehr als zehnmal häufiger sind als bei internen Call Centern (Holtgrewe 2005: 42).

5.4 Die dominierende Personal-Strategie: *High-Involvement* – aber mit mehr oder weniger starken Abstrichen

Wie eingangs bereits angesprochen, verfolgen Call Center unterschiedliche und tendenziell widersprüchliche Ziele – einerseits Kostensenkung und andererseits eine Steigerung der Servicequalität sowie Kundenbindung. In der Regel spielt beides eine Rolle, aber die Akzentsetzung unterscheidet sich zwischen den Unternehmen. Dies korrespondiert mit der in der Literatur üblichen idealtypischen Unterscheidung zwischen den beiden Polen *»mass production and high-involvement (or high-performance) work systems«* (Appelbaum/Batt 1994).

Als typische Merkmale für Strategien, die auf Massenproduktion bzw. eine starke Kostenorientierung setzen, gelten ein hoher Grad der Standardisierung, geringe Anforderungen an die Agents, wenig Entscheidungsspielräume, ein hohes Ausmaß von Kontrolle und Monitoring sowie geringe Investitionen in Qualifizierung (Batt 2001). Keines unserer Fallstudienunternehmen lässt sich ohne Einschränkungen diesem Typ zuordnen, aber die deutlichste Akzentuierung zugunsten einer starken Kostenorientierung weist der große externe Dienstleister auf, dessen Wettbewerbsstrategie sich mit dem Motto »Möglichst hohe Qualität zu niedrigen Kosten« charakterisieren lässt. Ein niedriges Lohnniveau geht hier einher mit einer umfassenden Nutzung verschiedener Instrumente zur Erhöhung der personalpolitischen Flexibilität – insbesondere hohen Anteilen von befristeten Arbeitsverträgen und Teilzeitarbeit, die zudem zugunsten des Unternehmens besonders flexibel ausgestaltet ist. Abgemildert wird dies nur dadurch, dass die Verträge mit Kundenunternehmen auch Mindestvorgaben zur Qualität beinhalten, die nicht unterschritten werden dürfen (vergleiche auch Doellgast 2006).

Die anderen Call Center bezeichnen ihre Strategie als vorwiegend qualitätsorientiert, was tendenziell auch im Einklang steht mit ihren Personalmanagement-Strategien: Sie setzen auf qualifiziertes Personal und dessen hohe funktionale Flexibilität, eine hohe Beschäftigungsstabilität und relativ gute Arbeitsbedingungen. Diese Unternehmen lassen sich eher dem Typ »*high-involvement*« zuordnen: »*Firms pursuing this approach are likely to retain higher-skilled employees, design jobs giving employees greater discretion, and provide commitment-enhancing incentives such as investment in training and employee development, performance-based pay, and employment security.*« (Batt 2001: 431)

Allerdings ist bereits deutlich geworden, dass es innerhalb dieser Gruppe von Call Centern zum Teil erhebliche Unterschiede in der Entlohnung und den Arbeitsbedingungen sowie auch im Ausmaß der Nutzung flexibler Arbeitsformen gibt. Geringere Unterschiede sind demgegenüber bei der Arbeitsorganisation und beim Ausmaß der Handlungs- und Entscheidungsspielräume der Beschäftigten erkennbar: Zwar können die Agents in einigen Fällen selbst entscheiden, wann sie in die Pause gehen, und zum Teil können sie auch Einfluss auf die Lage ihrer Arbeitszeiten durch die Mitsprache bei der Schichtplangestaltung nehmen. Relativ große Gestaltungspielräume der Beschäftigten bestehen darüber hinaus auch in der Kommunikation mit der Kundschaft. Aber wann welche Arbeitsaufgaben ausgeführt werden, wird vor allem durch die eingehenden Kundenanfragen bestimmt, die über die ACD-Anlagen auf die Agents verteilt werden. Dies unterstreichen auch Ergebnisse einer schriftlichen Befragung von Call Center-Agents, in der nur 27 Prozent der Befragten der Aussage zustimmten, selbst einen Einfluss auf die Zuteilung der Arbeit zu haben, und nur 22 Prozent angaben, ihr direktes Arbeitsumfeld mitgestalten zu können (John/Schmitz 2001: 15).

Mit Ausnahme des Call Centers, das inzwischen vorrangig *Back Office*-Aufgaben übernimmt, während der Großteil der eingehenden Anrufe von externen Dienstleistern abgewickelt wird, spielt in den von uns untersuchten Unternehmen auch die Strategie einer stärkeren Mischung mit anderen Arbeitsaufgaben, die vor einigen Jahren in Deutschland intensiv diskutiert und vor allem von Seiten der Gewerkschaften gefordert wurde, um die Arbeitsbedingungen in Call Centern zu verbessern (Mola/Zimmermann 2001), keine Rolle. Qualitätszirkel oder selbst organisierte Teams haben wir nur in wenigen Unternehmen und eher in Ansätzen vorgefunden, obwohl in der deutschen GCC-Studie immerhin mehr als ein Drittel der befragten Manager/innen von solchen innovativen Ansätzen berichtete (Scholten/Holtgrewe 2006: 27ff). Nach unserer Einschätzung liegt dies nicht daran, dass die untersuchten Call Center in dieser Hinsicht ungünstigere Bedingungen bieten als andere. Vielmehr könnte die Diskrepanz möglicherweise darauf zurück zu führen sein, dass Personen aus dem Management bei Fragen zur Verbreitung innovativer Personalinstrumente zu Übertreibungen neigen.

6 Zusammenfassung und Schlussfolgerungen

Im Unterschied zu den anderen hier untersuchten Branchen und Tätigkeiten sind präzise Aussagen über das Ausmaß von Niedriglöhnen in Call Centern nicht möglich, weil aufgrund der unterschiedlichen Formen von Call Centern keine verlässlichen statischen Angaben zur Lohnstruktur vorhanden sind. In den externen Dienstleistungsunternehmen, die in der Statistik der Bundesagentur für Arbeit als »Call Center« erfasst werden, liegt aber immerhin mehr als die Hälfte der Beschäftigten unterhalb der Niedriglohnschwelle (vergleiche Tabelle A.1). Dies liefert zumindest einen Hinweis darauf, dass geringe Entlohnung bei solchen Dienstleistern relativ weit verbreitet sind. Unsere Analyse auf der Basis von Betriebsfallstudien in Banken und Versorgungsunternehmen hat hingegen gezeigt, dass Call Center-Arbeitsplätze in diesen Bereichen in Deutschland häufig keine Niedriglohnjobs sind, was auf eine Reihe von Ursachen zurück zu führen ist: Die Anforderungen sind je nach Arbeitsaufgabe keineswegs gering, was sich auch im relativ hohen Ausbildungsniveau der Beschäftigten widerspiegelt. Gute Arbeitsbedingungen und eine relativ hohe Entlohnung bieten vor allem Inhouse-Call Center, in denen Tarifverträge und Betriebsräte relativ weit verbreitet sind. Der Einfluss von Gewerkschaften und betrieblichen Interessenvertretungen trägt hier auf unterschiedlichen Wegen dazu bei, rein kostenorientierte Strategien zu verhindern und stattdessen die Umsetzung qualitätsorientierter Strategien zu fördern. Selbst im Segment externer Dienstleister, deren Markterfolg häufig darauf beruht, dass Call Center-Dienste zu niedrigeren Kosten erbracht werden, sind zumindest Ansätze zu einer stärkeren Institutionalisierung erkennbar: Viele Unternehmen sind Mitglied regionaler oder bundesweiter Verbände, die dem Erfahrungsaustausch dienen oder gemeinsame Öffentlichkeitsarbeit betreiben. Teilweise gibt es auch hier bereits betriebliche Interessenvertretungen, was die Chancen für eine Verbesserung der Arbeitsbedingungen und den Abschluss von unternehmensspezifischen Tarifverträgen erhöht.

Allerdings haben unsere Betriebsfallstudien auch gezeigt, dass qualitätsorientierte Personal- und Geschäftsstrategien, die mit vergleichsweise hohen Löhnen einher gehen, wegen des verschärften Wettbewerbs und Kostendrucks zunehmend unter Druck geraten: Die Möglichkeit, über Outsourcing Kosten einzusparen, entfaltet diesbezüglich eine doppelte Wirkung: Entweder nutzen die Unternehmen diese Option tatsächlich und verlagern zumindest Teile des Anrufvolumens auf externe Dienstleister. Oder sie erreichen allein durch die Drohung mit Auslagerung, dass in den Inhouse-Call Centern (und oft auch in den Gesamtunternehmen) Löhne abgesenkt werden. In einigen Fällen werden auch beide Optionen miteinander kombiniert. Gewerkschaften und Betriebsräte sind zumindest in den von uns untersuchten Branchen offenbar zunehmend seltener in der Lage, dies zu verhindern. Doellgast/Greer (2007) beschreiben dies als »*an increasingly complex mix of firm, sectoral and occupational bargaining structures*« – wobei manche Unternehmen auch auf den »*threat of vertical disintegration to win concessions inhouse*« setzen. Darauf, dass dies kein auf einzelne Unternehmen beschränktes Phänomen ist, verweisen die Ergebnisse der aktuellen Call Center-Benchmark-Studie: Gegenüber 2004 sind die Löhne von Call

Center-Agents bis zum Jahr 2006 im Durchschnitt um 5 Prozent gesunken, bei den Teamleitungen sogar um 10 Prozent (Profitel 2006).

Ob und inwieweit der Druck auf die Löhne anhält und in der Praxis tatsächlich zu Lohnsenkungen führt, wird auch durch die Anforderungen der Auftraggeber an externe Dienstleister mitbestimmt. In unserer Studie erhoffen sich einige der untersuchten Unternehmen, dass externe Dienstleister eine vergleichbar gute Qualität der Dienstleistungen zu geringeren Kosten erbringen. Dies kann auf Seiten der externen Dienstleister dazu führen, dass diese der Qualität ihrer Dienstleistungen größere Aufmerksamkeit schenken und sich tendenziell an den Personalstrategien der Inhouse-Call Center orientieren – zum Beispiel, indem ebenfalls Wert auf ein hohes Ausbildungsniveau der Beschäftigten und eine geringe Fluktuation gelegt wird. Andere Unternehmen nehmen allerdings zugunsten niedrigerer Kosten beim Outsourcing auch bewusst Qualitätseinbußen in Kauf. Unter diesen Bedingungen können externe Dienstleister weiterhin an ihrer starken Kostenorientierung festhalten, die häufig mit einem niedrigen Lohnniveau, vergleichsweise hoher Fluktuation und starker Nutzung unterschiedlicher Flexibilisierungsstrategien einhergeht. Oder sie sind unter dem Diktat der Kundenunternehmen sogar dazu gezwungen, nach zusätzlichen Einsparmöglichkeiten zu suchen, was den Druck auf das Lohnniveau weiter verschärfen könnte.

Aus unserer Sicht ist noch offen, in welchem Mix diese unterschiedlichen Strategien künftig genutzt werden und wie sich dies letztlich auf die Qualität der Arbeitsplätze in deutschen Call Centern auswirken wird. Bezogen auf die Löhne halten wir eine gewisse Komprimierung für wahrscheinlich – also einen Rückgang sehr niedriger und sehr hoher Löhne. Ein prominentes Beispiel für erhebliche Lohnabsenkungen ist der im Juni 2007 beigelegte Konflikt bei der *Deutschen Telekom*, wo nach dem Willen des Managements 50.000 Beschäftigte im Kundendienst in Tochterunternehmen ausgelagert werden, die nicht den üblichen tariflichen Regelungen unterliegen. Begründet wurde dies damit, dass das bisherige Lohnniveau im Kundenservice deutlich höher liege als bei den Wettbewerbern. Die nach einem wochenlangen Streik erreichte Kompromisslösung sieht für die bereits Beschäftigten zwar etwas geringere Lohnkürzungen vor als ursprünglich geplant (um 6,5 Prozent statt um 9 Prozent), aber die wöchentliche Arbeitszeit soll (wie vom Management gefordert ohne Lohnausgleich) von 34 auf 38 Stunden ausgedehnt werden. Darüber hinaus werden sich die Arbeitsbedingungen insbesondere für neu eingestellte Beschäftigte erheblich verschlechtern: Die Einstiegsgehälter werden von zuvor 30.000 Euro (zum Teil sogar mehr) auf 21.400 bis 23.200 Euro pro Jahr abgesenkt (Frankfurter Rundschau 2007; Mitteldeutscher Rundfunk 2007), was nur noch knapp oberhalb der Niedriglohnschwelle liegt. Ob dadurch das Ziel, gleichzeitig die Qualität des Kundenservice deutlich zu erhöhen, um die anhaltende Abwanderung von Kunden/innen zu anderen Anbietern zu stoppen, erreicht werden kann, bleibt abzuwarten. Vieles spricht aber dafür, dass nach der Absenkung der Beschäftigungsstandards bei einem finanzkräftigen Großunternehmen wie der *Deutschen Telekom* auch andere Unternehmen, die ihren Call Center-Beschäftigten bislang noch relativ hohe Löhne zahlen, versuchen werden, Ähnliches zu erreichen.

Bezogen auf die Arbeitsorganisation stellt sich unter anderem die Frage, ob und inwieweit deutsche Call Center künftig dem US-amerikanischen Trend zu einer stärkeren Segmentierung nach Aufgaben und Kundengruppen folgen oder weiterhin auf eine hohe funktionale Flexibilität der Beschäftigten setzen werden, die den Vorteil bietet, flexibler auf Schwankungen der Kundenfrequenzen reagieren zu können, was an anderer Stelle Effizienzvorteile verspricht. Letzteres könnte mit einer weiterhin höheren Bedeutung von *High-Involvement*-Strategien in deutschen Call Centern einher gehen – verstärkt eventuell durch eine künftig zunehmende Konkurrenz um qualifiziertes Personal.

Jenseits dieser Offenheit der künftigen Entwicklung hinsichtlich der Löhne und Arbeitsbedingungen in deutschen Call Centern bleibt aus der *Gender*-Perspektive festzuhalten, dass Call Center-Arbeit für Frauen in Deutschland im Vergleich zu den anderen Tätigkeiten und Branchen, die im Rahmen dieser Studie untersucht wurden und häufig ebenfalls hohe Frauenanteile aufweisen, vergleichsweise attraktiv ist. Dies liegt zum einen an der Art der angebotenen Arbeitsverhältnisse: Während in anderen Dienstleistungsbranchen (zum Beispiel Einzelhandel, Gebäudereinigung und Hotel- und Gaststätten) Minijobs immer mehr an Bedeutung gewinnen, bieten Call Center tendenziell deutlich bessere Chancen auf sozialversicherungspflichtige Teilzeit- oder sogar Vollzeitarbeit. Zum anderen sind die Löhne in Call Centern häufig höher als in anderen typischen Frauenbranchen in Deutschland, was in Kombination mit längeren Arbeitszeiten auch die Chancen auf eine eigenständige Existenzsicherung vergrößert. In diesem Kontext ist zu beachten, dass die Medianlöhne von (vollzeitbeschäftigten) Frauen in Deutschland nach wie vor mindestens 20 Prozent niedriger liegen als bei den Männern – womit Deutschland übrigens zu den

Schlusslichtern in Europa gehört (Bundesministerium für Familie, Senioren, Frauen und Jugend 2005). Während der durchschnittliche Stundenlohn in Call Centern bei Männern nur knapp die Niedriglohnschwelle in Deutschland überschreitet, bietet Call Center-Arbeit Frauen im Unterschied zu anderen Beschäftigungsbereichen mit hohen Anteilen weiblicher Arbeitskräfte zumindest aktuell häufig noch vergleichsweise hohe Löhne.

Literatur

Appelbaum, Eileen/Batt, Rosemary (1994), *The New American Workplace: Transforming Work Systems in the United States*, Ithaca/New York.

Arnold, Katrin/Ptaszek, Mariusz (2003), »Die deutsche Call Center-Landschaft: Regionale Disparitäten und Arbeitsmarktstrukturen«, in: Frank Kleemann/Ingo Matuschek (Hg.), *Immer Anschluss unter dieser Nummer. Rationalisierte Dienstleistung und subjektivierte Arbeit in Call Centern*, Berlin, S. 31–48.

Batt, Rosemary (2001), »Explaining Wage Inequality in Telecommunications Services: Customer Segmentation, Human Resource Practices, and Union Decline«, *Industrial and Labor Relations Review*, Vol. 34, No. 2A, S. 425–449.

Batt, Rosemary (2002), »Managing Customer Services: Human Resource Practices, Quit Rates, and Sales Growth«, *Academy of Management Journal*, Vol. 45, No. 3, S. 587–597.

Batt, Rosemary/Doellgast, Virginia/Kwon, Hyunji (2005), *The U.S. Call Center Industry 2004: National Benchmarking Report. Strategy, HR Practices & Performance*, Ithaca/New York, http://www.ilr.cornell.edu/globalcallcenter/upload/GCC-Intl-Rept-US-Version.pdf

Batt, Rosemary/Hunter, Larry W./Wilk, Steffanie (2002), »How and When Does Management Matter? Job Quality and Career Opportunities for Call Center Workers«, in: Eileen Appelbaum/Annette Bernhardt/Richard J. Murnane (Hg.), *Low-Wage America. How Employers Are Reshaping Opportunity in the Workplace*, New York, S. 270–316.

Bittner, Susanne/Schietinger, Marc/Schroth, Jochen/Weinkopf, Claudia (2000), *Call Center – Entwicklungsstand und Perspektiven. Eine Literaturanalyse*, Projektbericht des Instituts Arbeit und Technik 2000–01, Gelsenkirchen, http://www.iaq.uni-due.de/aktuell/veroeff/am/bittner00a.pdf

Bittner, Susanne/Schietinger, Marc/Weinkopf, Claudia (2002), *Zwischen Kosteneffizienz und Servicequalität – Personalmanagement in Call Centern und im Handel*, Schriftenreihe des Instituts Arbeit und Technik, Band 22, München/Mering.

Bundesministerium für Familie, Senioren, Frauen und Jugend (2005), *1. Gender-Datenreport. Kommentierter Datenreport zur Gleichstellung von Frauen und Männern in der Bundesrepublik Deutschland*, München, November 2005 (2. Fassung), erstellt durch das Deutsche Jugendinstitut e.V. in Zusammenarbeit mit dem Statistischen Bundesamt unter der Leitung von Waltraud Cornelißen, http://www.bmfsfj.de/Publikationen/genderreport/root.html

Deutscher Direktmarketing Verband (2006), *Wirtschaftszahlen im Bereich Direktmarketing/Telefonmarketing*, Wiesbaden, http://www.ddv.de/downloads/WirtschaftsfaktorCallCenter.pdf

de Grip, Andries/Sieben, Inge/van Jaarsveld, Danielle (2005), *Employment and Industrial Relations in the Dutch Call Center Sector*, Research Centre for Education and the Labour Market, Maastricht.

Doellgast, Virginia (2005), »Regulating the flexible workplace: Union strategies toward call center outsourcing in the United States and Germany«, in: Astrid Schütz/Stephan Habscheid/Werner Holly/Josef Krems/G. Günter Voß (Hg.), *Neue Medien im Alltag. Befunde aus den Bereichen: Arbeit, Lernen und Freizeit*, Berlin, S. 108–118.

Doellgast, Virginia (2006), »Collective Bargaining and high involvement management in comparative perspective: Evidence from US and German call centers«, paper submitted to Industrial Relations, London.

Doellgast, Virginia/Greer, Ian (2007), »Vertical Disintegration and the Disorganisation of German Industrial Relations«, *British Journal of Industrial Relations* Vol. 45, No. 1, S. 55–76.

EIROnline (2001), *First Collective Agreement Signed for Call-centres and Telemarketing*, http://www.eiro.eurofound.ie/print/2001/02/inbrief/SE0102183n.html

Frankfurter Rundschau (2007), »Telekom will Gehalt kürzen. Einschnitte bei Berufsanfängern«, *Frankfurter Rundschau* vom 3. April 2007, www.axeltroost.de/article/953.telekom_will_gehalt_kuerzen.html

Frenkel, Stephen J./Korczynski, Marek/Shire, Karen/Tam, May (1999), *On the Front Line: Organisation of work in the information society*, Ithaca/London.

Holmann, David/Blatt, Rosemary/Holtgrewe, Ursula (2007), *The Global Call Center Report: International Perspectives on Management and Employment*, Ithaca/New York.

Holtgrewe, Ursula (2005), *Call Centres in Germany – Preliminary Findings from the Global Call Centre Project – Germany*. Report for the Russell Sage Foundation (April 2005), Duisburg.

Holtgrewe, Ursula/Scholten, Jessica (2005), *Call Centres in a co-ordinated economy: Flexible skill, skilled flexibility*, contribution to the NOW/SISWO Conference »ICT, the Knowledge Society and Changes in Work«. The Hague, June 9–10, 2005, Workshop 1: ICT and skill change, Duisburg.

Koch, Moritz (2006), »Zwielichtige Geschäfte am Telefon. Werbeanrufe sind verboten, dennoch nutzen viele Unternehmen die umstrittene Marketingmethode. Verbraucherschützer ratlos«, *Süddeutsche Zeitung* vom 22./23. Juni, S. 29.

Kolinko (2002), *Hotlines. Call Center Untersuchung*, http://www.nadir.initiativ/kolinko/lebuk/d_lebuk.html

Meier, Christine (1999), *Strategien zur Verbesserung der Arbeitsbedingungen in Call Centern aus gewerkschaftlicher Sicht*, Vortrag anläßlich des Pressegesprächs »Arbeit im Call Center: Arbeitsplatz der Zukunft mit Schattenseiten« der Redaktion »Computer-Fachwissen für Betriebs- und Personalräte« am 15. Juni 1999 in Frankfurt, unveröffentlichtes Manuskript.

Michalke, Friedhelm (1999), »Handlungsanleitung für Betriebs- und Personalräte«, *Gewerkschaftliche Praxis* 1–2, S. 22–46.

Mitteldeutscher Rundfunk (2007), *Tarifkonflikt. Ver.di und Telekom geben Einigung bekannt.* Meldung vom 20. Juni 2007, http://www.mdr.de/mdr-info/4608457.html

Mola, Eva/Zimmermann, Eberhard (2001), »Arbeitsorganisation im Call Center – Chancen einer menschenzentrierten Arbeitsgestaltung«, in: *Arbeitsorganisation im Call Center: Teamarbeit mit qualifizierten Beschäftigten*, Veranstaltungsdokumentation der Hans-Böckler-Stiftung, des Kooperationsbüros Multimedia und Arbeitswelt und der TBS beim DGB NRW e.V.

Pause, Christoph (2005), »Standorte im fernen Ausland können das Unternehmen stärken«, *Teletalk* 2, S. 22ff.

Profitel (2006), *Die Call Center Benchmarkstudie 2006*, Hamburg.

Scholten, Jessica/Holtgrewe, Ursula (2006), *The Global Call Centre Industry Project – Deutschland: Erste Ergebnisse der Telefonumfrage für Deutschland*, Duisburger Beiträge zur soziologischen Forschung Nr. 2/2006, Duisburg, http://soziologie.uni-duisburg.de/forschung/DuBei_2_2006.pdf

Weinkopf, Claudia (2002), »Call-centre work: specific characteristics and the challenges of work organisation«, *Transfer* 8, S. 456–466.

Weinkopf, Claudia (2006), »German Call Centres Between Service Orientation and Efficiency: ›The Polyphony of Telephony«, in: John Burgess/Julia Connell (Hg.), *Developments in the Call Centre Industry. Analysis, Changes and Challenges*, London/New York, S. 58–74.

3. Wildwestzustände in Deutschland? – Einfacharbeitsplätze in der Ernährungsindustrie

Lars Czommer

1 Einleitung

»Wildwestzustände in Deutschland« – so lautete im Januar 2005 der Titel eines *STERN*-Artikels über Arbeitsplätze in der deutschen Fleischindustrie. Das Zitat stammt vom dänischen Gewerkschaftschef Peter Bostrup, der unter Bezug auf die beiden dänischen Schlachterei-Konzerne *Tulip* und *Danish Crown*, die aus Kostengründen zahlreiche Arbeitsplätze nach Deutschland verlegt hatten, sagte: »Es herrschen Wildwestzustände in Deutschland, und sie zahlen dort Hungerlöhne.« Die größte dänische Tageszeitung *Jyllands-Posten* schrieb zum selben Thema: »Deutsche Schlachtereiarbeiter kosten ein Drittel so viel wie dänische.« Hintergrund ist vor allem, dass in Deutschland seit 2004 zunehmend osteuropäische Arbeitskräfte im Rahmen von Werkaufträgen für Dumpinglöhne in der Schlachtindustrie eingesetzt werden. Rein rechtlich gesehen wäre dies auch in Dänemark möglich, aber nach Aussage der Unternehmenssprecherin von *Danish Crown* kommt dies nicht in Frage: »Dort haben wir Tarifverträge, an die wir uns halten.« (Borchert 2005) In Deutschland hingegen werden den osteuropäischen Werkauftragnehmer/innen in deutschen Schlachtbetrieben nach Presseberichten inzwischen zum Teil nur noch 1,90 Euro pro Stunde gezahlt, was auch dazu geführt hat, dass viele Arbeitsplätze verloren gegangen sind (Lorscheid 2005; Meichsner 2007).

Obwohl solche Praktiken noch nicht die Ernährungsindustrie als Ganzes erfasst haben, wirft die Entwicklung in manchen Schlachtbetrieben ein Schlaglicht darauf, dass die Durchsetzung von Mindeststandards zur Entlohnung in Deutschland deutlich schwieriger als in anderen Ländern ist. Vor diesem Hintergrund mehren sich die Stimmen (selbst aus den Unionsparteien, die Mindestlöhnen eher kritisch gegenüber stehen), die allgemeinverbindliche Mindeststandards für die Fleischindustrie fordern, denen über eine Einbeziehung der Branche in das Arbeitnehmerentsendegesetz auch für ausländische Anbieter und Werkvertragsnehmer/innen Geltung verschafft werden könnte (Ad-hoc-News 2007). Allerdings erfüllt die Fleischindustrie eine wichtige Voraussetzung hierfür nicht: Es gibt nämlich keinen bundesweiten Flächentarifvertrag, der für allgemeinverbindlich erklärt werden könnte, und noch nicht einmal einen Arbeitgeberverband, mit dem die zuständige Gewerkschaft Nahrung-Genuss-Gaststätten einen solchen Tarifvertrag abschließen könnte. Die Fleischindustrie ist ein besonders krasses Beispiel dafür, dass das Tarifvertragssystem in Deutschland insbesondere in typischen Niedriglohnbranchen löcherig geworden ist beziehungsweise in manchen Branchen noch niemals wirklich sicherstellen konnte, dass branchenbezogene Mindeststandards flächendeckend eingehalten werden. In anderen Teilbranchen der deutschen Ernährungsindustrie wie etwa der Süßwarenindustrie ist die Situation etwas günstiger. Zwar sind auch hier niedrige Löhne keine Seltenheit, aber es gibt zumindest noch flächendeckende Tarifverträge, die Auswüchse wie in der Fleischindustrie und insbesondere in Schlachtbetrieben zu vermeiden helfen. Allerdings stehen insbesondere einfache Arbeitsplätze in beiden Teilbranchen unter erheblichem Wettbewerbs- und Kostendruck, was nicht ohne Rückwirkungen auf die Lohn- und Arbeitsbedingungen der Beschäftigten bleibt, wie im Folgenden gezeigt wird.

In Abschnitt 2 wird zunächst ein kurzer Überblick über die Branche und die Betriebsfallstudien gegeben. Im Mittelpunkt von Abschnitt 3 steht die Frage, welche Auswirkungen der hohe Wettbewerbsdruck auf die Produzenten der Fleisch- und der Süßwarenindustrie hat. Darauf aufbauend analysieren wir in Abschnitt 4, welche institutionellen Rahmen- und Entlohnungsbedingungen in den beiden Teilbranchen anzutreffen sind und wie diese sich im Zeitverlauf entwickelt haben. In Abschnitt 5 ordnen wir die von uns untersuchten Unternehmen verschiedenen Strategie-Typen zu und zeigen auf, welche internen und externen Strategien die Unternehmen einsetzen, um den Herausforderungen des Wettbewerbs zu begegnen, wobei der Fokus auf die Arbeitsbedingen der Beschäftigten in den unteren Lohngruppen der Produktion gerichtet ist (Abschnitt 6). Abschließend werden in Abschnitt 7 die Ergebnisse der Untersuchung unter der Fragestellung der zukünftigen Bedeutung von einfachen Tätigkeiten in den untersuchten Teilbranchen resümiert.

2 Die Branche und die Betriebsfallstudien

Das Ernährungsgewerbe zählt mit einem Umsatzvolumen von 133,5 Milliarden Euro und einer Beschäftigtenzahl von gut 520.000 Arbeitskräften (Ende 2005) zu den wirtschafts- und beschäftigungspolitisch wichtigsten Industriezweigen in Deutschland. Innerhalb des verarbeitenden Gewerbes rangiert das Ernährungsgewerbe hinter den Industriezweigen Chemie, Maschinenbau und Metall auf Platz vier. Die Exportquote lag 2005 bei 14,8 Prozent des Umsatzes (Gewerkschaft Nahrung-Genuss-Gaststätten 2006a). Seit Jahren unterliegt die bundesdeutsche Ernährungsindustrie einem tief greifenden strukturellen Wandel. Wie andere Branchen auch sieht sich der mittelständig strukturierte Industriezweig verstärkt mit einem steigenden Kostendruck auf Grund zunehmender internationaler Konkurrenz konfrontiert, der durch Überkapazitäten einerseits und die Folgen der jahrelangen Nachfrageschwäche in Deutschland andererseits noch verstärkt wurde. Zukünftige Absatzmärkte werden vor allem im Außenhandel mit den neuen EU-Beitrittsländern gesehen. Um neue Märkte erschließen und parallel gegen ausländische Konkurrenz bestehen zu können, kommt der zukünftigen Ausgestaltung der EU-Richtlinien im Bereich Lebensmittel-Sicherheit und für den Handel über die EU-Grenzen Fragen des Außenwirtschafts- und Zollrechts besondere Bedeutung zu. Mit Wachstumschancen wird vor allem bei der Herstellung und dem Vertrieb von Selbstbedienungsware und Fertig-Produkten, so genannten »Wellness«-Lebensmitteln und Produkten aus dem ökologischen Landbau gerechnet.

Vom Gesamtumsatz der Branche entfielen im Jahre 2005 etwa 30 Prozent auf die hier im Mittelpunkt stehenden Teilbranchen Fleisch (21 Prozent) und Süßwaren (9,2 Prozent). Nach wie vor ist die deutsche Ernährungsindustrie stark mittelständig strukturiert. 2005 beschäftigten die Teilbranchen des Ernährungsgewerbes 521.727 Personen in 5.925 Unternehmen mit einer durchschnittlichen Betriebsgröße von 88 Beschäftigten (Gewerkschaft Nahrung-Genuss-Gaststätten 2006a: 5). Rund 61 Prozent der Beschäftigten arbeiteten in kleinen und mittleren Familienbetrieben mit weniger als 250 Beschäftigten. Demgegenüber waren in Betrieben mit mehr als 500 Mitarbeiter/innen lediglich 21 Prozent aller Beschäftigten tätig, was deutlich unter dem Anteilswert des verarbeitenden Gewerbes von 40,1 Prozent lag (Statistisches Bundesamt 2005). Der Konzentrationsprozess ist bei weitem noch nicht so stark fortgeschritten wie zum Beispiel in Dänemark, den Niederlanden und den USA. Im Jahre 2004 entfielen auf die zehn größten Hersteller nur etwa 15 Prozent des Umsatzes in der gesamten Branche. Demgegenüber lag der entsprechende Wert bei den zehn größten Anbietern im Lebensmitteleinzelhandel bei etwa 85 Prozent (Dresdner Bank 2005). Mittlerweile drängen finanzstarke multinationale Konzerne verstärkt auf den deutschen Markt, so dass der Konzentrationsdruck zunimmt. Übernahmen und Fusionen konzentrieren sich bisher überwiegend auf die Teilbranchen Schlachten und Fleischverarbeitung, Milchwirtschaft und Backwarengewerbe. Die Sättigung der Märkte, das Preisdiktat des Handels und der verschärfte Wettbewerb um Teilmärkte zwingen immer mehr Unternehmen dazu, ihre Produktangebote zu optimieren und Kosten zu senken. Darüber hinaus kommt es vermehrt zu Kooperationen und Übernahmen. Neuausrichtungen der Unternehmen sind immer auch eng mit Umstrukturierungsprozessen verbunden. Insbesondere im Bereich der so genannten »einfachen« Tätigkeiten konkurrieren die Unternehmen zunehmend über eine Absenkung der Löhne oder der betrieblichen Sozialleistungen.

Die Ernährungsindustrie zählt traditionell zu den Wirtschaftszweigen, in denen relativ häufig gering qualifizierte Arbeitskräfte in den Bereichen der Produktion und Verpackung beschäftigt sind. Unsere Auswertungen haben gezeigt, dass 2003 innerhalb der gesamten Ernährungsindustrie (inklusive Tabak) rund 23 Prozent der Beschäftigten keine Berufsausbildung hatten (Gesamtwirtschaft: 16,3 Prozent). Überdurchschnittlich hohe Anteile von Beschäftigten ohne Berufsabschluss weisen die Teilbranchen Fleisch und Süßwaren auf. In den hier im Mittelpunkt stehenden »einfachen« Tätigkeiten in der Produktion und Verpackung waren rund 50 Prozent der Beschäftigten in der Fleischindustrie und im Bereich der Herstellung von Süßwaren knapp 60 Prozent ohne Berufsabschluss.

Bei einem erheblichen Teil der Arbeitsplätze handelt es sich um niedrig entlohnte Tätigkeiten. Während innerhalb der gesamten Ernährungsindustrie 36,6 Prozent der Vollzeitbeschäftigten im Jahr 2003 ein Einkommen unterhalb der Niedriglohnschwelle bezogen (Gesamtwirtschaft: 17,7 Prozent), waren es in der Fleischwirtschaft (NACE 15.13) gut 49 Prozent (Tabelle A.1). In der Produktion von Süßwaren (NACE 15.84) liegt der Anteil der Niedriglohnbeschäftigten mit knapp 29 Prozent unter dem Branchendurchschnitt, was vor allem darauf zurückzuführen sein dürfte, dass hier bereits viele niedrig bezahlte Arbeitsplätze weggefallen sind. Hohe Werte lassen sich auch bei einfachen Tätigkeiten in der Produktion und Verpackung, die hier im Mittelpunkt der Untersuchung stehen, feststellen. Demnach bezogen 36 Prozent der Beschäftigten in der Kategorie »Produktion von Fleisch und Wurstwaren« sowie 35,5 Prozent der Beschäftigten in der Kategorie »Herstellung von Zucker-, Süßwaren und Eiskrem« Einkommen unterhalb der Niedriglohnschwelle (Tabelle 7.1). Die Gründe hierfür liegen vor allem im zersplitterten Tarifsystem im Ernährungsbereich, das in einzelnen Teilbranchen wie in der Fleischwirtschaft sogar im Begriff ist sich aufzulösen. Zudem gibt es im Unterschied zu Frankreich, den Niederlanden und Großbritannien in Deutschland keinen gesetzlichen Mindestlohn (vergleiche Kapitel 1 und 7), so dass der Kostenwettbewerb der Unternehmen nicht durch eine verbindliche Lohnuntergrenze begrenzt wird.

Welche Strategien und Maßnahmen setzen Unternehmen der Ernährungsindustrie dem anhaltenden strukturellen Wandel entgegen? Und welche Auswirkungen hat dies auf die Arbeits- und Entlohnungsbedingungen von Beschäftigten, die eher einfache Tätigkeiten in der Produktion und Verpackung ausüben? Diese Fragen standen im Mittelpunkt unserer Untersuchung, die sich auf die Ergebnisse von Betriebsfallstudien stützt, die in Unternehmen der Süßwarenindustrie und der verarbeitenden Fleischwarenindustrie (ohne Schlachtung) durchgeführt wurden. Die Teilbranchen wurden ausgewählt, da sie sich hinsichtlich des jeweiligen Grads an Konzentration, Einsatz technologischer Innovationen, institutionellen Rahmenbedingungen sowie der Entlohnungs- und Arbeitsbedingungen der Beschäftigten voneinander unterscheiden.

Kasten 1: Betriebsfallstudien und Vorgehensweise

Im Mittelpunkt der Untersuchung standen »einfache« Tätigkeiten in der Produktion und Verpackung in zwei Teilbranchen der Ernährungsindustrie. Unternehmen für eine Beteiligung an unserer Studie zu gewinnen, war in der Ernährungsindustrie besonders schwierig, weil vor allem die Fleischbranche durch die »Gammelfleisch-Skandale« und Presseberichte über den Einsatz von osteuropäischen Werkvertragsnehmer/innen zum Zeitpunkt unserer Untersuchung in der Kritik stand. Insgesamt konnten Fallstudien in sieben Betrieben durchgeführt werden – vier in der Fleisch- und drei in der Süßwarenindustrie. Es handelte sich dabei um fünf Produzenten von Massenware und zwei Nischenanbieter. Alle hatten ihren Standort in Westdeutschland.[1] Vier der untersuchten Be-

1 Dies liegt daran, dass es nur wenige Betriebe aus den untersuchten Teilbranchen in Ostdeutschland gibt, aber auch an besonderen Zugangsproblemen in Ostdeutschland.

triebe sind Teil internationaler Konzerne, die über Niederlassungen in mehreren Ländern verfügen. Im Vergleich zur durchschnittlichen Betriebsgröße in der deutschen Ernährungsindustrie sind größere Unternehmen in unserem Sample überrepräsentiert. Mit einer Ausnahme (60 Beschäftigte) lag die Beschäftigtenzahl der untersuchten Betriebe zwischen 270 und mehr als 1.000 Personen.

In fünf der sieben Betriebe konnten Interviews auf mehreren Ebenen geführt werden: zum Beispiel Management, Personalverantwortliche, Produktionsleitung und Betriebsrat. Zusätzliche Interviews mit Beschäftigten waren in drei Betrieben möglich. In den zwei anderen Unternehmen waren demgegenüber nur Interviews mit den zuständigen Betriebsräten möglich. Darüber hinaus fanden Kontextgespräche mit Vertreter/-innen von Gewerkschaften, Fachverbänden und Bildungseinrichtungen statt.

3 Preisdruck und Wettbewerb

Die Teilbranchen Fleisch- und Süßwaren sind erheblichen strukturellen Veränderungen ausgesetzt. Bedingt dadurch, dass der Konzentrationsprozess im Lebensmitteleinzelhandel (vergleiche Kapitel 6) weitaus schneller voranschreitet als in der Lebensmittelindustrie, hat sich in den letzten Jahren auch das Verhältnis von Angebot und Nachfrage zwischen dem Handel und der Ernährungsindustrie geändert, wobei die Wirtschaftsbeziehungen maßgeblich durch die wachsende Nachfragemacht der Discounter bestimmt werden. Um dem Preisdruck des Lebensmitteleinzelhandels zu begegnen und um bei den gestiegenen Wettbewerbsanforderungen Schritt halten zu können, haben einige der in Deutschland ansässigen Produktionsunternehmen verbesserte Produktionstechnologien sowie aufwändige Sicherheits- und Zertifizierungsverfahren eingeführt. Durch die EU-Osterweiterung im Mai 2004 und die damit einhergehende Aufhebung bestehender Zollbestimmungen besteht darüber hinaus die Möglichkeit, preisgünstige Roh- und Fertigwaren aus den neuen Mitgliedsstaaten zu importieren, Tochterunternehmen in diesen Ländern zu gründen und Teile der Produktion auszulagern beziehungsweise Werkvertragsnehmer/innen aus Osteuropa in Deutschland zu beschäftigen.

Investitionen in neue Technologien sowie die Erschließung neuer Märkte können allerdings nur von finanziell starken Unternehmen getätigt werden. Der Großteil der im Bereich der untersuchten Teilbranchen tätigen kleinen und mittleren Unternehmen verfügt aber nicht über genügend Eigenkapital, um solche Investitionen vornehmen zu können. In diesem Kontext ist analog der Entwicklung in den USA (Lane u.a. 2003) und anderen Ländern mit weiteren Fusionen und Betriebsübergängen zu rechnen. Ergebnissen einer Studie des Bundesverbandes der Deutschen Ernährungsindustrie e.V. zufolge planten 22 Prozent der 400 größten bundesdeutschen Unternehmen der Ernährungsindustrie im Jahr 2003 »sicher« und weitere 41 Prozent »vielleicht« Zusammenschlüsse oder Fusionen mit anderen Unternehmen (Eichner Lisboa 2003). Bei wachsender Marktdominanz durch multinationale Konzerne ist zu erwarten, dass der Ausbau vollautomatischer Zerlege- und Verpackungsautomaten weiter zunimmt, was letztlich zu einer deutlichen Reduzierung oder sogar zum Wegfall einfacher Tätigkeiten innerhalb der Produktion der Fleisch- und Süßwarenindustrie führen wird.

Ende 2005 arbeiteten in der Süßwarenindustrie im engeren Sinne (ohne Herstellung von Speiseeis und Dauerbackwaren) 31.688 Beschäftigte. Gegenüber 1995 war die Beschäftigtenzahl damit um fast 11,6 Prozent gesunken, während der Umsatz im selben Zeitraum um mehr als 13,3 Prozent gestiegen war (von 7,732 Milliarden Euro auf 8,762 Milliarden Euro). Gegenüber 2004 war demgegenüber ein Umsatzrückgang um 2,8 Prozent zu verzeichnen. 10,9 Prozent des gesamten Umsatzes entfielen auf Personalkosten (Gewerkschaft Nahrung-Genuss-Gaststätten 2006b). Durch Überkapazitäten und den Einstieg großer multinationaler Konzerne ist der Innovationsdruck auf die Unternehmen so hoch wie in keinem anderen Zweig der Ernährungsindustrie. Dies gilt besonders für Markenartikel im Premium-Segment. Im Jahr 2004 konnten hohe Zuwächse beim Absatz solcher hochwertiger Produkte erwirtschaftet werden, während der Absatz im Niedrigpreissegment stagnierte (Gewerkschaft Nahrung-Genuss-Gaststätten 2006b: 4). Vorstöße von Seiten der Hersteller, die steigenden Kosten für Rohstoffe (wie etwa Kakao und Zucker) und Verpackung (Rohölpreise) unmittelbar über den Preis an die Endverbraucher/innen weiterzugeben, schlugen fehl. Die Kund/innen haben sich zu sehr an niedrige Preise bei Discountware gewöhnt. In diesem Kontext versuchen immer mehr Vertreiber von Handelsmarken den Preisdruck auf die Hersteller zu erhöhen.

Neben der breiten Angebotspalette großer multinationaler Konzerne ist es kleineren Anbietern teilweise gelungen, Nischen aufzuspüren und eigene Hersteller- beziehungsweise Handelsmarken auf dem Markt zu etablieren. Nischensegmente konzentrieren sich im Wesentlichen auf die Schokoladenproduktion, wobei die Herstellung der Ware zum Teil über kleinere – halbmanuell ausgerichtete – Betriebe erfolgt. Marktchancen bieten zum Beispiel hochwertige Markenartikel unter Verwendung erlesener Zusatzstoffe aus Bio- oder »fair gehandelter« Rohware. Ob sich die deutschen Unternehmen der Süßwarenindustrie im internationalen Wettbewerb weiterhin erfolgreich behaupten können, hängt auch von der künftigen Ausgestaltung der rechtlichen, politischen und wirtschaftlichen Rahmenbedingungen ab. Derzeit werden auf Ebene der Europäischen Union Gesetzentwürfe zur Beschränkung der Werbung für nährwert- und gesundheitsbezogene Informationen hinsichtlich der Anreicherung von Lebensmitteln (zum Beispiel mit Vitaminen) diskutiert, was bei deutschen Unternehmen zu Anpassungen und eventuell sogar zu Beschränkungen der bisherigen Angebote führen könnte. Begrüßt werden von den deutschen Unternehmen demgegenüber die Entwürfe der EU-Kommission zur Reform der EU-Zuckermarktordnung, da bei einer Absenkung der EU-Zuckerpreise höhere Exportquoten zu erwarten sind (Bundesverband der Deutschen Süßwarenindustrie 2004).

In der deutschen Fleischverarbeitung arbeiteten – einschließlich der Schlachtindustrie – Ende 2005 107.456 Beschäftigte. Ein Vergleich mit der Beschäftigtenzahl 1995 ist aufgrund von Veränderungen in der Statistik nicht möglich. Gegenüber 2003 ist die Beschäftigung jedoch leicht gestiegen (um 1,4 Prozent), während der Umsatz im selben Zeitraum um 19,6 Prozent wuchs. Inzwischen liegt der Anteil der Personalkosten in der Fleischbranche bei nur noch 8,5 Prozent und damit noch niedriger als in der Süßwarenindustrie und im gesamten Ernährungsgewerbe (10,3 Prozent) (Gewerkschaft Nahrung-Genuss-Gaststätten 2006c). In den letzten Jahren neigen die Verbraucher/innen verstärkt dazu, Selbstbedienungs-Waren zu konsumieren. Der Großteil der verkauften Selbstbedienungs-Ware wird über Discounter vertrieben (40 Prozent der vorverpackten Wurst- und Fleischware), die wiederum deren Vertrieb dazu nutzen, ihre Marktmacht auszubauen, wodurch der traditionelle Fleischfachhandel immer weiter zurück gedrängt wird. Der Druck, der durch Discounter auf die Fleischwirtschaft ausgeübt wird, ist enorm. Wer als Produzent bei dem anhaltenden Preiskrieg mithalten will, muss ständig nach neuen Wegen suchen, um die Kosten weiter zu reduzieren. Der globale Kampf um Marktanteile innerhalb der Fleischwirtschaft hat zur Auslagerung ganzer Produktionsbereiche und zum Einsatz osteuropäischer Werkvertragsnehmer/innen zu Dumpinglöhnen vor allem in der Schlachtung geführt. Aufgrund des starken Wettbewerbs um Teilmärkte drängen vor allem internationale Gruppen und Konzerne auf den Markt und versuchen, ihre Marktmacht durch Übernahmen zu sichern. So hat sich zum Beispiel die niederländische *Bestmeat Company BV* (seit 2005 Teil des *Vion*-Konzerns) als Mehrheitseigner bei den deutschen Unternehmen *Moksel* und *Nordfleisch* eingekauft. Ähnliche Tendenzen lassen sich auch bei dem dänischen Großunternehmen *Danish Crown* durch den Kauf der *Oldenburger Fleischwarenfabrik* beobachten. Eine Beratungsgesellschaft prognostizierte vor einigen Jahren, dass die europäische Fleischwirtschaft sich zunehmend konzentrieren wird und dass 2008 maximal noch fünf »*Global Player*« das Marktgeschehen bestimmen werden (Gewerkschaft Nahrung-Genuss-Gaststätten 2006c). Es ist davon auszugehen, dass die deutschen Unternehmen der Fleischwirtschaft angesichts dieser Entwicklungen nur die Wahl haben, sich durch Fusionen oder Kooperationen zu stärken oder aber in Marktnischen ausweichen müssen. Ein ähnliches Bild zeichnet sich auch innerhalb der Süßwarenbranche ab.

Für beide Teilbereiche gilt, dass gerade kleine und mittelständige Unternehmen den Herausforderungen des hohen Wettbewerbs kaum noch gewachsen sind. Zwar können sie flexibel auf veränderte Konsumentenwünsche reagieren, aber sie verfügen meist nicht über ausreichend finanzielle Mittel, um ihre Produkte und Eigenmarken international zu vermarkten und parallel in neue Produktionsverfahren zu investieren. Eine Chance, auch zukünftig am Markt zu bestehen, haben kleinere Unternehmen nur dann, wenn es ihnen gelingt, spezifische Nischensegmente zu besetzen, die für Großanbieter uninteressant sind. Nischen lassen sich aufgrund immer wieder auftretender Lebensmittelskandale bei der Herstellung und Vermarktung von Regional- sowie Ökoprodukten erkennen, die inzwischen bei allen großen Discountern angeboten werden. Darüber hinaus gilt der Geflügelbereich nach wie vor als Produktions-Nische, in dem gute Umsätze mit der Herstellung von Fertigprodukten erzielt werden können. Die Gewerkschaft Nahrung-Genuss-Gaststätten erwartet, dass die Mehrzahl der kleinen und mittleren Unternehmen langfristig vom Markt verschwindet, während sich vor allem große internationale Unternehmen durchsetzen werden.

4 Industrielle Beziehungen

Interessenparteien sind die Gewerkschaft Nahrung-Genuss-Gaststätten auf der einen sowie die Landes- und Branchenverbände der Arbeitgebervereinigung Nahrung und Genuss auf der anderen Seite. Aufgabe der Arbeitgebervereinigung ist es, zentrale sozial- und tarifpolitische Fragestellungen mit der Gewerkschaft zu erörtern und zu koordinieren. Im Gegensatz zu ihren neun regionalen und fünf fachlich organisierten Mitgliedsverbänden ist die Arbeitgebervereinigung Nahrung und Genuss jedoch selbst kein direkter Tarifpartner der Gewerkschaft. Tarifverhandlungen sind in einigen Teilbranchen besonders kompliziert, weil oftmals auf Ebene der Länder keine Arbeitgeberverbände vorhanden sind, mit denen Flächentarifverträge ausgehandelt werden können (Gewerkschaft Nahrung-Genuss-Gaststätten 2003). Kein anderer Wirtschaftszweig weist eine solch differenzierte Tariflandschaft auf wie das Ernährungsgewerbe. Im tarifpolitischen Zuständigkeitsbereich der Gewerkschaft Nahrung-Genuss-Gaststätten galten im Jahre 2001 insgesamt 2.426 Tarifverträge, wovon 65 Prozent auf Firmen- beziehungsweise Ortsebene abgeschlossen wurden. Demgegenüber waren lediglich 704 Tarifverträge auf Ebene der Länder sowie 140 auf Ebene des Bundes abgeschlossen worden (Deutscher Bundestag 2005: 53). Die Allgemeinverbindlichkeit von Tarifverträgen hat innerhalb der Branche nahezu keine Bedeutung. Im Jahre 2002 wurden lediglich 19 Tarifverträge für allgemeinverbindlich erklärt.[2]

2 Dass so wenige Tarifverträge in der Ernährungsindustrie für allgemeinverbindlich erklärt wurden, liegt an der geringen Mitgliedszahl der Arbeitgeberverbände. Da eine nicht unerhebliche Anzahl der Unternehmen keinem tarifabschließenden Arbeitgeberverband angehört (zum Beispiel Fleischwarenindustrie), liegt die Tarifbindung in den meisten Teilbranchen deutlich unter 50 Prozent der Beschäftigten. Diese Größe muss aber erreicht werden, um einen Tarifvertrag für allgemeinverbindlich erklären zu können. Die Allgemeinverbindlichkeit der 19 Tarifverträge konzentriert sich auf die Teilbranchen: Bäckereihandwerk, Brotindustrie sowie Hotel- und Gaststättengewerbe.

4.1 Tarifpolitik in der Süßwarenindustrie – ein Spiegelbild des deutschen Modells

Für den Bereich der deutschen Süßwarenindustrie[3] besteht bereits seit langem eine flächendeckende Tarifstruktur, die weitgehend mit anderen Branchen des produzierenden Gewerbes vergleichbar ist (vergleiche Kapitel 1). Schon Anfang des 20. Jahrhunderts wies der Bereich der Schokoladen-Herstellung mit durchschnittlich 96 Beschäftigten die mit Abstand höchste Betriebsgröße innerhalb der Ernährungsindustrie auf. Der Absatzmarkt für Kakaoprodukte entwickelte sich rasant, so dass die ersten Pioniere der industriellen Fertigung von Süßwaren zielstrebig dazu übergingen, in neue Technologie zu investieren, wodurch die Branche schnell zu einem technologisch fortschrittlichen Industriezweig heranwuchs. Die Technisierung der Unternehmen hatte zur Folge, dass handwerkliche Tätigkeiten in der Produktion von Kakao-Rohmasse sukzessive durch Maschinen ersetzt wurden, gleichzeitig aber der Bedarf an einfachen Tätigkeiten für die Sortierung und Verpackung der Massenware zunahm (Ellerbrock 1993: 315f). Die Gewerkschaften erkannten recht früh, dass die industrielle Massenproduktion von Schokolade unweigerlich zu Neustrukturierungen der Belegschaften führen und fortan einige wenige Handwerker/innen (Konfektionierung, Fein-Bäckerei etc.) einer großen Anzahl weniger qualifizierter Industriearbeiter/innen gegenüberstehen würden. Ziel der zuständigen Gewerkschaft war und ist es, sowohl die Interessen der Handwerker/innen als auch die der Industriearbeitskräfte gegenüber den Unternehmern zu vertreten, wobei sich die gewerkschaftliche Organisation der Handwerker/innen jedoch als schwierig erwies. Dennoch ist es im Laufe der Jahre gelungen, die unterschiedlichen Interessenlagen zu bündeln und mit dem Bundesverband der deutschen Süßwarenindustrie flächendeckende Tarifverträge auszuhandeln. Für den Geltungsbereich der bundesdeutschen Süßwarenindustrie bestehen ein Tarifvertrag, in welchem die jeweiligen Arbeitsbedingungen geregelt sind (Manteltarifvertrag Ost/West) sowie diverse regionale Entgelttarifverträge (Ebene der NGG-Landesbezirke), die zwischen der Gewerkschaft Nahrung-Genuss-Gaststätten und dem Fachverband abgeschlossen worden sind. Darüber hinaus gibt es weitere tarifli-

3 Die tarifliche Struktur der Süßwarenindustrie umfasst Produktionsbetriebe, die folgende Waren herstellen: Schokolade, Zuckerwaren, Dauerbackwaren, Eiskrem, Knabberartikel and Rohmaterial.

che Vereinbarungen zum Beispiel zur Altersteilzeit und zu vermögenswirksamen Leistungen.

Die tarifliche Entlohnung der untersten Lohngruppen für An- und Ungelernte in der Produktion und Endverpackung liegt je nach Region und Altersklasse zwischen 8,40 und 8,90 Euro pro Stunde, was bezogen auf den westdeutschen Medianlohn zwischen 54 und 57 Prozent und damit deutlich unterhalb der Niedriglohnschwelle liegt. Darüber hinaus werden im Manteltarifvertrag (West) die wöchentliche Arbeitszeit (38 Stunden), Zuschläge für Mehrarbeit (25 bis 40 Prozent), Sonn- (60 Prozent) und Feiertagsarbeit (125 bis 150 Prozent) und Wechselschichten (5 Prozent) sowie Weihnachts- (100 Prozent des tariflichen Bruttomonatsentgeltes) und Urlaubsgeld (13,80 Euro für jeden tariflichen Urlaubstag) geregelt.

Was die effektiv gezahlten Brutto-Entgeltbedingungen für Vollzeitbeschäftigte im Süßwarenbereich anbelangt, zeigen unsere Berechnungen für Westdeutschland, dass sich der Anteil von Niedriglohnbezieher/innen in den betreffenden Tätigkeiten der Produktion und Verpackung zwischen 1980 und 1995 von 59 Prozent auf 39 Prozent verringert hat.[4] Dieser Wert blieb bis 1999 weitgehend konstant, ist dann aber bis 2003 leicht auf 40,2 Prozent angestiegen (Tabelle 1.8). Da in Ostdeutschland der Anteil der Niedriglohnbeschäftigten geringer ist, liegt der Niedriglohnanteil für Gesamtdeutschland mit 35,5 Prozent etwas niedriger (Tabelle 7.1). In den untersuchten Tätigkeiten lag der Anteil der Niedriglöhne sogar zwischen 37 Prozent und über 44 Prozent (Tabelle A.2). Insgesamt ist also festzustellen, dass ein nicht unerheblicher Teil der Beschäftigten in der Süßwarenindustrie für Niedriglöhne arbeitet. Wenn es den Interessenparteien nicht gelungen wäre, flächendeckende Tarifstrukturen aufzubauen und zu erhalten, lägen die Niedriglohnanteile aber vermutlich noch viel höher.

Im Vergleich zur Fleischindustrie kann die Tarifsituation im Bereich Süßwaren noch als weitgehend gefestigt bezeichnet werden, was im Wesentlichen darauf zurück zu führen ist, dass der Tarif verhandelnde Fachverband (der Bundesverband der Deutschen Süßwarenindustrie e.V.) den Großteil der Arbeitgeber unter seinem Dach vereint und deren Interessen vertritt. Mit einem gewerkschaftlichen Organisationsgrad von etwa 30 Prozent verfügt die Gewerkschaft Nahrung-Genuss-Gaststätten – in Kooperation mit den Betriebsräten – über ein nicht unerhebliches Mitsprache-

---

4 Langzeit-Berechnungen für den Zeitraum 1980 bis 2003 können nur für Westdeutschland durchgeführt werden, da für die Zeit vor 1992 keine vergleichbaren Daten für Ostdeutschland vorliegen.

recht in den Betrieben. Dennoch wächst der Druck, Null-Runden oder Kürzungen bei den Entgelten hinzunehmen. Die Tarifverhandlungen haben in den letzten Jahren zunehmend an Härte gewonnen. Zwar ist es der Gewerkschaft bei den Tarifverhandlungen im Jahre 2005 für den Bereich Süßwaren gelungen, Entgelterhöhungen um linear 1,8 Prozent durchzusetzen und die Forderung der Arbeitgeber nach mehrjährigen Abschlüssen mit Einmalzahlungen (also ohne prozentuale Lohnerhöhungen) und Einstiegslöhnen von 80 Prozent bei Neueinstellungen abzuwehren. Von Seiten der Arbeitgeber wird aber weiterhin gefordert, die Arbeitszeit ohne Lohnausgleich zu verlängern und das Urlaubs- und Weihnachtsgeld zu kürzen. Einige Arbeitgeber drohen sogar mit dem Austritt aus dem Arbeitgeberverband, wenn ihre Forderungen nicht erfüllt werden. Ob es hier bei reinen Drohgebärden bleibt oder künftig verstärkt zu Austritten kommen wird, bleibt abzuwarten. Schon jetzt ist zu beobachten, dass im Ernährungsgewerbe Mitgliedschaften ohne Tarifbindung (so genannte »OT-Mitgliedschaften«) in den letzten Jahren zugenommen haben.

Losgelöst von den bestehenden Tarifverträgen und um der Forderung der Unternehmen bei der Ausgestaltung der betrieblichen Arbeitszeitregelungen einen größeren Spielraum einräumen zu können, haben sich die Gewerkschaft Nahrung-Genuss-Gaststätten und die Arbeitgebervereinigung Nahrung und Genuss auf gemeinsame Empfehlungen für mehr »Flexibilität« verständigt. Seit April 2004 besteht zum Beispiel die Möglichkeit, Regelungen zur tariflichen Arbeitszeit durch firmenbezogene Tarifverträge zu ändern. Darüber hinaus können durch so genannte Härtefallregelungen wirtschaftlich in Bedrängnis geratene Betriebe tarifliche Leistungen reduzieren, wenn dadurch Arbeitsplätze gesichert und die Wettbewerbsfähigkeit der Unternehmen gesteigert wird (Arbeitgebervereinigung Nahrung und Genuss/Gewerkschaft Nahrung-Genuss-Gaststätten 2004). Von dieser Möglichkeit wurde aber bisher kaum Gebrauch gemacht.

4.2 Die tarifpolitische Grauzone der Fleischwirtschaft

Ein völlig anderes Bild zeigt die Tarifstruktur innerhalb der Fleischwirtschaft, die als eine tarifpolitische »Grauzone« im deutschen Modell industrieller Beziehungen bezeichnet werden kann. Der Gewerkschaft Nahrung-Genuss-Gaststätten ist es bisher nicht gelungen, bundesweite Flächentarifverträge für die Fleischwarenindustrie und für die Schlachthöfe durchzusetzen. Regionale Tarifvereinbarungen existieren nur in den Bundesländern Bayern und Hessen (Deutscher Bundestag 2005: 53). Aber auch diese Tarifvereinbarungen müssen hinsichtlich ihrer Reichweite in der Fläche kritisch hinterfragt werden, da einige der beschäftigungsintensiven Betriebe nicht an den Flächentarif, sondern an Haustarife[5] gebunden sind. In den anderen Bundesländern gibt es demgegenüber entweder überhaupt keinen Tarifvertrag oder ausschließlich Haus- beziehungsweise Konzerntarifverträge. Eine der Ursachen der geringen Tarifbindung ist sicherlich in der mittelständischen Struktur der Branche zu suchen.

Im Vergleich zur Süßwarenindustrie hat die industrielle Fertigung von Fleischerzeugnissen vergleichsweise spät eingesetzt. Um 1900 erfolgte die Fleisch-Verarbeitung noch weitgehend in handwerklicher Fertigung (Berufsbild des Fleischers). Die industrielle weiterverarbeitende Produktion von Fleisch setzte verstärkt erst nach Ende des zweiten Weltkriegs ein und diente in erster Linie dazu, die Bevölkerung mit Grundnahrungsmitteln zu versorgen. Mit dem wirtschaftlichen Aufschwung der fünfziger Jahre änderten sich jedoch bei einem Großteil der Bevölkerung die Essgewohnheiten. Stellte der Fleischkonsum bis zum damaligen Zeitpunkt noch eine Besonderheit dar, dessen Verzehr höchstens einmal pro Woche auf dem Speiseplan stand, so stieg mit zunehmender Kaufkraft das Bedürfnis, Wurst und Fleisch nahezu täglich zu konsumieren. Dies führte dazu, dass zunächst einige wenige kleinere und mittlere Unternehmen der Fleischbranche in der Fließbandproduktion von Fleischartikeln eine Marktlücke entdeckten und dazu übergingen, Manufakturen zur Massenproduktion von Koch- und Räucherfleischware aufzubauen. Im Vergleich zur »älteren« Süßwarenindustrie war der Markt noch weitgehend unstrukturiert, die Konkurrenz der Unternehmen mit identischen oder ähnlichen Produkten jedoch rasch sehr hoch.

Die Unternehmen sahen sich vor allem als Konkurrenten. In dieser Atmosphäre des gegenseitigen Misstrauens verfolgte jeder Unternehmer einzig und allein die Prämisse, die eigene Gewinnspanne zu maximieren, was der Bündelung gemeinsamer Interessen in tarifpolitischen Fachver-

5 Die Tarifbindung innerhalb eines Haustarifvertrags kann auf unterschiedliche Art und Weise gesichert werden: Entweder in Form eines Anerkennungstarifvertrages, in dem die tariflichen Bedingungen eines Flächentarifvertrages unverändert oder mit Abweichungen übernommen werden. Oder in Form eines eigenen Tarifvertrages, in dem alle normalerweise in einem Flächentarifvertrag geregelten Arbeitsbedingungen speziell für das vertragsschließende Unternehmen vereinbart werden (Industriegewerkschaft Metall 2006: 4).

bänden entgegen lief. Demzufolge bestand auf Seiten der Unternehmer ein vergleichsweise geringes Interesse an einheitlichen Tarifverträgen. Ziel war vielmehr, flexibel auf die jeweilige wirtschaftliche Situation des Unternehmens zugeschnittene Entlohnungsbedingungen zu schaffen. Aufgrund der ablehnenden Haltung der Arbeitgeber hatte es die Gewerkschaft im Bereich der Fleischverarbeitung immer schon schwer, flächendeckende Tarifstrukturen aufzubauen und Mitglieder zu organisieren. Obwohl es in den Folgejahren gelang, zumindest einige Flächentarifverträge auszuhandeln (zum Beispiel in Nordrhein-Westfalen), spitzte sich das Misstrauen der Produzenten untereinander so zu, dass eine Bündelung gemeinsamer Interessen nicht mehr möglich war. Seit Ende der siebziger Jahre fühlt sich der Großteil der Fleisch-Fachverbände nicht mehr für die Durchführung von Tarifverhandlungen zuständig.[6]

Wenn heute Tarifverträge innerhalb der Fleischwarenindustrie bestehen, dann handelt es sich überwiegend um Haus- beziehungsweise Konzerntarifverträge. Nach Angaben der Gewerkschaft gibt es in dieser Teilbranche bundesweit 136 unterschiedliche Tarifverträge (Endling 2007) – davon die weit überwiegende Mehrheit (fast 90 Prozent) Haustarifverträge. Einer aktuellen Studie zufolge lag der durchschnittliche Stundenlohn in der deutschen Fleischindustrie im Jahre 2005 bei 13,40 Euro (Maack 2007; Beile u.a. 2007) und damit deutlich unter dem Medianlohn für 2003 (14,94 Euro – vergleiche Tabelle 1.1). Unsere Fallstudien haben gezeigt, dass die tarifliche Entlohnung in den untersten Lohngruppen innerhalb der Produktion und Verpackung mit Stundenlöhnen zwischen 6,98 und 9,83 Euro (44,7 bis 63 Prozent des westdeutschen Medianlohns) breit gefächert ist, aber durchgängig unterhalb der Niedriglohnschwelle liegt. Darüber hinaus haben die Beschäftigten – je nach Ausgestaltung des jeweiligen Haus- beziehungsweise Konzerntarifvertrags – teilweise Anspruch auf Prämienleistungen (zum Beispiel Gruppenprämien oder Umsatzbeteiligungen) und Jahressonderzahlungen wie etwa Weihnachts- und Urlaubsgeld.

Am Beispiel eines Nischenanbieters, bei dem wir im Rahmen unserer Untersuchung eine Fallstudie durchgeführt haben, lässt sich verdeutlichen, wie groß der Gestaltungsspielraum in Haus-Tarifverträgen ist. Um betriebsbedingte Kündigungen zu vermeiden, unterzeichnete hier die Ge-

6 Ausgenommen sind hier die Bundesländer Bayern und Hessen mit landesweiten Mantel- und Entgelttarifverträgen. Darüber hinaus wirken zum Beispiel in Nordrhein-Westfalen noch einige Regelungen eines Manteltarifvertrags von 1994 nach, da dieser von Seiten der Interessenparteien nie offiziell aufgekündigt wurde.

werkschaft einen Tarifvertrag, der für alle Neueinstellungen Stundenlöhne vorsieht, die bei den unteren Lohngruppen um etwa 1 Euro unter den Stundenlöhnen der alten Stammbelegschaft liegen, für die ein Bestandschutz ausgehandelt werden konnte. In einem anderen Unternehmen wurden die Gestaltungspielräume hingegen zugunsten der Beschäftigten genutzt. Hier wurden so genannte »Zwischenlohngruppen« eingeführt, die die Entlohnung im Vergleich zum üblichen Tarifniveau anhoben und dazu beitragen sollen, Beschäftigten auf multifunktionalen Arbeitsplätzen den internen Aufstieg zu erleichtern.

Verlässliche Angaben darüber, welche Lohn- und Arbeitsbedingungen für Beschäftigte in Unternehmen der Fleischindustrie gelten, die nicht tariflich gebunden sind, liegen nicht vor, da Betriebe ohne Tarifbindung eine unerforschte Grauzone darstellen. In unserer Branchenstudie war nur ein Unternehmen vertreten, das nicht tariflich gebunden ist. Es handelt sich dabei um einen Nischenanbieter, der mit einem Stundenlohn von 8,60 Euro jedoch vergleichbare Bedingungen bot wie die anderen Unternehmen. Nach Einschätzung der Gewerkschaft ist davon auszugehen, dass in Betrieben ohne Tarifbindung Sonderzahlungen eher die Ausnahme sind und die Stundenlöhne in den untersten Lohngruppen bei höchstens 6 bis 8 Euro liegen (etwa 38 bis 51 Prozent des westdeutschen Medians). In Ostdeutschland dürften die Löhne noch deutlich niedriger sein. Diese Annahme wird gestützt durch die Ergebnisse unserer statistischen Analysen: Im Jahre 2003 verdienten über 40 Prozent der ostdeutschen Vollzeitbeschäftigten in der Fleischverarbeitung weniger als 7,84 Euro (ostdeutsche Niedriglohnschwelle). Einer anderen Studie zufolge lag der durchschnittliche Stundenlohn in der ostdeutschen Fleischindustrie im Jahre 2004 bei nur 9,31 Euro (Beile u.a. 2007).

Nach unseren Berechnungen ist der Anteil von Niedriglohnbezieher/innen in der Fleischverarbeitung in Westdeutschland zwischen 1980 und 2003 kontinuierlich gestiegen. Bezogen 1980 noch rund 22,5 Prozent der Vollzeitbeschäftigten in der Fleischverarbeitung Niedriglöhne, waren es im Jahre 2003 bereits fast 35 Prozent (Tabelle 1.8). In Ostdeutschland ist der Anteil der Niedriglöhne allein zwischen 1999 und 2003 von 33,5 Prozent auf 40,4 Prozent gestiegen. Bezogen auf Gesamtdeutschland lag der Niedriglohnanteil in der Fleisch- und Wurstwarenherstellung 2003 bei 36 Prozent (Tabelle 7.1). In einigen Tätigkeiten liegt dieser Anteil noch deutlich höher – zum Beispiel beim Schlachten von Geflügel, wo fast zwei Drittel der Vollzeitbeschäftigten Löhne unterhalb der Niedriglohnschwelle erhalten (Tabelle A.2). Zunehmend verbreiten sich in der Fleischindustrie Praktiken, die oftmals an der Grenze zur Legalität liegen. Die Spitze des Eisberges wurde durch den zunehmenden Einsatz osteuropäischer Arbeitskräfte zu Dumpinglöhnen zwischen 1,90 und 5 Euro in deutschen Schlachtbetrieben sichtbar (vergleiche Kasten 2). Um solches Lohndumping zu unterbinden, fordert die Gewerkschaft Nahrung-Genuss-Gaststätten die Ausweitung des Arbeitnehmerentsendegesetzes auf die Fleischbranche, was dazu führen würde, dass auch Werkvertragsnehmer/innen aus dem Ausland Anspruch auf die in Deutschland geltende Vergütung hätten. Allerdings würde dies voraussetzen, dass zunächst flächendeckende Tarifverträge abgeschlossen werden müssten, wovon die Verhältnisse in der Branche weit entfernt sind. Vor diesem Hintergrund hat die Gewerkschaft zusammen mit der Dienstleistungsgewerkschaft ver.di Anfang 2006 eine große Kampagne zur Einführung eines gesetzlichen Mindestlohns gestartet, der sich inzwischen auch die anderen Gewerkschaften des Deutschen Gewerkschaftsbundes angeschlossen haben. Die geforderten 7,50 Euro pro Stunde würden vor allem bei Beschäftigten in Betrieben ohne Tarifvertrag, aber auch in einigen tarifgebundenen Betrieben zu teils deutlichen Einkommensverbesserungen führen.

5 Unternehmensstrategien

Wie bereits angesprochen ist die Struktur der Unternehmen in der Fleisch- und Süßwarenindustrie im Gegensatz zu Nachbarländern wie Dänemark und den Niederlanden traditionell weitgehend mittelständig ausgerichtet. Mit derzeit über 1.300 Unternehmen im Bereich Schlachten und Fleischverarbeitung sowie 250 Unternehmen im Bereich der Herstellung von Süß- und Dauerbackwaren sind beide Teilbranchen noch stark zersplittert. Vieles deutet darauf hin, dass die Konzentration in beiden Teilbranchen in absehbarer Zeit durch Zusammenschlüsse und Übernahmen von Unternehmen durch global agierende Konzerne zunehmen wird. Im Vordergrund der Interviews, die wir im Rahmen unserer Untersuchung in sieben Betrieben geführt haben, stand somit die Frage, wie die Unternehmen auf den hohen Wettbewerbsdruck reagieren, welche Strategien sie entwickeln und welche Auswirkungen die Umsetzung der Konzepte auf die Arbeits- und Entlohnungsbedingungen der Beschäftigten hat.

Grob verallgemeinert lassen sich die untersuchten Unternehmen zwei Grundtypen zuordnen. Hierbei handelt es sich zum einen um traditionell ausgerichtete Familienunternehmen mit überwiegend halbautomatischer Produktion, bei denen Investitionen in neue Technologien und Qualifikationen der Beschäftigten eher eine Seltenheit darstellen (Typ 1: Kostensenkung). Bei dem zweiten Unternehmenstyp handelt es sich demgegenüber um größere, teils von finanzstarken international agierenden Konzernen übernommene Unternehmen, die bemüht sind, den Herausforderungen des anhaltenden Wettbewerbs über ein Höchstmaß an Produktqualität zu begegnen. Dies geht in vielen Fällen mit Investitionen in neue Technologien, Neustrukturierung der Arbeitsprozesse und oft auch mit verstärkter Qualifizierung und Weiterbildung der Beschäftigten einher (Typ 2: Innovation).

5.1 Kostensenkung als Überlebensstrategie

Der erste Typ steht für den Großteil der kleineren und mittleren Unternehmen in der Fleisch- und Süßwarenindustrie. Charakteristisch für diese Unternehmen ist, dass sie in der Vergangenheit nur von einer Person (in der Regel dem Firmeninhaber) geführt wurden. Dementsprechend klassisch hierarchisch ist auch die innerbetriebliche Organisationsstruktur ausgerichtet. Änderungen der Firmenführung ergeben sich meist dann, wenn der Firmeninhaber durch einen Familienangehörigen oder einen angestellten Geschäftsführer mit Manager-Profil abgelöst wird oder aber der Betrieb von einem Großkonzern übernommen wird.

Kleine und mittlere Unternehmen, die nicht mit einem finanzkräftigen Konzern fusionieren sind nur begrenzt in der Lage, Eigenmarken international zu vertreiben. Einige Anbieter sind deshalb dazu übergegangen, ihre Marken aufzugeben oder auch für andere Großanbieter oder für den Einzelhandel zu produzieren. In beiden Fällen sind die am Markt realisierbaren Preise eher niedrig. Umsatzsteigerungen können demzufolge nur über eine Ausweitung der Produktion erreicht werden. Diese Option steht aber aufgrund der begrenzten betrieblichen Kapazitäten nur wenigen Unternehmen offen. Erschwerend kommt hinzu, dass die Produktionsanlagen in den Betrieben meist veraltet sind und ein Großteil der Unternehmen finanziell nicht in der Lage ist, nennenswerte Investitionen in neue Technologien zu tätigen. Unter diesen Voraussetzungen ist die Produktion in den

Betrieben überwiegend halbautomatisch ausgerichtet. Ein Großteil dieser traditionell ausgerichteten Unternehmen kämpft ums Überleben und muss zum Beispiel wegen saisonaler Schwankungen flexibel agieren. Welche Konsequenzen ergeben sich hieraus für die Arbeits- und Entlohnungsbedingungen der Beschäftigten?

Die Ergebnisse der Fallstudien belegen, dass die Löhne erheblich unter Druck stehen. Besonders gravierend ist die Situation für Beschäftigte in kleineren und mittleren Unternehmen in der Fleischwirtschaft. Bei der Neuverhandlung von Haustarifverträgen wird auf die Gewerkschaft häufig Druck ausgeübt, Lohnkürzungen hinzunehmen. Hierauf verweist auch das bereits erwähnte Beispiel eines Unternehmens im Nischensegment, in dem Kürzungen der Stundenlöhne für Neueinstellungen vereinbart wurden, um Entlassungen zu verhindern. Darüber hinaus stehen häufig auch zusätzliche Lohnbestandteile wie Prämien und Akkordlohn zur Diskussion. Neben der Streichung von Prämien fordern viele Unternehmen eine Verlängerung der Arbeitszeit ohne Lohnausgleich. In allen von uns untersuchten Unternehmen dieses Typs kam es in den letzten Jahren zu solchen Kürzungen, die zu Einkommensverlusten von bis zu 12 Prozent führten. Unternehmen, die noch nach Prämiensystemen vergüten, werden von Seiten der Gewerkschaft als »Inseln der Glückseligkeit« bezeichnet. Einige Unternehmen lagerten darüber hinaus Teile der Produktion und Verpackung in Fremdfirmen aus und verringerten ihre Stammbelegschaft sukzessive auf ein Minimum.

5.2 Wettbewerbsvorteile durch Qualitätssicherung

Ein anderes Bild zeigt sich bei Unternehmen des zweiten Typs, der allerdings in beiden Teilbranchen seltener zu finden ist als der erste Typ. Hierbei handelt es sich um Betriebe, die in den vergangenen Jahren von größeren Unternehmen bzw. Unternehmensgruppen aufgekauft wurden, die wiederum verstärkt in die Unternehmen investiert haben. Anhand der Interviews wurde deutlich, dass die Übernahme sowohl von Seiten der Geschäftsführung als auch von Seiten der Mitarbeitervertretungen teilweise als Chance gesehen wurde, um »verkrustete innerbetriebliche Strukturen« aufzubrechen und die innerbetriebliche Organisationsstruktur umzugestalten. Zielsetzung war hierbei, die Qualitäts- und Sicherheitsstandards zu erhöhen und parallel die Produktivität an den Bändern zu steigern. Dazu wurden Arbeitskonzepte entworfen, die die Eigenverantwortlichkeit der Beschäftigten in den Vordergrund stellen und Anreize für eine Erhöhung der Produktivität setzten. Im Vordergrund standen hierbei die Einführung von Gruppenarbeit und multifunktionalen Arbeitsplätzen. Bei der Umsetzung wurden klassische Hierarchiemuster bestehend aus Werksleitung, Produktionsleitung, Vorarbeitern und Beschäftigten an den Bändern aufgegeben und durch schlankere Hierarchien ersetzt. In den meisten Fällen wurden einzelne Produktionsstraßen zu Teams zusammengefasst und die klassische Funktion des Vorarbeiters zugunsten von Team-Leiter/innen und -Sprecher/innen aufgegeben. Die »neue Gruppenphilosophie« wurde allen Beschäftigten durch externe Beratungen in Workshops vermittelt. Arbeitskräfte, die fortan an multifunktionalen Arbeitsplätzen eingesetzt wurden, erhielten darüber hinaus innerbetriebliche Qualifizierungsangebote. Die Umstrukturierung der Arbeitsabläufe bot nunmehr auch Beschäftigten in den unteren Lohngruppen die Möglichkeit, innerbetrieblich aufzusteigen, wenn die Bereitschaft vorhanden war, das eigene Aufgabenspektrum zu erweitern.

In einem Unternehmen wurde hierfür sogar der bestehende Flächentarif ergänzt, indem neben den tariflichen Lohngruppen so genannte Zwischenlohngruppen für solche Aufstiege eingeführt wurden. Darüber hinaus wurde ein Bonus- und Prämiensystem ausgehandelt, wodurch die durchschnittliche Entlohnung über den Tariflohn angehoben wurde. Bei einem anderen Unternehmen wurde deutlich, dass innerbetrieblicher Mobilität enge Grenzen gesetzt sind, wenn die Aufstiegsmöglichkeiten ausschließlich an die Tätigkeitsbeschreibungen bestehender Tarifverträge gekoppelt sind. Denn diese sehen keine Höherbewertung bei Gruppenarbeit und multifunktionalen Arbeitsplätzen vor. Um hier trotzdem Anreize für die Beschäftigten in den unteren Lohngruppen schaffen zu können, diskutieren Betriebsrat und Geschäftsführung über die Einführung eines Prämiensystems.

Die organisatorische Umgestaltung von Arbeitsprozessen gelingt nach Einschätzung der Unternehmen und Gewerkschaften am besten, wenn die Werksleitung von Seiten der Konzernführung mit ausreichend Entscheidungskompetenzen ausgestattet ist und dementsprechend dezentral agieren kann. Der dezentrale Entscheidungsspielraum für den jeweiligen Standort ist umso größer, je mehr die erzielten Umsätze mit den Vorgaben der Konzernspitze in Einklang stehen. Auf der anderen Seite können Umsatzschwankungen aber auch dazu führen, dass bereits implementierte Arbeitsprozesse wie Gruppenarbeit ausgesetzt oder wieder aufgegeben werden müssen. Die Umsetzung neuer Arbeitsprozesse kann beschleunigt werden, wenn das Unternehmen über einen starken Betriebsrat verfügt und dieser von den Vorteilen der betrieblichen Umgestaltung überzeugt ist, weil er sich hiervon finanzielle Vorteile für die Beschäftigten wie auch eine Reduzierung der hohen physischen Arbeitsbelastungen erhofft.

In den von uns untersuchten Betrieben dauerte es häufig lange, bis sich die Beschäftigten an die Umgestaltung von Arbeitsprozessen gewöhnten, da sie überwiegend bereits lange in klassischen Organisationsstrukturen gearbeitet hatten und gewohnt waren, ausschließlich auf Anweisung der jeweiligen Vorarbeiter/innen zu arbeiten. Mitsprachemöglichkeiten in Teamsitzungen, an denen auch Geschäftsführung und Produktionsleitung teilnehmen, sind den meisten Beschäftigten fremd und es braucht Zeit, bis sie sich an solche neuen Formen der Arbeitsorganisation gewöhnt haben. Trotz solcher Anlaufschwierigkeiten hat sich die Umorganisation der Unternehmen aus Sicht der Geschäftsführer/innen jedoch mehr als bezahlt gemacht. Sie berichteten zum Beispiel von Produktivitätssteigerungen, die daraus resultieren, dass Störungen an den Bändern nunmehr schneller erkannt und behoben werden können.

5.3 Flexibilitätsformen

Anhand der Firmentypologie ist bereits deutlich geworden, dass ein Teil der untersuchten Unternehmen dazu tendiert, die eigene Wettbewerbsfähigkeit über Senkung der Personalkosten zu steigern. Tatsächlich wurden beim Großteil der von uns untersuchten Betriebe in den vergangenen Jahren Kürzungen von Einkommensbestandteilen der Beschäftigten vorgenommen. Selbst wenn es keine Einschnitte beim Grundlohn gab, mussten die Beschäftigten doch oftmals Kürzungen und Streichungen bei den Prämien und Sonderzahlungen hinnehmen.

Darüber hinaus nutzen die meisten Unternehmen sowohl interne als auch externe Flexibilitätsvarianten, wobei externe Flexibilitätsformen insbesondere von Betrieben, die starken saisonalen Schwankungen ausgesetzt sind, in Anspruch genommen werden. Was die Struktur der Beschäftigten angeht, so basieren die meisten Unternehmenskonzepte auf drei Säulen: einer unbefristet – meist in Vollzeit – beschäftigten Stammbelegschaft, befristet eingestellten Saisonarbeitskräften (zum Teil auch in Minijobs) und dem Einsatz von Zeitarbeitskräften zur Abfederung von Auftragsspitzen. Wie und in welcher Stärke die jeweiligen Beschäftigungstypen zum Tragen kommen, wird von Unternehmen zu Unternehmen unterschiedlich gehandhabt, wie im Folgenden beschrieben wird.

5.3.1 Interne Flexibilität

Der Großteil der von uns untersuchten Betriebe folgt der Zielsetzung, anfallende Auftragsspitzen vor allem betriebsintern über flexible Arbeitszeit-Modelle zu bewältigen. Erst wenn absehbar ist, dass durch starke saisonale Schwankungen Engpässe bei der Produktion zu erwarten sind, die durch zeitweilige Mehrarbeit nicht kompensiert werden können, greifen die Unternehmen auch auf Instrumente zur Erhöhung ihrer externen Flexibilität zurück.

Hinsichtlich der Ausgestaltung interner Flexibilität lassen sich Unterschiede nach Teilbranchen erkennen. So hat sich gezeigt, dass Betriebe der Süßwarenindustrie aufgrund von Produktionsspitzen in der Zeit von Juni bis Februar weitaus länger andauernden saisonalen Schwankungen unterliegen als Betriebe der verarbeitenden Fleischwarenindustrie. Aufgrund der hohen Auslastung während des Saisongeschäfts und der starken Automatisierung werden im Bereich der Massenproduktion von Süßwaren weitaus häufiger Drei-Schicht-Systeme genutzt. Alle von uns untersuchten Betriebe fuhren solche Schichtsysteme zum Teil in Wechselschicht, zum Teil mit konstanter Nachtschicht. Demgegenüber war in den von uns untersuchten Unternehmen im Bereich der Fleischverarbeitung nur ein Großbetrieb vertreten, der bei bestimmten Produkttypen ein Drei-Schicht-System fährt. Grundsätzlich besteht in allen Betrieben die Möglichkeit, zusätzliche Samstags- und Sonntagsschichten zu fahren. Flexibel ausgestaltete Jahresarbeitszeitkonten sind die Regel.

Jenseits dieser Gemeinsamkeiten nutzen die Unternehmen unterschiedliche Strategien, um die Arbeitszeiten flexibel an die Anforderungen des Betriebes anzupassen. So hat ein Unternehmen – in Kooperation mit Betriebsrat und Gewerkschaft – die tariflich vorgegebene Arbeitszeit für die Zeit von Juni bis Februar von 38 Stunden auf 40 Wochenstunden erhöht. Um die Bänder auch während der Stoßzeiten an Samstagen auslasten zu können, wurde darüber hinaus vereinbart, dass alle Mitarbeiter/innen an bis zu zehn Samstagen im Jahr Extraschichten leisten (meist Reinigungsschichten). Die auf den Arbeitszeitkonten angesammelten Plusstunden müssen in den produktionsschwachen Monaten abgefeiert werden. Ein Großteil der Stammbeschäftigten hat dadurch zusätzliche freie Tage in einem Umfang von bis zu sieben Wochen pro Jahr. Einer anderen Strategie bedient sich eines der untersuchten Unternehmen aus der Fleischwarenindustrie. Hier wurden zusätzlich zur bestehenden Zwei-Schicht-Regelung Beschäftigte in Teilzeit eingestellt. Von diesen Teilzeitbeschäftigten wird erwartet, dass sie hinsichtlich der Länge ihrer Arbeitszeiten sehr flexibel sind und bei Auftragsspitzen ihre Arbeitszeit kurzfristig bis auf Vollzeit ausdehnen. Die Beispiele zeigen, dass in den Unternehmen vor allem Arbeitszeit-Modelle umgesetzt werden, die eine flexible Handhabung der Arbeitszeit bei den Stammbeschäftigten ermöglichen, ohne dass hierfür Zuschläge gezahlt werden müssen.

Insgesamt spielen hierbei Arbeitszeitkonten eine größere Rolle als Teilzeitarbeit. Anders als in den anderen im Rahmen der Studie untersuchten Branchen im Dienstleistungssektor sind die Teilzeitquoten in den beiden Teilbranchen sehr niedrig: In den untersuchten Tätigkeiten in der Fleischverarbeitung arbeiten 11 Prozent der Beschäftigten in sozialversicherungspflichtiger Teilzeit und in der Süßwarenindustrie sogar nur 6,8 Prozent (Tabelle A.3). Minijobs spielen in beiden Bereiche nur eine sehr geringe Rolle, obwohl relativ viele der Beschäftigten weiblich sind: In der Süßwarenindustrie stellen Frauen mit über 63 Prozent fast zwei Drittel der Beschäftigten in den untersuchten Tätigkeiten und auch in der Fleischverarbeitung ist der Frauenanteil mit 41 Prozent recht hoch (Tabelle A.4).

5.3.2 Externe Flexibilität

Um ein Höchstmaß an Flexibilität erreichen und gleichzeitig Kosten senken zu können, sind einige der untersuchten Unternehmen dazu übergegangen, Teile der Produktion und Verpackung über den Einsatz externer Dienstleister im eigenen Betrieb erbringen zu lassen. So werden Auftragsspitzen bei Großfirmen zum Teil über Zeitarbeitskräfte abgewickelt, da diese – je nach Auftragslage – auch tageweise eingesetzt werden können. Dies wird am Beispiel eines Betriebs in der Süßwarenindustrie deutlich, wo das Saisongeschäft nicht mehr über klassische Saisonbeschäftigung[7] abgewickelt wird, sondern über den vermehrten Einsatz von Zeitarbeit.

7 Hierbei handelt es sich vorrangig um Hausfrauen, die in der Vergangenheit für die Dauer von bis zu sechs Monaten zu regulären tariflichen Entgelten sozialversicherungspflichtig beschäftigt wurden.

Um weitere Kosten einzusparen, hat das Unternehmen darüber hinaus begonnen, Teile der Produktion nach Osteuropa auszugliedern, was wiederum mit dem Abbau von Arbeitsplätzen auf Seiten der Stammbeschäftigten einhergeht. Solche Auslagerungen sind allerdings nicht immer erfolgreich. Die von uns befragten Gewerkschaftsvertreter/innen berichteten von erheblichen Qualitätsproblemen nach einer Verlagerung von Fertigungsteilen eines anderen Unternehmens. In einer Region führte die Kritik des Lebensmitteleinzelhandels an der Qualität der Endverpackung dazu, dass der ausgelagerte Verpackungsbereich eines Fleischproduzenten wieder eingegliedert wurde.

Bezogen auf die Nutzung von Zeitarbeit sind unterschiedliche Strategien feststellbar. Manche Unternehmen verzichten bewusst darauf, weil sie davon überzeugt sind, dass dies nicht mit ihren geschäftspolitischen Strategien, die auf eine hohe Produktqualität und Produktsicherheit abzielen, vereinbar ist. Dies gilt insbesondere für Betriebe, deren Produktion verstärkt auf Gruppenarbeit sowie den Einsatz multifunktionaler Arbeitsplätze ausgerichtet ist. Die Gründe hierfür liegen auf der Hand. Die Beschäftigten, die im Team arbeiten, wurden meist intern qualifiziert und sind von daher auch als Team eingespielt. Der Einsatz externen, ständig wechselnden Personals würde mit einem enormen Einarbeitungsaufwand einhergehen und die Produktivität der Teams beeinträchtigen. Um saisonale Schwankungen einzudämmen, sind einige Unternehmen bemüht, ihre Produktpalette zu erweitern. In einem Betrieb hat dies dazu geführt, dass die Zahl der pro Jahr eingesetzten Zeitarbeitskräfte von zuvor etwa 400 auf nunmehr nur noch 15 reduziert werden konnte. In einem anderen Unternehmen wurde uns berichtet, dass auf den Einsatz von Zeitarbeitskräften gänzlich verzichtet wird, weil hiermit in der Vergangenheit schlechte Erfahrungen gemacht wurden. Auf den eingangs bereits angesprochenen Einsatz osteuropäischer Werkvertragnehmer/innen sind wir im Rahmen unserer Betriebsfallstudien nicht gestoßen, was auch daran liegen dürfte, dass Schlachtunternehmen, auf die sich deren Einsätze bislang konzentrieren, nicht Teil unserer Studie waren. Da die Darstellung des gesamten Spektrums der unternehmerischen Strategien zur Flexibilisierung des Personaleinsatzes und zur Kostensenkung ohne dies aber unvollständig wäre, gehen wir in Kasten 2 auf die Hintergründe und Auswirkungen zumindest kurz ein.

Kasten 2: Hintergründe und Auswirkungen des Einsatzes osteuropäischer Werkvertragnehmer/innen in Schlachtunternehmen

Hintergrund des eingangs bereits angesprochenen Einsatzes osteuropäischer Werkvertragsnehmer/innen in Schlachtunternehmen zu Niedrigstlöhnen ist, dass seit der Erweiterung der Europäischen Union im Mai 2004 für Unternehmen aus den zehn Beitrittsländern die Möglichkeit besteht, Dienstleistungen in Deutschland anzubieten. Deutsche Unternehmen können demnach Aufträge an osteuropäische Subunternehmen vergeben und ganze Bereiche der Produktion durch ausländische Werkvertragnehmer/innen abwickeln lassen. Die Auftragsvergabe erfolgt im Rahmen der so genannten »Dienstleistungsfreiheit«, wonach die zu erbringenden Dienstleistungen zu den arbeitsrechtlichen Bedingungen der jeweiligen Heimatländer angeboten werden.[8] So können Unternehmen aus den EU-Mitgliedstaaten ihre Arbeitskräfte nach Deutschland entsenden, um hier zu den im Herkunftsland üblichen Löhnen Aufträge auszuführen. Mindestlöhne nach dem Entsendegesetz wurden bislang nur in wenigen Branchen wie in der Bauwirtschaft und im Dachdeckerhandwerk ausgehandelt und für allgemeinverbindlich erklärt.

Seit Mai 2004 nutzen zahlreiche deutsche Schlachtbetriebe diese Möglichkeit und lassen große Teile der Tierzerlegung über billige Kolonnen aus Osteuropa abwickeln, während die eigene Stammbelegschaft auf ein Minimum reduziert wird (Czommer/Worthmann 2005). Die Löhne der Beschäftigten liegen oftmals nur bei 2 bis 5 Euro pro Stunde – mit eher weiter sinkender Tendenz (Meichsner 2007). Die Gewerkschaft spricht in diesem Zusammenhang von der Entstehung eines »neuen Sklaventums«. Medienberichten zufolge sind die Lebens- und Arbeitsbedingungen dieser Arbeitskräfte katastrophal. Vertragliche Vereinbarungen werden von den Subunternehmen häufig nicht eingehalten. Überlange Arbeitszeiten, unbezahlte Akkordstunden, ausbleibende Lohnzahlungen sowie überteuerte Preise für »Kosten und Logis« in Massenunterkünften sind keine Seltenheit. Die Einhaltung arbeitsrechtlicher Standards entzieht sich in Deutschland jedweder Überprüfung. Der Gewerkschaft sind Großunternehmen bekannt, wo inzwischen rund 80 Prozent der Belegschaften aus Arbeitskräften von osteuropäischen Subunternehmen bestehen. Die Zahl der Arbeitsplätze, die aufgrund der

8 Die rechtlichen Regelungen zur Dienstleistungsfreiheit finden sich im Vertrag zur Gründung der Europäischen Gemeinschaft (EGV), Art. 49–55.

»neuen Dienstleistungsfreiheit« im gesamten Bundesgebiet allein in der kurzen Zeit zwischen Mai 2004 und Anfang 2005 verloren gegangen sind, wurde von Seiten der Gewerkschaft auf über 26.000 geschätzt (Gewerkschaft Nahrung-Genuss-Gaststätten 2005). Nach Angaben der Zollbehörden, die im Winter 2006/2007 Kontrollen bei 385 Firmen der Fleischbranche durchgeführt haben, wurden in rund 25 Prozent der Betriebe Unregelmäßigkeiten festgestellt. Diese betrafen den Status der Arbeitskräfte, aber auch deren Arbeitsbedingungen. »Neben Schwarzarbeitern träfen die Beamten häufig auf Scheinselbständige oder illegal überlassene Arbeitnehmer.« (Sirleschtov 2007)

6 Arbeitsbedingungen

Tätigkeiten der unteren Lohngruppen der Fleischwarenindustrie befinden sich im Nass- und Kaltbereich der Eingangsproduktion (Auflegen von Fleischrohmasse auf die Bänder, Füllung von Därmen etc.) und vor allem innerhalb der Endverpackung. Bei diesen Arbeitsplätzen handelt es sich überwiegend um körperlich schwere halbmanuell ausgerichtete und vom Arbeitsablauf her monotone Tätigkeiten. Hinzu kommt, dass die Beschäftigten durch den Einsatz von Maschinen einem kontinuierlichen Lärmpegel ausgesetzt sind. Das Pendant zum Kalt-Nassbereich innerhalb der Produktion von Fleischwaren ist in der Süßwarenindustrie der »Koch- und Backbereich«, der durch hohe Belastungen mit Hitze und Staub durch Backpulver, Kakao, Nuss- und Mandelmischungen gekennzeichnet ist. Im Vergleich zur Fleischwarenindustrie ist der Automationsgrad innerhalb der Süßwarenindustrie weitaus höher. Einfache Tätigkeiten konzentrieren sich hier in erster Linie auf einige wenige monotone Handgriffe bei Korrektur- sowie Sortierarbeiten an den Bändern und innerhalb der Endverpackung.

Alle von uns untersuchten Betriebe versuchen, hohe Qualitäts- und Sicherheitsstandards einzuhalten. Verstöße gegen die Hygiene-Vorschriften werden von Seiten der Geschäftsführung sofort geahndet. Für die Beschäftigten sind ausreichend Umkleidemöglichkeiten, Toiletten und Waschräume vorhanden. Alle Betriebe verfügen über zum Teil großzügig ausgestattete Kantinen und Sozialräume. Allerdings ist davon auszugehen, dass die Arbeitsbedingungen in den von uns untersuchten Unternehmen als Positivbeispiele anzusehen sind, die nicht für die Gesamtheit der Branche verallgemeinert werden können. Es ist davon auszugehen, dass vor allem bei Unternehmen, die weder über Tarifverträge noch über Betriebsräte verfügen, weitaus ungünstigere Arbeitsbedingungen herrschen.

In den Gesprächen mit Beschäftigten in den untersuchten Betrieben wurde deutlich, dass der Grad an physischer und psychischer Belastung unterschiedlich wahrgenommen wird. Alle Befragten waren froh, angesichts der hohen Arbeitslosigkeit überhaupt einen Job zu haben. Bedingt durch die angespannte Arbeitsmarktlage verwundert es von daher auch nicht, dass ein Großteil der Befragten durchaus bereit zu sein scheint, Einkommenskürzungen hinzunehmen, wenn dadurch der eigene Arbeitsplatz gesichert werden kann. Der angespannten Arbeitsmarktlage sind sich die Unternehmen bewusst, weshalb Forderungen nach Streichungen von Sonderzahlungen, Lohnkürzungen oder einer Verlängerung der wöchentlichen Arbeitszeit häufig auch Bestandteil von Tarifverhandlungen sind. Ob und inwieweit sich die Unternehmen mit solchen Forderungen durchsetzen können, hängt im Wesentlichen vom Engagement und der Konfliktbereitschaft der jeweiligen Betriebsräte und Gewerkschaftsvertreter/innen ab, um die Interessen der Beschäftigten gegen die Forderungen der Arbeitgeber zu behaupten. Im Rahmen der Fallstudien wurde deutlich, dass es freigestellten Betriebsräten in großen Unternehmen leichter fällt, die Interessen der Beschäftigten durchzusetzen, als dies in klassischen kleineren und mittleren Unternehmen der Fall ist. Sowohl im Bereich der Süßwarenindustrie als auch in der Fleischwirtschaft liegt der gewerkschaftliche Organisationsgrad der Beschäftigten in kleineren Betrieben meist nur bei zwischen 10 und 20 Prozent, während er in Großbetrieben mit mehr als 500 Beschäftigten zum Teil bei 40 bis 50 Prozent liegt. In einem der Fallstudienbetriebe im Süßwarenbereich lag der gewerkschaftliche Organisationsgrad mit etwa 60 Prozent sogar noch höher. Angaben darüber, welchem Lohndruck die Beschäftigten in Unternehmen ohne Betriebsrat ausgesetzt sind, sind nicht möglich, da in unserem Sample lediglich ein Unternehmen ohne Betriebsrat war. Es ist aber davon auszugehen, dass Entlassungen, Kürzungen bei den Löhnen oder die Streichung von Sonderzahlungen von Seiten der Unternehmen leichter umgesetzt werden können.

Was die Qualifikation und Weiterbildung der Beschäftigten der unteren Lohngruppen anbelangt, wurde deutlich, dass in kleineren Betrieben Qualifizierung im Wesentlichen mit *training on the job* gleichgesetzt wird. Ausnahmen bestehen dann, wenn zum Beispiel Bereiche der Verpackung mittels neuer EDV-gestützter Logistikverfahren gesteuert werden. In diesen

Fällen erhalten geeignete Beschäftigte die Möglichkeit, den notwendigen PC-Führerschein zu machen. Lediglich in den von uns untersuchten Großunternehmen, die auf Gruppenarbeit, *Multi-Skilling* und *Job Rotation* setzen, kommt im größeren Umfang Qualifizierung und Weiterbildung zum Tragen und bietet unabhängig von der jeweiligen beruflichen Qualifikation auch interne Aufstiegsmöglichkeiten für die Beschäftigten in den unteren Lohngruppen.

Es wurde darüber hinaus deutlich, dass mit zunehmender Konzentration der Grad an Automation steigen wird. Dies wird mit hoher Wahrscheinlichkeit dazu führen, dass ein Großteil der einfachen manuellen Tätigkeiten wegfällt. Bei automatisierter Produktion bedienen, regulieren und kontrollieren Fachkräfte für Lebensmittel- oder Süßwarentechnik nahezu alle Arbeiten von der Rohstoffannahme bis zur Verpackung, wodurch einfache Tätigkeiten in den Teilbranchen ähnlichen Rationalisierungsprozessen ausgesetzt sind, wie dies auch bei den Brauereien und Molkereien bereits der Fall war.

Hinsichtlich der Arbeitszufriedenheit hat sich gezeigt, dass sich Mitarbeiter/innen, die bereits seit mehreren Jahren im Betrieb einer Beschäftigung nachgehen, auch weitgehend mit dem Unternehmen und der täglichen Arbeit identifizieren. Probleme treten auf, wenn es zum Beispiel zum Wechsel in der Firmenführung kommt und der alte »Firmenpatriarch« durch einen externen Nachfolger mit Manager-Profil ersetzt wird oder das Unternehmen komplett von einem multinationalen Konzern übernommen wird. Die Ergebnisse der Fallstudien machen deutlich, dass die Produktivität und Arbeitszufriedenheit in Schichtbetrieben bei weitem höher ist, wenn die jeweiligen Bänder mit einem kontinuierlichen Stamm an Mitarbeiter/innen besetzt sind, also der soziale Kontakt und die Kommunikation der Beschäftigten untereinander gewährleistet ist. Dies hat sich insbesondere bei Betrieben gezeigt, die vermehrt auf den flexiblen Einsatz externer Arbeitskräfte setzen. Durch Personalwechsel an den Bändern sind die Stammbeschäftigten einem kontinuierlichen Druck ausgesetzt. Zum einen müssen sie die neuen – meist produktionsfremden – Zeitarbeitskräfte einarbeiten und zum anderen das für die Bänder vorgesehene Produktionsniveau halten. Es liegt auf der Hand, dass diese Mehrbelastung zu einer erheblichen Arbeitsintensivierung auf Seiten der Stammbeschäftigten führt, die aber in der Regel nicht extra vergütet wird. Erschwerend kommt hinzu, dass aufgrund zunehmender Automatisierung von Produktionsabläufen, der Verlagerung von Betriebsteilen ins Ausland oder aber dem verstärkten Einsatz von Zeitarbeitskräften in einigen Unternehmen Stellen abgebaut worden sind, was auch bei den verbleibenden Stammbeschäftigten zu Ängsten um den eigenen Arbeitsplatz führt.

7 Zusammenfassung und Schlussfolgerungen

Die eingangs zitierten »Wildwestzustände in Deutschland« sind weder in der Ernährungsindustrie insgesamt noch in allen Bereichen der Fleischbranche anzutreffen, sondern konzentrieren sich bislang vor allem auf Schlachtbetriebe. Dies dürfte auch daran liegen, dass es hier im Vergleich zur Produktion von Fleisch- und Wurstwaren leichter möglich ist, abgrenzbare Aufgaben auf Subunternehmen zu übertragen. Da hiergegen aber bereits heute teilweise verstoßen wird und auch in anderer Hinsicht fragwürdige Praktiken um sich greifen (etwa die Gründung von Briefkastenfirmen, um die Voraussetzung einer Betriebsstätte im jeweiligen Ursprungsland zu erfüllen, oder die Verwendung gefälschter Pässe und Papiere für die im Rahmen von Werkverträgen eingesetzten Arbeitskräfte), ist nicht auszuschließen, dass zunehmend größere Teile der Fleischindustrie von solchen Machenschaften erfasst werden. Dies gilt umso mehr, als in wenigen Jahren die volle Arbeitnehmerfreizügigkeit in Kraft tritt und eine Deklarierung des Einsatzes gering bezahlter osteuropäischer Arbeitskräfte als Werkauftrag dann nicht mehr notwendig ist. Ohne wirksame politische Maßnahmen, die dafür sorgen, dass Mindeststandards für alle in Deutschland eingesetzten Arbeitskräfte verbindlich einzuhalten sind, würde dies zu weiteren Verwerfungen, Lohndumping und Beschäftigungsverlusten führen.

Vor allem um das mit dem Einsatz osteuropäischer Billigarbeitskräfte verbundene Lohndumping einzudämmen, werden derzeit vor allem branchenbezogene Mindeststandards über eine Aufnahme der Branche in das Arbeitnehmerentsendegesetz diskutiert. Allerdings kann dies aufgrund des Fehlens von hierfür zwingend erforderlichen Voraussetzungen – insbesondere flächendeckenden Tarifverträgen – keine Wirkung entfalten. In der Fleischwirtschaft gibt es noch nicht einmal einen entsprechenden Verhandlungspartner auf Seiten der Arbeitgeber. Initiativen der Bundesregierung im Mai 2007, die Arbeitgeber in der Fleischindustrie dazu zu bewegen, die Voraussetzungen für die Unterbindung von Lohndumping zu verbessern, indem branchenbezogene Flächentarifverträge abgeschlossen werden, waren bislang erfolglos (von Riegen 2007).

Im Mittelpunkt unserer Untersuchung standen die Süßwarenindustrie sowie diejenigen Teile der Fleischindustrie, die von derartigen Praktiken bislang noch nicht in größerem Umfang betroffen sind. Aber die Ergebnisse der Fallstudien und Kontextgespräche haben deutlich gemacht, dass sich auch diese beiden Teilbranchen der Ernährungsindustrie in einem dramatischen Umbruch befinden, der weit reichende Konsequenzen für die Beschäftigten vor allem in den unteren Lohngruppen mit sich bringt. Die Tarifsituation unterscheidet sich deutlich zwischen den beiden Teilbranchen: Während für den Bereich der Süßwarenindustrie noch halbwegs stabile Tarifstrukturen mit einheitlichen Arbeitsbedingungen und in der Fläche greifenden Entgelttarifen bestehen, liegen die Interessen zwischen Arbeitgebern und Gewerkschaften in der Fleischwirtschaft so weit auseinander, dass der Abschluss flächendeckender Tarifverträge nur in Ausnahmefällen möglich ist. Aufgrund der Zersplitterung der Arbeitgeberverbände gelingt es häufig nicht einmal, Arbeitgeber und Gewerkschaften an einen Tisch zu bekommen. Wenn überhaupt, werden überwiegend Haus- oder Konzerntarifverträge abgeschlossen, die aber nicht geeignet sind, die Löhne und Arbeitsbedingungen in der Branche zu vereinheitlichen und Mindeststandards durchzusetzen.

In beiden Teilbranchen ist ein Konzentrationsprozess im Gange, der sich auch künftig weiter fortsetzen beziehungsweise sogar beschleunigen wird. Kleinere und mittlere Unternehmen, denen es nicht gelingt, ihre Marktposition zum Beispiel durch die Besetzung eines Nischensegments zu sichern, werden zukünftig auf der Strecke bleiben oder von anderen Unternehmen aufgekauft. Darüber hinaus ist davon auszugehen, dass der Technikeinsatz und die Automatisierung weiter zunehmen werden, wodurch viele Arbeitsplätze in den unteren Lohngruppen bedroht sind. Dies gilt insbesondere für die Beschäftigten der Süßwarenindustrie, wo es bei weitem einfacher ist, Maschinen auf das Ansaugen von Schokoladenmasse zu konzipieren als zum Beispiel rohe Fleischstücke automatisiert zu verarbeiten. Bis der Markt bereinigt und die Situation ähnliche Ausmaße annimmt wie in Dänemark, wo zum Beispiel *Danish Crown* mit 80 Prozent Marktanteil den dänischen Fleisch-Markt dominiert, wird der Großteil der um das Überleben kämpfenden kleineren und mittleren Unternehmen weiter versuchen, Kosten auf Seiten des Personals einzusparen. Dass hier von Seiten der Unternehmen auch auf Mittel und Wege zurückgegriffen wird, die sich jeglicher Kontrolle entziehen und teilweise auch am Rande der Legalität bewegen, ist anhand der beschriebenen Praktiken des Einsatzes osteuropäischer Werkvertragsnehmer/innen in Schlachtunternehmen deutlich geworden. Gelingt es der Politik nicht, die offensichtlichen Schwächen der EU-Osterweiterung durch nationales und internationales Recht auszugleichen, etwa indem mittels der Ausweitung des Arbeitnehmerentsendegesetzes Mindeststandards für alle in Deutschland eingesetzten Arbeitskräfte und entsendeten Werkvertragsnehmer/innen verbindlich werden, wird der Druck auf die Löhne und Arbeitsbedingungen anhalten beziehungsweise sich sogar noch verschärfen.

Die Handlungsspielräume der Gewerkschaft, für die Beschäftigten Verbesserungen der Arbeits- und Entlohnungsbedingungen durchzusetzen, sind eher gering. Dies liegt zum einen daran, dass der gewerkschaftliche Organisationsgrad der Beschäftigten in der Ernährungsindustrie mit etwa 30 Prozent im Vergleich zum Beispiel zum Metallbereich relativ niedrig ist. Zum anderen beeinträchtigt aber, wie am Beispiel der Fleischindustrie deutlich geworden ist, auch der geringe Organisationsgrad der Arbeitgeber und deren mangelnde Bereitschaft zu Tarifverhandlungen die kollektive Interessenvertretung der Beschäftigten. Viele Gewerkschaftsvertreter/innen hoffen darauf, dass der voranschreitende Konzentrationsprozess, der zweifellos mit Arbeitsplatzverlusten einhergehen wird, zumindest die Chancen für den Abschluss von Tarifverträgen wieder verbessern wird. Einige vertreten den Standpunkt, dass nach Bereinigung des Marktes nur eine Handvoll Unternehmen übrig bleiben wird, mit denen dann leichter Tarifverträge ausgehandelt werden können, weil dies in größeren Unternehmen eher gelingt als bei kleinen und mittleren Unternehmen. Ob diese Rechnung tatsächlich aufgeht, bleibt allerdings abzuwarten.

Was die Perspektiven der Beschäftigten in den unteren Lohngruppen betrifft, kann nach unserer Einschätzung kein positives Bild gezeichnet werden. Die zunehmende Marktkonzentration und die steigende Automatisierung wird für einen Teil der Beschäftigten in der Branche zu Arbeitserleichterungen, Qualifizierung sowie einer Verbesserung der innerbetrieblichen Aufstiegsmöglichkeiten und Verdienstchancen führen. Die Zahl der Arbeitsplätze mit relativ geringen Qualifikationsanforderungen und niedrigen Löhnen zum Beispiel in den Bereichen Produktion und Verpackung, die hier im Mittelpunkt standen, wird sich jedoch voraussichtlich deutlich reduzieren. Über kurz oder lang werden insbesondere in den Betrieben der Süßwarenindustrie einfache Tätigkeiten keinen Platz mehr haben, da sie zunehmend durch den Einsatz neuer Technologien ersetzt werden können. Bereits jetzt wird in einigen Betrieben der Einsatz von Robotern erprobt. Und auch in der Fleischindustrie gibt es erste Prototypen für deren Nutzung.

Literatur

Ad-Hoc-News (2007), »Blickpunkt Fleischindustrie«, *Ad-Hoc-News vom 7. Juni 2007*, http://www.ad-hoc-news.de/Marktberichte/12022808

Arbeitgebervereinigung Nahrung und Genuss/Gewerkschaft Nahrung-Genuss-Gaststätten (2004), *Ernährungswirtschaft: Tarifverträge werden flexibler*, Gemeinsame Pressemitteilung der ANG und der NGG, Hamburg.

Beile, Judith/Klein, Max/Maack, Klaus (2007), *Zukunft der Fleischwirtschaft*, Edition der Hans-Böckler-Stiftung, Nr. 186, Düsseldorf.

Borchert, Thomas (2005), »Wildwestzustände in Deutschland«, *STERN* vom 26. Januar 2005, http://www.stern.de/politik/ausland/535778.html

Bundesverband der Deutschen Süßwarenindustrie e.V. (2004), *Pressemitteilung EU-Zuckermarktordnung*, Bonn.

Czommer, Lars/Worthmann, Georg (2005), »Von der Baustelle auf den Schlachthof: zur Übertragbarkeit des Arbeitnehmer-Entsendegesetzes auf die deutsche Fleischbranche«, *IAT-Report* Nr. 2005–03, Gelsenkirchen, http://www.iaq.uni-due.de/iat-report/2005/report2005-03.shtml

Dresdner Bank (2005), *Branchen-Report Ernährungsgewerbe (15). Markenpflege immer teurer und schwieriger*, Frankfurt.

Deutscher Bundestag (2005), *Materialien zur öffentlichen Anhörung von Sachverständigen in Berlin am 27. Juni 2005 zum Entwurf eines Gesetzes zur Änderung des Arbeitnehmer-Entsendegesetzes,* Drucksache 15/5445 – Zusammenstellung der schriftlichen Stellungnahmen, Berlin.

Eichner Lisboa, Sabine (2003), *Presseerklärung der Bundesvereinigung der Deutschen Ernährungsindustrie anlässlich der ANUGA-Pressekonferenz am 25.09.2003 in Köln.*

Ellerbrock, Karl-Peter (1993), *Geschichte der deutschen Nahrungs- und Genussmittelindustrie 1750–1914*, Stuttgart.

Endling, Wolfgang (2007), *Arbeitsbedingungen in Deutschland*, Foliensatz, Bildungszentrum Oberjosbach, 7./8. Februar 2007.

Gewerkschaft Nahrung-Genuss-Gaststätten (2003), *Geschäftsbericht 1998 bis 2002*, Hannover.

Gewerkschaft Nahrung-Genuss-Gaststätten (2005), *Pressemitteilung: Schöne neue Dienstleistungswelt*, Hamburg.

Gewerkschaft Nahrung-Genuss-Gaststätten (2006a), *Branchenbericht 2005 einschl. 1. Halbjahr 2006 des Ernährungsgewerbes*, Hamburg.

Gewerkschaft Nahrung-Genuss-Gaststätten (2006b), Branchenbericht 2005 einschl. 1. Halbjahr 2006 der Süßwarenindustrie, Hamburg.

Gewerkschaft Nahrung-Genuss-Gaststätten (2006c), *Branchenbericht 2005 einschl. 1. Halbjahr 2006 der Schlacht- und Verarbeitungsbranche*, Hamburg.

IG Metall (2006), *Tarifbindung*, http://www2.igmetall.de/homepages/bielefeld/file_uploads/050909_fragenundantwortenzutarifvertrag-tarifflucht-ta.pdf

Lane, Julia Ingrid/Moss, Phil/Salzman, Hal/Tilly, Chris (2003), »Too Many Cooks? Tracking Internal Labor Market Dynamics in Food Service with Case Studies and Quantitative Data«, in: Eileen Appelbaum/Annette Bernhardt/Richard J. Murnane (Hg.), *Low-Wage America. How Employers Are Reshaping Opportunities in the Workplace,* New York, S. 229–269.

Lorscheid, Helmut (2005), *Billiglohn im Schlachtgewerbe. Auch ohne Dienstleistungsrichtlinie funktioniert die Ausbeutung*, http://www.heise.de/tp/r4/artikel/19/19629/1.html

Maack, Klaus (2007), *Zukunft der Fleischwirtschaft*, Studie und Konferenz der Hans-Böckler-Stiftung kofinanziert durch die Gewerkschaft NGG, Bildungszentrum Oberjosbach, 7./8. Februar 2007, Wilke, Maack und Partner, wmp consult, Foliensatz.

Meichsner, Julia (2007), »Hängepartie im Schlachthof«, *Financial Times Deutschland* vom 24. Mai 2007.

von Riegen, Marc-Oliver (2007), »Osterweiterung: Lohndumping in der Fleischbranche«, *STERN*-Artikel vom 3. Mai 2007, http://www.stern.de/wirtschaft/arbeit-karriere/arbeit/588375.html

Sirleschtov, Antje (2007), »Regierung geht gegen die Fleischindustrie vor«, *Tagesspiegel* vom 4. Mai 2007, http://www.tagesspiegel.de/wirtschaft/art271,1938722

Statistisches Bundesamt (2005), *Fachserie 4/Reihe 4.1.2. Produzierendes Gewerbe*, Wiesbaden.

4. Wo das Sparen am leichtesten fällt – Reinigungs- und Pflegehilfskräfte im Krankenhaus

Karen Jaehrling

1 Einleitung

Der Krankenhaussektor zählt nicht zu den typischen Niedriglohnsektoren. Vielmehr ist er traditionell durch eine geringe Lohnspreizung, ein Kernmerkmal des »*German Capitalism*« (Streeck 1997), gekennzeichnet. Selbst für die beiden Beschäftigtengruppen, die im Zentrum dieses Kapitels stehen, nämlich Pflegehilfskräfte und Reinigungskräfte, galten lange Zeit Tariflöhne, die ab einer gewissen Betriebszugehörigkeit nur wenig unter den Einstiegslöhnen für qualifizierte Krankenpflegekräfte lagen oder diese sogar überschritten. Das traf auch auf Krankenhäuser in privater oder freigemeinnütziger Trägerschaft zu, denn diese übernahmen in der Vergangenheit regelmäßig die Lohnabschlüsse für den öffentlichen Dienst.

Seit Anfang der neunziger Jahre haben Änderungen der Finanzierungsregeln die Krankenhäuser jedoch unter hohen Kostendruck gesetzt und diese informelle Tarifkoordination gelockert. Zudem hat sich der bereits zuvor beobachtbare Trend beschleunigt, das relativ hohe Lohnniveau im öffentlichen Dienst durch die Auslagerung insbesondere von hauswirtschaftlichen Dienstleistungen (Reinigung, Küche, Wäscherei) zu unterlaufen. Anders als beispielsweise in den USA oder auch in Frankreich (Appelbaum u.a. 2003; Méhaut u.a. 2008) wurde zum Zweck der Kostensenkung bislang nicht die Anzahl der Pflegehilfskräfte erhöht – im Gegenteil, ihr ohnehin kleiner Anteil am Pflegepersonal ist weiter rückläufig. Stattdessen werden die Tätigkeiten in der Grundpflege zunehmend in das Profil der dreijährig ausgebildeten Krankenpfleger/innen integriert. Die Auswirkungen des zunehmenden Kostendrucks und weiterer branchenspezifischer Veränderungen auf Lohndifferenzierung und Arbeitsteilung unterscheiden sich mithin nach Tätigkeitsbereich: der Zunahme von Niedriglohnarbeit in der Reinigung steht ein verstärkter Rückgriff auf höher entlohnte Fachkräfte in der Pflege gegenüber. Was die Hintergründe für diese Unterschiede, aber auch für die Unterschiede zu den anderen Ländern sind, welche Rolle dabei insbesondere die Institutionen des Systems industrieller Beziehungen und das Berufsbildungssystem spielen, und wie sich Entlohnung, Arbeitsteilung und weitere Aspekte der Arbeitsplatzqualität in beiden Bereichen im Detail entwickeln, ist Thema des folgenden Kapitels.

Kasten 1: Betriebsfallstudien und Vorgehensweise

Im Mittelpunkt der Untersuchung standen Pflegehilfs- und Reinigungstätigkeiten. Es wurden Fallstudien in sechs Krankenhäusern durchgeführt – davon jeweils zwei öffentliche, private und freigemeinnützige. Das zweite Auswahlkriterium war die regionale Arbeitsmarktsituation, gemessen an der Arbeitslosenquote, die in den ausgewählten Regionen zwischen 6 und 19 Prozent liegt. Mit einer Bettenzahl zwischen 320 und 750 Betten handelt es sich bei den untersuchten Krankenhäusern um mittlere und große Häuser; die Beschäftigtenzahl reicht von 460 bis 1.350 (Vollzeitäquivalente).

In jedem Krankenhaus wurden – soweit dies möglich war – jeweils für beide Tätigkeitsbereiche (Reinigung und Pflege) Gespräche mit Beschäftigten, Beschäftigtenvertretungen, Vorgesetzten und der Krankenhausleitung geführt und ergänzend schriftliche Dokumente ausgewertet. Zusätzlich waren in zwei anderen Krankenhäusern Gespräche mit den Beschäftigtenvertretungen für Reinigungskräfte möglich. Insgesamt wurden 51 Interviews geführt, davon 25 mit Krankenhausleitung und Vorgesetzten, 19 mit Beschäftigten und acht mit betrieblichen Interessenvertretungen.

Ergänzend zu den Fallstudien wurden auf regionaler und nationaler Ebene insgesamt 14 Gespräche bei Gewerkschaften, Berufsverbänden und Arbeitgeberverbänden geführt.

Im Folgenden werden zunächst die Beschäftigungsbedingungen im Krankenhaussektor dargestellt, wie sie sich vor den umfassenden Finanzierungsreformen Anfang der neunziger Jahre herausgebildet hatten (Abschnitt 2). Die nachfolgenden Abschnitte thematisieren die jüngeren Entwicklungen in beiden Tätigkeitsbereichen bezüglich der Entlohnung (Abschnitt 3), der Arbeitsorganisation (Abschnitt 4) und schließlich bezüglich weiterer Aspekte der Arbeitsplatzqualität, einschließlich der Frage der Mobilität (Abschnitt 5).

2 Das deutsche Beschäftigungsmodell im Krankenhaussektor – eine tarifpolitische »Insel« für einfache Tätigkeiten

In der Vergangenheit galten in nahezu allen Krankenhäusern die Beschäftigungsbedingungen des öffentlichen Sektors, obwohl sich in Deutschland im Unterschied zu anderen Ländern ein großer Teil der Krankenhäuser seit jeher nicht in öffentlicher Trägerschaft, sondern in Trägerschaft der Kirchen und anderer freigemeinnütziger Organisationen befindet. Einflussmöglichkeiten erwachsen der öffentlichen Hand jedoch nicht nur aus ihrer Rolle als Arbeitgeber, sondern auch aus dem öffentlichen Nachfragemonopol: Auch die Leistungen in privaten und freigemeinnützigen Krankenhäusern werden bis heute überwiegend von der öffentlichen Hand finanziert.[1] Der Preis für die Leistungen der Krankenhäuser bildet sich also nicht über den Markt, sondern wird wesentlich durch gesetzliche und administrative Bestimmungen festgelegt. Bis Anfang der neunziger Jahre waren diese Finanzierungsregeln nach dem Kostendeckungsprinzip gestaltet, welches den Krankenhäusern eine weitgehende Überwälzung von steigenden Personalkosten an die gesetzliche Krankenversicherung ermöglichte. Vor diesem Hintergrund übernahmen die freigemeinnützigen Träger in der Regel die tariflichen Lohnstrukturen und Lohnsteigerungen, die für die öffentlichen Krankenhäuser vereinbart wurden. Die Finanzierungsregeln besaßen mithin eine stark vereinheitlichende Wirkung auf die Löhne und bewirkten, dass die Beschäftigungsbedingungen des öffentlichen Sektors auf den gesamten Krankenhaussektor ausgedehnt wurden.

Zentrale Merkmale der Beschäftigungsbedingungen im öffentlichen Sektor sind die hohe Beschäftigungsstabilität, hohe senioritätsbedingte Lohnsteigerungen sowie die Dominanz interner Rekrutierungen für Aufstiegspositionen – also Kernmerkmale interner Arbeitsmärkte (Keller 1985). Bezogen auf die hier näher betrachteten Beschäftigungsgruppen sind drei Besonderheiten von Bedeutung: Während die Lohndifferenzen zwischen öffentlichem Sektor und Privatwirtschaft für die mittleren und höheren Qualifikationsgruppen wenig ausgeprägt sind, werden gering Qualifizierte im öffentlichen Sektor vergleichsweise gut entlohnt (Keller

1 Im Jahre 2004 wurden die Betriebskosten von Krankenhäusern zu 84 Prozent von der öffentlichen Hand bestritten, der Löwenanteil (81 Prozent) entfällt dabei auf die gesetzlichen Krankenkassen (Quelle: Statistisches Bundesamt, Gesundheitsausgabenrechnung).

1993: 119). Dies trifft in besonderem Maße auf weiblich dominierte Tätigkeiten zu, da der öffentliche Dienst zugleich eine Vorreiterrolle bei der Reduzierung geschlechtsspezifischer Lohndifferenzen einnahm. Dadurch fällt die Differenz zwischen öffentlichem und privatem Sektor bei gewerblichen Arbeitnehmerinnen am größten aus (Keller 1993: 166). Ein zweites Kennzeichen sind die verhältnismäßig geringen Lohndifferenzen zwischen qualifizierten und weniger qualifizierten Tätigkeiten. Ein drittes Kennzeichen ist schließlich die Vielfalt an Zusatzleistungen, die den Grundlohn ergänzen – zum Beispiel die Zuschläge in Abhängigkeit von der Familiengröße des Erwerbstätigen.

Die vergleichsweise hohe Bezahlung in unteren Lohngruppen ist nicht zuletzt Resultat einer gezielten gewerkschaftlichen Lohnpolitik in den sechziger und siebziger Jahren (Keller 1993: 159). Der Erfolg dieser so genannten »Nivellierungspolitik« ist unter anderem darauf zurückzuführen, dass der Organisationsgrad unter den gewerblichen Beschäftigten im öffentlichen Dienst deutlich höher war und ist als der der Angestellten, und zugleich die verbandliche Willensbildung auf gewerkschaftlicher Seite und die Tarifverhandlungen innerhalb des öffentlichen Dienstes seit jeher in hohem Maße zentralisiert sind. Zwar gab es vor der Fusion mehrerer Gewerkschaften zur *Vereinigten Dienstleistungsgewerkschaft (Ver.di)* im Jahr 2001 neben der mitgliederstärksten, berufsgruppenübergreifenden Gewerkschaft *Öffentliche Dienste, Transporte, Verkehr* (ÖTV) einige stärker statusgruppenspezifische oder berufsständische Gewerkschaften, wie die *Deutsche Angestellten-Gewerkschaft* (DAG) und die Ärztegewerkschaft *Marburger Bund.* Die ÖTV fungierte jedoch de facto als »Lohnführergewerkschaft«, deren Verhandlungsergebnisse stark die Verhandlungen mit weiteren Gewerkschaften determinierten (Keller 1993: 157). Die Tarifverhandlungen im öffenlichen Dienst sind zudem stark räumlich zentralisiert: Lohnhöhe, Lohngruppen, Arbeitszeit, Urlaub und weitere Kernaspekte des Arbeitsvertrags werden auf nationaler Ebene vereinbart.

Die Strukturen der kollektiven Lohnfindung auf Seiten der freigemeinnützigen und privaten Krankenhäuser sind stärker regional und betrieblich differenziert. Zudem besitzen die kirchlichen Arbeitgeber bei der Festlegung von Arbeitsbedingungen eine größere Autonomie. Löhne und Arbeitsbedingungen werden dort traditionell im Rahmen eines Verfahrens vereinbart, das von den Kirchen als »Dritter Weg« bezeichnet wird und einen Mittelweg zwischen einseitiger Tariffestlegung und kollektiven Tarifverhandlungen darstellt. Anstelle von unabhängigen und hauptamtlich tätigen Gewerkschaftsvertretern sind in diesem Verfahren Arbeitnehmervertreter/innen beteiligt, die von betrieblichen »Mitarbeitervertretungen« entsandt werden, dem kirchlichen Pendant zu den Betriebsräten in weltlichen Betrieben. Auch auf betrieblicher Ebene stehen den Krankenhausleitungen schwächere Verhandlungspartner als in weltlichen Betrieben gegenüber, da hier nicht die Regelungen des Betriebsverfassungsgesetzes, sondern eigene Kirchengesetze gelten, die den Mitarbeitervertretungen geringere Mitsprachrechte einräumen (Baumann-Czichon/Gathmann 2006). Dies ist als eine der wesentlichen Ursachen für den geringen gewerkschaftlichen Organisationsgrad im Gesundheitswesen anzusehen (1990: 22 Prozent), da dadurch auch die Möglichkeiten für Gewerkschaften eingeschränkt werden, in den freigemeinnützigen Betrieben Mitglieder zu rekrutieren und mobilisieren (Hassel 1999: 174f). In der Vergangenheit fielen diese institutionellen Differenzen und geringen gewerkschaftlichen Organisationsgrade jedoch kaum ins Gewicht. Die Verhandlungen zwischen kirchlichen Arbeitgeber- und Arbeitnehmervertretern waren weitgehend konfliktentlastet, da sich die kirchlichen Tarifwerke in den Kernaspekten an den öffentlichen Tarif anlehnten oder nahezu identisch waren.

Insgesamt wurde somit eine hohe Tarifbindung in Krankenhäusern erreicht, die sich bis in die jüngere Vergangenheit hielt (siehe Abschnitt 3). Insbesondere für Beschäftigte mit einfachen Tätigkeiten kann der Krankenhaussektor somit als eine tarifpolitische »Insel« bezeichnet werden, deren Löhne sich von anderen Teilsektoren des Gesundheitswesens und anderen Wirtschaftszweigen deutlich abheben. Allerdings haben diese hohen Lohndifferenzen bereits frühzeitig Anlass zur Tarifflucht gegeben. Mit nur geringer zeitlicher Verzögerung zur Anhebung der Löhne der unteren Entgeltgruppen kam es in freigemeinnützigen wie öffentlichen Krankenhäusern bereits in den siebziger und frühen achtziger Jahren zu einer vollständigen oder partiellen Fremdvergabe an das private Reinigungsgewerbe mit seinen deutlich schlechteren Arbeitsbedingungen (Mayer-Ahuja 2003). Neben dem eher schwachen Organisationsgrad ist diese frühzeitige Tarifflucht im Bereich der Reinigungstätigkeiten ein zweiter Aspekt, der die Charakterisierung des Krankenhaussektors als für das deutsche Beschäftigungsmodell typische Branche einschränkt.

3 Entlohnung – von einer zu vielen Welten der Beschäftigung

Während der Krankenhaussektor in der Vergangenheit trotz der fragmentierten Anbieterstruktur gewissermaßen als »quasi-öffentlich« bezeichnet werden konnte, hat er sich, wie in anderen Ländern auch, seit Beginn der neunziger Jahre in Richtung eines *»Quasi-Marktes«* (LeGrand/Bartlett 1993) entwickelt.[2] Die damit verbundenen Ziele, nämlich eine Begrenzung öffentlicher Gesundheitsausgaben und eine Erhöhung der Kosteneffizienz, wurden im Wesentlichen durch eine Reform der Krankenhausfinanzierung verfolgt. Dies hat die bisherige informelle Tarifkoordination geschwächt und die Löhne unter Druck gesetzt. Im folgenden Abschnitt werden zunächst die veränderten Rahmenbedingungen skizziert (3.1) und anschließend ihre Auswirkungen auf die Lohnentwicklung analysiert. Dabei kommen zunächst die dezentralen Strategien der Krankenhäuser zur Tarifunterschreitung, insbesondere das Outsourcing (3.2), in den Blick. Anschließend werden die auch auf tarifvertraglicher Ebene vorgenommen Lohnkürzungen und stärkeren Lohndifferenzierungen dargestellt (3.3).

3.1 Ein Sektor im Umbruch: Von quasi-öffentlichen zu quasimarktförmigen Strukturen

Mit der Änderung der Finanzierungsregeln sind im Laufe der neunziger Jahre die Spielräume für die Krankenhäuser gesunken, Kostensteigerungen an ihren Hauptkunden, die gesetzlichen Krankenkassen, weiterzureichen. Zunächst wurde der Defizitausgleich durch die Krankenkassen nach und nach begrenzt. Defizite müssen nun von den Trägern der Krankenhäuser selbst ausgeglichen werden. Seit 1997 sind darüber hinaus Kostensteigerungen infolge von tariflich vereinbarten Lohnsteigerungen nicht mehr von der Budgetdeckelung ausgenommen. Sie werden seitdem nur noch so weit erstattet, wie sie den Einkommenszuwachs der gesetzlichen Krankenkassen nicht überschreiten. Schließlich wurden anstelle der tagesgleichen Pflegesätze pauschalierte Entgelte nach dem Vorbild der amerikanischen

2 Dieser Ausdruck bezeichnet Ansätze, die Beziehungen zwischen Anbietern und Käufern von öffentlichen Dienstleistungen marktförmigen Beziehungen anzugleichen und auf diese Weise die Kosteneffizienz zu erhöhen – selbst wenn sowohl Anbieter als auch Käufer weiterhin öffentlich dominiert bleiben

Diagnosis Related Groups (DRGs) eingeführt. Seit dem Jahr 2005 ist die Abrechnung der Krankenhäuser mit den Krankenkassen vollständig auf DRGs umgestellt worden, wobei die Höhe der Fallpauschalen allerdings noch in einer Übergangsphase bis 2009 zwischen Krankenhäusern variiert. Ein Kostendruck entsteht hierdurch insbesondere für die Einrichtungen, deren bisherige Fallkosten über den jetzt verbindlich festgelegten Pauschalen lagen; dies betrifft vor allem größere Krankenhäuser, welche sich überwiegend in kommunaler Trägerschaft befinden. Zusätzliche finanzielle Engpässe entstehen den Kliniken bei den Investitionskosten: Deren Finanzierung ist Aufgabe der Bundesländer. Knappe öffentliche Haushaltsmittel hatten jedoch zur Folge, dass auch die öffentlichen Krankenhausinvestitionen in den vergangenen fünfzehn Jahren stark gesunken sind und unter dem tatsächlichen Bedarf von Krankenhäusern liegen. Mittlerweile erwirtschaften Krankenhäuser ihre Investitionsmittel daher in beträchtlichem Umfang aus dem laufenden Betrieb (20,5 Prozent), greifen auf Fördermittel des Trägers zurück (5,5 Prozent) oder auf Kredite (3,6 Prozent) (Blum/Schilz 2005: 25).

Die Folge dieses steigenden finanziellen Drucks ist zum einen eine veränderte Anbieterstruktur: Insbesondere kommunale Krankenhäuser wurden im Laufe der letzten 15 Jahre an private Träger verkauft. Im Jahr 2004 befanden sich nur noch 37 Prozent der Akut-Krankenhäuser in öffentlicher Trägerschaft (1990: 47 Prozent), während der Anteil freigemeinnütziger Einrichtungen mit 38 Prozent weitgehend gleich geblieben war (1990: 39 Prozent). Demgegenüber war der Anteil der privaten Krankenhäuser von 15 Prozent auf 25 Prozent gestiegen (Quelle: Statistisches Bundesamt, Krankenhausstatistik). Private Krankenhausträger besitzen damit im Vergleich zu anderen europäischen Ländern in Deutschland nicht nur einen außerordentlich hohen Marktanteil im Segment der Akutkrankenhäuser, sondern sie heben sich als Folge starker Konzentrationsprozesse auch durch ihre Firmengröße von privaten Kliniken anderer Länder ab: Die meisten sind Teil eines Krankenhaus-Konzerns; dabei beschäftigen die drei größten privaten Krankenhauskonzerne (*Rhön, Helios, Sana*) jeweils mehr als 25.000 Beschäftigte (2006) (Stumpfögger 2007: 9). Die Privatisierungs- und Konzentrationsprozesse haben mittlerweile auch ausländische Investoren angezogen (Stumpfögger 2007:10f). Unter den verbliebenen kommunalen Krankenhäusern findet ebenfalls ein Konzentrationsprozess statt. Um Synergieeffekte zu erreichen und zum Teil auch um eine lokale Monopolstellung gegen private Wettbewerber zu verteidigen, kaufen wirtschaftlich gesunde öffentliche Krankenhäuser andere Einrichtungen der Umgebung zum Teil auf oder fusionieren mit ihnen.

3.2 Lohnpolitik unterhalb der tariflichen Ebene: Outsourcing

Die Strategie der Auslagerung war vor den Tarifabsenkungen der jüngeren Zeit für Krankenhäuser die einzige Möglichkeit, Einsparungen über eine Lohnabsenkung vorzunehmen. Genaue Zahlen zum Umfang der Auslagerung gibt es nicht. Als grobes Indiz kann aber die Beschäftigungsentwicklung im so genannten »Wirtschafts- und Versorgungsdienst«, zu denen neben Reinigungskräften auch Beschäftigte in Küche, Wäscherei und Transportdienst gehören, herangezogen werden: Ihr Anteil ging zwischen 1991 und 2004 um 41 Prozent auf 57.000 Beschäftigte (VZÄ) zurück (Quelle: Statistisches Bundesamt, Krankenhausstatistik). Dass von Outsourcing flächendeckend Gebrauch gemacht wurde, belegen auch die Krankenhäuser im Sample: In sechs von acht Krankenhäusern sind die Reinigungskräfte nicht mehr beim Krankenhaus selber beschäftigt, sondern bei externen Dienstleistern oder einer krankenhauseigenen »Service-GmbH«. In einem siebten Krankenhaus ist der Auslagerungsprozess im Gange. In den drei freigemeinnützigen Krankenhäusern erfolgte die Auslagerung vor den neunziger Jahren.

Mit der Auslagerung werden die Reinigungstätigkeiten zwar nicht in eine tariffreie Zone verlagert, da das private Reinigungsgewerbe zu den wenigen Branchen zählt, für die ein allgemeinverbindlicher Tarifvertrag gilt. Auch Arbeitgeber, die nicht im Arbeitgeberverband organisiert sind, müssen daher Stundenlöhne von derzeit 7,87 Euro (West) bzw. 6,36 Euro (Ost) zahlen. Dies entspricht 53 Prozent des westdeutschen bzw. 59 Prozent des ostdeutschen Medianlohnes.[3] Da jedoch keine weiteren Leistungen (Weihnachtsgeld, Altersvorsorge) anfallen, liegt die Entlohnung im privaten Reinigungsgewerbe um bis zu 40 Prozent unter der in öffentlichen Krankenhäusern (siehe Tabelle 3) und in jedem Fall unterhalb der Niedriglohnschwelle (9,83 Euro (West) bzw. 7,15 Euro (Ost)). Zudem sind Tarifunterschreitungen trotz der Allgemeinverbindlichkeit offenbar keine Seltenheit (Gather u.a. 2005: 145).

3 Bezugsgrößen sind hier die für Ost- und Westdeutschland getrennt berechneten Medianlöhne für das Jahr 2004, die die Löhne aller Beschäftigten (Vollzeit-/Teilzeit-/geringfügig Beschäftigte) einbeziehen. Für weitere Details siehe Kapitel 1, Abschnitt 2.3.

Da Auslagerung eine dezentrale, betriebliche Strategie ist, könnte man annehmen, dass die Unterschiede zwischen kirchlichen und öffentlichen Krankenhäusern bezüglich der Existenz und der Mitbestimmungsrechte betrieblicher Interessenvertretungen von Bedeutung sind. Die Fallstudien haben diese Annahme nur begrenzt bestätigt. Wichtiger scheint hingegen der Einfluss der regionalen wirtschaftlichen Lage zu sein.[4] In wirtschaftlich prosperierenden Regionen mit vielen gut bezahlten, privat versicherten Arbeitskräften können die Einnahmen aus dieser Patientengruppe Krankenhäusern wichtige Zusatzeinkünfte verschaffen, die ihnen wiederum den finanziellen Spielraum lässt, auch Reinigungskräfte nach dem Tarif des öffentlichen Dienstes zu entlohnen. Eines der privaten Krankenhäuser im Sample etwa liegt in einer solchen Region und ist das einzige, in dem die Reinigung vollständig von eigenen, nach öffentlichem Tarif bezahlten Beschäftigten erbracht wird. Dies gilt nach Auskunft von lokalen Gewerkschaftsvertretern auch für alle anderen Krankenhäuser der Stadt.

Dass die Trägerschaft eine geringere Rolle spielt, hat auch mit den geringen rechtlichen Einspruchsmöglichkeiten zu tun, die Betriebsräten bei der Auslagerung von Teilen des Betriebs nach dem Betriebsverfassungsgesetz zuwächst oder den Beschäftigten selber durch das Kündigungsschutzgesetz. Von Bedeutung ist am ehesten der im Tarifvertrag des öffentlichen Dienstes (und damit auch in den Tarifwerken der Kirchen) verankerte zusätzliche Kündigungsschutz, der nach 15 Jahren Beschäftigungszeit betriebsbedingte Kündigungen ausschließt. Darauf deutet der Vergleich zweier Krankenhäuser im Sample hin: In einem öffentlichen Krankenhaus (in Westdeutschland) kann der Personalrat trotz Einleitung eines mitbestimmungsrechtlichen Verfahrens und einer öffentlichen Mobilisierungskampagne die Auslagerung der Reinigungstätigkeiten nicht verhindern. Allerdings erfolgt die Auslagerung hier schrittweise und sozial abgefedert, da den eigenen Beschäftigten nicht gekündigt wird, sondern ausscheidende Beschäftigte (aufgrund von Rente, Umzug etc.) durch Beschäftigte eines externen Dienstleisters ersetzt werden. Dies dürfte mindestens zum Teil auf die langen Betriebszugehörigkeiten zurückzuführen sein: Im Jahr 2005 sind weit über 50 Prozent der verbliebenen krankenhauseigenen Reinigungskräfte länger als 20 Jahre im Krankenhaus beschäftigt und damit nach den Regelungen des öffentlichen Tarifs unkündbar. Demgegenüber

4 Die privaten Krankenversicherungen finanzierten im Jahr 2004 rund 10 Prozent der Ausgaben für Krankenhäuser (Quelle: Gesundheitsausgabenrechnung, Statistisches Bundesamt).

wurden die Reinigungskräfte in einem kommunalen Krankenhaus (in Ostdeutschland) noch vor seiner Privatisierung Ende der neunziger Jahre von der Geschäftsleitung mit Abfindungen dazu bewegt, zu kündigen und das Angebot eines neuen Arbeitsvertrags bei einem externen Dienstleister zu den deutlich niedrigeren Löhnen des privaten Reinigungsgewerbes anzunehmen. Auf diese Weise werden selbst die minimalen gesetzlichen Regelungen im Falle eines Betriebsübergangs umgangen und die begrenzten Handlungsmöglichkeiten des Personalrates ausgehebelt. Nach Darstellung des damaligen Personalratsvorsitzenden befürchteten die Reinigungskräfte vor dem Hintergrund der hohen regionalen Arbeitslosenquote, andernfalls beim neuen Arbeitgeber keine Anstellung zu bekommen. Zudem sahen sie wenig Chancen, sich gegen eine Kündigung durch das Krankenhaus zur Wehr setzen zu können. In diesem Fall spielte also zum einen der tatsächlich geringere Kündigungsschutz eine Rolle – anders als in dem westdeutschen Krankenhaus hatten die Reinigungskräfte hier nach der Vereinigung noch nicht genügend Beschäftigungsjahre angesammelt, um unter den besonderen tariflichen Kündigungsschutz zu fallen. Auch die geringere Risikobereitschaft der Beschäftigten aufgrund der überhaus hohen Arbeitslosigkeit der Region sowie ein geringer ausgeprägtes Vertrauen in die Schutzwirkung von Institutionen mag hier eine Rolle gespielt haben.

Unterschiede in aktuellen Auslagerungsprozessen betreffen somit in erster Linie die Geschwindigkeit. Das Ergebnis ist jedoch nahezu identisch: In allen ausgelagerten Reinigungsdiensten liegt der Lohn einheitlich auf dem Niveau des Gebäudereinigertarifs. Dies gilt auch für die so genannten »Service-GmbH«-Tochtergesellschaften von Krankenhäusern, in denen diese die Mehrheit der Anteile besitzen. Auf diese Weise können Krankenhäuser nach deutschem Recht die mittlerweile 19 Prozent Mehrwertsteuer sparen, die sie an die externen Dienstleister abführen müssen. Aus diesem Grund gehen Krankenhäuser zunehmend dazu über, ihre bereits seit langem ausgelagerte Reinigung wieder in Tochtergesellschaften zu integrieren. Im Fallstudiensample haben dies zwei Krankenhäuser bereits vor einigen Jahren umgesetzt, ein weiteres Krankenhaus plant dies für die nähere Zukunft. Für die Beschäftigten ist dies allerdings nicht mit einer verbesserten Bezahlung verbunden: Auch in den beiden Service-Gesellschaften liegen die Löhne nicht über dem Tarifvertrag des Reinigungsgewerbes.

Die bisherigen Ausführungen haben sich auf die Reinigung konzentriert. Sowohl die Fallstudien als auch weitere Berichte von Arbeitnehmervertretungen geben aber Hinweise auf vereinzelte Fälle, in denen auch kirchliche und private Krankenhäuser mittlerweile zur Gründung von Tochtergesellschaften für Pflegehilfskräfte oder sogar für ein breiteres Spektrum auch qualifizierter Beschäftigter übergehen (Gutt 2006). In diesen Tochtergesellschaften werden Neueingestellte zu deutlich niedrigeren Tarifen beschäftigt. Dass die Auslagerung von Pflegehilfstätigkeiten bislang aber noch keine weit verbreitete Kostensenkungsstrategie von Krankenhäusern zu sein scheint, dürfte nicht zuletzt mit ihrer vergleichsweise geringen Anzahl und ihrem weiter rückläufigen Einsatz in Krankenhäusern zu tun haben (siehe Abschnitt 4).

3.3 Stärkere tarifvertragliche Lohndifferenzierung

Lohnkürzungen und eine stärkere Lohndifferenzierung wurden in den vergangenen zehn Jahren auch tarifvertraglich vereinbart. Dabei wirken die Lohnstrukturen auf den ersten Blick relativ stabil: So ergibt eine Analyse der effektiv gezahlten Löhne in Krankenhäusern, dass der Krankenhaussektor nach wie vor eine herausgehobene Position bei den Löhnen einnimmt. Der Anstieg der Niedriglohnbeschäftigung konzentriert sich nämlich primär auf die anderen Teilsektoren des Gesundheitswesens: Während im gesamten Gesundheitssektor 22,6 Prozent der Vollzeitbeschäftigten im Jahr 2003 einen Lohn unterhalb der Niedriglohnschwelle bezogen (1999: 20,3 Prozent), waren es im Krankenhaussektor lediglich 5,7 Prozent (Tabellen A.1 und 7.1). Unter vollzeitbeschäftigten Pflegehilfskräften liegt der Niedriglohnanteil im gesamten Gesundheitssektor fast dreimal so hoch (24,5 Prozent) wie im Krankenhaussektor (8,8 Prozent), Reinigungskräfte zählen im gesamten Gesundheitssektor mehr als doppelt so häufig zur Gruppe der Niedriglohnbezieher (41,4 Prozent) wie ihre Kolleg/innen, die in Krankenhäusern angestellt sind (19,6 Prozent) (Tabellen A.1 und 7.1).

Allerdings kommen wesentliche Aspekte der jüngeren Dynamik und damit auch ein guter Teil der Niedriglohnbeschäftigung in diesen Zahlen nicht zum Vorschein: Das betrifft zum einen Tätigkeiten wie die Reinigung, die durch Auslagerung in einen anderen Wirtschaftszweig mit niedrigeren Löhnen gewechselt sind, auch wenn der Arbeitsplatz weiterhin im Krankenhaus ist (s. Abschnitt 3.2). Zudem beziehen sich die oben genannten Zahlen auf Vollzeitbeschäftigte. Die Niedriglohnquote ist jedoch unter Teilzeitbeschäftigten und insbesondere unter geringfügig Beschäftigten generell deutlich höher (Tabelle 1.5); aufgrund der hohen und steigenden Teilzeitquote in den beiden hier betrachteten Beschäftigtengruppen (siehe Abschnitt 5.2) ist daher von einer höheren und steigenden Niedriglohnquote in beiden Gruppen auszugehen. Auch dies betrifft in erster Linie Reinigungstätigkeiten, da Minijobs hier die dominante Beschäftigungsform sind. Berechnungen für die Gruppe der Reinigungskräfte in der Gesamtwirtschaft ergeben, dass der Niedriglohnanteil unter den geringfügig beschäftigten Reinigungskräften bei 88 Prozent (2004) liegt (Jaehrling u.a. 2006: 117). Und schließlich schlagen sich die zahlreichen Lohnkürzungen, die seit Mitte der neunziger Jahre tarifvertraglich vereinbart wurden, erst nach und nach in niedrigeren Löhnen nieder. Grund hierfür sind »Besitzstand«-Regelungen in den neuen Tarifverträgen, die bereits Beschäftigte von den Lohnkürzungen ganz oder teilweise ausnehmen. Daher werden die vollen Auswirkungen der tariflichen Absenkungen, die im Folgenden dargestellt werden, erst in Zukunft empirisch messbar sein, wenn mehr und mehr Neueingestellte unter die Neuregelungen fallen.

Von den tariflich vereinbarten Lohnkürzungen sind die verschiedenen Beschäftigtengruppen im Krankenhaus nicht gleichermaßen betroffen. Seit Mitte der neunziger Jahre wurden für die unteren Lohngruppen im hauswirtschaftlichen Bereich in den verschiedenen Tarifwerken die Grundlöhne stark abgesenkt. Eine zweite Welle der Lohnsenkung, die derzeit noch im Gange ist, betrifft alle Beschäftigten einschließlich der höher qualifizierten Kernbeschäftigten: Dabei werden vorrangig Zulagen gekürzt und die Wochenarbeitszeiten verlängert; auch die Grundlöhne sinken, aber in geringerem Maße als bei den hauswirtschaftlichen Tätigkeiten. Geschwindigkeit und Ausmaß der Entwicklung variiert dabei nach der Trägerschaft. Die oben skizzierten institutionellen Unterschiede entfalteten unter den neuen Finanzierungsregeln ihre volle Wirkung, indem sie den Trägern unterschiedliche Möglichkeiten zur Reaktion eröffnet haben.

In den Tarifwerken der *kirchlichen* Krankenhäuser wurden die Löhne für hauswirtschaftliche Tätigkeiten bereits in der zweiten Hälfte der neunziger Jahre um bis zu 25 Prozent unter das Niveau des öffentlichen Tarifs gesenkt (siehe Tabelle 4.2). Auch bei den Lohnkürzungen für die übrigen Beschäftigtengruppen über den Weg von tariflichen Öffnungsklauseln übernahmen die kirchlichen Krankenhäuser in der zweiten Hälfte der neunziger Jahre eine Vorreiterrolle.[5] In diesen relativ frühzeitigen Einschnitten

---

5 So besteht zum Beispiel in den Krankenhäusern der westfälischen, lippischen und rheinischen Diakonischen Werke mit der »Beschäftigungssicherungsordnung« seit 1999 die Möglichkeit, im Gegenzug für den Verzicht auf betriebsbedingte Kündigungen für

schlägt sich unter anderem die größere Autonomie der kirchlichen Arbeitgeber bei der Festlegung von Arbeitsbedingungen nieder. So wurden die Öffnungsklauseln in den regionalen Tarifwerken zum Teil gegen den Widerstand der Beschäftigtenvertreter einseitig verfügt (*Ver.di-Kirchen-Info* 1/2004, S. 9ff, 14/15).

Auch in *privaten*, ehemals kommunalen Krankenhäusern bieten die etwas höheren gewerkschaftlichen Organisationsgrade und das Betriebsverfassungsgesetz nur begrenzt dauerhaften Schutz gegen Verschlechterungen der Arbeitsbedingungen im unteren Lohnsegment. Zwar handelt die Gewerkschaft im Falle von Privatisierungen häufig Überleitungsverträge aus, die einen Personalabbau und eine Verschlechterung der Arbeitsbedingungen vertraglich verhindern sollen. Eine von der Gewerkschaft *Ver.di* in Auftrag gegebene Studie kommt jedoch zum Ergebnis, dass gemeinsames Merkmal der untersuchten Privatisierungs-Fälle eine stärkere Lohnspreizung ist, bei der Ärzte und examinierte Pfleger/innen tendenziell mehr verdienen und Servicekräfte und Hilfskräfte weniger (PLS Ramboll 2003b: 5). In einem privaten Krankenhaus aus dem Sample liegen die Löhne auch für Pflegefachkräfte um 6 Prozent unter dem Niveau des vormals gültigen öffentlichen Tarifs. Auf den ersten Blick überraschend ist demgegenüber die Situation im dem zweiten privaten Fallstudien-Krankenhaus: Der Haustarifvertrag in diesem ehemals kirchlichen Krankenhaus lehnt sich bis heute an den öffentlichen Tarifvertrag an. Dies wurde von dem früheren Eigentümer, einer evangelischen Einrichtung, die noch 25 Prozent der Anteile hält, beim Verkauf zur Auflage gemacht. Auch in diesem Punkt trägt die Wirtschaftskraft der Region vermutlich wesentlich zur Erklärung bei (siehe Abschnitt 3.2). Das letztgenannte Krankenhaus liegt in einer prosperierenden westdeutschen Region, während das erstgenannte Krankenhaus in einer ostdeutschen Region mit hoher Arbeitslosigkeit und generell niedrigerem Lohnniveau liegt. Wie die Ausführungen bereits verdeutlicht haben, sind die Tarifverhandlungen in privaten Krankenhäusern stark dezentralisiert; es dominieren bislang Haustarifverträge. Dies beginnt sich jedoch zu ändern, seit es der Gewerkschaft *Ver.di* im Jahr 2005 gelang,

---

mindestens ein Jahr wahlweise das Weihnachtsgeld abzusenken (seit 2004: um die Hälfte) oder die Wochenarbeitszeit ohne Lohnausgleich zu verlängern (seit 2004: von 38,5 auf bis zu 40 Stunden). Nach Angaben des Arbeitgeberverbandes diakonischer Einrichtungen (*VdDD*) waren im Bundesgebiet im Jahr 2004 fast 20 Prozent der Beschäftigten in evangelischen Krankenhäusern und weiteren sozialen Einrichtungen von solchen und ähnlichen Notlagenvereinbarungen betroffen (*Die Welt* vom 22.4.2005, S. 12).

mit einer Reihe von Krankenhauskonzernen Verhandlungen über konzernweite Tarifverträge aufzunehmen.[6] Dieser Schritt in Richtung einer Re-Zentralisierung von Tarifverhandlungen wurde wenigstens zum Teil unterstützt durch das seit dem Jahr 2004 geltende neue Arbeitszeitgesetz, welches die europäische Rechtsprechung zu Bereitschaftsdiensten umsetzt.[7]

Schließlich bietet auch in den verbliebenen *kommunalen* Krankenhäusern die anhaltende Bindung an den öffentlichen Tarif keinen dauerhaften Schutz gegen Lohnabsenkungen. Zwar kam es hier zunächst nicht zu Tarifabsenkungen, was nicht zuletzt daran liegt, dass die Löhne nicht separat für Krankenhäuser, sondern im Verbund mit anderen Sparten des öffentlichen Dienstes verhandelt werden. Auch nach der Entscheidung des Gesetzgebers im Jahr 1997, Kostensteigerungen infolge von Lohnsteigerungen nur noch zu geringen Anteilen über die Krankenkassen zu erstatten, kam es zu höheren Lohnabschlüssen als den gesetzlich definierten Steigerungsraten der Krankenhausbudgets (Rocke 2003). Die Krankenhausverbände nahmen dies zum Anlass, einen eigenen Spartentarifvertrag für Krankenhäuser zu fordern (DKG/VKA/VKD 2002), setzten sich hiermit aber nicht durch. Da den Krankenhausleitungen die Kündigung des öffentlichen Tarifs in der Regel nicht möglich ist,[8] griffen auch sie vermehrt zur Auslagerung von Teilen des Betriebes, wovon wie dargestellt insbesondere die Reinigungskräfte in hohem Maße betroffen waren. Die umfassende Reform des Tarifwerks des Öffentlichen Dienstes im Jahr 2005 be-

---

6 Der erste konzernweite Tarifvertrag wurde im Januar 2007 mit der zweitgrößten Krankenhaus-Kette abgeschlossen (*Helios Kliniken GmbH*).

7 Das neue Gesetz unterstützt insofern die Bemühungen von Gewerkschaften, Arbeitgeber an den Verhandlungstisch (zurück-)zuholen, als es Ausnahmen von der täglichen und wöchentlichen Arbeitshöchstzeit an den Abschluss eines Tarifvertrags bindet. Da Krankenhäuser ein hohes Interesse an der Ausdehnung der Arbeitszeit für manche ihrer Beschäftigtengruppen (vor allem Ärzte) haben, versucht *Ver.di* dies als Hebel zu nutzen, um Paketgeschäfte abzuschließen: Nämlich die Arbeitszeit für einzelne Beschäftigtengruppen nur in Verbindung mit den Arbeitsbedingungen für alle Beschäftigtengruppen zu verhandeln. Da der *Marburger Bund* seit kurzem auch mit privaten Krankenhausketten separate Tarifverhandlungen führt, dürfte dieser Hebel in Zukunft weniger wirksam sein.

8 Dies gilt zumindest für die kommunalen Krankenhäuser in öffentlich-rechtlicher Form. Hier sind nicht die Krankenhausleitungen, sondern die Kommunen Mitglied des Arbeitgeberverbandes (VKA), daher könnte auch nur die gesamte Kommune aus dem Verband austreten. Öffentliche Krankenhäuser in privat-rechtlicher Form können allerdings austreten und haben dies insbesondere in Ostdeutschland im Zuge der aktuellen Verhandlungen zur Tarifrechtsreform in einigen Fällen getan.

trifft daher vermutlich nur noch eine Minderheit der Reinigungskräfte in Krankenhäusern.

Die Tarifreform wurde maßgeblich durch die niedrigeren Tarife bei privaten und freigemeinnützigen Anbietern von ehemals öffentlichen Dienstleistungen in Gang gesetzt – wenngleich die Reform sich nicht auf Lohnabsenkungen beschränkt, sondern eine grundlegende Modernisierung der Tarifstrukturen beinhaltet, die auch von Gewerkschaftsseite aktiv befürwortet wurde. Unter anderem sollte sich auch nach Wunsch der Gewerkschaft die Bezahlung künftig stärker an den Tätigkeitsmerkmalen orientieren, und weniger an Seniorität, Familienstatus oder formaler Qualifikation. Von Gewerkschaftsseite wurde aber auch früh die Bereitschaft zu Lohnabsenkungen im unteren Einkommensbereich signalisiert, um der andauernden Tarifflucht durch Privatisierung und Outsourcing entgegenzuwirken und den Flächentarif zu erhalten (Verdi 2004).

Im Ergebnis wurden in dem neuen *Tarifvertrag für den öffentlichen Dienst* (TVöD) für alle Berufsgruppen die familienbezogenen Zuschläge gestrichen; im Gegenzug dazu gibt es ab 2007 leistungsorientierte Zuschläge, die sukzessive auf 8 Prozent der jährlichen Lohnsumme eines Krankenhauses angehoben werden. Darüber hinaus lässt das nationale Tarifwerk Raum für Arbeitszeitverlängerungen ohne Lohnausgleich. Schließlich ist auch das Grundlohnniveau in vielen Beschäftigtengruppen abgesenkt worden. Dies trifft auch auf die Pflegekräfte zu, wie die folgende Tabelle zeigt. Die Lohndifferenzen zwischen Pflegehilfskräften und Pflegefachkräften wurden hingegen nur geringfügig erhöht. Aufgrund von Besitzstandsregelungen greifen die Änderungen bei bereits Beschäftigten nur teilweise und mit zeitlicher Verzögerung.

Stärker fallen die Einschnitte für die Reinigungskräfte aus. Im neuen Tarifwerk wurde eine neue Niedriglohngruppe eingeführt, deren monatliches Grundgehalt in der Einstiegsstufe mit aktuell 1.286 Euro (West) bzw. 1.209 Euro (Ost) mindestens in Westdeutschland noch unterhalb des Tariflohns der privaten Gebäudereinigung liegt. Im Unterschied zur Gebäudereinigung erhalten die Beschäftigten in dieser Lohngruppe aber senioritätsbedingte Lohnsteigerungen und Zulagen wie das Weihnachtsgeld; darüber hinaus sind sie in der zusätzlichen Altersvorsorge des öffentlichen Dienstes versichert. Auch diese neue Lohngruppe kommt erst bei

Tabelle 4.1: Tarifliche Monatslöhne für Pflegekräfte in öffentlichen Krankenhäusern (2005)

		*BAT (bis 31.1.2005)**		*TVöD (ab 1.10.2005)***	
		Ostdeutschl.	*Westdeutschl.*	*Ostdeutschl.*	*Westdeutschl.*
Pflegehelfer/in (ohne staatl. Examen)	€ pro Monat	1746–2074	1923–2283	1570–2073	1693–2237
	€ pro Stunde***	10,07–11,97	11,53–13,68	9,06–11,96	10,15–13,41
Krankenpflege-helfer/in (mit Examen)	€ pro Monat	1817–2337	2000–2555	1626–2332	1776–2516
	€ pro Stunde***	10,48–13,48	11,9–15,31	9,38–13,45	10,65–15,08
Krankenpfleger/in (ohne Zusatz-funktionen/-qualifikationen)	€ pro Monat	1992–2540	2175–2778	1993–2523	2150–2723
	€ pro Stunde***	11,49–14,65	13,04–16,65	11,50–14,56	12,89–16,32

* Bruttolöhne für verheiratete Beschäftigte, einschließlich Jahressonderzahlungen, ohne Kinderzuschläge.

** Bruttolöhne einschließlich Jahressonderzahlungen, ohne die (ab 2007 einzuführenden) leistungsabhängigen Zuschläge.

*** Die Stundenlöhne sind auf der Basis der tarifvertraglich vereinbarten wöchentlichen Arbeitszeit berechnet, also für 40 (Ost) bzw. 38,5 (West) Wochenstunden. Allerdings ist die Wochenstundenzahl in einigen westdeutschen Tarifgebieten wie erwähnt bereits ohne Lohnausgleich angehoben worden, so dass die Stundenlöhne in diesen Regionen niedriger liegen als in der Tabelle angegeben.

Quelle: Verschiedene Tarifverträge, eigene Zusammenstellung

Neueingestellten zum Einsatz. Allerdings fallen neu eingestellte Reinigungskräfte nicht automatisch in die neue Lohngruppe. In den nationalen Tarifverhandlungen wurde nur eine begrenzte Zahl von Tätigkeiten dieser Gruppe zugeordnet, zu denen die Innenreinigung nicht zählt. Es wurde jedoch die Möglichkeit eingeräumt, dass durch dezentrale Verhandlungen auf Länderebene weitere Tätigkeiten dieser Lohngruppe zugeordnet werden. Zudem ist es Krankenhäusern erlaubt, Löhne »in von Outsourcing oder Privatisierung bedrohten Bereichen« bis auf das Niveau der neuen Niedriglohngruppe abzusenken. In Zukunft ist daher zu erwarten, dass die Entlohnung von Reinigungskräften und weiteren hauswirtschaftlichen Beschäftigten in öffentlichen Krankenhäusern deutlich stärker nach Region und jeweiligem Krankenhaus variieren und zumindest teilweise deutlich unter dem früheren Tarifniveau liegen wird. Für die Hoffnung der Gewerkschaft, dass nach der Tarifreform einzelne Krankenhäuser ihre externen Reinigungskräfte wieder eingliedern, geben die Fallstudienkrankenhäuser hingegen wenig Anlass: Durch Zulagen und senioritätsbedingte Steigerungen liegt auch die Entlohnung nach dem neuen Tarif noch über dem Lohnniveau des privaten Reinigungsgewerbes. Dies wird von einzelnen Krankenhäusern im Sample auch als Grund dafür angegeben, warum ein »*Insourcing*« für sie nicht in Frage kommt.

Tabelle 4.2: Tarifliche Monatslöhne für Reinigungskräfte in Krankenhäusern (2005)

		öffentl. Krankenhäuser (BMT-G, bis 31.1.2005)*	öffentl. Krankenhäuser (TVöD, ab 1.10.2005)**		Frei-gemeinnützige Krankenhäuser (AVR-DW-EKD)	Gebäudereinigungsbranche
			Neue Niedriglohngruppe (EG 1)	Höchste Lohngruppe für Reinigungskräfte (EG 2)		
West	€ pro Monat	1.733–1.976	1.382–1.548	1.558–1.957	1.386–1.468	1.330
	€ pro Stunde***	10,39–11,84	8,28–9,28	9,34–11,73	8,31–8,80	7,87
Ost	€ pro Monat	1.573–1.794	1.281–1.435	1.444–1.813	1.257–1.332	1.075
	€ pro Stunde***	9,08–10,35	7,39–8,28	8,33–10,46	7,25–7,68	6,36
Niedriglohngrenze pro Stunde (2004)		€ 7,15 (Ost); € 9,83 (West)				

* Bruttolöhne für verheiratete Beschäftigte, einschließlich Jahressonderzahlungen, ohne Kinderzuschläge

** Bruttolöhne, einschließlich Jahressonderzahlungen, ohne die (ab 2007 einzuführenden) leistungsabhängigen Zuschläge

*** Die Stundenlöhne sind auf der Basis der tarifvertraglich vereinbarten wöchentlichen Arbeitszeit berechnet; siehe Tabelle 2 für Details zu den öffentlichen Krankenhäusern. In der privaten Gebäudereinigungsbranche liegt die tarifliche Wochenstundenzahl einheitlich bei 39 Stunden in Ost- und Westdeutschland.

Quelle: Verschiedene Tarifverträge, eigene Zusammenstellung

Eine weitere Folge der Tarifreform ist die stärkere Fragmentierung der Tarifverhandlungen sowohl in regionaler Hinsicht als auch entlang von Berufsgruppen. Die Ärztegewerkschaft *Marburger Bund* kündigte aus Unzufriedenheit mit den Verhandlungsergebnissen die Zusammenarbeit mit *Ver.di* auf und führt seitdem eigene Tarifverhandlungen mit den Krankenhäusern. Auch auf Arbeitgeberseite hat es eine Fragmentierung gegeben: Im Rahmen der Verhandlungen um den TVöD schieden die Bundesländer aus der bisherigen Tarifkoordination mit den Bund und den Kommunen aus. Die Arbeitsbedingungen für Beschäftigte in den landeseigenen Universitätskrankenhäusern und den Beschäftigten in den kommunalen Krankenhäusern werden seitdem in getrennten Verhandlungen festgelegt. Schließlich enthält, wie oben gesehen, der neue Tarifvertrag in zentralen Belangen (Arbeitszeit, Entlohnung) nun verschiedene Öffnungsklauseln, die den Verhandlungen auf regionaler Ebene mehr Bedeutung zukommen lassen.

Zusammenfassend lässt sich festhalten, dass die meisten Änderungen bezüglich der Entlohnung die Gruppe der Reinigungskräfte beziehungsweise der hauswirtschaftlichen Beschäftigten betrafen. Die institutionellen Unterschiede zwischen den Krankenhausträgern haben dabei eher eine unterschiedliche Dynamik als ein unterschiedliches Ergebnis bewirkt. Zunächst führten die Veränderungen der Finanzierungsregeln dazu, dass sich die Strategien unterschiedlicher Träger aufgrund unterschiedlicher institutioneller Handlungsspielräume auseinander entwickelten. Dies hat jedoch eine Abwärtsspirale in Gang gesetzt, die zuletzt auch den öffentlichen Dienst erfasst hat und zu einer erneuten Annäherung der Löhne führt, diesmal auf einem erheblich abgesenkten Niveau. Zwar liegen die Tariflöhne für Reinigungskräfte auch nach der Tarifreform im öffentlichen Dienst in der Regel noch über denen in kirchlichen und privaten Krankenhäusern. Der Unterschied ist jedoch nun geschrumpft, da auch innerhalb der Gruppe der öffentlichen Krankenhäuser die vereinheitlichende Wirkung des Tarifs durch zahlreiche Öffnungsklauseln geschwächt wurde. Selbst wenn es daher der Gewerkschaft *Ver.di* gelingt, den neuen öffentlichen Tarifvertrag wieder als Referenzrahmen für Tarifabschlüsse mit den privaten Krankenhausträgern zu etablieren, wird dieser Referenzrahmen zumindest in einigen Regionen nur wenig oberhalb des Tarifniveaus im privaten Reinigungsgewerbe liegen. Wenn sich in Zukunft überhaupt Tarifunterschiede zwischen Krankenhäusern halten sollten, dann spielen regionale Faktoren vermutlich eine größere Rolle als die Frage der Trägerschaft. Wie oben deutlich wurde, hat die regionale Arbeitsmarktsituation bereits in der Vergangenheit eine bedeutende Rolle gespielt: Zum einen insofern, als eine hohe regionale Arbeitslosenquote die Durchsetzung von Lohnsenkungen erleichtert; zum anderen insofern, als eine hohe regionale Arbeitslosenquote die finanziellen Ressourcen von Krankenhäusern beschränkt und dadurch den Druck auf die Löhne im allgemeinen erhöht.

4 Arbeitsorganisation – der Rückgang intermediärer Tätigkeiten

Wie das Outsourcing ist die Veränderung der Arbeitsorganisation eine weitere dezentrale Strategie von Krankenhäusern, die sich auf die Qualität und Quantität der hier näher betrachteten Tätigkeiten auswirkt. Während sich das Outsourcing allerdings bislang weitgehend auf Reinigungskräfte und andere hauswirtschaftliche Tätigkeiten konzentriert, sind insbesondere Pflegehilfskräfte in der jüngeren Zeit von Veränderungen der Arbeitsorganisation betroffen. Anders als in Ländern wie Frankreich oder Großbritannien kommt es hier zu einer stärkeren vertikalen Integration von einfachen Pflegetätigkeiten in das Aufgabenprofil der examinierten Krankenschwester mit dreijähriger Ausbildung. Im Bereich der patientenfernen, hauswirtschaftlichen Tätigkeiten sind deutsche Krankenhäuser hingegen durch eine starke Aufteilung der Tätigkeiten auf Beschäftigtengruppen mit jeweils recht engen Aufgabenprofilen gekennzeichnet. Ansätze zu einer stärkeren Bündelung hauswirtschaftlicher Tätigkeiten gibt es kaum – im Gegensatz beispielsweise zu den USA, wo angesichts von Rekrutierungsproblemen die Strategien von Krankenhäusern in den neunziger Jahren mindestens teilweise auf eine Verbesserung der Arbeitsplatzqualität im hauswirtschaftlichen Bereich zielten (Appelbaum u.a. 2003). In Deutschland hingegen sind »intermediäre« Tätigkeiten, die von Status, Bezahlung und Qualifikation her eine Brücke zwischen Berufen mit dreijährigem Berufsabschluss und Tätigkeiten ohne formale Qualifikationsanforderungen schlagen, sowohl in der Hauswirtschaft als auch in der Pflege auf dem Rückzug.

Einer der offensichtlichen Gründe hierfür ist, dass es in den deutschen Krankenhäusern keinerlei Rekrutierungsschwierigkeiten für »einfache« Tätigkeiten zu geben scheint, unabhängig davon, ob die regionale Arbeitslosenquote über- oder unterdurchschnittlich hoch ist (ähnlich Hieming u.a. 2005). In Westdeutschland ist dieses Überangebot von Arbeitskräften unter anderem Resultat der hohen Erwerbslosenquote von gering Qualifizierten sowie von weiblichen Beschäftigten mit Migrationshintergrund. Letztere stellen in der Krankenhausreinigung oftmals die Mehrzahl der Beschäftigten. Krankenhäuser in Ostdeutschland haben aufgrund der überaus hohen allgemeinen Arbeitslosenquote keine Probleme, ihr Personal aus der Gruppe der einheimischen Bewerber zu rekrutieren. Die folgenden beiden Abschnitte versuchen zu bestimmen, welche anderen Gründe für Veränderungen in der Arbeitsorganisation ausschlaggebend sein könnten.

4.1 Pflegehilfskräfte – Wer wäscht die Patienten?

Im internationalen Vergleich fällt in Deutschland die geringe und weiterhin rückläufige Anzahl an Pflegehilfskräften in Krankenhäusern ins Auge. Aktuell kommt nur noch auf etwa jede zwölfte Pflegefachkraft eine Pflegehilfskraft (siehe Tabelle 4), während das Verhältnis in anderen Ländern bei rund 1: 2,5(Großbritannien) bzw. sogar 1:1 (Frankreich) liegt (Carroll u.a. 2006).

Tabelle 4: Beschäftigungsgruppen, die Pflegehilfstätigkeiten in Krankenhäusern übernehmen 1991–2004

	Vollzeitäquivalente (jährl. Durchschnitt)		*Anzahl Beschäftigter (Stand 31. Dezember)*				
	Kranken-pfleger/in*	Pflegehilfs-kräfte*	Kranken-pfleger/in **	Pflegehilfs-kräfte**	Kranken-pflege-schüler/in	Kranken-plegehelfer-schüler/in	Zivil-dienst-leistende
1991	n.v.	n.v.	322.655	66.856	n.v.	n.v.	n.v.
1997	377.000	43.000	364.911	55395	n.v.	n.v.	n.v..
2000	381.000	38.000	367.076	47.402	70.578	1.876	n.v.
2002	378.000	36.000	372.723	44.559	68.287	1.850	16.728
2004	373.000	32.000	357.843	38.848	64.701	1.527	14.070
Veränderungen	*1997–2004: -1%*	*1997–2004: -26%*	*1991–2004: + 11%*	*1991–2004: -42%*	*2000–2004: -8%*	*2000–2004: -19%*	*2000–2004: -16%*

* Einschließlich Krankenpflegepersonal im Funktionsdienst; einschließlich Schüler/innen in der Krankenpflege und Krankenpflegehilfe

** nur Krankenpflegepersonal im Stationsdienst; ohne Schüler/innen in der Krankenpflege und Krankenpflegehilfe

Quelle: Statistisches Bundesamt: Fachserie 12, Reihe 6.1: Grunddaten der Krankenhäuser und Vorsorge- und Rehabilitationseinrichtungen, Vol. 2000–2004; DKG 2004:38 und 41; eigene Berechnungen

Diese Differenzen in der Zusammensetzung des Pflegepersonals waren nicht immer so stark ausgeprägt; zunächst ähnelte die Entwicklung in Deutschland nach dem zweiten Weltkrieg der in anderen Ländern. Rekrutierungsprobleme für qualifizierte und unqualifizierte Pflegekräfte ebneten 1963 den Weg zur Einführung eines staatlichen Examens für »Krankenpflegehelfer/innen«, das nach einer einjährigen Ausbildung abgelegt wird. Wie in Frankreich und Großbritannien war damit auch in Deutschland trotz anfänglichen Widerstands von Gewerkschaften und Pflegeverbänden ein formeller Status für einen »zweiten Typ von Krankenschwester« geschaffen (Kreutzer 2005: 260), der sich von der Gruppe ungelernter Pflegehilfskräfte durch eine institutionalisierte Ausbildung und eine entsprechend höhere Bezahlung abhob. Mitte der siebziger Jahre erreichte die Anzahl examinierter und nicht-examinierter Pflegehilfskräfte rund ein Drittel aller Pflegekräfte (Simon 2000: 56). Seitdem hat ihre Zahl jedoch kontinuierlich abgenommen. Es stellt sich daher die Frage, wer an ihrer Stelle Aufgaben wie das Waschen von Patienten übernimmt und welches die Gründe für diese offensichtlich veränderte Arbeitsorganisation sind.

Drei wesentliche Ursachenbündel lassen sich aus den Fallstudien und Kontextinterviews für diese Entwicklung ausmachen: erstens die traditionell niedrige Personalbemessung in der Gruppe der Pflegekräfte, welche hohe Anforderungen an ihre zeitliche und funktionale Flexibilität stellt; zweitens die geringen Lohndifferenzen zwischen Pflegehilfskräften und Pflegefachkräften und drittens die Existenz einer Reihe anderer kostengünstiger »Hilfskräfte«.

Der erste Grund, die niedrige Personalbemessung in der Pflege, ist eine Besonderheit, die die Beschäftigungsstruktur in deutschen Krankenhäusern bereits seit Langem von der anderer Länder unterscheidet. Wie Rothgang in seinem Vergleich zwischen Großbritannien und Deutschland aufzeigt, ist die vergleichsweise geringe Anzahl von Pflegekräften pro Bett die Folge von Kostendämpfungsbemühungen, welche die traditionell niedrige Relation von Pflegekräften zu Ärzten in Deutschland »eingefroren« haben (Rothgang 1994: 371f).[9] Die Strategie der Kostensenkung über eine restriktive Personalpolitik (anstelle von tarifpolitischen Einschnitten) ist zudem eine für den gesamten öffentlichen Sektor typische Reaktion auf die finanziellen Restriktionen seit Mitte der siebziger Jahre – der öffentliche Sektor habe diesbezüglich die Rolle eines »*pattern setter*« verfolgt, so Keller (1993: 194).

Warum dies den Einsatz von Pflegehilfskräften beeinflusst, lässt sich anhand der untersuchten Krankenhäuser zeigen: Neueinstellungen gibt es

9 Zentrales Steuerungsinstrument waren dabei die so genannten »Personalanhaltszahlen«, also Normwerte für die Anzahl von Beschäftigten pro Pflegetag. Sie wurden von den gesetzlichen Krankenkassen bereits seit Anfang der siebziger Jahre in den Budgetverhandlungen mit den Krankenhäusern als Mittel eingesetzt, um die Stellenexpansion und damit die Kostenexpansion zu dämpfen. Eine Personalausweitung infolge von Leistungsausweitungen kam daher nur mit Verzögerungen zustande und blieb im Ergebnis deutlich unter der Zunahme der englischen Pflegekräfte pro Pflegetag (Rothgang 1994: 358ff).

dort in der Gruppe der Krankenpflegehelfer/innen kaum noch. Als Grund hierfür wird in erster Linie auf die gestiegenen Anforderungen an die zeitliche und funktionale Flexibilität des Pflegepersonals verwiesen: »Dadurch, dass der Stellenschlüssel auf den einzelnen Stationen und Abteilungen immer weniger wird, da müssen Sie auf der anderen Seite gucken, dass diese wenigen Stellen mit Personal besetzt werden, die alles machen können, die alle Schichten arbeiten können.« (Betriebsrats-Vorsitzende, öffentliches Krankenhaus) – so oder ähnlich lautete die Begründung vieler Pflegedienstleitungen, Stationsleitungen und Beschäftigten-Vertretungen. Zwar bestand in der bisherigen Praxis nach weitgehend einheitlicher Darstellung der Befragten eine starke Aufgabenüberschneidung zwischen den Krankenpfleger/innen und den langjährig beschäftigten Krankenpflegehelfer/innen (ähnlich Bachstein 2004: 223), so dass letztere insofern sehr flexibel einsetzbar waren. Dies scheint in erster Linie Resultat des immer wieder auftretenden Fachkräftemangels zu sein, der in der Praxis zu einer Übertragung höher qualifizierter Aufgaben auf erfahrene Krankenpflegehelfer/innen führte. Jedoch hat sich die Einsatzflexibilität von Krankenpflegehilfskräften in der jüngeren Vergangenheit eher verringert. Zwar gibt es keine gesetzlichen Vorschriften, die die bislang übliche Aufgabenübertragung unterbinden würden, Beschränkungen ergeben sich jedoch zunehmend aus dem Haftungsrecht: Offenbar als Resultat der Rechtssprechung und sicherlich auch vor dem Hintergrund der veränderten Patientenstruktur hat sich mittlerweile zum Beispiel ein Standard für die Besetzung von Nachtdiensten entwickelt, an dem sich die befragten Pflegedirektionen mehrheitlich orientieren. Er sieht je Station mindestens eine Pflegefachkraft, ab etwa 35 Patienten eine zweite Fachkraft vor. Unter diesen Bedingungen entscheiden sich die Krankenhäuser zunehmend gegen die Neueinstellung von einjährig examinierten Krankenpflegehelfer/innen.

Dabei spielt ein zweiter Grund eine wichtige Rolle, nämlich die geringen Lohndifferenzen. Das folgende Argument wurde in ähnlicher Weise von vielen Pflegedirektionen vorgebracht: »Wenn die mich kaum weniger kosten als eine Krankenpflegekraft, dann brauche ich die nicht […]. Dann will ich lieber eine junge Krankenschwester von 21, 22 Jahren, die ist noch recht billig, aber hat die volle Kompetenz« (Pflegedirektorin, öffentliches Krankenhaus). Der Einsatz des »zweiten Typs Krankenschwester« nach dem alten Modell – das heißt mit einer hohen Aufgabenüberschneidung zwischen Krankenpflegehelfer/in und Krankenpfleger/in – scheint demnach ein Auslaufmodell zu sein, da sich die geringen Lohndifferenzen mit den zunehmenden Unterschieden bezüglich zeitlicher und funktionaler Flexibilität aus Sicht des Pflegemanagements nicht mehr rechnen. Etwas anders sieht es hingegen im Falle der nicht-examinierten Pflegehilfskraft aus, also gewissermaßen des »dritten Typs Krankenschwester«. Zwar ist auch ihr Anteil rückläufig, in den Fallstudien-Krankenhäusern werden in dieser Gruppe jedoch noch Neueinstellungen vorgenommen, wenngleich in relativ begrenztem Maße: So sind in lediglich zwei der Krankenhäuser in den vergangenen Jahren je ein bis zwei neue ungelernte Pflegehilfskräfte eingestellt worden. Der Grund für die Entscheidung zugunsten ungelernter Pflegehilfskräfte sind geringere Lohnkosten und zugleich ein verändertes Modell der Arbeitsteilung, das eine formale Qualifikation der Pflegehilfskräfte aus Sicht der Personalverantwortlichen verzichtbar macht. Im Unterschied zu der bisherigen Praxis mit ihrer starken Aufgabenüberschneidung zwischen (examinierter) Pflegehilfskraft und Pflegefachkraft sind die neuen Pflegehilfskräfte für einen stark eingegrenzten Aufgabenbereich zuständig, nämlich primär für das Waschen von Patienten in der Frühschicht. Diese Aufgabendelegation erfolgt in Krankenhäusern nicht zufällig nur auf großen Stationen mit 40 bis 50 Betten: In diesen größeren Organisationseinheiten summieren sich auch die auf den eingegrenzten Aufgabenbereich entfallenden Zeiten mindestens zu einer Teilzeitstelle, außerdem fällt die eingeschränkte Flexibilität der Pflegehilfskräfte nicht zu stark ins Gewicht.

Eine weitere Alternative zum Einsatz von Pflegehilfskräften besteht im Rückgriff auf Praktikanten, Zivildienstleistende, studentische Aushilfen und Krankenpflegeschüler/innen – wenn man so will: ein »vierter Typ Krankenschwester«. Die größte Gruppe sind dabei die Krankenpflegeschüler/innen – im untersuchten Sample arbeiten in einem Fall nach Auskunft der Stationsleitung neben 11,5 Krankenpfleger/innen zeitweise bis zu sechs Schüler/innen auf der Station mit. Allen genannten Beschäftigtengruppen ist gemein, dass ihre Entlohnung deutlich unterhalb derer von regulären Pflegehilfskräften liegt; gleichzeitig handelt es sich – mit Ausnahme der Zivildienstleistenden und einiger Praktikanten – dabei um Beschäftigte, die sich in der Ausbildung zu einem pflegerischen oder medizinischen Beruf befinden und daher je nach Ausbildungsphase bereits über Berufskenntnisse verfügen. Nur wenige der untersuchten Krankenhäuser geben allerdings an, zusätzliche Beschäftigte aus den genannten Gruppen zu rekrutieren, um Personalengpässe zu beheben. Nur zwei Krankenhäuser planen, in Zukunft wieder etwas mehr Zivildienstleistende (bzw. ihr weibliches Gegenstück, nämlich junge Frauen, die ein Freiwilliges Soziales Jahr absolvieren) einzustellen. Eines der beiden Krankenhäuser möchte damit auch nicht einen Rückgang von Pflegehilfskräften kompensieren, sondern auf kürzliche Veränderungen der Ausbildungsordnung reagieren, die den schulischen Anteil in der Ausbildung von Krankenpflegeschüler/innen erhöht und damit deren Präsenzzeiten in Krankenhäusern verringert haben. Auch ein Blick auf die verfügbaren statistischen Angaben (Tabelle 4) zeigt, dass die Anzahl der genannten Beschäftigtengruppen eher rückläufig ist. Insofern mag der traditionelle Rückgriff auf diese Beschäftigtengruppen möglicherweise die vergleichsweise geringe Anzahl von Pflegehilfskräften in deutschen Krankenhäusern zum Teil erklären, ein *aktueller* Trend in Richtung einer Zunahme dieser Gruppen lässt sich jedoch nicht feststellen.

Insgesamt ist damit trotz vereinzelter Neueinstellungen von ungelernten Pflegehilfskräften oder Zivildienstleistenden ein Rückgang jener Beschäftigtengruppen zu beobachten, die die Krankenpfleger/innen von Aufgaben insbesondere in der Grundpflege entlasten. Tätigkeiten wie das Waschen von Patienten fallen zunehmend in die Zuständigkeit der dreijährig ausgebildeten Krankenpflegekräfte. Im Gegensatz zur Reinigung findet im Bereich der Pflege somit eine stärkere vertikale Integration von Aufgaben statt. Der häufig von Seiten des Pflegemanagements geäußerte generelle Wunsch nach einer stärkeren vertikalen Differenzierung kann allerdings als Indiz dafür interpretiert werden, dass die gegenwärtige Konzentration auf die dreijährig ausgebildete Fachkraft kein stabiles und einheitliches Modell ist, welches das alte Modell der Arbeitsorganisation und Lohndifferenzierung dauerhaft ersetzen würde. Falls in Zukunft weitere Reformen die Berufsausbildung von Krankenpfleger/innen die der in anderen Ländern wie Großbritannien angleichen – dies ist bereits seit mehreren Jahren eine Forderung von Pflegeverbänden und wissenschaftlichen Instituten, nicht zuletzt angestoßen durch entsprechende politische Initiativen auf europäischer Ebene (»*Bologna-Prozess*«) – mag dies möglicherweise einen Impuls für einen erneuten erhöhten Einsatz von Pflegehilfskräften geben. In Abwesenheit einer solchen zentral verhandelten Reform des Ausbildungssystems ist aber auch denkbar, dass Krankenhäuser dezentral verstärkt dazu übergehen, ungelernte Pflegehilfskräfte einzusetzen, gegebenenfalls auch, wie dies bereits zum Teil geschieht (Abschnitt 3.2), außerhalb der bisher gültigen Tarifstrukturen des öffentlichen Dienstes.

4.2 Reinigung und hauswirtschaftliche Tätigkeiten – Wer reinigt die Patientenzimmer?

Hauswirtschaftliche Tätigkeiten einschließlich der Reinigung sind in deutschen Krankenhäusern auf eine Vielzahl von Berufen mit eher engem Aufgabenspektrum verteilt. Diejenigen Beschäftigten, die die Patientenzimmer reinigen, sind in der Regel nicht für weitere, patientennähere Aufgaben zuständig. Die Essensverteilung oder auch die Reinigung der Nachttische fällt oftmals in den Zuständigkeitsbereich anderer hauswirtschaftlicher Beschäftigter oder der Pflegekräfte selber.

Auch in diesem Bereich gab es zu früheren Zeiten durchaus gegenteilige Ansätze. Mit dem Konzept der so genannten »gehobenen Stationshilfe« wurde bereits in den fünfziger Jahren eine stärkere Entlastung der Pflegkräfte von patientennahen hauswirtschaftlichen Tätigkeiten befürwortet (Kreutzer 2005: 255ff). Die Übertragung von Tätigkeiten wie die Speisenportionierung, die Essensausteilung oder Reinigung von Nachttischen an das bestehende hauswirtschaftliche Personal sollte zugleich mit einer verbesserten Bezahlung verbunden sein. Weitergehende Forderungen sahen die Übertragung dieser Tätigkeiten an eine neue Berufsgruppe vor, die als Aufstiegsposition für die einfachen Hausangestellten (wie zum Beispiel Reinigungskräfte) konzipiert war und sich auch durch formale Qualifizierung von ihnen abhob. In der Praxis scheint sich mindestens für einige Jahrzehnte eine Differenzierung von Stationshilfen und Reinigungskräften in vielen Krankenhäusern etabliert zu haben, während eine formale Qualifizierung der Stationshilfen jedoch eher die Ausnahme blieb.

Die gegenwärtige Arbeitsorganisation in den Krankenhäusern ist uneinheitlich: In einigen Fallstudienkrankenhäusern sind nennenswerte Teile der hauswirtschaftlichen Tätigkeiten Aufgabe der Pflegefachkräfte. So übernehmen in nahezu allen Krankenhäusern die Pflegekräfte und Auszubildenden die Verteilung des Essens, in manchen Fällen auch das Beziehen leerer Betten oder die Reinigung der Nachttische (ähnlich Blum 2003). Weitere Aufgaben – etwa die Beseitigung von Erbrochenem – werden von Pflegekräften übernommen, wenn kein hauswirtschaftliches Personal auf den Stationen anwesend ist. Dies ist insbesondere nachmittags und nachts sowie an Wochenenden häufig der Fall, weil die Arbeitszeit der Reinigungskräfte in der Regel auf den Vormittag beschränkt ist. Zwar gibt es zum Teil Springerdienste, die aber offenbar nicht ausreichend besetzt sind, um alle anfallenden Arbeiten abzudecken, denn sowohl Stationsleitungen wie die befragten Pflegekräfte selber geben an, mehrmals wöchentlich Reinigungsarbeiten selbst zu übernehmen. Ein zweiter Grund ist, dass mit der Zentralisierung einiger Tätigkeiten ab den siebziger Jahren (Speisenportionierung, Bettenreinigung, Einführung zentraler Hol- und Bringdienste) eine Reihe von Tätigkeiten von den Stationen ausgelagert und auf mehrere Beschäftigtengruppen aufgeteilt worden sind – zum Teil gefolgt von einer gänzlichen Auslagerung der Tätigkeit an externe Dienstleister. Stationshilfen, die auf einer Station ein breiteres Aufgabenspektrum wahrnehmen und sich dementsprechend über einen längeren Zeitraum dort aufhalten, gibt es daher in der Mehrzahl der Krankenhäuser nicht mehr.

Die hauswirtschaftlichen Tätigkeiten, welche früher im Aufgabenprofil der Pflegekräfte und/oder der Stationshilfen gebündelt waren, werden inzwischen also von mehreren Beschäftigtengruppen erbracht: Die Reinigung der näheren Umgebung des Patienten (Nachttische) fällt in der Regel den zumeist externen Reinigungskräften zu; die Speisen werden in einer zentralen Küche zubereitet und portioniert, die häufig von einem externen Dienstleister betrieben wird, und die Betten werden oft zentral gereinigt. Die Aufspaltung der Tätigkeiten hat es sicherlich erleichtert, Tätigkeiten fremdzuvergeben; durch Übertragung der Aufgaben auf *verschiedene* externe Dienstleister wurden zudem die Barrieren für eine erneute Zusammenführung erhöht. Umgekehrt eröffnet die Übertragung mehrerer Aufgaben auf *einen einzigen* Dienstleister (wie in einem Fall) oder auch die Reintegration von ausgelagerten hauswirtschaftlichen Tätigkeiten in eine krankenhauseigene Service-Gesellschaft (wie in zwei anderen Krankenhäusern) prinzipiell die Möglichkeit, die verschiedenen Aufgaben wieder stärker zu bündeln. Von dieser Möglichkeit macht jedoch lediglich ein Krankenhaus Gebrauch, wobei in erster Linie finanzielle Gründe den Ausschlag zu geben scheinen: Die Bündelung der Tätigkeiten ist mit einer Einebnung der Lohndifferenzen verbunden, und zwar auf dem niedrigeren Niveau der Reinigungskräfte. [10] Auch in den anderen Krankenhäusern, in denen die Tätigkeiten

10 Auch die Verbesserung der Arbeitsplatzqualität wird als Ziel der Tätigkeitsbündelung angeführt: »Weil man damit auch das Image der normalen Reinigungskraft hebt. [...][Sie müssen] nicht nur Quadratmeter abreißen, sondern durch das Kaffee kochen oder Verteilen und Einsammeln von Tabletts kommen sie auch ein bisschen mehr in Kontakt mit Schwestern und Patienten« (Projektleiter Service-GmbH). Daher wird diese Aufgabenerweiterung nach Schilderung des Managements von den Reinigungskräften in der Regel positiv bewertet, auch wenn damit keine Lohnerhöhungen verbunden sind. Mit Blick auf die überhaus hohen körperlichen Leistungsanforderungen in der Zimmerreinigung (»Quadratmeter abreißen« – siehe auch Abschnitt 5.1) erscheint dies verständlich.

nicht zusammengefasst sind, werden die weiteren hauswirtschaftlichen Beschäftigten auf den Stationen nach demselben Tarif wie die Reinigungskräfte bezahlt.

Wie im Falle der Pflegehilfskraft hat es also zeitweise mit der Stationshilfe auch im hauswirtschaftlichen Bereich eine »intermediäre« Beschäftigtengruppe gegeben, die die examinierten Pflegekräfte im hauswirtschaftlichen Bereich entlasten sollte und von Status, Bezahlung und Qualifikation her zwischen der Reinigungskraft und der examinierten Pflegekraft stand. Diese Ansätze sind jedoch bereits seit längerem auf dem Rückzug.

5 Veränderungen von Arbeitsplatzqualität und Mobilität

Weitere Strategien der Krankenhäuser, mit den veränderten Rahmenbedingungen umzugehen, wirken sich auf zusätzliche Aspekte des Arbeitsverhältnisses in den beiden Beschäftigtengruppen aus; zum Teil sind die dort zu beobachtenden Entwicklungen auch unmittelbare Folge der bereits beschriebenen Änderungen von Entlohnungsstrukturen und Arbeitsorganisation.

5.1 Arbeitsverdichtung

Von einer zunehmenden Arbeitsverdichtung sind insbesondere Reinigungskräfte betroffen. Am häufigsten ist dabei die Heraufsetzung der Reinigungsfläche pro Person und Arbeitsstunde. Diese Strategie steht in engem Zusammenhang mit der Auslagerung der Tätigkeiten; sie wurde insbesondere von privaten Reinigungsfirmen bereits seit den siebziger Jahren eingesetzt und hat bis heute zu einer enormen Steigerung der Flächen-Richtwerte geführt (Mayer-Ahuja 2003: 181ff). Wie verschiedene Untersuchungen zeigen (Hieming u.a. 2005: 106; Gather 2005: 146ff), kommt diese Strategie insbesondere zum Einsatz, wenn Lohnerhöhungen kompensiert werden sollen oder wenn Verträge neu verhandelt werden. Auf Seiten der Auftraggeber ist die Bereitschaft in der Regel groß, dem jeweils billigsten Angebot den Zuschlag zu geben. Damit verbundene Konsequenzen für die Reinigungsqualität und die Leistungsanforderungen an die Reinigungskräfte werden in Kauf genommen. Ein Beispiel hierfür ist eines der Fallstudien-Krankenhäuser, das trotz häufiger Beschwerden über die Reinigungsqualität des vorherigen Dienstleisters bei der Neuvergabe erneut einem noch günstigeren Angebot den Zuschlag gab. Die Gewinnmargen für Reinigungsdienstleistungen sind entsprechend gering; selbst die hohe Marktkonzentration gerade in der Krankenhausreinigung ermöglicht es den großen Reinigungsfirmen offenbar nicht, höhere Preise durchzusetzen.[11]

Wo in den untersuchten Krankenhäusern Angaben dazu gemacht wurden, liegt der Richtwert für die Reinigung der Patientenzimmer zwischen 170 und 260 qm pro Stunde. Allerdings sagen diese Flächenwerte für sich genommen noch wenig aus, da die erforderliche Zeit für die Reinigung auch von der Reinigungsintensität abhängt. Dies wird auch an dem Abgleich mit einer anderen Angabe deutlich: So hat eine Reinigungskraft in einem Krankenhaus mit einem Flächenrichtwert von 190 qm/h rund zweieinhalb Stunden Zeit, um eine Station mit 37 Betten (Patientenzimmer, Nebenzimmer, Flure) zu reinigen. In einem anderen Krankenhaus hat eine Reinigungskraft bei einem nur wenig niedrigeren Richtwert von 170 qm pro Stunde für die gleichen Aufgaben auf einer Station ähnlicher Größe (36 Betten) rund 50 Prozent mehr Zeit zur Verfügung (3:50 Stunden). Mindestens partiell dürften die Unterschiede auf unterschiedliche Raumausstattungen und unterschiedliche Vorgaben bezüglich der Reinigungsmethode (ein- oder zweimaliges Bodenwischen) zurückzuführen sein. Generell liegen aber die Fallstudien-Krankenhäuser in allen Fällen deutlich über der Empfehlung der REFA – einer bundesweit tätigen Organisation mit langer Tradition im Bereich der Messung von Arbeitsproduktivität, in deren Branchenausschüssen auch Vertreter von Arbeitgeberverbänden und Gewerkschaften mitwirken: Ihre Empfehlung für Krankenhauszimmer (aus dem Jahr 2002) variiert zwischen 112 und 150 qm pro Stunde, je nach Ausstattung und Reinigungsintensität (REFA 2002).

11 Dies belegt das Beispiel der Firma *ISS Facility Services*, einer international tätigen Reinigungsfirma mit Hauptsitz in Dänemark. Sie war in der Krankenhausreinigung in Deutschland zeitweise der Marktführer, hat sich aber im Laufe des Jahres 2005 aus diesem Segment zurückgezogen. Neben Auftragsverlusten infolge der zunehmenden Gründung von Service GmbH sind hierfür nach Aussage des »General Manager Human Resources« auch der hohe Preisdruck und die im internationalen Vergleich sehr niedrigen Gewinnmargen (<5%) verantwortlich.

5.2 Arbeitszeit

Wie in der Gesamtwirtschaft ist auch in den beiden Tätigkeitsbereichen über die vergangenen Jahre ein Anstieg der Teilzeitbeschäftigung zu beobachten. Gegenwärtig (2003) arbeiten 46 Prozent der Pflegehilfskräfte und 83 Prozent der Reinigungskräfte im Gesundheitssektor in Teilzeit, was deutlich über dem ohnehin hohen Teilzeitanteil im Gesundheitswesen liegt (37 Prozent) (Tabelle A.3). Minijobs sind insbesondere unter den Reinigungskräften weit verbreitet (54 Prozent), während der Anteil von Minijobs unter den Pflegehilfskräften mit 13 Prozent unter dem Durchschnittswert für die Gesamtwirtschaft liegt. Aus den Zahlen geht nicht hervor, ob es sich dabei um freiwillige oder unfreiwillige Teilzeit handelt. Auch lässt sich auf der Basis der geringen Anzahl von Beschäftigteninterviews keine Aussage über die Wünsche der Beschäftigten treffen. Unsere Fallstudien geben allerdings deutliche Hinweise darauf, dass Beschäftigte immer seltener die Wahl haben, ob sie Teilzeit oder Vollzeit arbeiten: Die Aufteilung des Beschäftigungsvolumens auf mehrere Teilzeitstellen anstelle von Vollzeitstellen resultiert sowohl im Falle der Pflegehilfskräfte als auch der Reinigungskräfte zum Teil aus den oben beschriebenen Veränderungen und ist bewusste Strategie der Arbeitgeber.

Im Falle der Reinigungskräfte ist die hier als »Teilzeitstrategie« bezeichnete Praxis auch eine komplementäre Strategie zur Leistungsverdichtung. Die Service-GmbH in einem der öffentlichen Krankenhäuser etwa stellt neue Mitarbeiterinnen nur noch mit Teilzeitverträgen ein; »Einfach weil wir davon ausgehen, dass jemand, der 50, 65 oder 75 Prozent am Tag arbeitet, das Arbeitspensum wesentlich besser schafft als jemand, der 100 Prozent arbeiten muss« (Vorgesetzte, Service-GmbH). Dabei handelt es sich in diesem Fall noch um einen Bestfall, da hier allen Beschäftigten zumindest Teilzeitverträge von über 19 Stunden angeboten werden. In den übrigen Krankenhäusern sind hingegen bei den externen Dienstleistern bis zu 60 Prozent Minijobber/innen tätig.

Ein weiteres Hindernis für Arbeitsverträge mit höherem Umfang ist das eher enge Aufgabenspektrum, für das der Arbeitsanfall sich pro Tag nur auf wenige (zusammenhängende) Stunden summiert. Dies gilt insbesondere für die ungelernten Pflegehilfskräfte, von denen jeweils nur sehr wenige Beschäftigte im Krankenhaus arbeiten: Für sie schreiben die wenigen Krankenhäuser in unserem Sample, die in diesem Bereich überhaupt noch einstellen, explizit nur Teilzeitstellen (bis 50 Prozent) aus, während die

Krankenpflegehelfer/innen mit dem breiteren Aufgabenspektrum in diesen Krankenhäusern wenigstens teilweise Vollzeitstellen haben. Im Falle der Reinigungskräfte scheint es hingegen trotz des engen Aufgabenspektrums Spielraum für längere Arbeitsverträge zu geben. Deutlich wird dies an einem öffentlichen Krankenhaus, das zum Teil noch eigene Reinigungskräfte beschäftigt, von denen immerhin fast zwei Drittel in Vollzeit arbeiten, der Rest in Teilzeit (über 50 Prozent). Die starke Konzentration der Reinigungstätigkeiten auf den frühen Vormittag, die in den übrigen Krankenhäusern üblich ist und längere Arbeitszeiten bis auf wenige Ausnahmen erschwert, scheint also nicht zwingend notwendig zu sein.

Die ohnehin niedrigen Verdienstmöglichkeiten infolge geringer Stundenlöhne werden durch die Teilzeitstrategie mithin noch weiter verringert. Zwar liegen die Stundenlöhne der Pflegehilfskräfte über der Niedriglohngrenze, durch die hohen Teilzeitanteile bietet jedoch auch dieser Beruf wenig Möglichkeiten, ein existenzsicherndes Einkommen zu erzielen.

5.3 Interne Arbeitsmärkte und zwischenbetriebliche Mobilität

Sowohl das Outsourcing als auch die Entwicklungen im Bereich der Arbeitsorganisation haben unmittelbare Konsequenzen für die Aufstiegsmobilität beider Beschäftigtengruppen. Das Outsourcing in vielen hauswirtschaftlichen Bereichen erschwert es den Reinigungskräften, auf andere, besser bezahlte hauswirtschaftliche Stellen innerhalb des Krankenhauses zu wechseln. Dies wurde in der Vergangenheit dadurch erleichtert, dass Stellen oftmals zuerst intern ausgeschrieben wurden. In einem der öffentlichen Fallstudienkrankenhäuser etwa war es keine Seltenheit, dass die eigenen Reinigungskräfte sich intern auf die höher bezahlten Jobs in Küche oder Wäscherei bewarben. Auch die (dort noch vorhandenen) Stationshilfen werden primär aus dem Kreis der Reinigungskräfte rekrutiert. Je mehr Tätigkeiten outgesourct sind, desto höher sind jedoch die Mobilitätsbarrieren: Denn zum einen verbleiben im Krankenhaus dann kaum noch Stellen, auf die sich Beschäftigte intern bewerben können. Sind verschiedene externe Dienstleister beauftragt worden, ist ein Berufswechsel nicht mehr innerhalb derselben Firma möglich, sondern erfordert auch einen Arbeitgeberwechsel. Überdies ist ein Stellenwechsel finanziell kaum noch attraktiv, weil die vorher existierenden Lohndifferenzen zum Beispiel zwischen Reinigungskraft und Stationshilfe parallel zum Outsourcing weitgehend eingeebnet wurden (siehe Abschnitt 4.3).

Eine weitere Hürde für den Aufstieg erwächst aus dem Wegfall der intermediären Positionen, die eine Brücke zwischen unqualifizierten und qualifizierten Tätigkeiten schlagen können. Anders als die Krankenpflegehelfer/innen mit einjähriger Ausbildung können sich ungelernte Pflegehilfskräfte zum Beispiel nicht für eine auf zwei Jahre verkürzte Ausbildung zum/zur Krankenpfleger/in anmelden. Ein zusätzliches Hindernis ist, dass die Ausbildung zum/zur Krankenpfleger/in nicht beschäftigungsbegleitend durchlaufen werden kann: Sie wird fast ausschließlich als Vollzeit-Ausbildung angeboten; anders als in anderen Berufen ist es auch nicht möglich, nach sechsjähriger Berufserfahrung eine externe Prüfung abzulegen. Daher müssen Pflegehilfskräfte bereit sein, für die Ausbildung zur Krankenpfleger/in drei Jahre lang von einem vergleichsweise niedrigen Ausbildungsentgelt (695 Euro (Ost) bzw. 729 Euro (West)) zu leben. Dies unterstreicht, dass das Ausbildungssystem insbesondere auf junge Schulabgänger zugeschnitten ist, die noch bei ihren Eltern leben, und weniger auf ältere Beschäftigte, die für den eigenen Lebensunterhalt aufkommen müssen.

Insbesondere im Vergleich mit den englischen Krankenhäusern (Carroll u.a. 2006) eröffnen sich für die ungelernten Pflegehilfskräfte in deutschen Krankenhäusern geringere Aufstiegsmöglichkeiten. Insofern verweist dieses Beispiel auf eine Kehrseite des deutschen Ausbildungssystems, welches für diejenigen, die nicht (in jungen Jahren) eine Berufsausbildung abschließen, schlechtere Beschäftigungs- und Aufstiegsmöglichkeiten zur Folge hat, als dies in Ländern mit schwächer ausgeprägten, wenig standardisierten Ausbildungssystemen wie Großbritannien oder den USA der Fall ist (Finegold u.a. 2000). Der rückläufige Anteil an Pflegehilfskräften bedeutet aber auch, dass ein wachsender Teil der Pflegekräfte zu denjenigen gehört, die von dem Ausbildungssystem profitieren – indem sie jene breiten und übertragbaren Qualifikationen erwerben, die unter anderem auch relativ frühzeitige Aufstiegsmöglichkeiten eröffnen. Insofern kann man im Falle der Pflegekräfte von einer Polarisierung der Aufstiegsmöglichkeiten sprechen, wobei der Pol mit den sich verschlechternden Aufstiegsmöglichkeiten (Pflegehilfskräfte) von abnehmender Bedeutung ist.

6 Fazit

Die Sparzwänge im Gesundheitswesen treffen die Beschäftigtengruppen im Krankenhaus in unterschiedlichem Maße: Während es der Gruppe der Ärzte gelungen ist, gegen den Trend ihr Lohnniveau zu halten oder sogar zu verbessern, sinken die Verdienstmöglichkeiten insbesondere für die Beschäftigtengruppen am unteren Rand der Qualifikationshierarchie. Dies gilt auch für Reinigungs- und Pflegehilfskräfte; allerdings nehmen die Sparmaßnahmen dabei unterschiedliche Formen an: Lohnabsenkungen, Stundenkürzungen und verschlechterte Aufstiegsmöglichkeiten in höher entlohnte Positionen betreffen vor allem die Reinigungskräfte. In der Pflege hingegen nimmt mit den Pflegehilfskräften der Anteil wenig qualifizierter und gering bezahlter Beschäftigter ab.

Welche Rolle hat dabei die institutionelle Infrastruktur des deutschen Beschäftigungsmodells, insbesondere das System industrieller Beziehungen und das Ausbildungssystem, gespielt? Rein deskriptiv kann zunächst festgehalten werden, dass die Lohnsenkungen im Bereich der Reinigungskräfte vielfach Resultat einer *Umgehung* der bislang relevanten Institutionen – insbesondere durch das Outsourcing – sind, die schließlich wieder auf diese Institutionen zurückwirken: Die Lohnabsenkungen in den ausgelagerten Bereichen ziehen mit den jüngsten Reformen auch in das Tarifwerk des öffentlichen Dienstes ein. Demgegenüber ist der rückläufige Anteil der Pflegehilfskräfte gleichbedeutend mit einer *Bedeutungszunahme* des Ausbildungssystems, weil nun fast alle Pflegekräfte die für das System charakteristische dreijährige Berufsausbildung durchlaufen. Nicht nur bezüglich der Vergütung, auch bezüglich der institutionellen Stabilität laufen die Entwicklungen in Pflege und Reinigung mithin auseinander.

Dennoch kann möglicherweise ein und dieselbe Erklärung herangezogen werden, um diese unterschiedlichen Entwicklungen zu verstehen: »*Employer interest, not just union strength, accounts for the stability of the system*« – so schlussfolgern Thelen/Kume (1999: 490) in ihrer Analyse des deutschen Systems industrieller Beziehungen. Mit anderen Worten: Die Stabilität traditioneller Institutionen muss nicht Resultat institutioneller »Trägheit« oder erfolgreicher gewerkschaftlicher Verteidigung, mithin eine Erbe vergangener Zeiten sein, sondern gründet mindestens auch auf der aktiven Unterstützung der Arbeitgeberseite, die aus wirtschaftlichem Kalkül an diesen Institutionen festhält. Obwohl sich die oben zitierte These von Thelen/Kume primär auf die Metallindustrie bezieht, lässt sie sich auch auf den Krankenhaussektor übertragen: Der Vorteil eines erhöhten Anteils von Pflegefachkräften besteht in den Augen der Arbeitgeber in den Kosteneinsparungen, die sich über die funktionelle und zeitliche Flexibilität der ausgebildeten Beschäftigten erzielen lassen. Sie setzen mithin auch aus Eigeninteresse eine Strategie fort, die auf der institutionellen Infrastruktur des Ausbildungssystems basiert und ihr dadurch zugleich größere Geltung verschafft. Dass zumindest auch »*union strength*« die Krankenhäuser in ihrer Wahl bestärkt, zeigen die (bislang wenigen) Beispiele von Krankenhäusern, die auf eine andere Strategie, nämlich die Ausweitung billiger Pflegehilfskräfte setzen. Nicht zufällig sehen öffentliche Krankenhäuser mit ihrer traditionell stärkeren betrieblichen Interessenvertretung von diesem Schritt bislang offenbar ab – selbst wenn ihnen dieselben rechtlichen Möglichkeiten offen stehen.

In umgekehrter Form kann die These aber auch zum Verständnis der institutionellen *Erosions*prozesse beitragen: »*Employer disinterest, not just union weakness*« ist im Krankenhaussektor ein entscheidender Grund für die Auflösung der informellen Tarifkoordination und für Lohnkürzungen. Denn »*union weakness*«, also relativ geringe gewerkschaftliche Organisationsgrade, war ja bereits in der Vergangenheit ein Merkmal von breiten Teilen des Krankenhaussektors. In der Vergangenheit lag jedoch die informelle Tarifkoordination durchaus im Interesse der freigemeinnützigen Krankenhäuser, die dadurch in den immer wieder auftauchenden Phasen des Fachkräftemangels Rekrutierungsprobleme verminderten. Im Fall der Reinigungskräfte gilt dies nur in abgeschwächter Form, da hier das Interesse von Arbeitgebern an einer Ausschöpfung von Lohndifferenzialen bereits zur Blütezeit des deutschen Beschäftigungsmodells ausgeprägt war, wie das frühzeitige Einsetzen des Outsourcing zeigt. Diese Möglichkeiten werden aktuell aber noch stärker ausgeschöpft. Verändert haben sich also nicht in erster Linie die Institutionen, die schon immer Regelungslücken enthielten, sondern vor allem die Bereitschaft von Arbeitgebern, diese Lücken zur Kostensenkung zu nutzen. Hohe Arbeitslosenquoten tragen zudem dazu bei, dass bestehende Institutionen wie der Kündigungsschutz an Bedeutung verlieren, weil sich Arbeitnehmer aus Angst vor Arbeitsplatzverlust nicht auf sie stützen. Insofern spielt auch die geringere Fähigkeit von Gewerkschaften und Betriebsräten, Regelungslücken effektiv zu schließen, eine Rolle.

Mit dem Interesse der Arbeitgeberseite rücken auch die darauf Einfluss nehmenden Faktoren in den Blick: Während die früheren finanziellen

Rahmenbedingungen insofern neutral waren, als sie den Tarifverhandlungen zwischen Arbeitgebern und Gewerkschaften und der informellen Tarifkoordination wenig Grenzen setzten, haben sie seit Anfang der neunziger Jahre dafür gesorgt, dass die Arbeitgeberseite ein stärkeres Interesse daran hat, die vergleichsweise hohen Löhne und die informelle Tarifkoordination zu vermeiden. Die politischen Entscheidungen, die die finanziellen Rahmenbedingungen in diesem »Quasi-Markt« gestalten, haben somit an Bedeutung gewonnen. Neben die Tarifverhandlungen ist gewissermaßen eine zweite Arena getreten, in der für die Löhne in Krankenhäusern wichtige Entscheidungen getroffen werden. Dies bedeutet für die Gewerkschaften, dass sie neben den Strategien im Rahmen korporativistischer Verhandlungen den Strategien des politischen *Lobbying* größere Energien widmen müssen als bislang.

Literatur

Appelbaum, Eileen/Berg, Peter/Frost, Ann/Preuss, Gil (2003), »The Effects of Work Restructuring on Low-Wage, Low-Skilled Workers in U.S. Hospitals«, in: Eileen Appelbaum/Annette Bernhardt/Richard J. Murnane (Hg.), *Low-Wage America. How Employers Are Reshaping Opportunities in the Workplace*, New York, S. 77–117.

Bachstein, Elke (2004), »Pflegefremde Mitarbeiter im Krankenhaus«, *Pflege Aktuell*, April 2004, S. 222–226.

Baumann-Czichon, Bernhard/Gathmann, Mira (2006), *Kirchliche Mitbestimmung im Vergleich. BetrVG – MVG/EKD – MAVO*, Ver.di – Vereinigte Dienstleistungsgewerkschaft, Berlin.

Blum, Karl (2003), *Pflegefremde und patientenferne Tätigkeiten im Pflegedienst der Krankenhäuser – Bestandsaufnahme und Verbesserungsvorschläge*, Deutsches Krankenhaus-Institut, Düsseldorf.

Blum, Karl/Schilz, Patricia (2005), *Krankenhaus-Barometer – Umfrage 2005*, Deutsches Krankenhaus-Institut, Düsseldorf.

Carroll, Marilyn/Grimshaw, Damian/Jaehrling, Karen/Méhaut, Philippe (2006), *Shaping and reshaping the work organisation: including or excluding low skilled labour? The case of the nurse assistant in Germany, France and the United Kingdom,* Paper prepared for the SASE conference July 2006, Trier.

Dienstleistungsgewerkschaft (2004), *Entschließung des Bundesfachbereichsvorstandes FB 03,* vom 22. September 2004.

DKG/VKA/VKD (2002), *Krankenhausverbände fordern einen Spartentarifvertrag. Gemeinsame Presseerklärung der Deutschen Krankenhausgesellschaft, der Vereinigung der kommunalen Arbeitgeberverbände und des Verbands der Krankenhausdirektoren Deutschlands*, 16.9.2002, Berlin.

Finegold, David/Mason, Geoff/Wagner, Karin (2001), »National skill-creation systems and career paths for service workers: hotels in the United States, Germany and the United Kingdom«, *International Journal of Human Resource Management* 11, H. 3, S. 497–516.

Gather, Claudia/Gerhard, Ute/Schroth, Heidi/Schürmann, Lena (2005), *Vergeben und vergessen? Gebäudereinigung im Spannungsfeld zwischen kommunalen Diensten und Privatisierung*, Hamburg.

Gutt, Helga (2006), *Erklärung der Arbeitnehmerseite der Arbeitsrechtlichen Kommission des Diakonischen Werks der EKD* (ARK-DW-EKD), 22.5.2006.

Hassel, Anke (1999), *Gewerkschaften und sozialer Wandel. Mitgliederrekrutierung und Arbeitsbeziehungen in Deutschland und Großbritannien*, Baden-Baden.

Hieming, Bettina/Jaehrling, Karen/Kalina, Thorsten/Vanselow, Achim/Weinkopf, Claudia (2005), *Stellenbesetzungsprozesse im Bereich »einfacher« Dienstleistungen*, Bundesministerium für Wirtschaft und Arbeit, Dokumentation Nr. 550, Berlin.

Jaehrling, Karen/Kalina, Thorsten/Vanselow, Achim/Voss-Dahm, Dorothea (2006), »Niedriglohnarbeit in der Praxis – Arbeit in Häppchen für wenig Geld«, in: Gabriele Sterkel/Thorsten Schulten/Jörg Wiedemuth (Hg.), *Mindestlöhne gegen Lohndumping: Rahmenbedingungen, Erfahrungen, Strategien*, Hamburg, S. 114–141.

Keller, Bernd (1985), »Zur Soziologie von Arbeitsmärkten: Segmentationstheorien und die Arbeitsmärkte des öffentlichen Dienstes«, *Kölner Zeitschrift für Soziologie und Sozialpsychologie*, H. 37, S. 649–676.

Keller, Bernd (1993), *Arbeitspolitik des öffentlichen Sektors*, Baden-Baden.

Kreutzer, Susanne (2005), *Vom ›Liebesdienst‹ zum modernen Frauenberuf. Die Reform der Krankenpflege nach 1945*, Frankfurt am Main.

LeGrand, Julien/Bartlett, Will (1993), *Quasi-Markets and Social Policy*, Macmillan, Houndmills.

Mayer-Ahuja, Nicole (2003), *Wieder dienen lernen? Vom westdeutschen ›Normalarbeitsverhältnis‹ zu prekärer Beschäftigung seit 1973*, Berlin.

Méhaut, Philippe/Arborio, Anne-Marie/ Bouteiller, Jaques/Causse, Lise/Mossé, Philippe (2007), »Good jobs, hard work«? Employment models for nurses' aides and hospital housekeepers«, in: Philippe Askenazy/Eve Caroli/Jérome Gautié (Hg.), *Low Wage Work in France*, Russell Sage Foundation, New York.

PLS Ramboll Management (2003), *Fallstudie: Privatisierung von Krankenhäusern*, Studie im Auftrag von Ver.di – Vereinigte Dienstleistungsgewerkschaft.

REFA (2002), *Handbuch Objektbezogene Leistungskennzahlen für den Reinigungsdienst im Krankenhaus*, REFA-Bundesverband e.V., Darmstadt.

Rocke, Burghard (2003), »Flucht aus dem BAT und aus der Zusatzversorgung?«, *Das Krankenhaus*, H. 6, S. 449–453.

Rothgang, Heinz (1994), *Der Einfluss der Finanzierungssysteme und Entscheidungsregeln auf Beschäftigungsstrukturen und -volumina englischer und deutscher Krankenhäuser*, Univ.-Diss., Köln.

Simon, Michael (2000), *Krankenhauspolitik in der Bundesrepublik Deutschland. Historische Entwicklung und Probleme der politischen Steuerung stationärer Krankenversorgung*, Opladen.

Streeck, Wolfgang (1997), »German Capitalism: Does it Exist? Can it Survive?«, in: Colin Crouch/Wolfgang Streeck (Hg.), *Political Economy of Modern Capitalism: Mapping Convergenceand Diversity*, London, S. 33–54.

Stumpfögger, Niko (2007), *Krankenhausfusionen und Wettbewerbsrecht. Unternehmenskonzentration im deutschen Krankenhausmarkt 2003 bis 2007,* Auszug aus einer Studie für Ver.di – Vereinigte Dienstleistungsgewerkschaft, http://gesundheit-soziales.verdi.de/krankenhaeuser/data/krankenhausmarkt-2007.pdf

Thelen, Kathleen/Kume, Ikuo (1999), »The Effects of Globalization on Labor Revisited: Lessons from Germany and Japan«, *Politics and Society* Vol. 27, No. 4, S. 477–505.

Ver.di – Vereinigte Dienstleistungsgewerkschaft (2004), *Beschluss Nr. 1/2004 der Verhandlungskommission zur Neugestaltung des Tarifrechts im öffentlichen Dienst,* (abgedruckt in: ver.di TS berichtet Nr. 61).

5. Immer noch verloren und vergessen – Zimmerreinigungskräfte in Hotels

Achim Vanselow

1 Einleitung

Eine Schlagzeile der Bild-Zeitung rückte Anfang 2007 die bis dahin wenig beachteten Lohn- und Arbeitsbedingungen im Hotelgewerbe ins Licht der Öffentlichkeit: »Deutschlands schlimmster Hungerlohn«. Auslöser des Skandals war der Fall einer jungen Frau, die nach Angaben der Zeitung als Zimmermädchen in einem Hamburger Fünf-Sterne-Hotel für einen Nettostundenlohn von 1,92 Euro Zimmer reinigte, die anschließend für einen Preis von rund 350 Euro vermietet wurden.[1] Meldungen wie diese wollen so gar nicht zu dem Hochglanzbild der »gastlichen Branche« passen. Die Tourismusindustrie, zu der das Hotelgewerbe zählt, ist in den letzten fünfzig Jahren zu einem bedeutenden Wirtschaftsfaktor in Europa herangereift und gilt mittlerweile als ein wichtiger Hoffnungsträger für Wachstum und Beschäftigung in den kommenden Jahren (Leidner 2004). Während die quantitative Bedeutung der Arbeit in diesem Bereich zunimmt, bestehen Defizite der Arbeitsqualität fort. Die Hotellerie zählt zu den Wirtschaftsbereichen in Deutschland mit einem weit überdurchschnittlichen Niedriglohnanteil (62 Prozent)[2] und aktuelle Umfragen bestätigen einmal mehr, dass Lage und Struktur der Arbeitszeiten weiterhin als eines der Kernprobleme der Arbeitsbedingungen im Gastgewerbe angesehen werden müssen (Weiler 2003: 50; Kümmerling/Lehndorff 2007).

Jenseits der Skandalisierung geht dieser Beitrag der Frage nach, wie sich die Arbeits- und Entlohnungsbedingungen von Beschäftigten im Hotelgewerbe vor dem Hintergrund eines tief greifenden Strukturwandels verändern. Bislang liegen kaum sozialwissenschaftliche Studien zum »Arbeits-

---

1 Arbeitgeber der Frau war nicht das Hotel, sondern ein beauftragter Dienstleister. Dennoch dürfte der Imageschaden für das Hotel immens gewesen sein.

2 Vergleiche Tabelle A.1 im Anhang: Niedriglohnanteil im Wirtschaftsbereich 55.1, sozialversicherungspflichtig Vollzeitbeschäftigte.

platz Hotel« und insbesondere zum Umgang mit Tätigkeiten des unteren Qualifikationsspektrums vor. Untersuchungen zu den Lohn- und Arbeitsbedingungen in amerikanischen Hotels, die hinsichtlich der Organisations- und Angebotsformen in mancherlei Hinsicht als prototypisch gelten können, geben erste Hinweise. Dort bieten sogar hochprofitable Hotels der gehobenen Qualitätsklasse im unteren Qualifikationssegment eher schlechte Jobs an. Diese Modernisierungsstrategie kann in dem Bild der dreispurigen *»Low Road«* verdichtet werden: niedrige Löhne, geringe Bindung zwischen Arbeitgeber und Arbeitskräften, kaum Investitionen in Qualifizierung. Dennoch geben Studien über die amerikanische Hotellerie zumindest punktuelle Hinweise auf eine *High Road*-Strategie, die mithilfe von Qualifikationselementen und alternativen Formen der Arbeitsorganisation wie zum Beispiel Arbeitsanreicherung, Wechsel zwischen Aufgabenfeldern und der Auflösung starrer Abteilungsgrenzen den *»bad jobs«* im Niedriglohnbereich eine bessere Perspektive eröffnen (Appelbaum u.a. 2003; Bernhardt u.a. 2003). Es wäre zu vermuten, dass die Voraussetzungen für derartige Verbesserungsstrategien in Deutschland angesichts des institutionellen Umfeldes wie den industriellen Beziehungen oder dem Flächentarifvertragssystem eher günstiger wären. Am Beispiel der Zimmerreinigung soll den Fragen nachgegangen werden, wie sich Arbeit in einer klassischen arbeitsintensiven Dienstleistungsbranche mit eher niedrigen Löhnen verändert und ob sich vor dem Hintergrund aktueller Restrukturierungsprozesse neue Wege zur Verbesserung der Lohn- und Arbeitsbedingungen der Beschäftigten, insbesondere in den unteren Lohngruppen, eröffnen. Die Zimmerreinigung wurde ausgewählt, weil das Reinigen und Herrichten der Hotelzimmer für den Wiederverkauf eine Kernfunktion der Hotelarbeit und die Sauberkeit ein entscheidender Faktor für die Kundenzufriedenheit und -bindung ist. Ein nicht oder schlecht gereinigtes Zimmer kann nicht weiter vermietet werden und bedeutet unweigerlich verlorenen Umsatz, da die Übernachtungsleistung nicht lagerfähig ist. In größeren Hotels gehörte die zuständige Abteilung in der Vergangenheit zu den beschäftigungsintensivsten Bereichen. Wie unsere Analysen zeigen, fallen fast 90 Prozent der hauswirtschaftlichen Betreuer in der Hotellerie unter die Niedriglohnschwelle, obwohl zumindest ein Teil der Arbeitskräfte in der Zimmerreinigung Tariflöhne erhält. Angesichts von massiven Durchsetzungsproblemen des Tarifvertrages muss selbst dieses niedrige Tarifentgelt für viele Arbeitskräfte als nicht gesichert angesehen werden.

Kasten 1: Betriebsfallstudien und Vorgehensweise

Die Untersuchung umfasst jeweils vier Fallstudien in Stadthotels der gehobenen Kategorie (4-5 Sterne) bzw. der unteren Mittelklasse (2-3 Sterne) mit einem überwiegenden Anteil an Geschäftsreisenden. Vier Fallstudien fanden an belegungsstarken, die übrigen an belegungsschwächeren Standorten statt, davon eine in Ostdeutschland. Es wurden überwiegend Hotels ausgewählt, die Ketten angehören. Die Betriebsgröße liegt zwischen 25 und 770 Zimmern, die Zahl der Beschäftigten (inklusive externem Personal) zwischen 10 und über 300. Die Hotels der gehobenen Kategorie sind überwiegend etablierte Betriebe, demgegenüber repräsentieren die Zwei- und Drei-Sterne-Hotels das »neue« Hotelgeschäft. Drei von ihnen gehören jungen Marken an, zwei neu gegründeten Ketten. Die Auswahl erfolgte mit Rücksicht auf die aktuelle Entwicklung des Hotelmarktes und basiert auf der Hypothese, dass variierende Kontexte in unterschiedlichen Marktsegmenten die Arbeitsqualität in der Zimmerreinigung beeinflussen.

In den Hotels wurden leitfadengestützte Interviews mit Akteuren verschiedener Hierarchieebenen geführt: dem Management (Hoteldirektor oder Personalleiter), der Abteilung (leitende Hausdamen, Etagenhausdamen, Reinigungspersonal) sowie – soweit vorhanden – Mitgliedern des Betriebsrates. In kleinen Hotels mit flacheren Hierarchien wurde dieses Konzept fallweise angepasst. Sofern Fremdfirmen an der Zimmerreinigung beteiligt waren, wurden diese nach Möglichkeit in die Studie einbezogen. Die Informationen aus den Betrieben wurden durch Kontextgespräche ergänzt (Arbeitgeberverbände und Gewerkschaften auf nationaler und regionaler Ebene, ein bundesweites Hausdamennetzwerk, Behörden zur Bekämpfung von Schwarzarbeit, Einrichtungen zum Arbeits- und Gesundheitsschutz im Hotelgewerbe, Migrantenorganisationen). Insgesamt basiert die Studie auf 52 Interviews.[3]

Zu Beginn des 20. Jahrhunderts wurde die Arbeit von Zimmermädchen überhaupt nicht regelmäßig vom Arbeitgeber entlohnt. Die Vergütung bestand aus Trinkgeldern, Kost und Logis und gegebenenfalls einem kleinen Barlohn. Nur bei sehr langen Arbeitszeiten war es den Beschäftigten möglich, auf diesem Weg das notwendige Geld zum Überleben zu verdienen.

3 An dieser Stelle sei noch einmal allen Interviewpartnerinnen und -partnern für ihre Teilnahme an der Untersuchung gedankt.

Vom deutschen Wirtschaftswunder profitierten die Beschäftigten im Gastgewerbe weit weniger als andere Arbeitnehmergruppen. In den frühen sechziger Jahren betrug der Durchschnittslohn von Arbeitskräften im Gastgewerbe gerade 75 Prozent des gesamtwirtschaftlichen Durchschnitts. Neben dem niedrigen Lohn waren die branchentypischen Arbeitsbedingungen wie überlange Arbeitszeiten, häufige Arbeit an Wochenenden und Feiertagen ohne Zuschläge und unbezahlte Mehrarbeit ein weiterer Grund für die aus Arbeitskräftesicht eher geringe Attraktivität. Arbeitgeber klagten über hohe Fluktuation und Arbeitskräftemangel, aber während die Gewerkschaft höhere Löhne und bessere Arbeitsbedingungen forderte, rekrutierten die Arbeitgeber ausländische Arbeitskräfte, die gegenüber den gebotenen Arbeitsbedingungen toleranter waren (NGG 1962). Es folgt ein Überblick über die aktuelle Markt- und Wettbewerbssituation im deutschen Hotelgewerbe (Abschnitt 2) und den Einfluss der industriellen Beziehungen (Abschnitt 3) auf die Entlohnung und die Arbeitsbedingungen. Auf der Basis von Resultaten der Fallstudien untersuchen wir in Abschnitt 4, wie sich die Arbeitsqualität von Tätigkeiten in der Zimmerreinigung darstellt, wie sie sich verändert hat und welche Faktoren dafür verantwortlich sind. Abschließend werden die Resultate in Abschnitt 5 diskutiert.

2 Das Hotelgewerbe in Deutschland

Das Hotelgewerbe (NACE 55.1) umfasst rund 32.000 Betriebe, die 2004 mit rund 272.000 abhängig Beschäftigten einen Umsatz von 14 Milliarden Euro erwirtschafteten.[4] Auf dem deutschen Markt dominiert traditionell das kleine Privathotel. Laut Umsatzsteuerstatistik sind 88 Prozent der Beherbergungsbetriebe in Deutschland Einzelunternehmen oder Personengesellschaften. Die durchschnittliche Betriebsgröße beträgt neun Personen (Statistisches Bundesamt 2006b, Wein 2006: 591). Doch das klassische Beherbergungsgewerbe, das die Hotels, Hotel garnis, Gasthöfe und Pensionen umfasst, verändert sich spürbar. Während die Zahl der Betriebsart »Hotels« zwischen 1995 und 2005 von 11.596 auf 13.401 gestiegen ist, verloren die anderen Betriebsarten an Gewicht (Statistisches Bundesamt 2006c und 1996). Damit geht ein Trend zu größeren Betriebseinheiten ein-

4 Datengrundlage für diese Angaben ist die jährlich durchgeführte Strukturerhebung im Gastgewerbe für das Jahr 2004 (Statistisches Bundesamt 2006a).

her. Die Bettenkapazität der Hotels stieg im Zeitraum von 1993 bis 2005 um über ein Drittel auf 951.990. Zwar verfügen noch immer nur 17 Prozent der Betriebe über 100 und mehr Betten, aber auf sie konzentrieren sich schon 53 Prozent der Bettenkapazitäten (Spörel 1994: 460; Statistisches Bundesamt 2006c; Deutscher Sparkassen- und Giroverband 2003:8). Als treibende Kraft der Entwicklung erweisen sich Hotelketten und –kooperationen, denen über 50 Prozent der größeren Betriebseinheiten zuzurechen sind. Hotelketten sind keineswegs eine neue Erscheinung auf dem Hotelmarkt, doch expandieren sie verstärkt seit den achtziger Jahren.[5] Internationale Hotelgesellschaften wie Accor und Marriott gehören heute zu den Marktführern. Neue Unternehmensstrategien und -kulturen, Managementtechniken und -moden hinterlassen ihre Spuren in der Branche. Viele Hotelketten agieren im Wettbewerb mit Mehrmarkenstrategien: sie bieten in- und ausländischen Gästen von der Budget- bis zur Luxus-Kategorie ein standardisiertes Produkt an, das national und international vermarktet werden kann, wobei das Internet als Vertriebskanal immer wichtiger wird. Kleine Privathotels, die hier nicht mithalten (können), geraten ins Abseits. Ein nationales Klassifizierungssystem des Deutschen Hotel- und Gaststättenverbandes (DEHOGA), das von einfach ausgestatteten Betrieben mit einem Stern bis zum Luxushotel mit fünf Sternen reicht, unterstützt, die Transparenz des Marktes und die Produktpositionierung des Hotels.

Die Expansion der Hotelkonzerne befördert einen harten Verdrängungswettbewerb, insbesondere auf den belegungsstärksten Hotelmärkten. Seit Jahren bleiben die Auslastungsraten hinter dem Kapazitätsaufbau zurück.[6] Obwohl der Hotelverband DEHOGA beklagt, dass jede Nacht in deutschen Beherbergungsbetrieben eine Million Betten leer stehen, geht der Kapazitätsaufbau ungebremst weiter. Allein 2005 waren 314 Hotelprojekte mit einer Kapazität von über 30.000 Zimmern in Planung (IHA 2006: 19). Eine weitere Facette des Wandels ist die Veränderung der Finanzierungsstrukturen. Bislang dominierte als Betreiberform das Leasing-Modell und als Investoren-Typ der offene Investmentfonds mit einem Anteil von über 60 Prozent an den gesamten Hotel-Investitionen im Zeit-

5 Waren 1984 erst 41 Hotelketten auf dem Markt, denen 1.068 Hotels angehörten, so waren es 2004 schon 111 Ketten mit 3.230 Hotels (DEHOGA 2004: 42, vergleiche Frei 2003).

6 Zwischen 1995 und 2005 lagen die Auslastungsraten zwischen 36,6 und 32,2 Prozent (DEHOGA 2004: 40, Tab. 2).

raum 1998 bis 2003. Typisch für diese Art der Finanzierung sind langfristige Investmentpläne und Leasingverträge, die nicht selten eine Laufzeit von 15 Jahren und mehr haben. Das Interesse dieser Investoren ist auf ein langfristig gesichertes Einkommen gerichtet. In jüngster Zeit macht sich die Öffnung des Finanzmarktes Deutschland aber deutlich bemerkbar und auch der Investoren-Typus diversifiziert sich (zum Beispiel *Private Equity Funds, Real Estate Investment Trusts*). Das Transaktionsvolumen für Hotelinvestments ist zuletzt sprunghaft gestiegen. Betrug der Anteil ausländischer Investoren auf dem deutschen Hotelinvestmentmarkt im Jahr 2003 noch 22 Prozent, so stieg er bis 2006 auf über 90 Prozent (Jones Lang Lasalle 2007; 2004). Internationale Investmentgesellschaften investieren Milliarden in das Hotelgeschäft (zum Beispiel Colony Capital/ACCOR). Immer mehr Unternehmensführungen haben sich am Interesse der Kapitalgeber zu orientieren (*shareholder value*). Der Marktdruck wird über neue Organisations- und Steuerungskonzepte an die betriebliche Ebene weitergegeben (Budgetsteuerung). Gängige Managementmoden der letzten Jahre wie die Auslagerungen vormals selbst erbrachter Leistungen an Dienstleister (*Outsourcing*) oder das möglichst weit reichende Abschmelzen des Personals (*Downsizing, Lean Staffing*) haben bei den großen Hotelgesellschaften längst Einzug gehalten.

Umsatzentwicklung

Seit Mitte der neunziger Jahre war das Gastgewerbe mit unübersehbaren Wachstumsproblemen konfrontiert. Insbesondere nach der Jahrtausendwende hatten die Hotels mit Umsatzrückgängen zu kämpfen.[7] Nicht wenige Manager aus der gehobenen Hotellerie griffen zu Discount-Strategien, um mit Preisnachlässen Auslastung zu erkaufen.[8] Diese »Aldisierung« der gehobenen Hotellerie vollzieht sich vor dem Hintergrund der im internationalen Vergleich ohnehin sehr niedrigen deutschen Hotelpreise, die nach Angaben einer Unternehmensberatung weit von den durchschnittlichen Zimmerpreisen in Paris (277,17 Euro) und in London (267,57 Euro) entfernt sind (Marx 2005). Aus dem Blickwinkel von Branchenanalysten erscheint die deutsche Hotelindustrie im internationalen Vergleich als eher

7 Im Jahr 2003 betrug der Umsatz im Hotelgewerbe 14 Milliarden Euro, was einem Umsatz pro Mitarbeiter von 44.300 Euro entspricht (Wein 2006: 592).

8 Ein neu eröffnetes Luxushotel in Berlin etwa bot in der Startphase einen Übernachtungspreis von 109 Euro an, während der lokale Durchschnittspreis bei 131 Euro lag.

ertragsschwach (Deloitte & Touche 2003). Die Personalkosten seien hoch, die Investitionen niedrig und noch sinkend, dem Kapitaleinsatz seien enge Grenzen gesetzt und der Kapitalertrag sei eher mäßig (Deutscher Sparkassen und Giroverband 2002: 26, Wein 2006). Im Unterschied zu vielen anderen europäischen Ländern unterliegt das deutsche Gastgewerbe zudem dem vollen Mehrwertsteuersatz in Höhe von 19 Prozent.

Beschäftigung und niedrige Löhne

Die Hotellerie beschäftigte 2004 277.413 Arbeitskräfte. Vom Kapazitätsaufbau im Hotelgewerbe seit den achtziger Jahren profitierte anfänglich auch die Beschäftigung, doch ab Mitte der neunziger Jahre kam der »Job-Motor« ins Stottern (1979–1993: +37 Prozent, 1993–2003: -10,3 Prozent, Statistisches Bundesamt 1996: 318). Zudem bieten Hotels in den letzten Jahren immer seltener Vollzeitarbeitsplätze an, dafür verstärkt Teilzeitbeschäftigung und Minijobs.

Tabelle 5.1: Beschäftigung im Hotelgewerbe 2004

	Beschäftigte			
	Gesamt	Vollzeit	Teilzeit	Ausschließlich geringfügig
Hotels 2004	277.413	69,9 %	6,0%	24,1%
Differenz 1999–2004	+8,4%	+0,8%	+16,2%	+35,9%
Gesamtwirtschaft 2004	31.326.848	70,9%	13,8%	15,3%
Differenz 1999–2004	+0,6%	-6,6%	+17,6%	+31,6%

Quelle: Jaehrling u.a. 2006: 116.

Offensichtlich reagierten Hotels auf die ökonomischen Schwierigkeiten mit einer Veränderung der Beschäftigungsstrategien. Eine Teilzeitstrategie gibt den Hotels die Möglichkeit einer besseren Anpassung des Personals an die Belegung und spart dadurch Kosten. Die zusätzlichen Teilzeitarbeitsplätze kompensierten jedoch nicht den Verlust von Vollzeitarbeitsplätzen.[9] Aufgrund der Schwankungsanfälligkeit des Hotelgeschäftes griffen die Betriebe

9 Die einzige Ausnahme von dem negativen Trend war eine kurze Erholung zur Jahrtausendwende.

zudem häufig auf geringfügig Beschäftigte zurück. 2004 arbeitete schon jede vierte Arbeitskraft im Hotelgewerbe in marginaler Teilzeitbeschäftigung (Vanselow 2006: 3).

*Tabelle 5.2: Beschäftigungsstruktur im Gastgewerbe (NACE 55) nach Tätigkeit und in der Gesamtwirtschaft 2003 in Prozent**

	Gastgewerbe (NACE 55)	*Hauswirtschaftliche Betreuer im Gastgewerbe (BKZ 923)*	*Gesamtwirtschaft*
Geschlecht			
Frauen	62,1	95,5	48,7
Männer	37,9	4,5	51,3
Nationalität			
Deutsch	81,3	80,2	93,2
Nicht-Deutsch	18,7	19,8	6,8
Alter			
unter 25	26,7	10,4	13,8
25-34	24,6	17,5	21,2
35-44	22,9	30,9	29,4
45-54	15,8	27,0	22,5
55+	9,9	14,1	13
*Qualifikation***			
Ohne Ausbildung	33,9	57,2	16,3
Mit Ausbildung	64,7	42,5	73,3
Hochschulausbildung	1,5	0,3	10,4

* Sozialversicherungspflichtig Beschäftigte, einschließlich Teilzeitbeschäftigte, Minijobber und Auszubildende.

** Auszubildende sind ausgeschlossen.

Quelle: BA Beschäftigtenpanel, eigene Berechnungen.

Im Vergleich zur Gesamtwirtschaft sind Frauen, Teilzeitbeschäftigte, junge Arbeitskräfte unter 25 Jahren, gering Qualifizierte und Migranten überdurchschnittlich häufig in der Branche vertreten. Bezogen auf die Zimmerreinigungskräfte gehören zu den zentralen Merkmalen der Beschäftigung die starke Segregation nach Geschlecht, die Polarisierung der Arbeitszeitmuster zwischen Vollzeit und Minijobs, die Zugehörigkeit zu der mittleren Altersgruppe zwischen 35 und 54 Jahren und der hohe Anteil von gering Qualifizierten (58 Prozent).

Mithilfe des Sozioökonomischen Panels lässt sich zeigen, wie sich der Niedriglohnanteil auf unterschiedliche Beschäftigtengruppen im Gastgewerbe verteilt. Insgesamt ist der Niedriglohnanteil in der Branche deutlich höher als in der Gesamtwirtschaft. Das höchste Niedriglohnrisiko tragen Minijobber (97 Prozent), aber auch Merkmale wie »weiblich« und »gering qualifiziert« weisen auf ein überdurchschnittliches Niedriglohnrisiko hin. Doch auch viele Männer, Vollzeitkräfte und Qualifizierte in dieser Branche beziehen niedrige Löhne.

Tabelle 5.3: Niedriglohnanteile im Gastgewerbe nach Beschäftigungsmerkmalen 2004[10] *in Prozent*

	Niedriglohnanteile	
	Gastgewerbe	Gesamtwirtschaft
Beschäftigung gesamt	70,2	22,1
Vollzeit	58,4	13,7
Teilzeit	(73,0)	20,3
geringfügig (ausschließlich)	97,0	78,9
Qualifiziert	66,6	21,9
Gering qualifiziert	82,4	47,2

Quelle: Jaehrling u.a. 2006: 117.

Der Anteil gering Qualifizierter in der Branche liegt zwar über dem gesamtwirtschaftlichen Durchschnitt, doch kann Hotelarbeit offensichtlich keineswegs auf die einfache Formel »gering qualifiziert = gering entlohnt« reduziert werden. Das Gastgewerbe liefert einen erheblichen Ausbildungsbeitrag mit derzeit über 100.000 Ausbildungsstellen. Insbesondere auf Frauen übt der »Arbeitsplatz Hotel« ungebrochen eine besondere Attraktivität aus. Seit Jahren zählt der Beruf »Hotelfachfrau« konstant zu den beliebtesten Berufen bei weiblichen Auszubildenden (Seibert 2007; Bundesministerium für Bildung und Forschung 2006: 109, 134), auch wenn eine Ausbildung in dieser Branche kein Garant dafür ist, im späteren Berufsleben vor Niedriglöhnen sicher zu sein.

Eine hohe Fluktuation in allen Qualifikationsgruppen ist charakteristisch für das Gastgewerbe. Zu den Gründen zählen der saisonale Charakter

10 Die Niedriglohnanteile für die Gesamtwirtschaft wurden mit dem SOEP 2004 berechnet, aber die Beschäftigtenkategorien weichen von den Werten in Tabelle 1.5 ab. Der wesentliche Unterschied ist, dass bei der Berechnung in Kapitel 1 Schülerinnen und Schüler, Studierende und Rentnerinnen und Rentner nicht enthalten waren, während sie hier enthalten sind.

in Teilen der Branche, häufige Betriebsschließungen und die typischen Karrierewege von Fachkräften. Die Branche hat unverkennbar Probleme damit, Fachkräfte zu halten. Sie ist deshalb gezwungen, im Vergleich zur Gesamtwirtschaft überdurchschnittlich häufig offene Stellen mit Branchenfremden zu besetzen (Hieming u.a. 2005: 71).

Das Gastgewerbe als standortgebundene Branche hat eine lange Tradition in der Nutzung ausländischer Arbeitskräfte als Kostensenkungsstrategie. Der Anteil ausländischer Arbeitskräfte lag 2003 bei 18,7 Prozent und damit drei Mal höher als der gesamtwirtschaftliche Durchschnitt. Spezielle Regelungen zur Saisonbeschäftigung im Gastgewerbe erlauben die befristete Beschäftigung von Arbeitskräften aus dem Ausland. In den vergangenen Jahren schwankte die Zahl der Saisonarbeitskräfte zwischen 18.000 und 19.000, die überwiegend im Urlaubsgeschäft zum Einsatz kamen. Diese Arbeitskräfte müssen tarifgemäß entlohnt werden, was von den Behörden auch kontrolliert wird.

In der Zimmerreinigung hat die Zahl der sozialversicherungspflichtig beschäftigten hauswirtschaftlichen Betreuer zwischen 1993 und 1997 um über 3.600 auf 28.220 abgenommen (Parmentier u.a. 1996: 425 und 1998: 449).[11] Zwischen 2000 und 2005 ging der Anteil dieser Beschäftigtengruppe im gesamten Gastgewerbe noch einmal um 10 Prozent zurück.[12] Stattdessen greifen die Betriebe verstärkt auf externe Dienstleister zurück.

Rahmenbedingungen für Outsourcing-Strategien

Grundlage der Organisation der Zimmerreinigung ist heute der *Just-in-time*-Gedanke. Ziel ist es, Beschäftigtenzahl und Personaleinsatzzeiten möglichst optimal an die schwankenden Belegungszahlen anzupassen und so Leerzeiten bei der Arbeit »auf der Etage« zu vermeiden. Der Einsatz von Reinigungsdienstleistern bietet Hotels die Chance, das Risiko schwankender Belegungszahlen zu externalisieren und nur noch für tatsächlich gereinigte Zimmer zu bezahlen. Die Arbeitgeberpflichten sowie die personalwirtschaftlichen Folgekosten gehen auf den Dienstleister über. Die Hotels können seit einigen Jahren auf ein stark gestiegenes Angebot an Hoteldienstleistungen zurückgreifen. Immer mehr Wettbewerber drängen auf

11 Nach einer Änderung der Statistik liegen die Daten für die Anzahl der sozialversicherungspflichtig Beschäftigten der Berufsordnung 923 (hauswirtschaftliche Betreuer) in Hotels und Gasthöfen nach 1998 nicht mehr vor.

12 Diese Daten basieren auf einer anderen Datenquelle (Sonderauswertung IAB).

diesen Markt und haben eine Abwärtsspirale bei den Preisen für Reinigungsdienstleistungen in Gang gesetzt. Nachdem die Reform der Handwerksordnung von 2004 (Kapitel 1: 54) die Markteintrittschranken für Existenzgründer im Gebäudereinigungsmarkt drastisch gesenkt hat, stieg die Zahl der Gebäudereinigungsbetriebe in kurzer Zeit von 6.800 (2003) auf rund 16.000 (2005) (Rationelle Hauswirtschaft 2005: 32). Da die Nachfrage nach Reinigungsleistungen in herkömmlichen Tätigkeitsfeldern des Gebäudereinigungshandwerkes wie Krankenhäusern, Industrieanlagen, Verwaltungsgebäuden, Verkehrsmittelreinigung und Glasreinigung schon in den neunziger Jahren zu 90 Prozent gesättigt war (Deutscher Bundestag 2003: 5), drängen neue Anbieter auf den Markt für Hoteldienstleistungen.

Hotelservicefirmen agieren zum Teil in einer tarifpolitischen Grauzone, weil nicht immer eindeutig ist, ob sie in den Geltungsbereich des allgemeinverbindlichen Tarifvertrages der Gebäudereinigung fallen oder nicht. Fakt ist, dass schon heute externe Reinigerinnen im Hotelservice unterhalb des allgemeinverbindlichen Tariflohnes der Gebäudereinigung von 7,87 Euro bezahlt werden. Die Tarifrunde 2004 brachte für die Beschäftigten zudem erstmals in der Tarifgeschichte des Gebäudereiniger-Handwerkes eine Lohnsenkung mit sich.[13] Hinzu kommen Befürchtungen, dass der Teilarbeitsmarkt einfacher Tätigkeiten in der Tourismuswirtschaft durch die EU-Osterweiterung unter Druck geraten könnte (Deutscher Bundestag 2003). Schon heute existieren massive Probleme der Tarifdurchsetzung. Insbesondere die im Rahmentarifvertrag für die gewerblichen Beschäftigten in der Gebäudereinigung festgeschriebene Lohngarantie bei Arbeiten im Leistungslohn wird nicht immer eingehalten.

Mit der zunehmenden Auslagerung der Reinigungsfunktion ist im Hotelgewerbe auch die Anfälligkeit für illegale Beschäftigungspraktiken gestiegen: »Wir haben Auswüchse miterlebt, dass da Razzien kamen und die Leute ohne Arbeitserlaubnis in miesesten Unterkünften gehalten wurden wie Vieh« (Interview Gebäudereiniger-Innung). Verstöße gegen den Tariflohn, das Leistungsrecht bei Bezug von Arbeitslosengeld oder Sozialhilfe, Sozialversicherungsbetrug, Verstöße gegen das Ausländerrecht und Formen organisierten Verbrechens gehören zu den Phänomenen, mit denen die Finanzbehörden konfrontiert sind.[14] Nicht nur Gewerkschaften, auch

13 Auslöser dieser Tarifabsenkung im Gebäudereinigerhandwerk war die Tarifkonkurrenz mit der Arbeitnehmerüberlassung (Schramm/Schlese 2005).

14 Durchsuchungsaktionen der Finanzbehörden im Hotel- und Gaststättengewerbe ergaben bei 25 Prozent der Schwerpunktprüfungen Verdachtsfälle auf Verstöße gegen

Vertreter der Gebäudereiniger-Innung klagen über die Schmutzkonkurrenz in der »sauberen Branche«.[15]

3 Industrielle Beziehungen, Arbeitsbedingungen und tarifliche Niedriglöhne

Die lange Zeit komprimierte Lohnstruktur in Deutschland war vor allem der industriellen *Beletage* des »deutschen Modells« zu verdanken, sorgten doch Flächentarifverträge, eine hohe Tarifbindung und gut organisierte Belegschaften mit einer relativ gleichgerichteten Interessenlage für eine hohe Homogenisierung der Löhne innerhalb der Branchen. An den Rändern dagegen, wie im kleinbetrieblich strukturierten Gastgewerbe mit geringer gewerkschaftlicher Durchsetzungsmacht, zeigte sich immer schon ein anderes Bild. Die Gewerkschaft war hier nie in der Lage, Niedriglöhne wirkungsvoll zu bekämpfen. Der langjährige Leiter der Abteilung Tarifpolitik beim Vorstand der Gewerkschaft NGG konstatiert rückblickend: »Mangels gewerkschaftlicher Stärke gleichen manche Tarifverhandlungen im Gastgewerbe einem kollektiven Betteln« (Pohl 2007: 64 und 1995: 223).

Im Hotel- und Gaststättengewerbe werden Tarifverträge regional von der Gewerkschaft Nahrung-Genuss-Gaststätten (NGG) und den Mitgliedsverbänden des Deutschen Hotel- und Gaststättenverbandes (DEHOGA)[16] in 18 Tarifgebieten ausgehandelt. Eine »zweite Lohnrunde« in profitablen Betrieben zur Verbesserung der tarifvertraglich erreichten Bedingungen, die es in den siebziger Jahren noch gab, ist heute sehr rar geworden. Die Lohndrift im Gastgewerbe, also die Differenz von Tarif- und Effektivlohnentwicklung, ist seit Jahren negativ (Deutsche Bundesbank 2004). Angesichts eines Organisationsgrades von etwa 5 Prozent[17] sind den Durchsetzungschancen gewerkschaftlicher Forderungen enge Grenzen gesetzt.

Rechtsnormen (Eichel 2004), wobei Hotels allerdings in geringerem Umfang betroffen waren als Gaststätten. Diese bundesweiten Aktionen können bis zu 10.000 Betriebe erfassen.

15 »Solchen Unternehmen das Handwerk zu legen, ist nicht nur im Interesse der Mitarbeiter, sondern auch im Interesse der seriösen Mitbewerber«, so ein Obermeister der Gebäudereiniger-Innung Nordbayern in der Presse (Nordbayerischer Kurier 2005).

16 Die Struktur der Interessenverbände im Gastgewerbe hat historische Gründe.

17 Pohl (2007) gibt die Zahl der Gewerkschaftsmitglieder im gesamten Gastgewerbe mit 34.878 an.

Die Gründe für die organisationspolitische Schwäche in dieser Branche sind vielfältig: die besondere Beschäftigungsstruktur (viele Teilzeitkräfte, Migranten, Frauen, junge Leute, also generell schwer zu organisierende Personengruppen), die kleinbetriebliche Struktur, der Personalabbau vor allem in Ostdeutschland, die Diskontinuität der Betriebsratsarbeit aufgrund der hohen Personalfluktuation, die geringe Präsenz der Gewerkschaft in den Betrieben und der schlichte Wunsch der gering entlohnten Beschäftigten, den Obolus für den Gewerkschaftsbeitrag zu sparen. In der Vergangenheit zählten Zimmerfrauen noch zu den am besten organisierten Beschäftigtengruppen im Hotel: »Ein ständiger Diskussionspunkt war die Frage, wie viele Zimmer die Frauen in acht Stunden reinigen müssen. In Betrieben mit Betriebsräten konnten Höchstbegrenzungen festgelegt werden. Dies waren Anreize für die Frauen, sich in der Gewerkschaft zu organisieren« (NGG-Gewerkschaftssekretär).

Auch die zweite Säule der Interessenvertretung im »deutschen Modell«, die Institution des Betriebsrates, ist im Hotelgewerbe schwach ausgeprägt. Die Zahl der Betriebsrats-Gremien in Hotels geben Gewerkschaftsvertreter mit rund 200 an.[18] Damit entfällt in weiten Teilen der Branche die Kontrolle über die Einhaltung von Tarifverträgen (kollektiv vereinbarte Löhne, Arbeitsbedingungen und weitere Arbeitnehmerschutzvorschriften). Insbesondere wo Inhaber, Familienangehörige des Inhabers und die wenigen Beschäftigten Seite an Seite arbeiten, war der übliche Weg der Konfliktlösung bislang oft ein Betriebswechsel des Beschäftigten, was wenig bis nichts zur Verbesserung der Arbeitsbedingungen beitrug (Kramer/Seitz 1984).

Auch organisationspolitische Entwicklungen im Arbeitgeberlager schwächen das Tarifsystem in dieser Branche. In den letzten Jahren sind insbesondere ostdeutsche Mitgliedsverbände des DEHOGA-Verbandes dazu übergegangen, Neumitgliedern die Tarifbindung freizustellen (»OT-Mitgliedschaft«), wodurch der »Verbetrieblichung« der Aushandlungsprozesse zusätzlich Vorschub geleistet wird. Der Verband begründet diesen Schritt mit der abnehmenden Bindungskraft (Tarifflucht), den gravierenden Unterschieden bei der Ertragskraft von Klein- und Großbetrieben und somit der Fähigkeit, die tariflichen Regelungen auch finanzieren zu können, sowie mit der Verbandsabstinenz neuer Betriebe. Im Konfliktfall muss die

18 Eine Quelle aus den neunziger Jahren beziffert die Betriebsratsquote im gesamten Hotel- und Gaststättengewerbe auf 7 Prozent der betriebsratsfähigen Betriebe (Wasserann 1999: 96).

Gewerkschaft beweisen, dass ein Betrieb tarifgebunden ist, was die Durchsetzung von Schutzrechten und Ansprüchen von Beschäftigten massiv erschwert, ebenso wie den Abschluss neuer Tarifverträge und Bestrebungen, Tarifverträge für allgemeinverbindlich erklären zu lassen.

Tarifliche Niedriglöhne im Hotelgewerbe

Der Niedriglohnanteil im Hotelgewerbe liegt nach unseren Berechnungen mit 61,09 Prozent erheblich über dem Durchschnitt der Gesamtwirtschaft (vergleiche Kapitel 1, Tabelle 10). Dabei ist ein niedriges Tariflohnniveau keineswegs auf »einfache« Tätigkeiten oder Einstiegspositionen beschränkt, wie Untersuchungen zeigen (Bispinck u.a. 2003: 303; Hieming u.a. 2005: 141): alle Qualifikationsgruppen – Qualifizierte wie Geringqualifizierte – beziehen im Gastgewerbe Löhne, die unterhalb des Niveaus vergleichbarer Qualifikationsgruppen in den meisten anderen Branchen liegen. Die Differenzierung der tarifvertraglichen Grundvergütungen nach Lohngruppen ist eher gering. Der höchste Tariflohn im Gastgewerbe übersteigt den niedrigsten um den Faktor 2,05, verglichen mit 2,55 im Handel und 3,7 im Öffentlichen Dienst (Bundesministerium für Wirtschaft und Arbeit 2005: 111). Viele Personalverantwortliche in Hotels haben die Erfahrungen machen müssen, dass Fachkräfte aufgrund von besseren Verdienstchancen in andere Branchen abwandern. Durch das generell niedrige Lohnniveau in der Branche trägt das ausführende Personal in der Zimmerreinigung (wie alle Hotelbeschäftigten, deren Bezahlung unterhalb des tariflichen Ecklohns liegt) ein sehr hohes Niedriglohnrisiko. Fast 90 Prozent der Löhne dieser Beschäftigten in Hotels fallen unter die Niedriglohnschwelle. Im Zeitverlauf ist der Niedriglohnanteil in dieser Gruppe sogar noch gewachsen.[19]

Auch das Tarifsystem schützt Zimmerfrauen nicht vor Niedriglöhnen. Das Spektrum für das niedrigste Entgelt in den 17 Tarifgebieten reicht von 887 Euro oder 35,6 Prozent des Medianlohnes in Mecklenburg-Vorpommern bis 1.490 Euro oder 59,8 Prozent des Medianlohnes in Bayern.[20] In

19 Das Zimmerreinigungspersonal fällt in der Statistik unter die Berufskennziffer 923 (hauswirtschaftliche Betreuer) (1980: 84,1 Prozent, 2003: 88,3 Prozent; BA Beschäftigtenpanel and IAB Beschäftigtenstichprobe, eigene Berechnungen). Aufgrund von Veränderungen in der Branchenstruktur sind die Daten nur begrenzt vergleichbar.

20 Als Medianlohn wird der in Kapitel 1 berechnete Wert für Vollzeitbeschäftigte in Gesamtdeutschland von 2003 zugrunde gelegt (14,94 Euro pro Stunde, 2.492 Euro pro Monat, 29.904 Euro pro Jahr – Tabelle 1.1).

allen Tarifgebieten liegt die Vergütung unter der Niedriglohnschwelle von 1.661 Euro (2003). Mit zunehmender Beschäftigungsdauer können Zimmerfrauen in einigen Tarifgebieten die so genannte Ecklohngruppe von Fachkräften erreichen (zum Beispiel Hessen), jedoch übersteigt die Entlohnung selbst dann die Niedriglohngrenze nicht.

In einigen Tarifgebieten hat die Gewerkschaft NGG in der Vergangenheit darauf hingewirkt, dass die unteren Tarifgruppen stärker angehoben wurden, weil Fachkräfte zum Teil noch übertarifliche Leistungen vom Arbeitgeber erhalten. Diese Strategie wird aber nicht weiter verfolgt, weil die organisierten Fachkräfte nach Angaben von Gewerkschaftern ansonsten vernachlässigt würden. In aktuellen tarifpolitischen Auseinandersetzungen steht die Arbeitzeitfrage im Mittelpunkt. Die Arbeitgeber fordern die Rückkehr zur 40-Stunden-Woche in den westdeutschen Tarifgebieten mit kürzerer Regelarbeitszeit (38,5 Stunden) und die Reduzierung der Jahressonderzahlungen (Urlaubsgeld, Weihnachtsgeld). Durch ein Abschmelzen der Sonderleistungen sollen frei werdende Mittel für umsatzabhängige oder leistungsabhängige Einmalzahlungen verwendet werden.

Arbeitsbedingungen

Den widrigen Rahmenbedingungen zum Trotz konnten in der Vergangenheit dennoch Verbesserungen der Arbeitsbedingungen für die Beschäftigten erreicht werden. Die Einführung der Fünf-Tage-Woche und der 40-Stunden-Woche Mitte der achtziger Jahre gelten als Meilensteine der Regulierung der Arbeitsbedingungen im Gastgewerbe, betrug die tarifvertraglich festgelegte Monatsarbeitszeit eines Zimmermädchens Anfang der sechziger Jahre doch noch 208 Stunden (Pohl 1995: 173). Heute beträgt die Regelarbeitszeit in den meisten westdeutschen Tarifregionen des Hotel- und Gaststättengewerbes 38,5, in den ostdeutschen Tarifregionen 40 Wochenstunden.

Das Instrument der Allgemeinverbindlichkeitserklärung von Tarifverträgen erwies sich als wichtiger Hebel zur Verbesserung der Arbeitsbedingungen, zum Beispiel bei der Durchsetzung der Fünf-Tage-Woche (Pohl 1995: 125).[21] Zugleich herrschte lange Zeit Einigkeit zwischen Gewerk-

21 In Ostdeutschland hingegen hat dieser Mechanismus nie wirklich greifen können, was vor allem auf den Widerstand der regionalen Arbeitgeberorganisationen zurückzuführen ist. Die hohe Arbeitslosigkeit bringt die Gewerkschaft hier in die Defensive, weil Arbeitnehmer vorrangig an der Erhaltung ihres Arbeitsplatzes interessiert sind und nur

schaft und Arbeitgebern, dieses Mittel nur in geringen Dosen anzuwenden, signalisiert es doch die Schwäche der Tarifpartner. Allgemeinverbindliche Tarifverträge blieben lange beschränkt auf die Regelung der allgemeinen Arbeitsbedingungen in Manteltarifverträgen in westdeutschen Tarifregionen, während Entgelt-Tarifverträge ausgespart blieben. Der wachsende Problemdruck und die Einsicht in die eigene Durchsetzungsschwäche führten schließlich dazu, dass die NGG seit 1999 einen gesetzlichen Mindestlohn fordert. Gerade in Ostdeutschland ist ein Trend der unkontrollierten Dezentralisierung zu beobachten. Angesichts von Tarifabschlüssen unterhalb der Niedriglohnschwelle, zum Teil jahrelangen tariflosen Zuständen in mancher Tarifregion, massiven Problemen bei der Tarifdurchsetzung und häufigen Fällen von Tarifbruch insbesondere bei Entgelten, Mehrarbeitszuschlägen sowie Urlaubsgeld sieht die Gewerkschaft zu einer stärkeren staatlichen Intervention keine Alternative mehr (Pohl 2007: 65).

Arbeitsbedingungen wie die Arbeitszeit, Ruhetage, Urlaubsregelungen, Zuschläge bei Sonn- und Nachtarbeit, Kündigungsregelungen und Jahressonderzuwendungen werden in einem gesonderten Tarifvertrag (Manteltarifvertrag) geregelt, der ebenfalls auf regionaler Ebene verhandelt wird. Regionale Unterschiede betreffen zum Beispiel Zuschlagsregelungen für Arbeit an Sonn- und Feiertagen, was in der Hotellerie häufig der Fall ist. Nur etwa ein Drittel der Tarifverträge enthält solche Zuschlagsregelungen. Wie lückenhaft die Durchsetzung der Tarifregelungen tatsächlich ist, wurde 2002 anlässlich der Einführung einer freiwilligen, tarifvertraglich bundesweit einheitlich geregelten betrieblichen Altersvorsorge (»HoGa-Rente«) offensichtlich. Der Beitrag für die Altersvorsorge sollte aufkommensneutral aus einem Teil des Urlaubsgeldes finanziert werden. Im Zuge der Umsetzung wurde jedoch festgestellt, dass etwa die Hälfte der erfassten Kleinbetriebe trotz teilweise allgemeinverbindlicher tariflicher Regelung den Beschäftigten überhaupt kein Urlaubsgeld zahlt. Die Größenordnung der Tarifabweichung war auch für den Arbeitgeberverband überraschend.

In den siebziger und achtziger Jahren rückten die zunehmende Rationalisierung, die Probleme der tayloristischen Arbeitsorganisation und die Reformpolitik die »Humanisierung des Arbeitslebens« auf die politische Agenda. In dem Projekt »Abbau der Belastungen im Hotel- und Gaststättengewerbe« entwickelten Wissenschaftler und Praktiker eine Reihe von Vorschlägen, um die Arbeitsqualität in der Branche zu verbessern. Einige

wenig Bereitschaft aufbringen, sich für höhere Löhne oder bessere Arbeitsbedingungen einzusetzen.

dieser Vorschläge wurden auf der betrieblichen Ebene oder in Tarifverhandlungen aufgegriffen (Elbe/Pohl 1986). Heute ist dieser arbeitsorientierte Ansatz in den Hintergrund gerückt. Der Strukturwandel des Marktes, neue Managementstrategien und die hohe Arbeitslosigkeit haben Strategien zur Verbesserung der Arbeitsqualität in die Defensive gedrängt, stattdessen dominieren Kostensenkungsstrategien. Anstatt Motor für die Verbesserung der Arbeitsbedingungen in der Zukunft zu sein, ist die Gewerkschaft heute darauf beschränkt, den Status Quo zu verteidigen.

Nach dieser Darstellung institutioneller Rahmenbedingungen der Hotelarbeit wenden wir uns der betrieblichen Ebene zu.

4 Betriebliche Strategien und Arbeitsplatzqualität: Ergebnisse aus den Fallstudien

Die Aufbauorganisation hat sich in Großhotels unter dem Druck zu Kosteneinsparungen und Personalabbau erheblich verändert – von einer funktionalen, stark hierarchischen Ordnung mit weitgehender Spezialisierung und einer weiten Führungsspanne hin zum *Lean Management*, das vor allem von der amerikanischen Kettenhotellerie importiert wurde (Winter 2004). Die Abteilung *Housekeeping*, in der die Zimmerreinigung angesiedelt ist, wird in Großhotels typischerweise von einer leitenden Hausdame geführt, die von Assistentinnen unterstützt wird. Die Bereichsleiterin der Etage koordiniert die Etagenhausdamen, die ihrerseits die gereinigten Zimmer kontrollieren. Weitere Positionen können für den Spät- oder Nachtdienst (Abendhausdame) und für Trainingszwecke (Trainingshausdame) vorgesehen sein. Zu den ausführenden Tätigkeiten gehören die Zimmerreinigung sowie die Reinigung der öffentlichen Flächen wie der Empfangshalle und der öffentlich zugänglichen Toiletten. In kleineren Betrieben ist die Abteilung flacher strukturiert. Natürlich sind in der Praxis Abweichungen von diesem Organisationsbeispiel anzutreffen.

Geschäftspolitische Strategien

Das Spektrum in den untersuchten Stadthotels der gehobenen Kategorie reicht vom Großhotel, das einer börsennotierten global agierenden Kette angehört, sich im internationalen Wettbewerb sieht und dabei immer die Interessen der Kapitalgeber im Auge haben muss, bis zum kleinen inhabergeführten Nischenanbieter, der durch eine konsequente Qualitätsstrategie seine Chance im Wettbewerb sucht. Strategische Unterschiede werden auf der betrieblichen Ebene auch schon bei der Produktplatzierung deutlich. Einige Hotels investieren, um in die höchste für sie erreichbare Kategorie zu gelangen, andere verzichten lieber auf einen Stern und sparen am Service, um so Personalkosten einzusparen und den Gästen einen günstigeren Preis anbieten zu können. Die Kettenhotels bieten standardisierte Zimmerprodukte an. Nur das Privathotel setzt auf individuelle Zimmer mit unterschiedlicher Größe und individueller Zimmerausstattung, insbesondere vielen Antiquitäten.

Von den Hotels der gehobenen Kategorie unterscheiden sich die Zwei- und Drei-Sterne-Hotels unter anderem durch eine erheblich einfachere Zimmerausstattung bei hoher Standardisierung. In diesem Marktsegment wird der Wettbewerb traditionell über den Preis geführt, wobei insbesondere die neuen Marken für Belebung sorgen. Sie führen Elemente des Qualitätswettbewerbs ein, indem sie zum Beispiel für den annähernd gleichen Preis wie der Wettbewerb eine durch Designelemente aufgewertete Raumausstattung bieten, um so den Marktführer durch ein besseres Preis-Leistungsverhältnis zu attackieren. Um trotz höherer Investitionskosten bei niedrigen Preise die Erträge zu sichern, folgen diese Hotels einer rigiden *Lean Management*-Strategie: ein rigoroses Kostenmanagement, teilweise minimaler Personaleinsatz und technische Rationalisierung (*Check-In*-Automaten). Zugespitzt formuliert, investieren diese Hotels eher in Möbel als in Menschen.

Während die etablierten Hotels der gehobenen Kategorie mit einer Ausnahme profitabel arbeiten,[22] müssen sich die jüngeren Hotels erst auf dem Markt etablieren. Die Belegungsraten lagen 2004 in den höherklassigen Großhotels über dem nationalen Durchschnitt von rund 60 Prozent (IHA 2006: 8). Das kleine Fünf-Sterne-Hotel lag unter dem Durchschnitt, generierte den Großteil seines Umsatzes aber aus dem Restaurant-Bereich.[23] Bei den Hotels der unteren Mittelklasse lag das etablierte Zwei-

22 Die Ausnahme ist durch hohe Pachtverträge bedingt, die den Gewinn des operativen Hotelgeschäfts aufzehren. Die Profitabilität wird 2006 voraussichtlich erreicht.

23 Der Hotelier hat sich einem internationalen Hotelkonsortium im Luxus-Segment angeschlossen, was es ihm erlaubt, Größen- und Verbundvorteile zu nutzen, ohne die rechtliche Selbständigkeit aufzugeben.

Sterne-Hotel deutlich über dem Durchschnitt, während die neueren Hotels zum Teil noch unterdurchschnittliche Belegungsraten aufwiesen. Die Preis- und Ertragsentwicklung der Fallstudienbetriebe spiegelt den Trend des Gesamtmarktes wider: In der gehobenen Kategorie ist die Entwicklung deutlich schwieriger als im preisgünstigen Segment. Insbesondere in den Hotelzentren stehen die Hotels unter massivem Preisdruck, worauf die Hotels der gehobenen Kategorie mit Preisnachlässen reagiert haben.

Da Personalkosten in der Hotellerie etwa ein Drittel der Gesamtkosten ausmachen, rückt dieser Kostenblock unvermeidlich in das Zentrum von Einsparmaßnahmen (Wein 2006: 459). Die untersuchten Hotels arbeiten nach diversen Restrukturierungswellen an der Untergrenze der Personalausstattung.[24] In einem Fünf-Sterne-Hotel hat sich Zahl der beim Hotel beschäftigten Arbeitskräfte seit den siebziger Jahren von 700 auf 350 halbiert, in einem ostdeutschen Vier-Sterne-Hotel in einem Zeitraum von sechs Jahren von 300 auf rund 100 verringert. Durch den Abbau von Personalreserven, flachere Hierarchien und arbeitsorganisatorische Veränderungen wurden Kosten gesenkt. Die Kettenhotels müssen sich einem überbetrieblichen und zum Teil internationalen Benchmarking stellen. Die Hotelleitung behilft sich teilweise damit, durch extern-numerische Flexibilisierungsstrategien fixe in variable Kosten umzuwandeln.

Outsourcing als vorherrschende Flexibilisierungsstrategie

Als besonders auslagerungsgefährdet erweisen sich die eng an die Belegung gekoppelten ausführenden Tätigkeiten im *Housekeeping*. Die Tätigkeit gilt als einfache Anlerntätigkeit, die kein betriebsspezifisches Wissen erfordert und in einer deutlich abgegrenzten organisatorischen Einheit erbracht wird, so dass eine Auslagerung wenig arbeitsorganisatorische Anpassungen in anderen Abteilungen erfordert. Vor allem große internationale Kettenhotels lagerten die Zimmerreinigung bereits in den achtziger Jahren aus. Die Hausdamen stehen heute vor der Aufgabe, im Rahmen neuer Steuerungskonzepte mit schrumpfenden Budgets erstens kostengünstiger zu wirtschaften, zweitens die Sauberkeit, Pflege und Werterhaltung der Zimmer und öffentlichen Räume zu gewährleisten und drittens die Fluktuation

24 Auch beim Wareneinsatz lassen sich kaum noch Einsparungen realisieren und die Pacht- und Mietkosten haben Fixkostencharakter.

der Arbeitskräfte zu begrenzen.[25] Die Auslagerung bietet den Hausdamen dabei nicht nur die die Chance, mit den Budgetrestriktionen besser zurechtzukommen, sondern entlastet sie auch von administrativen Aufgaben. Immer wieder bestätigten uns Hausdamen im gehobenen Segment, dass die drei Ziele in einem Spannungsverhältnis stehen, wobei gerade die nachlassende Reinigungsqualität den wunden Punkt der Auslagerungsstrategie darstellt. Die Rückverlagerung der Reinigung ist deshalb für manches Hotel eine realistische Option, wie eine Verbandsvertreterin bestätigte: »Das passiert teilweise in der gehobenen Hotelklasse, teilweise in privaten Hotels, wo Qualität ein starkes Verkaufsargument und der direkte Kontakt zu den Gästen sehr eng ist« (Gesprächspartnerin DEHOGA).[26]

Ob Luxus- oder Budget-Hotel, die meisten untersuchten Betriebe haben die Zimmerreinigung vollständig oder teilweise an eine Fremdfirma ausgelagert. Nur noch zwei Hotels (ein Fünf- und ein Zwei-Sterne-Hotel) arbeiten ausschließlich mit Eigenpersonal. Deutliche Unterschiede zeigen sich hingegen in der Gestaltung des *Outsourcing*. Die Hotels der gehobenen Kategorie sind aus Gründen der Qualitätssicherung bemüht, die Kontrolle im Haus zu behalten, das heißt, die Arbeit der Fremdfirma wird zusätzlich von der Hausdame des Hotels und ihren Assistentinnen kontrolliert. Zwei Hotels arbeiten mit einem Mix-System, das heißt, sie behalten zusätzlich noch einen Stamm von internen Zimmerfrauen. Dies hat zum einen arbeitsrechtliche (Kündigungsschutz, hohe Trennungskosten), zum anderen arbeitsorganisatorische Gründe: Das Eigenpersonal reinigt die teuren Suiten, das Fremdpersonal die Standardzimmer. Die Mittelklasse-Hotels beschäftigen nach einer Auslagerung keine eigene Hausdame mehr. Die Kontrollfunktion übernimmt die Fremdfirma oder der Hotelmanager selbst. Die zwei Hotels, die noch mit Eigenpersonal arbeiten, begründeten dies mit der Qualitätssicherung sowie der Leistungsfähigkeit und der zeitlichen Flexibilität des Personals.

Spielraum für das lokale Management bei der Frage »intern oder extern« existiert nur noch dort, wo die Auslagerungsentscheidung nicht zentral durch Rahmenverträge auf der Unternehmensebene getroffen wird. Die wesentlichen Motive für die Auslagerungsentscheidung des lokalen

---

25 Die Investitionskosten für ein Zimmer in einem Fünf-Sterne-Hotel können schnell 150.000 Euro übersteigen. In einem Zwei-Sterne-Hotel liegen die Investitionskosten immer noch zwischen 50.000 und 60.000 Euro (VÖB 2004: 65).

26 Exakte Daten zu Rückverlagerungsprozessen liegen nicht vor.

Tabelle 5.4: Organisation der Zimmerreinigung in den Fallstudienunternehmen

	H1	*H2*	*H3*	*H4*	*H5*	*H6*	*H7*	*H8*
Marktsegment	4–5 Sterne				2–3 Sterne			
Standort	Zentral	Zentral	Peripher	Peripher	Zentral	Zentral	Peripher	Peripher
Interne Zimmer-reinigung	Teil-weise	Teil weise	Komplett	Nein	Nein	Teil-weise	Nein	Komplett
Interne Hausdame	Ja	Ja	Ja	Ja	Nein	Nein	Nein	Ja
Zahl der internen ZF	24	4	3	0	0	2	0	9
Zahl der externen Reiniger (durch-schnittlich)	15	30	0	39	6 – max. 14	4	14	0

Managements sind zum einen Kostenersparnisse bei den sonstigen Arbeitskosten wie Urlaub, Krankheit, Trennungs- und Rekrutierungskosten sowie Einarbeitungs- und Trainingskosten, die auf den Dienstleister abgewälzt werden. Zum anderen entlastet sich das lokale Management komplett oder teilweise von Managementaufgaben.

Reinigungfirmen, die in der Gebäudereiniger-Innung organisiert sind, nach Tarif entlohnen und in Ausbildung investieren, berichten von massivem Wettbewerbsdruck. Die Folge sind sinkende Margen und schlechte Verrechnungssätze, die von einigen Hotels noch weiter gedrückt werden.[27] Die wesentliche Stellschraube für den Dienstleister ist die Ermittlung der Leistungswerte des Personals. Der massive Konkurrenzdruck sorgt dafür, dass fachliche Kriterien für Reinigungsaufwand und -qualität unterschritten werden: »Auch Musterkalkulationen über die Innung, wie man Kalkulationen aufbauen soll, das ist alles Schönschreiberei. Dann würden wir nie wieder einen Auftrag kriegen.« (Inhaber einer Reinigungsfirma). Grundsätzlich sehen Hotel-Servicefirmen aber immer noch einen Handlungsspielraum für einen fairen Umgang von Hotel und Dienstleister. Fair heißt in diesem Zusammenhang, dass beide Seiten an einer längerfristigen Beziehung interessiert sind und die Interessen der Gegenseite in Betracht ziehen.

27 »Es herrscht ein erbärmlicher Wettbewerb und die Hotels tragen maßgeblich dazu bei«, so der Inhaber einer Reinigungsfirma (Der Spiegel 2007: 68).

Eine »einfache« Arbeit mit vielen qualifizierten Arbeitskräften

Nahezu alle *Housekeeping*-Abteilungen waren von der leitenden Hausdame über Assistentinnen und Etagenhausdamen bis zur Zimmerfrau weiblich besetzt. Diese strenge Segregation nach Geschlecht wird durch die Fremdfirmen etwas durchbrochen, weil hier auch einige Männer arbeiten, was mit der höheren Leistungsanforderung und körperlichen Belastung begründet wurde. An allen westdeutschen Hotel-Standorten dieser Fallstudie waren die Arbeitsplätze in der Zimmerreinigung weit überwiegend mit Migrantinnen besetzt. Nur an dem ostdeutschen Standort mit einem niedrigen Arbeitsangebot von Migranten und einer hohen Arbeitslosigkeit arbeiten ausschließlich deutsche Reinigerinnen. Aber auch dort wird künftig ein zunehmendes Arbeitsangebot aus den neuen EU-Mitgliedsstaaten erwartet, das in diese Tätigkeit drängt.

Da es sich bei der Zimmerreinigung nicht um einen Ausbildungsberuf handelt, eröffnen sich grundsätzlich Beschäftigungschancen für gering Qualifizierte. Bei Neueinstellungen legten Hotels wie auch Reinigungsfirmen großen Wert auf die »Arbeitseinstellung« der Bewerber, was sich übersetzen lässt in die Bereitschaft zu harter körperlicher Arbeit für einen eher geringen Lohn und zuverlässiges Arbeiten nach genauen Vorgaben bei hoher Monotonie. Außerdem müssen Bewerberinnen ästhetisch in das Hotel passen, was insbesondere in Fünf-Sterne-Hotels ein Selektionskriterium darstellt.

»Niemand wünscht sich, Zimmermädchen zu werden« – dieser Stoßseufzer einer Hausdame verweist darauf, dass Arbeitskräfte aus dem westlichen Kulturkreis in den seltensten Fällen freiwillig in die Zimmerreinigung gehen. Nicht selten geben biographische Brüche den Antrieb: die gescheiterte Berufseinmündung nach der Lehre, Arbeitslosigkeit, eine gescheiterte Ehe oder eine Migrationssituation. Insbesondere qualifizierte Frauen wählen die Tätigkeit aus Mangel an Alternativen. Zu den Herkunftsberufen von deutschen Zimmerfrauen zählten zum Beispiel Restaurantfachfrau, Facharbeiterin für Eisenbahntransporttechnik oder Einzelhandelskauffrau. Unter den ausländischen Reinigungskräften befanden sich zum Beispiel eine Lehrerin aus Bosnien und ein Ingenieur aus Afghanistan. Die Identifizierung mit der Tätigkeit als »Zimmerfrau«, Vorerfahrungen im Heimatland und die Einmündung in die Zimmerreinigung als »Wunschberuf« trafen wir nur bei Frauen aus Südostasien an.

Arbeitsinhalt und Leistungsvorgaben

»Die müssen doch nur putzen« – diese Aussage eines Personalleiters kann stellvertretend für die generelle Geringschätzung der Tätigkeit stehen. Aus der Sicht einer leitenden Hausdame, die für den Erfolg – das saubere Zimmer – verantwortlich ist, sieht das ganz anders aus: die Zimmerfrauen müssen die Unternehmenskultur verstanden haben (zum Beispiel Verhalten gegenüber Gästen), sie müssen die Zimmer schnell, gründlich und exakt gemäß den Standards reinigen, sie müssen die geeigneten Reinigungstechniken anwenden, um Schäden an teuren Materialien zu vermeiden. Schließlich müssen die Hausdamen sicherstellen, dass die Motivation im Team stimmt und Mitarbeiterinnen gehalten werden. Beim Einsatz von externen Reinigungskräften wurde häufig von einem erhöhten Aufwand aufgrund der höheren Fluktuation berichtet. Die »versteckten Kosten« für zusätzlichen Einarbeitungsaufwand, die Qualitätssicherung etc. fließen jedoch kaum in die Planungskalkulation vor einer Auslagerungsentscheidung ein.

Die Arbeit in der Zimmereinigung ist grundsätzlich in allen Hotels körperlich anstrengend und monoton. Überwiegend reinigen die Mitarbeiterinnen die Zimmer allein und es bestehen nur geringe Handlungsspielräume für das ausführende Personal. Um die Produktivität zu erhöhen und Kosten zu senken, greifen die Hotels der gehobenen Kategorie zum Instrument der Arbeitsverdichtung. Dies geschieht weniger durch höhere Leistungsvorgaben (Zimmer pro Schicht) als vielmehr durch eine arbeitsintensivere Zimmerausstattung (zum Beispiel Spiegelflächen, Glasduschen, Gästegaben) oder Aufgabenerweiterung (zum Beispiel Bestücken der Minibar), ohne die Reinigungszeiten dementsprechend zu erhöhen. Ähnlich wie in US-Hotels der gehobene Kategorie konkurrieren diese Hotels auch hierzulande, indem sie ihren Gästen ein immer luxuriöseres Ambiente bieten, zum Beispiel üppig ausgestattete Betten mit großen Tagesdecken, immer neue Beigaben, Lotionen, Seifen, die täglich auf Vollständigkeit geprüft und aufgefüllt werden müssen. Ein Hotel in unserer Fallstudie stattete die Zimmer mit großen Spiegeln und verglasten Duschkabinen aus, die einen erheblich höheren Reinigungsaufwand verursachen.

Die Leistungsvorgaben für die Zimmereinigung unterscheiden sich deutlich zwischen den Hotelsegmenten. In den Vier- und Fünf-Sterne-Hotels reicht das Spektrum pro Vollzeitschicht von sieben bis acht Zimmern in dem Privathotel mit exklusiver individueller Zimmerausstattung bis zu 15 bis 17 Zimmern in den übrigen Hotels der gehobenen Kategorie mit standardisierter Zimmerausstattung. Externe Reiniger reinigen meist mehr Zimmer pro Schicht. In den Zwei- und Drei-Sterne-Hotels reicht das Spektrum von 15 Zimmern pro Vollzeitschicht in einem Drei-Sterne-Hotel bis zu 24 Zimmern in den einfacher ausgestatteten Zwei-Sterne-Hotels, wobei die externen Reiniger diese Anzahl in kürzerer Zeit erreichen müssen.

»Schwere Arbeit und wenig Geld«

Alle befragten Zimmerreinigungskräfte, intern wie extern, tariflich Entlohnte wie nicht tariflich Entlohnte, schätzten subjektiv das Verhältnis zwischen dem Einkommen und der geleisteten Arbeit als unzureichend ein: »schwere Arbeit und wenig Geld« (Zimmerfrau Vier-Sterne-Hotel). Die Kombination von niedriger Entlohnung und Teilzeitbeschäftigung hat zur Folge, dass Zimmerfrauen auf ergänzende Leistungen aus der Grundsicherung für Arbeitssuchende (Hartz IV) angewiesen sind.[28] Auch Führungskräfte in den Hotels und den Reinigungsfirmen teilten grundsätzlich die Einschätzung, dass die Löhne angesichts der geforderten Leistung und der körperlichen Beanspruchung sehr niedrig seien. Es ist bezeichnend für die Arbeit im Niedriglohnbereich, dass als »guter Arbeitgeber« schon derjenige gilt, der den vereinbarten Lohn überhaupt, in der korrekten Höhe und zum vereinbarten Zeitpunkt auszahlt.

Bislang halten die Tarifvertragsparteien im Hotel- und Gaststättengewerbe an der Festlohnregelung für fest beschäftigte Zimmerfrauen fest. Unabhängig von der Zahl der gereinigten Zimmer erhalten die Frauen einen festen Lohn, wobei die Hausdame darauf zu achten hat, dass die Leistungsvorgaben erfüllt werden. Auch die internen Zimmerfrauen in den untersuchten Betrieben beziehen Festlöhne gemäß dem Tarifvertrag ihrer Region. Die Zugehörigkeit zum gehobenen Marktsegment oder zur unteren Mittelklasse ist nicht ausschlaggebend. Zum Zeitpunkt der Befragung erhielten die Zimmerfrauen in den Hotels, die der Tarifregion Nordrhein-Westfalen angehören, einen Bruttostundenlohn von 7,38 Euro (Monatslohn 1.246 Euro), der nach der letzten Tarifrunde auf 7,60 Euro (1.284 Euro) gestiegen ist. Die Zimmerfrauen in einem Fünf-Sterne-Hotel einer anderen Tarifregion profitierten von der Differenzierung der relevanten

28 Das Einkommensrisiko setzt sich nach der Erwerbsphase fort, da sich die künftigen Rentenansprüche aus diesem niedrigen Einkommen ableiten.

Bewertungsgruppe. Durch ihre lange Beschäftigungszeit erreichten sie die Einstiegslohngruppe von Fachkräften (9,97 Euro/1.645 Euro).

In der externen Hoteldienstleistung dagegen ist das Prinzip der »Bezahlung pro Zimmer« verbreitet.[29] Die Entlohnungsregelungen der externen Reinigungsfirmen in unserer Untersuchung sind im Vergleich zu den internen Zimmerfrauen weniger transparent, da die Löhne teilweise als Geschäftsgeheimnis betrachtet werden. Nur eine Reinigungsfirma entlohnte die Zimmerreinigungskräfte gemäß dem allgemeinverbindlichen Tarifvertrag des Gebäudereinigerhandwerks mit Festlöhnen von 7,87 Euro pro Stunde. Die übrigen Dienstleister in dieser Fallstudie bezahlen die Reinigungskräfte pro gereinigtem Zimmer, wobei die Stücklöhne insbesondere in den Fünf-Sterne-Hotels zwar höher liegen als in der unteren Mittelklasse, dafür aber eine längere Reinigungszeit erfordern. Im Ergebnis können die Löhne im hochwertigen Segment trotz höherer Stücklöhne noch unter dem Niveau der Mittelklasse-Hotels liegen:

- In dem ostdeutschen Vier-Sterne-Hotel erhalten die externen Zimmerfrauen 1,60 Euro für ein Bleiber- und 1,72 Euro für ein Abreisezimmer. Nach Angaben der Reinigungsfirma erreichen 20-Stunden-Kräfte damit je nach individueller Reinigungsleistung zwischen 480 und 700 Euro im Monat.
- In einem zentralen Fünf-Sterne-Hotel erhalten Reiniger Stücklöhne von 3 Euro pro Zimmer und reinigen durchschnittlich 2,25 Zimmer pro Stunde. Das Stundenvolumen der Reiniger variiert stark, abhängig von behördlichen Auflagen zur Arbeitserlaubnis.
- In einem Zwei-Sterne-Hotel in Randlage erhalten die Reinigerinnen 1,80 Euro pro Zimmer und reinigen durchschnittlich vier Zimmer pro Stunde. Das Stundenvolumen schwankt stark.

Unvermeidbare Störungen im Betriebsablauf wie verzögerte Abreisen von Gästen führen bei Stücklohnbeziehenden zu unbezahlten Stunden. In einem Fall verbrachten Reinigerinnen mit Arbeitsverträgen über 20 Stunden regelmäßig 30 bis 40 Stunden im Hotel, bis sie auf ihre Zimmerzahl

29 Schon vor über 15 Jahren berichtete Kirwin (1990) von der Produktivität steigernden Wirkung der Umstellung von festen Zeit- auf Stücklöhne im *Housekeeping*. Durch die leistungsabhängige Entlohnung sollte den Beschäftigten ein Anreiz geboten werden, eine größere Zahl von Zimmern gründlicher zu reinigen und dadurch zugleich ihr Einkommen zu erhöhen. Ausdrücklich grenzte sich Kirwin von Strategien zur Lohndrückerei ab.

kamen. Das Einkommensrisiko der Reinigungskräfte besteht nicht nur in niedrigen Stundenlöhnen, sondern auch in starken Einkommensschwankungen im Jahresverlauf. Die Hotels geben Belegungsschwankungen an die Dienstleister weiter, die ihrerseits das Risiko auf ihre Beschäftigten abwälzen:[30]

»Der Tarifvertrag steht nur auf dem Papier. Es ist so: Wir bekommen als Beispiel 4,50 Euro um ein Zimmer sauber zu machen. Davon muss der Lohn bezahlt werden, das Material, der Gewinn. Dann kann man sich ausrechnen, dass wenig übrig bleibt vom reinen Lohn. Die Mitarbeiter müssen entsprechend flink sein. Aber es gibt ja einen Unterschied zwischen Bleibe- und Abreisezimmern. Beim Bleibezimmer ist relativ wenig zu tun. Dann schafft man locker vier Zimmer pro Stunde. Garantieren können wir den Tariflohn aber nicht. [...] Ich habe keinen Einfluss darauf, wenn die Belegung des Hotels runter geht. [...] Im Januar, Februar, August und Dezember ist es relativ schwach. Schwach heißt 20-30 Prozent weniger«. (Inhaber einer Reinigungsfirma)

Auch in anderen Hotels wurde uns berichtet, dass zu den typischerweise schwachen Belegungszeiten im Geschäftsreisemarkt (Jahreswechsel, Sommer) der Fremdfirmeneinsatz stark zurückgefahren wird. Die Dienstleister reagieren, indem sie maximal das verlässliche Zimmervolumen wenigstens teilweise mit ganzjährig beschäftigten Vollzeit- oder Teilzeitkräften abdecken. Für die Auftragsspitzen werden Minijobber eingesetzt, darunter auch registrierte Arbeitslose, die bis zur Hinzuverdienstgrenze arbeiten.

Arbeitsvertrag und Beschäftigungssicherheit

Hotels der gehobenen Kategorie, die noch mit Eigenpersonal arbeiten, bieten die Arbeitsplätze in der Zimmerreinigung überwiegend als Vollzeittätigkeit an, da das Arbeitsvolumen ausreichend groß ist und eine stärkere Fragmentierung von Arbeitsverhältnissen Qualitätseinbußen befürchten lässt. In den westdeutschen Hotels lag der Vollzeitstandard gemäß dem Tarifvertrag bei 38,5 Wochenstunden, in dem ostdeutschen Hotel bei 40 Wochenstunden. Teilzeitarbeitsplätze existieren vereinzelt als Abenddienste. In den letzten Jahren gingen einige der untersuchten Hotels dazu über, neue Arbeitskräfte nur noch befristet einzustellen. Die Befristung ermöglicht zum einen die leichtere Anpassung des Personalstandes an die wirtschaftliche Situation des Betriebes ohne teure Trennungskosten und zum anderen verlängert sich die Möglichkeit der Erprobung.

30 Die Ausnahme ist der Dienstleister, der Festlöhne zahlt.

In den etablierten Fallstudien-Hotels weisen Zimmerfrauen zum Teil eine jahrzehntelange Betriebszugehörigkeit auf und verfügen daher über einen sehr hohen Kündigungsschutz. Soziale Aspekte können dazu beitragen, dass Arbeitskräfte auch langfristig in der Zimmerreinigung tätig sind: Zimmerfrauen betonten, wie wichtig es sei, »als Mensch« behandelt zu werden. Der Zusammenhalt im *Housekeeping*-Team ist ein wichtiger Faktor für die Arbeitszufriedenheit. Teilweise wird der Zusammenhalt dadurch befördert, dass die Zimmerfrauen einer Nationalität angehören und bei Fluktuation eigene Bekannte nachziehen können.

In den jüngeren Zwei- und Drei-Sterne-Hotels waren dagegen fragmentierte Arbeitsverhältnisse verbreitet: Studenten und Teilzeitbeschäftigte (auch Midi- und Minijobs) arbeiten am Empfang, Fremdfirmenbeschäftigte in der Reinigung und der Manager ist nicht angestellt, sondern arbeitsrechtlich selbständig. Die Fluktuation bei den externen Kräften liegt in den untersuchten Hotels zum Teil über 50 Prozent. Ein Grund dafür ist, dass die Tätigkeit im Hotelservice vor allem als Übergangstätigkeit angesehen wird.

Arbeitszeit und Arbeitsorganisation

In der 24-Stunden-Wirtschaft der Hotellerie ist die Arbeitszeitfrage ein entscheidender Faktor der Arbeitsqualität. Die reguläre Zimmereinigung erfolgt überwiegend im Tagdienst. Wenn vereinzelt nachts Zimmer gereinigt werden müssen, übernimmt dies in größeren Häusern der Nachtdienst. Pausenregelungen werden eingehalten. Überstunden werden kaum als Flexibilisierungsinstrument genutzt, weil die geforderten Qualitätsstandards nach acht Stunden harter körperlicher Belastung nicht mehr gewährleistet werden können. In Hotels mit einem Betriebsrat muss die Hausdame Überstunden genehmigen lassen.

Arbeit an Wochenenden ist in allen Hotels obligatorisch. Für die Zufriedenheit der Zimmerfrauen ist eine faire Verteilung von Wochenenddiensten und Feiertagsarbeit wichtig. Die regionalen Tarifverträge enthalten zum Teil Regelungen über die Anzahl freier Sonntage pro Jahr (10 bis 15 pro Jahr). Zimmerfrauen können Wünsche äußern, die die Hausdamen nach Möglichkeit erfüllen. Um keine Unruhe in das Team hinein zu tragen, sind die Hausdamen darum bemüht, alle Zimmerfrauen gleich zu behandeln. Dadurch entstehen Probleme für allein erziehende Mütter, die zum Teil aus diesem Grund erst gar nicht eingestellt werden.

Die befragten Zimmerfrauen waren mit der täglichen Arbeitszeit zufrieden und konnten ihr Privatleben mit den Arbeitszeiten vereinbaren. In der Regel erstellt die Hausdame den Dienstplan am Donnerstag für die folgende Woche. Solange die Arbeitszeit der Belegungsprognose entspricht, ist sie sehr stabil. Störfaktoren sind sehr kurzfristige Buchungen und »*Walk Ins*« (Spontangäste). In Krisenfällen müssen alle Hotelbeschäftigten aushelfen, vom Auszubildenden bis zur Direktorin. Wenn die Zimmerreinigung ausgelagert wird besteht die Tendenz, solche Risiken auf die Fremdfirmen abzuwälzen. Der Dienstleister ist dann gezwungen, Personal aus der Freizeit zu rufen, Personal aus anderen Hotels kurzfristig zu verschieben oder selbst Personal von anderen Reinigungsfirmen anzufordern, also Umsatz an Dritte weiterzugeben, um den Auftrag nicht zu verlieren. In kleinen Reinungsfirmen springt im Notfall auch der Firmeninhaber selbst ein.

Moderne Formen der Arbeitsorganisation wie Teamarbeit, *Multitasking* oder *Total Quality Management* finden in den großen Hotelketten Eingang in die Arbeit auf der Etage, allerdings mit ambivalenten Auswirkungen auf die Beschäftigten. Eine Hoteldirektorin (Zwei-Sterne-Hotel) startete eine Initiative zur Teamarbeit, das heißt mehrere Zimmerfrauen sollten sich das Reinigen und Herrichten eines Zimmers teilen, was bei den Frauen aber auf negative Resonanz stieß und daher abgebrochen wurde. Die Zimmerfrauen arbeiten in der Regel allein auf dem Zimmer und bevorzugen diese Arbeitsform auch. Nur zu Trainingszwecken und bei der Einarbeitung neuer Mitarbeiterinnen reinigen mehrere Frauen ein Zimmer.

Im so genannten *Self-Checker*-System wird die Verantwortung für die Zimmerkontrolle an die Zimmerfrauen delegiert, wodurch die Hausdamen von dieser zeitaufwändigen Aufgabe entlastet werden. Die Zimmerfrauen, die in einem Fünf-Sterne-Hotel in diesem System gearbeitet haben, erhielten eine Zulage in Höhe von 100 Euro. Das angestrebte Qualitätsniveau konnte aber nicht erreicht werden, weshalb sich das Hotel gezwungen sah, das System erneut umzustellen und den Anteil des externen Reinigungspersonals aufzustocken. Diejenigen Zimmerfrauen, die geeignet erschienen, stiegen zu Etagenhausdamen auf und wurden in die entsprechende Lohngruppe eingruppiert, wodurch die Niedriglohnschwelle überschritten wurde (10,32 Euro Stunde, 1.733 Euro Monat). Die nicht geeigneten Zimmerfrauen kehrten unter Verlust der Zulage in die Zimmerreinigung ohne Kontrollaufgaben zurück. Die meisten Hausdamen hielten das *Self-checker*-System für zu voraussetzungsvoll für das Personal, das sie in der Zimmerreinigung beschäftigten und bevorzugten herkömmliche Kontrollmechanismen.

Die Kontrollintensität hat sich in der gehobenen Hotellerie durch die Fremdverlagerung spürbar erhöht. Die Zimmerfrauen wurden zwar immer schon kontrolliert, aber durch Technikeinsatz können Daten über die Reinigungsleistung einzelner Arbeitskräfte schnell und individuell zurechenbar gewonnen werden. Zimmerfrauen und externe Reiniger können im Rahmen eines *Totel-Quality-Management*-Systems detailliert mit Leistungskennzahlen konfrontiert werden, was die Verhaltenskontrolle und -steuerung des Personals erleichtert. Mit der zunehmenden Standardisierung vergrößert sich somit auch das Ausmaß von Kontrollmöglichkeiten (Kramer/Seitz 1984: 100).

Training und Aufstiegsmöglichkeiten

Die Tätigkeit als Zimmerfrau ist eine Anlerntätigkeit, die keine Berufsausbildung erfordert. Qualifikationselemente in der Zimmerreinigung gehen selten über die Einarbeitung neuer Arbeitskräfte und gelegentliche Nachschulungen, wenn sich bestimmte Nachlässigkeiten häufen, hinaus. Die Lohnhöhe wird durch diese Trainings nicht beeinflusst. Das Angebot von Trainings für den abteilungsübergreifenden Einsatz haben wir in Hotels der gehobenen Kategorie gar nicht, in Mittelklasse-Hotels selten angetroffen, was vom Management mit Sprachdefiziten, formalen Qualifikationsdefiziten und sozialen Defiziten (persönliche Erscheinung, Auftreten) begründet wurde. Die großen Hotelketten verfügen zwar über eigene Trainingsprogramme, um ihre Beschäftigten fortzubilden, doch partizipieren an diesen Angeboten vorwiegend Fachkräfte, nicht Personal auf Einfacharbeitsplätzen wie Zimmerfrauen.

Den externen Reinigungskräften stehen innerbetriebliche Weiterbildungsangebote der Einsatzbetriebe erst gar nicht offen. Die Trainings für externe Arbeitskräfte dienen der Qualitätssicherung und aus Beschäftigtensicht nicht dem Aufstieg, sondern bestenfalls dem Erhalt des Arbeitsplatzes. Die Dauer der Einarbeitungszeiten für neues Reinigungspersonal ist ein Indiz dafür, wie einfach die Tätigkeit ist. Die Angaben schwankten je nach Hotelkategorie zwischen einer Woche bei den Zwei- und Drei-Sterne-Hotels bis zu einigen Monaten im Fünf-Sterne-Hotel.[31]

31 Die Einarbeitung neuer Mitarbeiterinnen in der Zimmerreinigung beinhaltet dabei keineswegs nur die Reinigung und Herrichtung der Zimmer zu einem geforderten Stan-

Der interne Arbeitsmarkt hatte Zimmerfrauen schon in der Vergangenheit selbst in Großhotels aufgrund der flachen Hierarchie kaum die Chance eines innerbetrieblichen Aufstiegs geboten. Die vertikale Mobilität war in Großhotels auf die *Housekeeping*-Abteilung mit den Positionen Etagenhausdame, Bereichsleiterin oder Hausdamen-Assistentin beschränkt, wobei auf den Positionen der leitenden Hausdame und der meisten Assistentinnen fast ausschließlich qualifizierte Kräfte zu finden waren. Festangestellte Zimmerfrauen profitierten teilweise von Auslagerungsmaßnahmen, indem sie die Kontrollfunktion auf der Etage übernahmen und eine höhere Entlohnung erhielten. In kleinen Betrieben konnte eine Zimmerfrau in die Hausdamen-Position aufrücken, jedoch ohne Budgetverantwortung. Durch den Abbau von Hierarchien und die Auslagerungspraxis ist ein Aufstieg für interne Zimmerfrauen noch unwahrscheinlicher geworden.

Reinigungsfirmen arbeiten in der Unterhaltsreinigung überwiegend mit ungelerntem Personal, da der Einsatz von ausgebildeten Gebäudereinigern von den Kunden in Preisverhandlungen nicht honoriert wird. Interviewpartner aus der Branche sahen in den fehlenden Sprachkenntnissen vieler ausländischer Reiniger, der geringen Verbundenheit mit der Branche und der hohen Fluktuation ein entscheidendes Problem der Weiterqualifizierung. Externe Reiniger haben die Möglichkeit, in der Reinigungsfirma eine Teamleiter-Position zu erhalten. Für einen weiteren Aufstieg etwa zum Objektleiter wäre nach Einschätzung von Firmeninhabern jedoch eine Berufsausbildung erforderlich. Die Grundvoraussetzung für eine durchaus wünschenswerte Professionalisierungsstrategie[32] in der Gebäudereinigung wäre eine Rückkehr zu höheren Preisen.

Betriebliche Interessenvertretung

Betriebsratsgremien haben wir nur in den Großhotels des gehobenen Segmentes angetroffen. Ob dies zur Verbesserung der Arbeitsbedingungen in der Zimmerreinigung beiträgt, hängt davon ab, ob die Arbeitssituation in dieser Abteilung zum Thema gemacht wird. Nach einer Auslagerung verliert der Betriebsrat des Hotels das Vertretungsrecht für die Reinigungskräfte. Die deutlichsten Verbesserungen für Zimmerfrauen erreichte der

---

dard. Darüber hinaus spielt auch der spezifische Kontext der Arbeit eine wichtige Rolle: »Das Servicedenken, Dienstleistungsdenken, Kundendenken. Da wird man in der Hotelbranche sehr gedrillt« (Trainerin).

32 Zu den fachlichen Aspekten der Hotelreinigung vergleiche etwa Friebel 1994.

Betriebsrat in einem Fünf-Sterne-Großhotel. Hier waren auch Mitarbeiterinnen aus dem *Housekeeping* in dem Gremium vertreten. Dieser Betriebsrat nahm seine Beteiligungsrechte bei Reorganisationsmaßnahmen in der Zimmerreinigung wahr und schloss u.a. mit der Geschäftsleitung eine Betriebsvereinbarung zur Leistungsreduzierung von älteren und gesundheitlich eingeschränkten Zimmerfrauen ab.

In den kleinen Hotels mit weniger als 20 Beschäftigten müssen die Zimmerreinigungskräfte ihre Interessen selbst gegenüber der Hausdame oder dem Direktor/Inhaber vertreten. Die Hausdamen praktizieren eine »Politik der offenen Tür«, wollen ansprechbar für Mitarbeiterinnen sein.

Von den befragten Reinigungsfirmen verfügte nur eine über einen Betriebsrat. Die institutionalisierte Interessenvertretung wird in der Branche dadurch erschwert, dass die Unternehmensstruktur dezentral ist, es kaum Kontakt der verstreuten Belegschaften gibt und die Betriebsbindung der Beschäftigten gering ist (Wassermann 1999: 33f.). Hinzu kommt bei der hohen Zahl der ausländischen Mitarbeiter eine – wenn überhaupt – nur oberflächliche Kenntnis des deutschen Systems der Interessenvertretung. In unseren Fallstudien trafen wir Arbeitskräfte an, denen schon die Vokabeln »Gewerkschaft« und »Betriebsrat« unbekannt waren.

Arbeits- und Gesundheitsschutz

Aus Sicht des Arbeits- und Gesundheitsschutzes zählen Zimmerreinigungskräfte zu den Risikogruppen in der Hotelarbeit: ihre Arbeit ist physisch sehr belastend und sie sind besonderen Gefahren ausgesetzt[33] (Weiler 2003). Es wurde immer wieder davon berichtet, dass neue Arbeitskräfte zum Teil nach wenigen Tagen abbrechen, weil sie die Belastung nicht durchstehen. Risikofaktoren sind die häufige Feuchtarbeit, die Unverträglichkeit von chemischen Reinigungssubstanzen und die unsachgemäße Anwendung von Chemikalien etwa von Mitarbeiterinnen mit geringen Sprachkenntnissen. Ein Grundproblem aus Sicht des Arbeitsschutzes ist, dass bei der Planung und Ausstattung von Hotels der Gästekomfort und Kostengesichtspunkte im Vordergrund stehen, Belastungsprobleme der Arbeitskräfte hingegen nahezu keine Rolle spielen. Investitionen in eine für die Mitarbeiterinnen ergonomisch besser geeignete Zimmergestaltung wa-

33 Zu den Risikofaktoren in der *Housekeeping*-Abteilung zählen laut Berufsgenossenschaft Reinigungsmittel, psychische Belastungen beim Kontakt mit Gästen, infektiöse Materialien, spitze Gegenstände und schweres Heben und Tragen (BGN 2006).

ren in keinem Hotel ein Thema. Da die Veränderung der Arbeitsumgebung in der Regel nicht gelingt, kann der Gesundheitsschutz allenfalls beim gezielten Muskelaufbau etwa durch Rückentrainings ansetzen. Solche Trainings für Zimmerfrauen haben in den Fallstudien weder in den Hotels noch bei den Reinigungsfirmen stattgefunden.

5 Zusammenfassung und Ausblick

»Als Zimmermädchen kommt man sich ja mit der Zeit ganz verloren und vergessen vor; es ist eine Arbeit wie in einem Bergwerk« so hadert das Zimmermädchen Pepi in Franz Kafkas Roman »Das Schloß« mit ihrem Schicksal (Kafka 2005: 350). Körperlich belastend, oft unsichtbar für Andere und daher ohne Anerkennung, niedrig entlohnt und mit wenig Aussicht auf eine Veränderung zum Besseren – leider sind in der Schilderung aus Kafkas Tagen nur allzu leicht die Konturen der heutigen Situation in dieser Tätigkeit wieder zu erkennen.

Bis in das gehobene Segment hinein reagieren die Stadthotels auf den gestiegenen Marktdruck mit *Low Road*-Strategien, die insbesondere die Personalkosten im Focus haben (Personalabbau, Arbeitsverdichtung). Die wichtigste Strategie im Umgang mit der Zimmerreinigung ist derzeit die Auslagerung an Fremdfirmen, das heißt, die Stadthotels setzen für eine unverzichtbare Kerntätigkeit immer seltener Arbeitskräfte ein, für die sie die Arbeitgeberfunktion übernehmen und Beiträge zur Sozialversicherung entrichten. Die Arbeitsplatzqualität der Beschäftigten in dieser Tätigkeit kann in wichtigen Dimensionen als gefährdet gelten. Typisch für die Hotelarbeit sind die hohen Anforderungen an die zeitliche Verfügbarkeit der Beschäftigten, sobald betrieblicher Bedarf entsteht, und die atypischen Arbeitszeiten (Wochenenden, Feiertage). Die Tätigkeit in der Zimmerreinigung ist darüber hinaus unabhängig vom Marktsegment niedrig entlohnt, körperlich sehr anstrengend und bietet nur wenige Chancen, durch vertikale oder horizontale Mobilität in eine vorteilhaftere Position zu gelangen. Die Situation hat sich durch die Auslagerungsstrategie eher noch verschlechtert, denn externem Reinigungspersonal sind innerbetriebliche Aufstiegswege im Hotel verschlossen. Im Arbeitsprozess wurden die Leistungsvorgaben für das Zimmerreinigungspersonal bereits bis an die Grenzen der körperlichen Leistungsfähigkeit der Frauen ausgereizt. Die niedrigen Tariflöhne im

Hotel- und Gaststättengewerbe können von externen Anbietern noch unterboten werden. Die Entlohnung pro Zimmer führt dazu, dass typische Verzögerungen im Betriebsablauf und belegungsschwache Zeiten auf das externe Reinigungspersonal abgewälzt werden und sich dort als Einkommensausfall niederschlagen. Es kann nicht überraschen, dass wir in den Fallstudien vor allem schwächere Gruppen des Arbeitsmarktes angetroffen haben wie Migranten, zeitlich eingeschränkte Frauen und von Arbeitslosigkeit Bedrohte, die notgedrungen solche Arbeitsbedingungen akzeptieren.

In Großhotels des gehobenen Segmentes sind noch Reste des alten Systems zu finden: unbefristete Arbeitsverträge, sozialversicherungspflichtige Vollzeitbeschäftigung, tariflich vereinbarte (wenn auch niedrige) Löhne mit regelmäßigen Steigerungen, (begrenzte) Aufstiegschancen und eine betriebliche Interessenvertretung, die auf die Einhaltung der Arbeitsbedingungen achtet. Den Gegenpol bilden die Zwei-Sterne-Hotels der neuen Generation. Sie nutzen offensiv alle Möglichkeiten der Fragmentierung von Beschäftigungsverhältnissen und setzen die so gewonnenen Effektivitäts- und Rationalisierungsgewinne als Vorteil im Preiswettbewerb ein. Es wird zwar investiert, aber eher in die Ausstattung als in den arbeitsintensiven Service. Doch die Inseln des alten Modells erodieren. Numerische Flexibilitätsstrategien greifen auch in den Hotels der gehobenen Kategorie um sich. Heute setzen auch Fünf-Sterne-Hotels, die im Qualitätswettbewerb stehen, Fremdfirmenarbeitskräfte auf der Etage ein. Durch die verwendeten hochwertigen Materialien, reinigungsintensiven großzügigen Spiegelflächen und zahlreichen Gästegaben steigen die Anforderungen an die Aufmerksamkeit des Reinigungspersonals, zugleich wird hohes Tempo gefordert.

Gehört den *Low Road*-Strategien also die Zukunft? Der Trend ist weniger eindeutig, als es auf den ersten Blick den Anschein hat. Dass ein Zimmer aufgeräumt und sauber »aussieht«, wird professionellen Ansprüchen insbesondere im Sanitärbereich nicht gerecht. Wenn ein Hotelgast vor die Wahl gestellt würde, ob er lieber in einem sauber aussehenden Zimmer übernachten will, dass nach fachlichen Standards gereinigt wurde, oder in einem optisch vergleichbaren Zimmer, in dem aber noch am Toilettenreiniger gespart wurde, wie würde er sich entscheiden? Damit ist die Frage aufgeworfen, wie Produktivität im *Housekeeping* künftig über Kostenaspekte hinaus ganzheitlicher erfasst werden kann (Sturman 2006). Auch in den Hotels wird schon heute hinter den Kulissen zum Teil vehement über die künftige Vorgehensweise diskutiert, da in der Praxis die »versteckten Kosten« von kostengetriebenen Auslagerungsstrategien nicht verborgen bleiben (Qualitätsdefizite, hohe Fluktuation, Einarbeitungsaufwand etc.).

Eine *High Road*-Variante ist die Rückkehr zu fest beschäftigtem, trainiertem Personal, das zudem über ausreichende deutsche Sprachkenntnisse verfügt.[34] Fremdvergabe und Qualitätsreinigung müssen aber keine Gegensätze sein. Eine Professionalisierungsstrategie für externes Personal in der Zimmerreinigung würde in der hochklassigen Hotellerie durchaus Sinn machen. Bei der Vermittlung hotelspezifischer Schulungsinhalte sind die Reinigungsfirmen bislang auf sich selbst gestellt. Qualifizierungsbedarf wird etwa beim Chemiewissen, beim Verhalten gegenüber Gästen und bei der Selbstorganisation und -kontrolle der Arbeit gesehen, doch müsste diese Qualität vom Hotel und von den Kunden dann auch bezahlt werden. Die *High Road* zur modernen Gastlichkeit wird jedenfalls nicht zum Nulltarif zu haben sein.

Pohl (2007: 65) sieht aus gewerkschaftlicher Sicht besonders in den folgenden Regelungsbereichen einen Nachholbedarf gegenüber anderen Branchen: die Sicherung eines Existenz sichernden Einkommens und Einkommensverbesserungen (13. Monatsgehalt, Erhöhung des Urlaubsgeldes), zeitgemäße Entlohnungsformen, kürzere und sozialverträglichere Arbeitszeiten, sechs Wochen Urlaub, Verbesserung der Arbeitsbedingungen, Bekämpfung illegaler Beschäftigung, Regelungen zu Teilzeitarbeit und prekären Arbeitsverhältnissen sowie eine stärkere Förderung der beruflichen Qualifizierung.

Vor dem Hintergrund einer öffentlichen Debatte über »Hungerlöhne« und der politischen Auseinandersetzung über die Notwendigkeit eines gesetzlichen Mindestlohnes eröffnet sich neuer Gestaltungsspielraum für politisches Handeln. So beschloss die Bundesregierung im Frühjahr 2007 die Ausweitung des Entsendegesetzes auf die Gebäudereinigung und der nordrhein-westfälische Landesarbeitsminister erklärte auf Antrag von NGG und DEHOGA die untersten Lohngruppen des Tarifvertrages für das Hotel- und Gaststättengewerbe für allgemeinverbindlich, wodurch ein Monatseinkommen von 990 Euro bei einem Vollzeitarbeitsverhältnis nicht mehr unterschritten werden darf.[35]. Damit ist ein Anfang gemacht, um die

34 Diesen Weg schlug zum Beispiel das neu eröffnete Frankfurter Fünf-Sterne-Hotel »Rocco Forte« ein.

35 Der Minister begründete diesen Schritt mit dem »Unterbietungswettlauf auf Kosten der Beschäftigten« und der Notwendigkeit, »Dumpinglöhnen in NRW« einen Riegel vorzuschieben (Laumann 2007).

Abwärtsspirale bei der Gestaltung von Löhnen und Arbeitsbedingungen in der »einfachen« Hotelarbeit aufzuhalten.

Literatur

Appelbaum, Eileen/Bernhardt, Annette/Murnane, Richard (Hg.) (2003), *Low-wage America: How Employers are Reshaping Opportunity in the Workplace*, New York.

Bernhardt, Annette/Dresser, Laura/Hatton, Eric (2003), »The Coffee Pot Wars: Unions and Firm Restructuring in the Hotel industry«, in: Eileen Appelbaum/Annette Bernhardt/Richard Murnane (Hg.), *Low-wage America: How Employers are Reshaping Opportunity in the Workplace*, New York, S. 33–76.

BGN (2006), *Alles aus einer Hand. Die BGN 10*, CD-ROM, herausgegeben von der Berufsgenossenschaft Nahrungsmittel und Gaststätten, Mannheim.

Bispinck, Reinhard/Kirsch, Johannes/Schäfer, Claus (2003), *Mindeststandards für Arbeits- und Einkommensbedingungen und Tarifsystem*, WSI, Projektbericht für das Ministerium für Wirtschaft und Arbeit des Landes Nordrhein-Westfalen, Düsseldorf.

Bundesministerium für Bildung und Forschung (2006), *Berufsbildungsbericht*, Berlin.

Bundesministerium für Wirtschaft und Arbeit (2005), *Tarifvertragliche Arbeitsbedingungen im Jahr 2004*, Bonn.

Deloitte & Touche (2003), *German hotel performance continues to decline as average room rates come under renewed pressure*, Zugriff 23.07.2004, http://www.hotelbenchmark.com/news/030527Germany.htm

Der Spiegel (2007), *Vorindustrielle Ausbeutung*, H. 3, S. 68ff.

Deutsche Bundesbank (2004), *Mehr Flexibilität am Arbeitsmarkt*, Monatsbericht September 2004.

Deutscher Bundestag (2003), *Antwort der Bundesregierung auf eine Große Anfrage der Abgeordneten Jürgen Klimke, Klaus Brämig und weiterer Abgeordneter der Fraktion der CDU/CSU. Auswirkungen der EU-Osterweiterung auf den Tourismus und die deutsche Tourismuswirtschaft*, Deutscher Bundestag, 15. Wahlperiode, Drucksache 15/1267 vom 15.12.2003.

DEHOGA (2004), *Wir machen Branchenpolitik. Jahrbuch 2003/2004*, Deutscher Hotel- und Gaststättenverband, Berlin.

Deutscher Sparkassen und Giroverband (Hg.) (2002), *Hotels, Gasthöfe, Pensionen, Hotel garnis*, Branchenberichte der Sparkassen-Finanzgruppe Nr. 38, Stuttgart.

Deutscher Sparkassen und Giroverband (Hg.) (2003), *Hotels, Gasthöfe, Pensionen, Hotel garnis*, Branchenberichte der Sparkassen-Finanzgruppe Nr. 54. Stuttgart.

Eichel, Hans (2004), *Rede des Bundesministers der Finanzen Hans Eichel anlässlich der Zolljahrespressekonferenz am 27.2.2004 beim Zollamt Flughafen Köln/Bonn*, Zugriff 12.09.2005, www.zoll.de

Elbe, Annette/Pohl, Gerd (1986), *Lernen und Handeln. Zur Verbesserung der Arbeitsbedingungen im Gastgewerbe*, Frankfurt am Main/New York.

Frei, Ilona (2003), *Expansionsstrategien in der Hotelindustrie. Deutsche Hotelketten im internationalen Vergleich*, Hamburg.

Friebel, Matthias (1994), »Die Gratwanderung beim Housekeeping«, *Top Hotel*, H. 9, S. 72–75.

Hieming, Bettina/Jaehrling, Karen/Kalina, Thorsten/Vanselow, Achim/Weinkopf, Claudia (2005), *Stellenbesetzungsprozesse im Bereich «einfacher» Dienstleistungen*, Bundesministerium für Wirtschaft und Arbeit, Dokumentation Nr. 550, Berlin.

IHA (2006), *Hotelmarkt Deutschland 2006*, Branchenreport des Hotelverbandes Deutschland (IHA), Berlin.

Jaehrling, Karen/Kalina, Thorsten/Vanselow, Achim/Voss-Dahm, Dorothea (2006), »Niedriglohnarbeit in der Praxis – Arbeit in Häppchen für wenig Geld«, in: Gabriele Sterkel/Thorsten Schulten/Jörg Wiedemuth (Hg.), *Mindestlöhne gegen Lohndumping. Rahmenbedingungen – Erfahrungen – Strategien*, Hamburg, S. 114–141.

Jones Lang Lasalle (2004), *Global Hotel Investment. Debt and Equity Environments*, Hotel Topics, Issue 15.

Jones Lang Lasalle (2007), *Deutscher Hotelinvestmentmarkt mit Rekordvolumen – Anteil ausländischer Investoren über 90 Prozent*, Presseinformation vom 19. Januar 2007.

Kafka, Franz (2005), *Das Schloß*, 10. Auflage, Frankfurt am Main.

Kirwin, Paul (1990), »A cost-saving approach to housekeeping«, *Cornell Hotel and Restaurant Administration Quarterly*, Jg. 31, H. 3, S. 25–27.

Kramer, Andreas/Seitz, Dieter (1984), »Arbeitsbedingungen und Rationalisierung im Gastgewerbe«, *WSI-Mitteilungen*, Jg. 37, H. 2, S. 94–103.

Kümmerling, Angelika/Lehndorff, Steffen (2007), *Extended and unusual working hours in European companies. Establishment Survey on Working Time 2004–2005*, European Foundation for the Improvement of Living and Working Conditions, Luxembourg.

Laumann, Karl-Josef (2007), *»180.000 Beschäftigte vor Lohndumping geschützt«. Löhne im Hotel- und Gaststättengewerbe für allgemeinverbindlich erklärt,* Ministerium für Arbeit, Gesundheit und Soziales des Landes NRW, Pressemitteilung vom 3.5.2007.

Leidner, Rüdiger (2004), *The European Tourism Industry. Structures, developments and importance for Europe´s economy*, Report prepared for the enterprise DG (unit D.3) of the European Commission.

Marx, Gundula (2005), »London – und dann der Rest der Welt«, *Allgemeine Hotel- und Gaststättenzeitung* vom 8. Oktober 2005.

NGG (1962), *Die Lage im Hotel- und Gaststättengewerbe: Vorschläge der Gewerkschaft Nahrung – Genuß – Gaststätten zur Neuregelung der Lohn- und Arbeitsbedingungen*, Hamburg.

Nordbayerischer Kurier (2005), »Gebäudereiniger: Ehrliche sind Dumme«, *Nordbayerischer Kurier* vom 29. Juli 2005.

Parmentier, Klaus/Schade, Hans-Joachim/Schreyer, Franziska (1996), *Berufe im Spiegel der Statistik. Beschäftigung und Arbeitslosigkeit 1985–1995*, Beiträge zur Arbeitsmarkt- und Berufsforschung 60, Nürnberg.

Parmentier, Klaus/Schade, Hans-Joachim/Schreyer, Franziska (1998), *Berufe im Spiegel der Statistik. Beschäftigung und Arbeitslosigkeit 1993–1997*, Beiträge zur Arbeitsmarkt- und Berufsforschung 60. Nürnberg.

Pohl, Gerd (1995), *Humaner, sicherer, zufriedener. Handlungsfelder qualitativer Tarifpolitik. Das Beispiel der Gewerkschaft Nahrung – Genuss – Gaststätten*, Hamburg.

Pohl, Gerd (2007), »Tariflose Zustände und Tariferosion. Erfahrungen aus dem Gastgewerbe«, in: Reinhard Bispinck (Hg.), *Wohin treibt das Tarifsystem?*, Hamburg, S. 61–67.

Rationelle Hauswirtschaft (2005), »Reinigungsleistung muss ›fairgütet‹ werden«, *Rationelle Hauswirtschaft*, H. 10, S. 32.

Schramm, Florian/Schlese, Michael (2005), »Working Conditions under Economic Pressure: The Case of the German Cleaning Industry«, *Management Revue*, Vol. 16, issue 4, S.494–511.

Seibert, Holger (2007), *Berufswechsel in Deutschland. Wenn der Schuster nicht bei seinem Leisten bleibt*, IAB-Kurzbericht Nr. 1, Nürnberg.

Spörel, Ulrich (1994), »Inlandstourismus 1993. Ergebnisse der Beherbergungsstatistik«, *Wirtschaft und Statistik*, H. 6, S. 459–465.

Statistisches Bundesamt (1996), *Datenreport: Zahlen und Fakten über die Bundesrepublik Deutschland Datenreport 7*, Wiesbaden/Bonn.

Statistisches Bundesamt (2006a), *Binnenhandel, Gastgewerbe, Tourismus 2004*, Fachserie 6 Reihe 7.3, erschienen am 21. Dezember 2006, Wiesbaden.

Statistisches Bundesamt (2006b), *Umsatzsteuer 2004*, Fachserie 14 Reihe 6, erschienen am 28.06.2006, Wiesbaden.

Statistisches Bundesamt (2006c), *Tourismus. Ergebnisse der monatlichen Beherbergungsstatistik*, Fachserie 6 Reihe 7.1, Dezember und Jahr 2005, erschienen im Februar 2006, Wiesbaden.

Sturman, Michael C. (2006), »A new method for measuring Housekeeping performance consistency«, *Cornell Hospitality Report*, Jg. 6, H. 11.

Vanselow, Achim (2006), *Platzverweis für Zimmermädchen? Beobachtungen aus der Arbeitswelt des Hotelgewerbes*, IAT-Report 2006–05, Gelsenkirchen.

VÖB (2004), *Beherbergungsgewerbe in Deutschland. Leitfaden für Immobiliensachverständige*, Bundesverband Öffentlicher Banken Deutschlands (VÖB), Kommission für Bewertungsfragen (Immobilien), Stand: September 2004.

Wassermann, Wolfram (1999), *Diener zweier Herren. Arbeitnehmer zwischen Arbeitgeber und Kunde*, Münster.

Weiler, Anni (2003), *Branch Surveys on Working Conditions: Hotels and restaurants. National Report for Germany*, prepared for the European Foundation for the Improvement of Living and Working Conditions, Projekt Nr. 0262, Arbeitswelt – Working World (AWWW), Göttingen.

Wein, Elmar (2006), »Gastgewerbe im Jahr 2003«, *Wirtschaft und Statistik*, H. 6, S. 587–595.

Winter, Kay (2004), »Die Aufbauorganisation von Hotelbetrieben«, in: Karl Heinz Hänssler unter Mitarbeit von Bernd Dahringer u.a. (Hg.), *Management in der Hotellerie und Gastronomie. Betriebswirtschaftliche Grundlagen*, 6. überarbeitete und erweiterte Auflage, München/Wien, S. 91–98.

6. Der Branche treu trotz Niedriglohn – Beschäftigte im Einzelhandel

Dorothea Voss-Dahm

1 Einleitung

Die Wettbewerbssituation im deutschen Einzelhandel ist durch drei wesentliche Merkmale gekennzeichnet: Niedrigpreisstrategien, Flächenexpansion und die Steigerung von Marktanteilen, indem Wettbewerber vom Markt gedrängt werden. Die Bewertung der hohen Wettbewerbsintensität fällt je nach Blickwinkel unterschiedlich aus: Die reale Kaufkraft der Konsumenten steigt, wenn der Wettbewerb zu sinkenden Produktpreisen führt. Gleichzeitig beklagen manche, dass die Qualität von Billigprodukten oft zu wünschen übrig lässt und das Bild der deutschen Städte immer langweiliger wird, weil überall dieselben Ketten neue Läden eröffnen. Auch die Einzelhandelsunternehmen selbst bewerten die Wettbewerbssituation unterschiedlich: Discounter beispielsweise, die über Dauerniedrigpreise, hohen Umschlag eines eingeschränkten Standardsortiments und wenig persönliche Dienstleistung den Wettbewerb im deutschen Einzelhandel ordentlich angeheizt haben, stehen ebenso auf der Gewinnerseite wie die großen Einzelhandelsunternehmen, deren Marktanteile in den vergangen Jahren noch gestiegen sind. Die Verlierer im Wettbewerb sind dagegen Klein- und Kleinstunternehmen, die in den Preis- und Rabattschlachten dauerhaft nicht mithalten können und aus dem Markt gedrängt werden.

Aber welche Auswirkungen hat die hohe Wettbewerbsintensität auf die Qualität der Beschäftigungsverhältnisse im Einzelhandel? Schlägt der Druck auf den Absatzmärkten ungehindert auf die Beschäftigung im Einzelhandel durch? Sind vielleicht gerade die Einzelhandelsunternehmen im Wettbewerb besonders erfolgreich, die ihre Expansion unter anderem über schlechte Arbeitsbedingungen finanzieren, wie es Berichte über die Geschäftspraktiken von Discountern nahe legen? Oder gibt es Mechanismen, die dem Absenken von Beschäftigungsstandards – allen voran der Entlohnung – einen Riegel vorschieben, zum Beispiel, weil über Regulierungen bestimmte Mindeststandards festgelegt werden, die nicht unterschritten werden dürfen?

Zumindest in der Vergangenheit wurde über zwei Eckpfeiler des deutschen Beschäftigungssystems – nämlich Tarifverträge und das Berufsausbildungssystem – die Einhaltung von Mindeststandards sicher gestellt: Die Tarifbindung im Einzelhandel war hoch, und die Tarifdurchsetzung wurde bis ins Jahr 2000 durch Allgemeinverbindlichkeitserklärungen unterstützt. Tarifverträge waren damit für alle Arbeitgeber verbindlich, wodurch Löhne und Gehälter dem zwischenbetrieblichen Wettbewerb entzogen waren. Indirekt hat auch das System der Berufsausbildung das Entgeltniveau im Einzelhandel stabilisiert. Die Eingruppierung im tariflichen Entgeltsystem ist an die Qualifikation der Beschäftigten geknüpft, was aufgrund des hohen Anteils von beruflich qualifizierten Beschäftigten im Einzelhandel eine starke Belegung der mittleren Gehaltsklassen zur Folge hat.

Aber das ist nur eine Seite der Medaille, denn die Existenz von tariflichen Standards allein scheint offenbar noch kein Garant dafür zu sein, dass Beschäftigte ein »anständiges« Einkommen erzielen: 42 Prozent aller Beschäftigten im Einzelhandel arbeiteten im Jahr 2004 für Niedriglöhne. Angesichts der aktuellen technologischen Entwicklungen im Einzelhandel, seien es Selbstzahlerkassen oder die Automatisierung der Logistik, stellt sich außerdem die Frage, ob berufsfachliche Qualifikationen der Beschäftigten auch zukünftig noch eine wichtige Rolle spielen werden.

Kasten 1: Betriebsfallstudien und Vorgehensweise

Zwölf betriebliche Fallstudien, die in acht Einzelhandelsunternehmen durchgeführt wurden, bilden die empirische Grundlage dieses Beitrags. Je vier Unternehmen sind dem Lebensmittel- und dem Elektroeinzelhandel zuzurechnen. Alle Unternehmen sind führend in ihrer Branche, und alle Unternehmen bezeichnen sich als Vollsortimenter, weil das angebotene Sortiment sowohl breit als auch tief ist. Das Betriebssample umfasst also weder Discounter noch den kleinbetrieblich organisierten Facheinzelhandel. Im Zentrum der Untersuchung steht die Analyse von Verkaufstätigkeiten. Dabei wurde ein weites Verständnis von Verkaufstätigkeiten zugrunde gelegt, das heißt auch Kassiertätigkeiten wurden untersucht.

In den Fallstudien wurden leitfadengestützte Einzelinterviews mit Personalverantwortlichen in Unternehmenszentralen, mit Betriebsräten, betrieblichen Managern und Geschäftsinhabern sowie insgesamt 47 Verkaufsbeschäftigten geführt. In den Beschäftigteninterviews standen Fragen nach der Berufsbiografie, dem Tätigkeitsprofil und den Arbeitsbedingungen im Vordergrund. Zum Abschluss des Interviews wurde den Beschäftigten ein Fragebogen mit insgesamt 38 Aussagen zum Arbeitsinhalt und zur Arbeitsbewertung mit einer fünfgliedrigen Antwortskala vorgelegt. Die Beschäftigten wurden gebeten, ihr Ankreuzverhalten zu kommentieren und wenn möglich zu begründen.

Mit fünf Gewerkschaftsvertreter/innen und drei Vertretern des Arbeitgeberverbands wurden Kontextgespräche geführt. Um die neuesten technologischen Entwicklungen zu verfolgen, nahm die Autorin an begleiteten Führungen durch drei weitere Betriebe teil, in denen moderne Technologie pilotiert zur Anwendung kommt.

Diese Themen stehen im Zentrum dieses Beitrags, der auf der Analyse von Branchendaten und Fallstudien basiert und wie folgt gegliedert ist: Branchenspezifische Entlohnungsunterschiede und ihre Ursachen werden in Abschnitt 2 thematisiert. In Abschnitt 3 steht der Zusammenhang zwischen dem System der beruflichen Bildung, der Bedeutung von berufsfachlichen Standards im betrieblichen Alltag und der Stabilität des Branchenarbeitsmarktes im Mittelpunkt. In Abschnitt 4 wird der Frage nachgegangen, ob die technologische Entwicklung im Einzelhandel eine Bedrohung für die im internationalen Vergleich relativ hohe Qualifikation der Beschäftigten darstellt. In Abschnitt 5 werden die Arbeitsorganisation und die Tätigkeitsprofile von Beschäftigten in Verkaufstätigkeiten analysiert. Abschließend werden vor der Hintergrund der Ergebnisse die Perspektiven der Beschäftigung im Einzelhandel beleuchtet.

2 Entgeltstruktur, Entgeltsysteme und Personalkostenreduzierung

Gemeinhin löst es keine große Verwunderung aus, wenn behauptet wird, in den USA seien Niedriglöhne verbreitet. Dass der Anteil von Niedriglohnbeschäftigten im deutschen Einzelhandel aber gleich hoch ist wie in dieser Branche in den USA, würden viele wohl nicht vermuten. In beiden Ländern erhielten 42 Prozent aller Einzelhandelsbeschäftigten im Jahre 2004 einen Stundenlohn unterhalb der Niedriglohngrenze (Holgate 2006;

Tabelle 6.2). Wie die folgenden Ausführungen deutlich machen, werden in Deutschland in kleinen und mittleren Einzelhandelsunternehmen häufiger niedrige Löhne gezahlt als in den Großunternehmen des Einzelhandels, in denen Löhne und Gehälter in der Regel durch Tarifverträge reguliert sind. Ebenso ist Niedriglohnbeschäftigung im deutschen Einzelhandel eine Folge der Entgeltdifferenzierung nach Beschäftigungsform und nach Betriebsgröße: Beschäftigte in Minijobs erhalten häufiger niedrigere Löhne als sozialversicherungspflichtig Teilzeit- und Vollzeitbeschäftigte. Das Beispiel des filialisierten Lebensmitteleinzelhandels zeigt, dass auch unter Beibehaltung der tariflichen Lohn- und Gehaltsstruktur Personalkosten gesenkt werden können, nämlich über eine über Teilzeit umgesetzte Reduzierung des Arbeitsvolumens.

2.1 Entgeltstruktur

Eine Auswertung der Entgeltsituation von Vollzeitbeschäftigten macht deutlich, dass der Niedriglohnanteil im filialisierten Lebensmitteleinzelhandel (NACE 52.11) und im Elektro-Einzelhandel (NACE 52.45) deutlich geringer ist als im Lebensmittel*fach*einzelhandel (NACE 52.2) (Tabelle 6.1). Dies deutet auf einen starken Einfluss von tarifvertraglich fixierten Löhnen und Gehältern in den beiden erstgenannten Bereichen und die Abwesenheit eben dieser Regulierung im Lebensmittelfacheinzelhandel hin.

Zwischenbetriebliche Entgeltdifferenzierung verläuft also offensichtlich entlang der Trennlinie von großen, konzernbetriebenen und kleinbetrieblich und eigentümergeführten Einzelhandelsunternehmen.[1] Diesen Befund stützen auch Aussagen aus den Beschäftigteninterviews: Eine Beschäftigte

1 Eine Zwitterposition nimmt hier der genossenschaftlich organisierte Einzelhandel ein, zu dem drei der acht Fallstudienunternehmen zu zählen sind: Diese genossenschaftlichen Kooperativen und Verbundgruppen repräsentieren den in seinem Status seit jeher besonders geschützten *Mittelstand* des deutschen Einzelhandels (Wortmann 2004). Die in den Genossenschaften und Verbundgruppen zusammengeschlossenen selbstständigen Einzelhändler sind in ihrer Gesamtheit Eigentümer des Großhandels, von dem sie ihre Ware beziehen müssen. Mit Blick auf die Personalpolitik sind die selbstständigen Einzelhändler jedoch nicht an Weisungen der Genossenschaftszentrale gebunden, weshalb eine große Bandbreite an personalpolitischen Strategien in den einzelnen Einzelhandelsbetrieben festzustellen ist, darunter auch hinsichtlich der Entgeltpolitik.

Tabelle 6.1: Niedriglohnanteile im Einzelhandel nach Beruf und Branche, nur Vollzeitbeschäftigte, Deutschland 2003*

	Beschäftigungsanteil der jeweiligen Branche am gesamten Einzelhandel (NACE 52)	*Anteil aller Vollzeitbeschäftigten mit Niedriglöhnen*	*Niedriglohn anteil bei Vollzeit-Verkäufer/innen (ISCO 682)*	*Niedriglohn anteil bei Kassierer/innen (ISCO 773)*
Einzelhandel (NACE 52)		33,4%	42,6%	35,2%
Filialisierter Lebensmitteleinzel-handel (NACE 52.11)	24,0 %	28,6%	41,1 %	26,4 %
Lebensmittel facheinzelhandel (NACE 52.2)	8,2 %	62,5%	74,6 %	100 %
Elektro-Einzelhandel (NACE 52.45)	3,3 %	26,5%	23,7 %	48,8 %

* Die Niedriglohngrenze wurde definiert als 2/3 des Medians des Bruttomonatsverdienstes. Dies entspricht 1.736 Euro (West) bzw. 1.309 Euro (Ost).

Quelle: BA-Beschäftigtenpanel, eigene Berechnungen

berichtete, dass sie in einer Teilzeitstelle mit 24 Wochenstunden das gleiche Einkommen erzielt wie eine Bekannte, die in einer Bäckerei in Vollzeit arbeitet. Im Vergleich der beiden untersuchten Tätigkeiten lässt sich hingegen kein klarer Trend erkennen: Während die Arbeit an der Kasse auf der Ebene der Branche seltener mit einem Niedriglohn einhergeht, ist das Verhältnis im Lebensmittelfach- und im Elektro-Einzelhandel umgekehrt: Hier werden Kassentätigkeiten häufiger schlecht bezahlt als das Personal im Verkauf.

Eine weitere Auswertung, die auch Teilzeitbeschäftigte und Minijobber/innen einbezieht zeigt, dass das Ausmaß der Niedriglohnbeschäftigung auch nach Beschäftigungsform (sowie Geschlecht) stark differiert (Tabelle 6.2).

Tabelle 6.2: Niedriglohnanteile und Beschäftigtenstruktur im Einzelhandel (NACE 52) differenziert nach Beschäftigungsform, Deutschland 2004[2]

		Anteil Niedriglohnbeschäftigte	
		Gesamtwirtschaft	Einzelhandel
Beschäftigungs-form	Vollzeit	13,7%	34,4%
	Teilzeit	20,3%	28,5%
	Geringfügige Beschäftigung	78,9%	86,8%
Geschlecht	Männer	14,4%	27,7%
	Frauen	30,2%	47,1%
Total		22,1%	42,0%

Quelle: Jaehrling u.a. 2006: 117

Insbesondere sticht der hohe Anteil von Niedriglohnbeziehenden innerhalb der geringfügigen Beschäftigung ins Auge: 86,8 Prozent aller geringfügig Beschäftigten im Einzelhandel arbeiten für Niedriglöhne. Da die Mehrheit der Beschäftigten in Minijobs weiblich ist, dürften auch die deutlichen geschlechtsspezifischen Unterschiede in der Betroffenheit von Niedriglöhnen vor allem damit zusammenhängen. Die gesetzliche Regulierung der geringfügigen Beschäftigung sieht im Kern eine Subventionierung dieser Beschäftigungsform vor, denn geringfügig Beschäftigte sind im Unterschied zu sozialversicherungspflichtig Voll- oder Teilzeitbeschäftigten von Abgaben an das Steuer- und Sozialversicherungssystem befreit (siehe Kapitel 1). Wie in Tabelle 6.2 zu sehen ist, wird die gesetzliche Regelung, nach der sozialversicherungspflichtig Beschäftigte und geringfügig Beschäftigte mit Blick auf die Entlohnung gleichgestellt sind, in der Praxis häufig unterlaufen, und dadurch erklärt sich das starke Lohngefälle zwischen sozialversicherungspflichtiger und geringfügiger Beschäftigung. Auch in einigen Fallstudienbetrieben werden Tariflöhne nur an voll sozialversicherungspflichtig Beschäftigte gezahlt, während geringfügig Beschäf-

2 Die in Tabelle 6.2 angegebenen Niedriglohnanteile in der Gesamtwirtschaft weichen ab von den Angaben in Tabelle 1.5. Der Hauptunterschied liegt darin, dass die Berechnungen in Kapitel 1 Schüler, Studierende und Rentner ausschließen, während diese Erwerbsgruppen aufgrund ihrer quantitativen Bedeutung für die Beschäftigung im Einzelhandel (Kalina/Voss-Dahm 2005) in dieser Auswertung berücksichtigt wurden. Durch die anders definierte Grundgesamtheit liegen den Berechnungen in Tabelle 6.2 auch andere Niedriglohnschwellen zugrunde, nämlich ein Bruttostundenlohn von 9,58 Euro (West) beziehungsweise 6,97 Euro (Ost).

tigte niedrigere Bruttolöhne erhalten. Eine Arbeitsstunde von geringfügig Beschäftigten ist in diesen Betrieben damit günstiger als die von voll sozialversicherungspflichtig Beschäftigten, wodurch eine Ausweitung der Minijob-Beschäftigung zulasten der sozialversicherungspflichtigen Beschäftigung für die Unternehmen attraktiv wird. Dies ist auch der Grund dafür, weshalb in Betrieben mit einer starken betrieblichen Interessenvertretung häufig darauf geachtet wird, die Beschäftigung von geringfügig Beschäftigten entweder ganz zu verhindern oder zumindest keine abgestufte Entgeltpolitik zwischen unterschiedlichen Beschäftigtengruppen zuzulassen. Das bringt eine Betriebsrätin auf den Punkt, wenn sie meint: »Wenn wir nicht darauf achten, dass auch Minijobber Tariflöhne erhalten, dann fressen die uns nach und nach auf.«

2.2 Tarifvertragliche Entgeltstruktur

Die kollektivvertraglich ausgehandelte Struktur und Höhe der Entgelte für die abhängig Beschäftigten im Einzelhandel ist in branchenbezogenen Lohn- und Gehaltstarifverträgen festgelegt. Die tarifvertragliche Entgeltstruktur im Einzelhandel ist in zweifacher Hinsicht differenziert: Zum einen wird zwischen Angestellten und Arbeiter/innen unterschieden. Zum anderen variiert die Entgelthöhe für Angestellte in Abhängigkeit von Position und Berufsjahren. Damit zeichnet sich die Entgeltsstruktur des Einzelhandels neben der beschriebenen *zwischen*betrieblichen Differenzierung auch durch eine hohe *inner*betriebliche Differenzierung aus.

Die in unserem Forschungszusammenhang relevante Gehaltsgruppe ist die Gehaltsgruppe für »Angestellte mit einfacher kaufmännischer Tätigkeit«, denn hier sind Beschäftigte in Verkaufstätigkeiten und damit die breite Masse der Einzelhandelsbeschäftigten eingruppiert. Die Ecklöhne dieser Gehaltsgruppe betragen beispielsweise im beschäftigungsstärksten Tarifbezirk Nordrhein-Westfalen 8,41 Euro/Stunde (1.372 Euro Bruttomonatsgehalt) im ersten und 12,30 Euro/Stunde (2.006 Euro Bruttomonatsgehalt) im sechsten Berufsjahr.[3] Verfügen Einzelhandelsbeschäftigte über eine abgeschlossene dreijährige kaufmännische Berufsausbildung,

3 Das Bruttomonatsgehalt im ersten Berufsjahr liegt mit 53 Prozent des westdeutschen Medianlohns deutlich unterhalb der westdeutschen Niedriglohnschwelle (siehe Tabelle 1.1 in Kapitel 1), während diese im sechsten Berufsjahr mit 77 Prozent überschritten wird.

werden sie sofort in das dritte Berufsjahr eingruppiert. Die nach Berufsabschluss und Tätigkeitsjahren differenzierte tarifvertragliche Entgeltstruktur bedeutet also, dass eine ungelernte Verkaufskraft im ersten Berufsjahr einen Stundenlohn unterhalb der Niedriglohnschwelle bezieht, sich jedoch mit zunehmenden Tätigkeitsjahren und bei Abschluss einer Berufsausbildung aus dem Niedriglohn »herausarbeiten« kann.

Der Entgelttarifvertrag stellt die Basis der Vergütungsstruktur dar, einkommensrelevant sind aber auch weitere Bestimmungen der Tarifverträge, wie hier am Beispiel von Nordrhein-Westfalen verdeutlicht wird: Eine tarifliche Zulage in Höhe von monatlich 51,13 Euro erhalten Verkaufsbeschäftigte, wenn sie zusätzliche Arbeiten übernehmen oder in mehreren Arbeitsgebieten einsetzbar sind. Kassierer/innen haben Anspruch auf eine Belastungszulage von 25,56 Euro monatlich. Im Manteltarifvertrag sind festgelegt: die regelmäßige wöchentliche Arbeitszeit von 37,5 Stunden, die Zuschläge für Spätöffnungsarbeit und zuschlagspflichtige Samstagsarbeit (je 20 Prozent), für Mehrarbeit (25 Prozent), für Nachtarbeit (55 Prozent), für Sonntagsarbeit (120 Prozent) und Feiertagsarbeit (200 Prozent). Das tarifliche Urlaubsgeld liegt bei 50 Prozent und Weihnachtsgeld bei 62,5 Prozent des jeweiligen Bruttomonatsgehalts.

Tarifverträge sind juristische Verträge, in denen grundlegende Arbeits- und Beschäftigungsbedingungen geregelt werden. Aber welche Wirkung entfalten die Tarifverträge des Einzelhandels in der Praxis? Bis ins Jahr 2000 unterlagen alle Tarifverträge des Einzelhandels der Allgemeinverbindlichkeit, das heißt unabhängig davon, ob Unternehmen Mitglied des Arbeitgeberverbands waren, mussten sie die tariflich festgelegten Löhne und Gehälter bezahlen. Es war also nach geltendem Recht nicht möglich, sich über eine Absenkung der Löhne unter das tarifliche Niveau Wettbewerbsvorteile zu verschaffen. Die Arbeitgeberseite sah diese Situation jedoch als politisch überholt an und machte von ihrem Vetorecht im Verfahren der Erklärung der Allgemeinverbindlichkeit Gebrauch. Damit besteht im Einzelhandel nun vermehrt Raum für eine stärkere zwischenbetriebliche Lohndifferenzierung, weil nicht im Arbeitgeberverband organisierte Arbeitgeber beziehungsweise Mitglieder eines Arbeitgeberverbands mit der speziellen Mitgliedschaft »ohne Tarifbindung« nicht länger an die Zahlung von tarifvertraglich fixierten Löhnen und Gehältern gebunden sind.

Nach Auswertungen des IAB-Betriebspanels, das repräsentative Daten über die Tarifbindung von Betrieben und Beschäftigten enthält, unterlagen in Westdeutschland 36 Prozent der Betriebe und 55 Prozent aller im Handel (NACE 5) Beschäftigten im Jahre 2005 der Tarifbindung (Kohaut 2007). In Ostdeutschland ist die Tarifbindung mit 15 Prozent der Betriebe und 30 Prozent der Beschäftigten erheblich geringer. Die Tarifbindung im Handel nimmt zudem im Zeitverlauf ab: Im Jahre 2005 arbeiteten in Ostdeutschland vier Prozentpunkte und in Westdeutschland acht Prozentpunkte weniger Beschäftigte in tarifgebundenen Betrieben als zwei Jahre zuvor (Ellguth/Kohaut 2004).

Die überwiegende Anzahl der Fallstudienunternehmen sind tarifgebunden und verfügen über Betriebsräte, repräsentieren also im Hinblick auf die industriellen Beziehungen den stabilen Kern des Sektors: Von den insgesamt zwölf untersuchten Betrieben sind acht tarifgebunden (davon zwei ohne Betriebsrat) und vier Betriebe sind ohne Tarifbindung (davon drei ohne Betriebsrat). In den tarifgebundenen Betrieben werden alle oben aufgeführten Leistungen gezahlt, weil die Betriebsräte über die Einhaltung der Tarifverträge wachen, die Unternehmen die Tarifverträge als bindende Verträge ansehen oder weil das Management davon ausgeht, dass über die Einhaltung von tarifvertraglichen Bestimmungen die Gründung von Betriebsräten verhindert werden kann. In den vier Betrieben ohne Tarifbindung ist die grundlegende Tarifstruktur insofern noch zu erkennen, als zumindest die sozialversicherungspflichtig Beschäftigten das tariflich fixierte Grundgehalt erhalten. Daher gehören diese Betriebe offensichtlich zu dem Drittel aller Handelsbetriebe, die zwar nicht der Tarifbindung unterliegen, sich aber an Tarifverträgen orientieren (Kohaut 2007). Dennoch weichen diese Betriebe bei anderen Regelungen zu Arbeitszeit und Einkommen ab, was in der Summe zu deutlichen Einkommenseinbußen führt. So werden weder Zuschläge für die Arbeit zu besonderen Zeiten noch Überstundenzuschläge gewährt, ein Weihnachts- und Urlaubsgeld (wenn überhaupt) nur in Abhängigkeit von der Ertragslage gezahlt oder die wöchentliche Arbeitszeit ist länger. Im Elektro-Einzelhandel ist zudem häufig ein substanzieller Anteil des Gehalts variabel.

2.3 Teilzeit als Kostensenkungsstrategie

Mehr als die Hälfte aller Einzelhandelsbeschäftigten arbeiten in Teilzeit, in etwa zu gleichen Teilen in einem sozialversicherungspflichtigen Teilzeitbeschäftigungsverhältnis und einem Minijob. Die Teilzeitquote in den Teilbranchen des Einzelhandels variiert stark, im filialisierten Lebensmitteleinzelhandel liegt sie sogar bei zwei Dritteln (Tabelle 6.3).

Tabelle 6.3: Beschäftigungsstruktur im Einzelhandel, 2003

	Einzelhandel (NACE 52)	*Filialisierter Lebensmittel-Einzelhandel (NACE 52.11)*	*Elektro-Fachhandel (NACE 52.45)*
Vollzeit	49%	34%	77%
Teilzeit	25%	40%	8%
Geringfügige Beschäftigung	26%	26%	15%
Gesamt	100%	100%	100%

Quelle: BA Beschäftigtenstatistik, eigene Berechnung

In den Interviews im Lebensmitteleinzelhandel wurde seitens des Managements eine hohe Teilzeitquote als *conditio sine qua non* für die Bewältigung der hohen Flexibilitätsanforderungen im Einzelhandel bezeichnet. Entsprechend dieser Auffassung verwundert nicht, dass in den meisten Betrieben Vollzeitbeschäftigungsverhältnisse nur noch für das betriebliche Management vorgesehen sind und das operative Geschäft mit Teilzeitkräften abgewickelt wird. Und tatsächlich ermöglicht die Teilzeitstrategie den Betrieben selbst bei restriktiver Personalbemessung ein hohes Maß an Einsatzflexibilität, denn gebrochene Arbeitszeit- und Beschäftigungseinheiten sind beweglicher und lassen »produktivitätssteigernde Löcher« in der Personaldecke eher zu als Beschäftigungsverhältnisse mit einer langen Arbeitszeit. Doch in Verbindung mit der großen Bedeutung von Kostensenkungsstrategien in Einzelhandelsunternehmen (Ernst & Young 2004) kann das Flexibilitätsargument des Lebensmitteleinzelhandels auch als trojanisches Pferd für die Durchsetzung von Personalkostenreduzierungen interpretiert werden: Die Fragmentierung ermöglicht eine Reduzierung von Arbeitsvolumen und damit Personalkosten, und zwar ohne den Verlust von »Händen und Köpfen«.

Diese Strategie funktioniert im filialisierten Lebensmitteleinzelhandel, wo der Frauenanteil 78 Prozent beträgt, aber offensichtlich nicht im Elektro-Einzelhandel, wo 63 Prozent der Beschäftigten männlich sind. Die Teilzeitstrategie des Lebensmitteleinzelhandels knüpft an der wohlfahrtsstaatlichen Absicherung von Frauenerwerbstätigkeit in Deutschland an (Jany-Catrice/Lehndorff 2005). Diese ist gekennzeichnet durch ein unterentwickeltes Kinderbetreuungsangebot, die soziale Absicherung (Kranken-, Pflegeversicherung, zum Teil auch Rentenversicherung) über den Ehemann beziehungsweise die Familie und ein Steuersystem, das ein zweites Erwerbseinkommen mit einem hohen Grenzsteuersatz belegt (siehe Kapitel 1). All das sind Anreize, die das Arbeitsangebot von Frauen gering halten, weshalb das wohlfahrtsstaatliche System in Deutschland auch als »konservativ« bezeichnet wird (Esping-Anderson 2000). Vor diesem Hintergrund haben Einzelhandelsunternehmen keine grundsätzlichen Probleme bei der Besetzung von Teilzeitstellen, und angesichts der hohen Arbeitslosigkeit ist auch der Widerstand gegen vertragliche Stundenkürzungen von bestehenden Arbeitsverträgen in der Regel gering.

Offensichtlich wird Kostensenkung im filialisierten Lebensmitteleinzelhandel – zumindest innerhalb der sozialversicherungspflichtigen Beschäftigung – in erster Linie über eine Reduzierung der eingesetzten Arbeits*menge* und nicht über den Weg einer *Preis*reduzierung von Arbeit umgesetzt. Die Kanalisierung von unternehmerischem Handeln in diese und nicht in andere Richtungen wird durch die entgeltrelevanten Institutionen flankiert: Bei tarifvertraglicher Bindung steht Unternehmen die Möglichkeit der Personalkostenreduzierung über eine Lohnsenkung nicht zur Verfügung. Auch die zweite Säule der industriellen Beziehungen, die betriebliche Interessenvertretung, kanalisiert unternehmerische Entscheidungen in diese Richtung, denn das Betriebsverfassungsgesetz sichert dem Betriebsrat zwar die volle Mitbestimmung in Fragen der betrieblichen Lohngestaltung zu, die Festlegung der Personalbemessung liegt jedoch allein in der Verfügungsgewalt der Arbeitgeber. Beide Pfeiler des Systems der industriellen Beziehungen sind also in hohem Maße auf die Verhinderung eines reinen Lohnkostenwettbewerbs ausgerichtet. Rechtlich wenig entgegenzusetzen haben Betriebsräte und Gewerkschaften jedoch den Wettbewerbsstrategien von Unternehmen, die Kostensenkungen über eine Ausdünnung der Personaldecke durchsetzen wollen. Die Plausibilität dieser Überlegungen wird auch durch die quantitative Analyse gestützt: Die Auswertungen in Tabelle 6.2 zeigen, dass der Niedriglohnanteil in Teilzeitbeschäftigungsverhältnissen leicht unter dem der Vollzeitbeschäftigten liegt. Auch das kann als Hinweis darauf gedeutet werden, dass Personalkostensenkungen im mehrheitlich tarifgebundenen filialisierten Lebensmitteleinzelhandel in erster Linie über die Reduzierung von Arbeitsvolumen und nicht über Lohnsenkungen durchgesetzt werden.

Die Teilzeitstrategie des Einzelhandels insgesamt und des Lebensmitteleinzelhandels im Besonderen hat zur Folge, dass Beschäftigte nicht in erster Linie für niedrige Stundenlöhne arbeiten, wohl aber niedrige Monatseinkommen erzielen. Gerade Frauen erreichen mit der Arbeit im Einzelhandel kaum ein existenzsicherndes Einkommen, sondern höchstens einen Hinzuverdienst. Einige, vor allem ostdeutsche weibliche Beschäftigte brachten in den Interviews ihren Unmut darüber offen zum Ausdruck. Von einer Flucht teilzeitbeschäftigter qualifizierter Beschäftigter, die die Unternehmen aufgrund der damit verbundenen kostspieligen höheren Fluktuation und des Verlusts von betriebsspezifischem Wissen empfindlich treffen würde, kann aber keine Rede sein. Offensichtlich produziert die Kombination aus einem hohen Grad an Beruflichkeit, mehrheitlich weiblichen Belegschaften und wohlfahrtsstaatlicher Absicherung von »Hausfrauen« eine enorme Dehnbarkeit für eine *abwärts* gerichtete Personalpolitik. Beruflichkeit (»das ist doch der Beruf, den ich gelernt habe«), die in der Ausbildung stattgefundene Sozialisierung (»hier sind doch meine Kolleginnen«) und die in Unsicherheitsphasen möglicherweise stabilisierend wirkende Orientierung auf eine arbeitsmarktexterne Alternativrolle (Mutter, Hausfrau) können Prekarisierungs- und Abwertungstendenzen offensichtlich teilweise kompensieren, weil Beruflichkeit und Alternativrolle als »sekundärer Integrationsmodus« (Kraemer/Speidel 2005) wirken. Diese Faktoren schaffen in Verbindung mit den institutionellen Rahmenbedingungen im System der industriellen Beziehungen und der Familienpolitik die stabile Basis, auf der Einzelhandelsunternehmen ihre auf Kostensenkung orientierte Teilzeitstrategie durchsetzen können.

2.4 Betriebliche Einkommensgestaltung

Die Relevanz der betrieblichen Entgeltgestaltung geht über die einkommenspolitische Thematik hinaus, weil in monetären Anreizsystemen auch zum Ausdruck kommt, welche leistungspolitischen Ziele Unternehmen verfolgen (Marsden 1999). Hier bestehen deutliche Unterschiede zwischen den beiden untersuchten Teilbranchen: Im Lebensmitteleinzelhandel ist die Zahlung von erfolgs- und leistungsabhängigen Entgeltbestandteilen an Verkaufsbeschäftigte nicht verbreitet, während es im Elektro-Einzelhandel in allen vier untersuchten Betrieben auch für diese Gruppe erfolgs- und/oder leistungsabhängige Vergütungssysteme gab.

In den zwei tarifgebundenen Elektro-Betrieben (ohne Betriebsrat) werden alle Leistungen des Tarifvertrags gezahlt. Übertarifliche Gehaltszulagen werden in bilateralen Gesprächen zwischen Geschäftsleitung und Verkaufsbeschäftigten verhandelt, wobei diese nicht institutionalisiert sind und es keinen Anspruch auf Gehaltszulagen gibt, die laut Aussagen eines Geschäftsführers bis zu 25 Prozent des tariflichen Grundgehalts betragen können. Das persönliche Verhandlungsgeschick hat in diesem System einen wesentlichen Einfluss auf die Höhe der individuellen Prämie.

Ein anderer Betrieb des Elektro-Einzelhandels unterliegt seit dem Wechsel seiner Mitgliedschaft im Arbeitgeberverband nicht mehr der Tarifbindung. Wohl aber existiert hier ein Betriebsrat, der von seinem Recht der vollen Mitbestimmung in der betrieblichen Lohngestaltung Gebrauch macht. Seit Aufkündigung der Tarifbindung werden Verhandlungen über ein neues Entgeltsystem geführt. Die vom Unternehmen angestrebten erfolgs- und leistungsabhängigen Entgeltbestandteile werden finanziert über einen Betrag, den die Beschäftigten für die Erhöhung der Wochenarbeitszeit von 37,5 Stunden auf 40 Stunden zur Verfügung gestellt haben. In der konkreten Verhandlungssituation wurde deutlich, wie schwierig die Festlegung und Gewichtung einzelner Parameter der variablen Entgeltbestandteile ist: Einige Sortimentsbereiche verschaffen dem Betrieb ein hohes Umsatzaufkommen bei niedrigen Margen, andere dagegen erwirtschaften hohe Erträge bei niedrigem Umsatzaufkommen. Ein weiteres Problem betrifft die Festlegung des monatlichen Soll-Umsatzes, dessen Erreichung zur Ausschüttung des maximalen variablen Entgeltanteils (etwa 120 Euro pro Monat) führt. Ein drittes Problem entsteht bei der Gewichtung von leistungs- und erfolgsabhängigen Vergütungsbestandteilen: Wenn erfolgsabhängige Bestandteile einen hohen Anteil an der variablen Vergütung haben, werden typischerweise die Leistungen der Abteilung und des Betriebs, also von Gruppen, honoriert. Ein starkes Gewicht der individuellen leistungsbezogenen Vergütungsbestandteile dagegen spornt Einzelleistungen an.

Das vierte betriebliche Bespiel, das laut Auskunft von Verbands- und Gewerkschaftsvertretern typisch für den eigentümergeführten Facheinzelhandel ist, ist ein nicht-tarifgebundener Elektro-Betrieb ohne Betriebsrat. Dort beträgt der feste Einkommensbestandteil für die Verkaufskräfte lediglich zwei Drittel des tariflich fixierten Gehalts, oberhalb greift eine Provisionsregelung. Mit einer solchen Einkommensgestaltung kommt nach Aussagen des Inhabers das Leistungsprinzip zum Ausdruck, ohne das der selbstständige Einzelhandel im Umfeld niedriger Margen nicht agieren kann: »Mit einer entsprechenden Leistungsorientierung kommt man hier auf das vergleichbare Tarifgehalt von 2.000 Euro. Wer das nicht zu erreichen im Stande ist, hat erst mal selbst ein Problem, und dann ist er langfristig auch der Falsche für den Betrieb.«

Der Vergleich zeigt, dass sich die Entlohnungs*prinzipien* in den Elektro-Einzelhandelsunternehmen nicht substanziell voneinander unterscheiden. Das *Niveau* des (fixen) Entgelts variiert allerdings erheblich in Abhängigkeit davon, ob ein Tarifvertrag zur Anwendung kommt beziehungsweise die Existenz eines Betriebsrats eine Absenkung der festen Einkommensbestandteile verhindern oder einschränken kann. Tarifvertrag und betriebliche Mitbestimmung üben daher einen Sperrklinkeneffekt aus, der in nicht-tarifgebundenen Betrieben ohne betriebliche Interessenvertretung nicht wirkt.

3 Beruflichkeit als Basis der Arbeit im Einzelhandel

Eine Besonderheit des deutschen Einzelhandels liegt im hohen Anteil von Fachkräften: Fast 81 Prozent der im Einzelhandel Beschäftigten verfügten im Jahre 2003 über eine abgeschlossene Berufsausbildung (Tabelle A.4). Damit ist das mittlere Qualifikationssegment im Einzelhandel noch umfangreicher als in der Gesamtwirtschaft, in der der Anteil von Beschäftigten mit abgeschlossener Berufsausbildung bei 73 Prozent lag. Entsprechend ist der Anteil der Fachhochschul- und Hochschulabsolvent/innen im Einzelhandel extrem niedrig (2,8 Prozent). Der Anteil der gering Qualifizierten im Einzelhandel entspricht mit 16,6 Prozent in etwa dem der Gesamtwirtschaft (16,3 Prozent).

3.1 Das System der dualen Berufsausbildung

47 Prozent aller Einzelhandelsbeschäftigten üben den Beruf »Verkäufer/in« aus, der damit der am häufigsten ausgeübte Beruf im Einzelhandel ist. An diesem Berufsbild setzt die Qualifizierungspolitik des Einzelhandels an. Gleichzeitig ist die starke Verbreitung dieses Berufsbilds eine wesentliche Voraussetzung dafür, dass eine entsprechende berufliche Qualifikation auf dem Branchenarbeitsmarkt anerkannt wird und verwertet werden kann.

Im Sommer 2005 entfielen auf Einzelhandelsunternehmen und die in der Branche wichtigsten Ausbildungsberufe »Verkäufer/in« (zweijährige

Ausbildung) und »Kauffrau/mann im Einzelhandel« (dreijährige Ausbildung) rund 8 Prozent aller in Deutschland neu geschlossenen Ausbildungsverträge (knapp 50.000) (BIBB 2006). Damit hat die Zahl der Ausbildungsverträge trotz insgesamt rückläufiger Beschäftigung im Einzelhandel in den letzten 15 Jahren nicht abgenommen.

Auch die im Jahre 2004 verabschiedete grundlegende Neuordnung der beiden Ausbildungsberufe durch das tripartistische System der Berufsausbildung zeigt, dass Arbeitgeber- und Arbeitnehmervertretungen der Berufsausbildung auch für die Zukunft einen zentralen Stellenwert bemessen: Mit einer grundlegenden Überarbeitung der Ausbildungsinhalte wird vor allem der starken Ausdifferenzierung der Branche nach Betriebsformaten Rechnung getragen. So wird beispielsweise das Thema »Beratung und Verkauf« nicht mehr wie in der Vergangenheit von allen Auszubildenden in der gleichen Ausführlichkeit behandelt, sondern nach Vermittlung der allgemeinen Grundlagen im Umgang mit Kunden im ersten Ausbildungsjahr kann dieses Fach in Abhängigkeit von der Bedeutung der Kundenberatung im Ausbildungsbetrieb als Vertiefung und Spezialisierung gewählt werden. Ebenso ist Buchführung in beiden Berufen ein Randthema geworden, betriebswirtschaftliches Controlling hat dagegen nun einen hohen Stellenwert.

3.2 Der Wert der Berufsausbildung

Alle Fallstudienbetriebe sind in der Ausbildung aktiv, und das Berufsbildungsprinzip steht in der Bewertung durch das betriebliche Management nicht zur Disposition. Doch selbst bei grundsätzlich positiver Beurteilung der beruflichen Grundausbildung wird hervorgehoben, dass berufliche Ausbildung zwar einen gelungenen Auftakt für eine erfolgreiche Laufbahn darstellen kann, weil hier grundlegendes Wissen über betriebliche Abläufe, Kunden- und Verkaufspsychologie, Warenkunde sowie handwerkliche Fähigkeiten (zum Beispiel Schnitttechniken) vermittelt werden. Gleichzeitig wird aber betont, dass selbst die beste berufliche Ausbildung dann nicht fruchtet, wenn wesentliche und in der Persönlichkeit verankerte Grundeinstellungen wie Einsatzbereitschaft und Verkaufstalent nicht vorhanden sind. Das – so der Eigentümer eines Supermarktes – seien die entscheidenden 50 Prozent, die vorhanden sein müssten, damit die anderen 50 Prozent, nämlich das in der Ausbildung erworbene Fachwissen, ins Spiel kommen können. Zudem spiele auch die Berufserfahrung eine wesentliche Rolle, weshalb der Inhaber von drei großen Supermärkten betont: »Das rein Fachliche können wir auch in einem Jahr vermitteln, aber die Auszubildenden haben weder nach zwei noch nach drei Jahren ausgelernt. Um eine Fachkraft zu sein, braucht man eine gehörige Portion Lebens- und Berufserfahrung, also Kompetenzen, die man sich erst erwerben muss.«

Auch auf Seiten der Beschäftigten wird der komplexe Zusammenhang zwischen Grundausbildung und Arbeitsanforderungen deutlich. Der in unserem Beschäftigtenfragebogen enthaltenen Frage »Was ich in der Ausbildung gelernt habe, kann ich in der täglichen Arbeit gut anwenden« stimmten 60 Prozent im Lebensmitteleinzelhandel und 47 Prozent im Elektrohandel zu. Dies kann dahingehend gedeutet werden, dass im Lebensmitteleinzelhandel die in der Grundausbildung erworbenen Kenntnisse und Fähigkeiten in einem engeren Bezug zu den täglichen Arbeitsanforderungen stehen als im Elektrohandel. 53 Prozent der interviewten Beschäftigen im Elektrohandel gegenüber 23 Prozent im Lebensmitteleinzelhandel beantworteten die Frage mit »teils/teils« oder gaben keine Antwort, 17 Prozent der Beschäftigten im Lebensmitteleinzelhandel antworteten jedoch ablehnend. Dies könnte darauf hinweisen, dass das in der Grundausbildung erhaltene Wissen in der täglichen Arbeit im Lebensmitteleinzelhandel nicht zur Anwendung kommt, also Überschussqualifikationen gebildet wurden. Die im Elektrohandel am häufigsten gegebene Antwort »teils/teils« lässt sich vor dem Hintergrund der hohen Bedeutung von Produkt- und Verkaufsschulung in den untersuchten Elektro-Einzelhandelsbetrieben so interpretieren, dass die erworbene Grundqualifikation nicht ausreicht, um die Anforderungen zu bewältigen.

3.3 Interne Arbeitsmärkte: Aufstiegsoptionen

In allen untersuchten Unternehmen wird das institutionell verankerte System der Berufsausbildung nicht nur für die Ausbildung von Fachkräften, sondern ebenso für die Rekrutierung von Führungskräften genutzt. Führungskräfte im Handel haben damit typischerweise ihre Ausbildung nicht an Hoch- oder Fachhochschulen absolviert, sondern ihre Karriere beginnt mit der beruflichen Grundausbildung und umfasst im weiteren Verlauf eine Aufstiegsfortbildung. Den institutionell flankierten Rahmen für den Aufstieg zur Führungskraft bilden die Verordnungen für die relevanten

Abschlüsse »Handelsfachwirt/in«, das Pendant zum *Meister* im Handwerk oder der Industrie, und »Handelsassistent/in«. Beide Aufstiegsfortbildungen qualifizieren für die Positionen der Filial- und Bereichsleitung und erstere auch für die Selbstständigkeit. Beide Verordnungen sind im Jahre 2005 grundlegend modernisiert worden (Malcher/Paulini-Schlottau 2005).

Insbesondere in den Fallstudienunternehmen, die entweder stark expandieren oder – wie im Falle zweier Verbundgruppen – vor der Situation stehen, dass viele der in der Verbundgruppe zusammengeschlossenen selbstständigen Einzelhändler ohne geregelte Nachfolge in den kommenden Jahren in Ruhestand gehen, wird bereits die Auswahl der Auszubildenden unter dem Aspekt der möglichen Rekrutierung von Führungskräften getroffen. Das ist auch der Grund, warum in einigen Unternehmen eine Verschiebung der Rekrutierungskriterien bei der Besetzung der Ausbildungsplätze für die Grundausbildung zu beobachten ist: Erstens werden Absolvent/innen mit höheren Abschlüssen bevorzugt, das heißt Hauptschüler/innen haben bei einer für die Unternehmen guten Bewerbungssituation nur noch selten eine Chance auf einen Ausbildungsplatz. Zweitens setzt bereits bei der Besetzung der Ausbildungsplätze die mit Blick auf Aufstiegsoptionen festzustellende geschlechtsspezifische Segmentierung ein: Während Verkaufstätigkeiten – zumindest im Lebensmitteleinzelhandel – vorwiegend von Frauen ausgeübt werden, sind die Führungskräfte im Einzelhandel überwiegend männlich. Je mehr also Unternehmen bereits bei Besetzung von Ausbildungsplätzen die Rekrutierung von Führungskräften im Blick haben, desto schlechter sind weibliche Bewerberinnen bereits bei der Suche nach Ausbildungsplätzen gestellt. So lagen zum Beispiel einem eigentümergeführten Supermarkt 75 Bewerbungen für zwei Ausbildungsplätze vor. Obwohl hiervon 80 Prozent von Frauen kamen, wurden letztlich eine Frau und ein Mann eingestellt.

In den Interviews mit jungen Beschäftigten, die kürzlich ihre Berufsausbildung beendet hatten, konnte kein systematischer Unterschied in der Aufstiegsorientierung von Männern und Frauen festgestellt werden. Allerdings beklagten sich einige weibliche Beschäftigte darüber, dass sie wesentlich offensiver als die männlichen jungen Kollegen ihr Interesse an einem der wenigen Plätze in den Aufstiegsfortbildungsprogrammen der Unternehmen artikulieren müssten, aber dies zum Teil trotzdem erfolglos blieb. Offensichtlich sehen viele – wiederum zumeist männliche – Führungskräfte, auf deren Vorschlag die Plätze in den Aufstiegsfortbildungen vergeben werden, die Investition in den beruflichen Aufstieg von Frauen als »Fehlinvestition« an, was ein Geschäftsleiter so begründete: »Die Frauen mit höherwertigen beruflichen Abschlüssen verschwinden sowieso irgendwann.« In gewisser Weise sind die Anforderungen, die an Führungskräfte im Einzelhandel gestellt werden, auch selbst eine wirksame Barriere, die zu geschlechtsspezifischer vertikaler Segmentation führen: Voraussetzung für den internen Aufstieg sind nach Auskunft der Beschäftigten und der Führungskräfte überlange Arbeitszeiten (mehr als 45 Wochenstunden) und eine hohe räumliche Mobilität. Diese Erwartungen sind insbesondere in den großen Unternehmen und in einer ausgewiesenen Teilzeitbranche weder durch die betrieblichen Abläufe zu begründen, noch kommt in diesen beiden Anforderungen zum Ausdruck, dass Frauen fachlich für eine Führungsposition nicht geeignet sind. Allerdings sind es Erwartungen, die treffsicher nicht an den Erwerbspräferenzen vieler Frauen anknüpfen und somit bewirken, Karrierewege von Frauen innerhalb einer Frauenbranche indirekt zu verhindern.

Geschlechtsspezifische Segmentation beim internen Aufstieg ist offensichtlich kein auf Deutschland beschränktes Phänomen. Dies bestätigen Berichte über geringe interne Aufstiegschancen von Frauen bei Wal-Mart in den USA (Rosen 2006). Geschlechtsspezifische Segmentation schlägt sich auch in Einkommensunterschieden von Frauen und Männern nieder, die im deutschen Einzelhandel mit 30 Prozent noch erheblich höher ausfallen als im amerikanischen mit 13 Prozent (Hinz/Gartner 2005; Carré u.a. 2006). Allerdings ist in Deutschland kaum vorstellbar, dass Einzelhandelsunternehmen wie *Wal-Mart* in den USA wegen Diskriminierung gegen ihre weiblichen Beschäftigten verklagt werden. Ungleiche Chancenverteilung zwischen Frauen und Männern im Einzelhandel ist in Deutschland kein öffentlich diskutiertes Thema.

3.4 Berufliche Arbeitsmärkte

Im deutschen Einzelhandel arbeiten überwiegend beruflich qualifizierte Beschäftigte und zumindest große Einzelhandelsunternehmen bieten Weiterbildungsprogramme für aufstiegsorientierte (männliche) Beschäftigte an. Das alles spricht für eine Personalpolitik, die auf Betriebsbindung und »*Commitment*« ausgerichtet ist. Tatsächlich ist die Fluktuation in den untersuchten Unternehmen sehr gering und Fluktuation wird im Unterschied zum Einzelhandel in anderen Ländern nicht als personalpolitisches Problem angesehen. Das kommt auch darin zum Ausdruck, dass die Fluktuationsrate in den untersuchten Einzelhandelsbetrieben nicht einmal gemessen wird. Auch Niveau und Struktur der Mobilität auf dem Branchenarbeitsmarkt sprechen für die Dominanz stabiler Beschäftigungsverhältnisse. Die Stabilität der Beschäftigungsverhältnisse im Einzelhandel entspricht mit einer *Labour-Turnover-Rate*[4] von 32,9 Prozent in etwa der Beschäftigungsstabilität der Gesamtwirtschaft (29,2 Prozent), wobei die Stabilität der Beschäftigungsverhältnisse nach Geschlecht, nach Beschäftigungsform und nach Berufsausbildung variiert (Kalina/Voss-Dahm 2005). Eine tätigkeitsbezogene Analyse zeigt, dass für Verkaufsbeschäftigte zumindest im Bereich der sozialversicherungspflichtigen Beschäftigung ein *Betriebs*wechsel nicht mit einem *Berufs*wechsel einhergehen muss: 50,4 Prozent derjenigen, die im beobachteten Zeitraum (1999 bis 2003) eine neue Arbeitsstelle als Verkäufer/in aufnahmen, waren bereits vorher in diesem Beruf tätig. Damit bleiben deutlich mehr Beschäftigte ihrem vorherigen Beruf »treu« als in der Gesamtwirtschaft (44,1 Prozent). Für die geringfügige Beschäftigung zeigt sich jedoch ein gänzlich anderes Bild: Zwei Drittel der neu im Einzelhandel geringfügig Beschäftigten sind ohne aktuelle Branchen- beziehungsweise Berufserfahrung. Das ist Kennzeichen für einen »Jedermannarbeitsmarkt«, in dem Beschäftigte Tätigkeiten nach kurzer Anlernzeit übernehmen können und leicht austauschbar sind (Sengenberger 1987).

Wie ausgeführt, entspricht die Fluktuation im Einzelhandel in etwa der der Gesamtwirtschaft. Insofern ist er ein »ganz normaler« Sektor. Im internationalen Vergleich werden jedoch Unterschiede sichtbar: Eine eigene Auswertung des *European Labour Force Survey* (2001) zeigt, dass deutsche Einzelhandelsbeschäftigte in der Kategorie »Beschäftigungsdauer mehr als zehn Jahre« im Vergleich zu anderen europäischen Ländern mit einem Anteil von 30 Prozent einen Spitzenplatz einnehmen (Frankreich bei 27 Prozent, Dänemark 13 Prozent, Großbritannien und Niederlande je 20 Prozent). Daher lässt sich festhalten, dass der Einzelhandel das »typisch deutsche« Mobilitätsmuster repräsentiert und die zwischenbetriebliche Mobilität im internationalen Vergleich eher gering ist.

4 Die *Labour-Turnover-Rate* bildet das arithmetische Mittel aus Eintritts- und Austrittsrate in Beschäftigung, bei der die Summe aus Eintritts- und Austrittsrate in Relation zum doppelten Beschäftigtenbestand gesetzt wird. Neben der Bedeutung als Mobilitätsmaß kann die *Labour-Turnover-Rate* auch als Indikator für die Stabilität von Beschäftigung gesehen werden: Ergibt sich für ein Jahr eine *Labour-Turnover-Rate* von 100%, beginnt und beendet jeder Beschäftigte einmal im Jahr sein Beschäftigungsverhältnis. (Kalina/Voss-Dahm 2005)

4 Dequalifizierungstendenzen durch Einführung moderner Informations- und Kommunikationstechnologie?

Lean retailing ist das Stichwort, unter dem sich die technologischen Herausforderungen an den Einzelhandel zusammenfassen lassen (Abernathy u.a. 2000; Christopher 1998; Christopherson 2001). *Lean retailing* folgt der grundlegenden Logik, die Produktionsprozesse vom Ende der Waren- oder Lieferkette, also vom »*point of sale*« her zu steuern, und basiert auf dem Prinzip der *just in time* Produktion. *Lean retailing*, das im Kern auf die Realisierung von Skaleneffekten ausgerichtet ist, setzt daher eine enge Verzahnung von Handel und Industrie voraus: Der Einzelhandel, der über einen privilegierten Zugang zu aktuellen Informationen über das Kaufverhalten der Kunden verfügt, kooperiert mit der Industrie über Logistiksysteme, die als »*Efficient Consumer Response*«-*Systeme* (ECR) bekannt sind (Bieber u.a. 2004). Moderne Kassensysteme im Handel stellen dabei den technologischen Kern der Innovation dar, weil an diesem Punkt die Daten über Art und Umfang der abverkauften Waren erfasst und der Industrie als Produktionsimpuls zugespielt werden. Derzeit ist es aber vor allem die »*Radio-Frequency-Identification*-Technologie« (RFID), die den Einzelhandel weltweit in Atem hält, denn diese Technologie, über die der Weg jedes einzelnen Produkts über Funkantennen jederzeit zu kontrollieren und nachzuverfolgen ist, stellt gegenüber den heutigen technologischen Möglichkeiten weitere Stufen der Beschleunigung und Effektivierung der distributiven Prozesse in Aussicht.

Mit Blick auf Veränderungen des Beschäftigungssystems werfen die skizzierten Entwicklungen folgende Fragen auf: Verändert die Standardisierung und Automatisierung der distributiven Prozesse die Arbeitsorganisation? Wird lediglich die Arbeitsintensität gesenkt, oder sind Dequalifizierungstendenzen unausweichliche Folge einer zunehmenden Dominanz von *lean retailing*? Bailey/Bernhardt (1997) beziehungsweise Bernhardt (1999) beantworten diese Fragen in eindeutiger Weise: Auf Basis von Untersuchungen im US-amerikanischen Einzelhandel argumentieren sie, dass das dominierende Wal-Mart-Modell im Wesentlichen auf den Pfeilern »*high performance*« und »*low wage*« beruht. »*High performance*« bezieht sich dabei ausdrücklich nicht auf eine bestimmte Ausrichtung der Personalpolitik, sondern auf das mit hohen Investitionen in Technologie begleitete Ziel der effizienten Prozessorganisation. Damit wird betont, dass mit zunehmender

Technologisierung von Arbeitsprozessen eine Dequalifizierung und Abwertung von Arbeit untrennbar verknüpft ist.

Nicht nur die technologische Entwicklung, sondern auch das selbst im höherpreisigen Segment des deutschen Einzelhandels verbreitete Selbstbedienungsprinzip können als Angriff auf die Qualifikationsstruktur des Einzelhandels interpretiert werden. Die Frage »Wozu braucht der deutsche Einzelhandel beruflich qualifizierte Beschäftigte?« stellt sich also von beiden Seiten der Wertschöpfungskette und macht sie damit doppelt dringlich. Baethge (2001: 98) liefert eine Antwort, wenn er auf den (vermeintlichen) Unterschied zwischen Produktions- und Dienstleistungssektor hinweist: »Die jüngeren Entwicklungen der Servicereduktion und -standardisierung verweisen auf einen qualifikatorisch relevanten Unterschied zwischen industrieller Produktion und Dienstleistungssektor. Standardisierung der industriellen Produktion hieß nur im Übergang von handwerklicher zu mechanisierter Massenproduktion Vernichtung von qualifizierter Arbeit; in der weiteren Entwicklung wurden dann vor allem die einfachen Routinetätigkeiten durch technische Rationalisierung aufgehoben, während die verbleibenden Tätigkeiten eher eine qualifikatorische Aufwertung erfuhren.« Aber warum – so ist zu fragen – ist es denn *nicht* möglich, dass die Dienstleistungsproduktion im deutschen Einzelhandel diesem für die Industrie gezeichneten Qualifizierungspfad folgt? Die eigenen empirischen Ergebnisse zeigen zumindest kein einheitliches Bild in Bezug auf den Zusammenhang zwischen Qualifikation und Technologie. Vielmehr geben die Fallstudien einen Einblick in die Vielfalt, mit der Unternehmen arbeitsorganisatorisch auf die Einführung von neuen Technologien im Bereich der Warenwirtschaftssysteme und im Kassenbereich reagieren.[5]

4.1 *Lean retailing* in der Praxis

Moderne Warenwirtschaftssysteme kommen in allen untersuchten Betrieben zum Einsatz. Zu unterscheiden ist zwischen vollautomatischen und

5 Die folgenden Ausführungen beziehen sich vor allem auf die untersuchten Betriebe des Lebensmitteleinzelhandels. Auch im Elektro-Fachhandel kommt moderne Technologie zum Einsatz, doch der Warenumschlag ist im Bereich von langlebigen Konsumgütern nicht so hoch wie bei Gütern des täglichen Bedarfs, weshalb Technologie selbst in großen Elektro-Einzelhandelsunternehmen eine geringere Bedeutung als im Lebensmitteleinzelhandel hat.

manuellen Dispositionssystemen. Im Fall der vollautomatischen Disposition, die in zwei Unternehmen eingesetzt wird, kommt die Ware automatisch und ohne menschliche Arbeitskraft in die Betriebe, weil der Abverkauf an der Kasse den Impuls zur Nachbestellung auslöst. Beschäftigte betonen aber, dass die Disposition als Arbeitsbereich dennoch erhalten bleibt: Die Pflege der Stammdaten wird notwendig, wenn die Nachfrage nach einem entsprechenden Artikel sinkt oder steigt und es daher sinnvoll ist, den Artikel in breiterem oder geringerem Umfang zu platzieren. Ähnliches gilt, wenn neue Artikel gelistet werden, wenn für Saisonartikel (wie zum Beispiel Backwaren zu Weihnachten) eine Zweitplatzierung geplant wird, wenn Werbeware einen temporär höheren Bestand erfordert oder wenn Ware aufgrund von Bruch oder Verderblichkeit – insbesondere im Frischebereich – aus dem System ausgebucht werden muss. Doch die Praxis zeigt, dass auch die regelmäßige Pflege der Stammdaten innerhalb eines vollautomatischen Dispositionssystems keinen einwandfreien Ablauf der warenwirtschaftlichen Prozesse garantiert, sondern störanfällig ist. Fehlersuche und Fehlerbehebung sind daher weitere Arbeitsbereiche der Beschäftigten. Fehlmengen entstehen beispielsweise, wenn die Artikel an der Kasse nicht mit der richtigen *European Article Number* (EAN-Nummer) abgescannt, im Lager falsch kommissioniert oder im Wareneingang des Betriebs mit der falschen Nummer in den Bestand aufgenommen wurden. Alles in allem spart die vollautomatische Disposition Personal ein. In den betreffenden Betrieben ist die Disposition daher nur noch ein Aufgabenbereich für Fachkräfte mit Abteilungsverantwortlichkeit, die – abgesehen von Besonderheiten – regelmäßig die Stammdaten pflegen. Eine Beschäftigte empfindet den Wechsel zur vollautomatischen Disposition als Dequalifizierung: »Dass ich keine Bestellungen mehr mache, fehlt mir. Man hat das Gefühl, dass man nicht mehr gebraucht wird, man trägt keine Verantwortung mehr.«

Die manuelle Disposition, die in den zwei anderen Unternehmen des Lebensmitteleinzelhandels zum Einsatz kommt, erfordert dagegen kontinuierliche Arbeit am Regal. Über mobile Datenerfassungsgeräte (MDE) werden die Artikelcodes am Regal von den Beschäftigten eingescannt. Das MDE-Gerät, das den aktuellen Bestand an Waren gespeichert hat, macht einen Bestellvorschlag und die Beschäftigten nehmen ihn an oder korrigieren ihn in Abhängigkeit vom erwarteten Abverkauf. Die Bestände sind also unter regelmäßiger Beobachtung, weshalb Fehlbestände nicht über einen längeren Zeitraum unentdeckt bleiben. Die Verantwortlichkeiten für einzelne Sortimentsbereiche sind innerhalb der Belegschaft auf viele Schultern verteilt, aber jede/r hat seinen eigenen Sortimentsbereich. Die kreisende Warenbewegung – das heißt der Abverkauf, die Bestellung, das Verräumen – wird auf diese Weise von immer derselben Person verfolgt, die ein Gefühl dafür entwickeln kann, welche Artikel sich gut oder schlecht verkaufen. Durch die Verteilung von festen Zuständigkeiten und die Regelmäßigkeit, in der die Disposition anfällt, sind Beschäftigte also »dicht dran« an der Ware. Erstaunlich ist, dass Dispositionsaufgaben nicht erst ab einer bestimmten Hierarchiestufe, nur von sozialversicherungspflichtig Beschäftigten oder nur von erfahrenen Beschäftigten übernommen werden. Einige Betriebe übertragen die Verantwortung für bestimmte (kleinere) Sortimentsbereiche auch an Auszubildende oder Beschäftigte in einem Minijob.

Scanning-Kassensysteme sind in allen untersuchten Betrieben die vorherrschend eingesetzte Technologie. Durch die Einführung dieser Technologie ist der Registriervorgang gegenüber den früheren Kassensystemen, in denen der an der Ware ausgezeichnete Preis in die Kasse eingegeben werden musste, beschleunigt worden. Dennoch bindet der Kassier- und Registriervorgang in den Einzelhandelsbetrieben einen erheblichen Teil des gesamten Arbeitskräftevolumens, weil alle Kunden am Ende des Verkaufsvorgangs durch diesen »Flaschenhals des Einzelhandels« hindurch müssen. Das soll durch moderne Technologie verändert werden: Wenn *RFID* eines Tages den Barcode ersetzt hat und jedes Produkt einen *RFID-Chip* besitzt, dann fahren die Kunden mit den Waren durch eine elektronische Schranke, und die Ware ist in einem Bruchteil von Sekunden vollständig erfasst. Die Analogie zwischen Kasse und Park-, Bargeld- oder Fahrkartenautomat wäre hergestellt, und der Kassiervorgang wäre nicht länger der komplexeste und sensibelste Bereich der Personalplanung in Einzelhandelsbetrieben. Doch das ist Zukunftsmusik: Das Anbringen und Einlesen der *RFID-Chips* auf Produktebene bereitet technische Schwierigkeiten, und die Mikrochips sind noch zu teuer, um sie flächendeckend einzusetzen.

Offensichtlich angeregt durch anstehende, aber noch nicht greifbare Rationalisierungsgewinne im Kassenbereich verfolgt ein Unternehmen andere organisatorische Reorganisationsstrategien im Kassenbereich: Durch die organisatorische Trennung der im herkömmlichen Kassiervorgang zusammengefassten Arbeitsschritte wird der Registriervorgang nach wie vor von den Kassenbeschäftigten vorgenommen, der Bezahlvorgang aber in Selbstbedienung an so genannten Zahlstationen abgewickelt. Mit deren Einsatz entfällt als Arbeitsbereich nicht nur der Kassiervorgang als solcher, sondern entfaltet auch auf die vor- und nachgelagerten Tätigkeiten eine stark rationalisierende Wirkung. Sämtliche, zum Teil arbeitsintensive Tätigkeiten, wie die Wechselgeldherausgabe, der Kassenabschluss oder die Vorbereitung des Papiergelds für die Landesbank entfallen komplett, weil die Zahlstation neben der Kassenabrechnung auch das Recyceln des Wechselgelds selbstständig übernimmt. Eine zweite Organisationsform des Registrier- und Bezahlvorgangs besteht im Einsatz von so genannten *NCR-self-scanning*-Stationen, an denen die Kunden ihren Einkauf selbst erfassen und bargeldlos bezahlen. Obwohl der Kunde damit beide Arbeitsschritte, das Kassieren und das Registrieren, selbst ausführt, wird der Vorgang auch zukünftig nicht ohne Hilfestellung von Kassenpersonal abgewickelt werden können. Das geht zum einen auf gesetzliche Bestimmungen zum Beispiel für den Verkauf von Tabak und Alkoholika zurück, und zum anderen wird Personal benötigt, um bei Störungen Hilfestellung zu geben oder auch Diebstahlprävention zu leisten. Die Tätigkeit für die Kassiererin an den NCR-Stationen verändert sich in folgender Weise: Die Kassiertätigkeit wandelt sich von einer aktiven in eine passive, von einer sitzenden Tätigkeit in eine Stehtätigkeit mit Sitzhilfe. Die Selbst-*Scanning*-Systeme haben einen arbeitssparenden Effekt, weil eine Kassiererin vier NCR-Stationen gleichzeitig im Auge behalten kann. Der Rationalisierungseffekt liegt also bei 75 Prozent.

4.2 *Lean retailing* = Dequalifizierung?

Bleibt also wenig Hoffnung für ein breit qualifiziertes »Mittelfeld« im künftigen deutschen Einzelhandel, wenn man alle bereits eingeführten und sich abzeichnenden technologischen Veränderungen zusammenfasst? Das wird bezweifelt, denn *lean retailing* wird sich in einem heterogenen Dienstleistungssektor wie dem Einzelhandel trotz der verlockenden Rationalisierungsgewinne nicht ungebrochen durchsetzen, sondern sich nur in Verbindung mit einer bestimmten Wettbewerbsstrategie und Organisationsstruktur von Unternehmen in seiner reinen Form entfalten können.

Unternehmen, die sowohl Wettbewerbsstrategie als auch Organisationsform an den Prinzipien von *lean retailing* ausrichten, definieren ihre Handelsfunktion aus der Wertschöpfungsstufe »Einkauf« heraus und optimieren ihre Position auf Beschaffungsmärkten. Deshalb hat die Unternehmenszentrale eine große Machtfülle, die betriebliche Einheit ist nachgelagerte Stufe – nämlich der Vertrieb, der die Ware zu verteilen hat. Entsprechend wenig Bedeutung hat die lokale Absatzsituation, das heißt lokale oder regionale Nachfragebesonderheiten mit Blick auf das Warensortiment spielen keine Rolle. Das gleiche gilt für das Fachwissen der Beschäftigten.

Ein gegenläufiges Produktionsprinzip stellt die Orientierung auf eine Realisierung von Verbundvorteilen dar. Hier wird die Geschäftstätigkeit von der Absatzseite her definiert, daher sind diese Unternehmen von der Organisationsform her dezentral aufgestellt. Die Unternehmenszentralen übernehmen eine Dienstleistungsfunktion gegenüber den Betrieben, nicht selten sind die betrieblichen Einheiten rechtlich eigenständige Betriebe und die Geschäftsleiter sind selbstständige Kaufleute, die ihre Waren von Einkaufsgenossenschaften beziehen, oder Minderheitsgesellschafter, die am Stammkapital beteiligt sind. Sortimentspolitik wird hier nicht zentral gestaltet, sondern die dezentral getroffenen Entscheidungen über Struktur und Umfang des Warenangebots werden auf zentraler Ebene nur gebündelt. Abteilungen sind als »*profit center*« organisiert und müssen gegenüber der nächst höheren Ebene nicht in erster Linie Rechenschaft darüber ablegen, was sie tun, sondern wie erfolgreich sie ihr Geschäft betreiben. Innerhalb dieser Strukturen verfügen Verkaufskräfte auf betrieblicher Ebene über aktive Mitwirkungsmöglichkeiten bei der Festlegung des Sortiments und der Preise. Die Arbeitsinhalte sind also breiter gefasst als in den zentralistisch organisierten Unternehmen.

Beide Organisationsformen sind in den untersuchten Unternehmen zu etwa gleichen Teilen anzutreffen. Kein Unternehmen kann sich jedoch dem einen oder anderen Produktionsprinzip völlig entziehen – es dominieren Mischformen: In den dezentral aufgestellten Unternehmen beispielsweise überwiegt eine Sortimentspolitik, die sich durch den Bezug eines Kernsortiments über die Zentralen auszeichnet. Das Sortiment wird aber durch lokalen Zukauf abgerundet in Abhängigkeit von der spezifischen lokalen Nachfragestruktur. Dieser Beschaffungslogik folgen die Marktführer im deutschen Lebensmittel- und Elektroeinzelhandel, und sie wird auf der technologischen Basis manueller Dispositionssysteme umgesetzt, in denen qualifizierte Beschäftigte eine aktive Rolle einnehmen. Kommt in diesen Unternehmen damit im Vergleich zu vollautomatischen Systemen eine unterlegene Technologie zum Einsatz? Wohl kaum, wenn Geschäftsführer der entsprechenden Betriebe äußern: »Nie wird es in diesem Unternehmen ein automatisches Dispositionssystem geben.« Oder: »Wir wollen selbst die

Oberhand darüber haben, welche Ware im Laden steht. Standardisierung und Automatisierung haben in diesem Feld für uns keine Bedeutung.« Sie bringen damit zum Ausdruck, dass in der Wahl der Technologie auch das Machtverhältnis zwischen Unternehmenszentrale und dem Betrieb zum Ausdruck kommt und dass unternehmerische Entscheidungen über den Einsatz des einen oder anderen technologischen Systems nicht nur durch zu realisierende Rationalisierungsgewinne beeinflusst werden (Christopherson 2006). Ähnliches gilt für Kassensysteme: Nicht überall ist Selbstbedienung an der Kasse ein angestrebtes Ziel. In einigen Betrieben ist das Personal im Verkaufsraum stark ausgedünnt, was durch eine qualitativ hochwertige persönliche Dienstleistung an der Kasse kompensiert werden soll, wo langjährige und erfahrene Stammkassiererinnen eingesetzt werden.

In Betrieben mit vollautomatischen Dispositionssystemen wird im Bereich der Warendisposition weniger Arbeitsvolumen gebunden als in Betrieben, die mit manuellen Dispositionssystemen arbeiten. Ebenso geht mit dem höheren Automatisierungsgrad eine entleerende, dequalifizierende Wirkung auf die Arbeit vieler Verkaufsbeschäftigter einher. Dennoch zeigen die betrieblichen Fallstudien, dass es auch im Einzelhandel ein bereits für die Industrie nachgewiesener Trugschluss ist anzunehmen, komplexe Produktionssysteme seien vollständig durch Technologie beherrschbar. Menschliche Koordinations- und Steuerungskompetenz im Bereich der Fehlerprävention und -behebung ist daher gerade innerhalb hochkomplexer Distributionsprozesse ein Bereich, der zukünftig eher an Bedeutung gewinnen wird. Letztlich zeigt auch das Beispiel eines Fallstudienbetriebs, der mit einem solchen Dispositionssystem arbeitet, dass Personalreduzierungen im Bereich routinisierter Tätigkeiten nicht im ganzen Betrieb zu einer Dequalifizierung führen müssen: Gerade hier wird im Vergleich zu den anderen Unternehmen besonders viel in die Produkt- und Verkaufskompetenz der Beschäftigten investiert.

In den Interviews wurde deutlich hervorgehoben, dass die Einbeziehung der Handelskompetenz von Beschäftigten keineswegs Ausdruck einer Luxus-Strategie ist, sondern vielmehr ein wichtiges Element einer Geschäftsstrategie, die eher auf profitablen Vertrieb als auf reinen Massenverkauf setzt: Wenn Ware mit einer guten Handelsspanne richtig platziert ist, informierte Beschäftigte gezielt Artikel mit hoher Marge verkaufen oder kompetente Beratung zu hoher Kundenbindung führt, kann der Ertrag, der letztlich beim Einzelhändler »hängen« bleibt, höher sein als im Fall eines mäßig hohen Warenumschlags mit niedrigen Margen. Gleichzeitig ist die Strategie der Missachtung der Kompetenz der Beschäftigten kostspielig, wenn nämlich ohne »Vetorecht« der Filiale Ware geliefert wird, die sich nicht verkauft und daher hohe Inventuren erzeugt oder die Arbeitszeit mit Reklamationen bindet.

Es wird nicht bezweifelt, dass arbeitssparender technischer Fortschritt das Arbeitsvolumen in Einzelhandelsunternehmen bereits in hohem Maße reduziert hat und noch weiter reduzieren wird. Zu betonen ist allerdings, dass sich Tätigkeits- und Anforderungsprofile an Verkaufsbeschäftigte in Abhängigkeit von Wettbewerbsstrategien, Organisationsprinzipien der Unternehmen und technologischen Veränderungen gestalten und die empirischen Beispiele keinesfalls auf eine durchgängige Dequalifizierung hindeuten. Die Arbeitsplatzanforderungen werden nicht durch Technik determiniert. Vielmehr spielen unternehmerische Entscheidungen eine Schlüsselrolle bei Entscheidungen über die Bündelung einzelner Aufgaben in Tätigkeitsprofile von Beschäftigten mit den entsprechenden Qualifikationsanforderungen (Autor u.a. 2003). Eine Option der Produktionsweise im deutschen Einzelhandel besteht also weiterhin darin, die Art der Arbeitsaufgaben am beruflichen Qualifikationsprofil der Beschäftigten auszurichten. Gleichzeitig spricht viel dafür, dass ein System der Berufsausbildung als institutionelle Voraussetzung existieren muss, um diese Option überhaupt verfolgen zu können.

5 Flexibilitätsanforderungen und Arbeitsorganisation

Zu Recht wird der Einzelhandel als eine Dienstleistungsbranche bezeichnet, die aufgrund der täglichen, wöchentlichen und saisonalen Nachfrageschwankungen hohe Flexibilitätsanforderungen zu bewältigen hat. Doch die Entwicklungen in den Fallstudienunternehmen machen deutlich, dass diese nicht unveränderbar, sondern in hohem Maße selbst gestaltbar sind. Flexibilitätsanforderungen werden zum Beispiel reduziert, wenn Kunden den Registrier- und Bezahlvorgang selbst vornehmen, wenn sie sich im Verkaufsraum selbst bedienen und die distributiven Prozesse durch Prozessoptimierung zum Beispiel mit Blick auf die Lieferpünktlichkeit zeitlich berechenbar werden. Doch bei einer Orientierung auf fachliche Beratung und auf Bedienung an der Kasse und an Servicetheken sind die Flexibilitätsanforderungen tatsächlich hoch: Der Personaleinsatz muss sowohl mit den Kundenfrequenzen als auch mit den warenbezogenen Schwankungen des Arbeitsanfalls mitschwingen, wenn eine hohe Arbeitsproduktivität sicher gestellt werden soll.

Es liegt nahe anzunehmen, dass die Qualifikation der beruflich qualifizierten Arbeitskräfte innerhalb einer breit angelegten funktional-flexiblen beziehungsweise polyvalenten Arbeitseinsatzstrategie genutzt wird. Die Empirie zeigt aber deutlich, dass dies weder im Lebensmitteleinzelhandel noch im Elektro-Einzelhandel der Fall ist. Stattdessen kommt eine auf dem organisatorischen Prinzip der funktionalen Integration beruhende Teamarbeit zum Zuge, die die Hauptform der Arbeitsorganisation in den untersuchten Betrieben darstellt.

5.1 Funktionale Flexibilität – abteilungsübergreifender Personaleinsatz

Eine Arbeitskräfteeinsatzstrategie, die einen polyvalenten Arbeitseinsatz über alle betrieblichen Arbeitsbereiche vorsieht, ist in allen Betrieben allein für die Gruppe der Auszubildenden vorgesehen. Diese Tatsache ist einfach zu erklären, schreibt doch die Ausbildungsordnung vor, dass Auszubildende in allen betrieblich existierenden Arbeitsbereichen eingesetzt werden müssen. Entsprechend sind sie in den Betrieben oftmals die Einzigen, die funktional flexibel eingesetzt werden: In einem Elektro-Fachmarkt wird die vor Ladenöffnung stattfindende Warenverräumung von Auszubildenden und unter Anleitung einer wechselnden Führungskraft übernommen. Im Fall eines Supermarktes ist es der Auszubildende, der über den Tag verteilt die Spitzen des anfallenden Arbeitsvolumens abdeckt: Morgens hilft er der Fachkraft, die Gemüse- und Obsttheke zu bestücken, ankommende Warenlieferungen bringt er anschließend in den Verkaufsraum, und zwischendurch öffnet er bei Bedarf eine zusätzliche Kasse.[6]

6 Die Beschäftigungspolitik der Discounter war unter anderem Thema der Kontextgespräche. Die Arbeitsorganisation in Discountern zeichnet sich nach Angaben der Interviewpartner durch einen breit angelegten polyvalenten Arbeitseinsatz in Verbindung mit einer dünnen Personaldecke aus. Die wenigen Kräfte, die in einigen Discount-Unternehmen fast ausschließlich Vollzeit arbeiten, springen je nach Arbeitsanfall von der Kasse in den Verkaufsraum, vom Wareneingang zu den Regalen und fegen abends den Hof. Zwar zahlen Discounter tarifliche Löhne und teilweise einen noch höheren Lohn, dafür fordern sie aber auch die Übernahme der vollen Verantwortung für alle anfallenden Arbeiten. Die umfassende Verantwortung für die betrieblichen Abläufe führt in der Regel zu einem hohen bis sehr hohen Überstundenvolumen, das in den Discountern nicht

5.2 Funktionale Integration innerhalb von Teamarbeit – Produktivität durch Arbeitsanreichung

In allen untersuchten Betrieben gibt es ein mehr oder weniger großes Segment von Beschäftigten, die im Sinne einer vertieften Arbeitsteilung für ein eigenes Arbeitsgebiet verantwortlich sind, mit Blick auf die Kunden und andere Routinetätigkeiten jedoch innerhalb des Abteilungsteams miteinander kooperieren. Die Arbeitsorganisation basiert damit sowohl auf hierarchischer und sequenzieller Vollständigkeit der Arbeitsaufgaben (Hacker 1986) als auch gleichzeitig auf den Prinzipien von Teamarbeit mit gegenseitigen Vertretungsmöglichkeiten.

In den Unternehmen bestehen jedoch unterschiedliche Grade der Kooperation innerhalb der Teams in Abhängigkeit vom Arbeitszeitvolumen des eingesetzten Personals: Wird das Arbeitszeitvolumen innerhalb einer auf Fragmentierung ausgerichteten Personalpolitik sehr eng auf einzelne Aufgabengebiete ausgerichtet, so bleibt wenig Zeit zur Kooperation im Team. Als Beispiel kann hier die Beschäftigte mit einem Minijob angeführt werden, die volle Verantwortung für das »Maggi- und Knorr Regal« in einem Supermarkt trägt, das heißt für die Bestellung, das Prüfen der Mindesthaltbarkeitsdaten, die Sauberkeit des Regals und die Warenverräumung zuständig ist und angesichts der geringen Arbeitszeit gar keine Zeit hat für die Kooperation mit den Kolleginnen ihrer Abteilung. Die Zusammenarbeit im Team ist dagegen stärker ausgeprägt im Elektro-Einzelhandel, wo Beschäftigte überwiegend in Vollzeit arbeiten. Auch lange Ladenöffnungszeiten können Teamarbeit dann reduzieren, wenn Beschäftigte eines Abteilungsteams zu versetzen Zeiten eingesetzt werden, so dass sie sich nicht mündlich absprechen können. Es gibt einen starken Zusammenhang zwischen dem Grad an Teamarbeit und der hierarchischen Struktur eines Betriebs: Durch die Zusammenlegung von Abteilungen sind in zwei untersuchten Betrieben die Abteilungsteams vergrößert worden und damit auch der Pool von Beschäftigten, die sich gegenseitig vertreten können. Dass

---

vergütet wird, daher ergeben sich de facto niedrige Stundenlöhne. In der Regel sind Discounter Mitglied des Arbeitgeberverbands und achten die Tarifstandards, setzen aber alles daran, die Gründung von Betriebsräten auf örtlicher Ebene zu verhindern. Mit Blick auf die Qualifizierung stehen Discounter übrigens fest auf dem Boden des deutschen Modells: Die Ausbildungsquote ist nicht systematisch geringer als in anderen Einzelhandelsunternehmen und insbesondere im Bereich der Ausbildung von betrieblichen Führungskräften greifen Discounter auf das institutionell und branchenweit verankerte Aus- und Weiterbildungssystem zurück (vergleiche auch Haman/Giese 2005).

Teamarbeit im Arbeitsalltag von Bedeutung ist, zeigt auch die Auswertung der Beschäftigtenbefragung: Der Aussage »Absprachen mit Kolleg/innen helfen mir, meine Arbeit gut zu erledigen« stimmten 77 Prozent der Beschäftigten im Lebensmitteleinzelhandel und 71 Prozent der Beschäftigten im Elektro-Einzelhandel zu. Gleichzeitig scheint die Kontrolle durch Vorgesetzte nicht besonders ausgeprägt zu sein, denn die Aussage »Meine Arbeit wird durch Vorgesetzte täglich kontrolliert« beantworteten die Elektro-Beschäftigten zu 23 Prozent mit nein und 53 Prozent mit »teils/teils«. Die Ablehnung war im Lebensmitteleinzelhandel mit 40 Prozent noch höher und auf die Antwort »teils/teils« entfielen 30 Prozent der Antworten.

Eine auf Teamarbeit basierende Arbeitsorganisation entfaltet im Zusammenhang mit einer Delegation von Verantwortung für bestimmte Sortimentsbereiche an einzelne Beschäftigte aber noch eine andere Wirkung. Wenn ein Geschäftsleiter meint: »Auf die festen Kräfte kann ich Druck ausüben. Sie verfügen über die Grundlagen, um mit ihnen über bestimmte Entwicklungen, Ziele, Vorhaben zu diskutieren. Die kommen aus dem Handel und wissen worum es geht«, und ein Beschäftigter eines Elektrobetriebs sagt: »Das Unternehmen gibt das Kernsortiment vor. Aber ich muss das nicht nehmen. Ich kann hier auch Dosenmilch verkaufen, es muss nur erfolgreich sein«, dann ist Arbeitsanreicherung innerhalb von Teamarbeit nicht nur Ausdruck einer »*high involvement*«-Politik, sondern verfolgt das Ziel, das professionelle Selbstbewusstsein der Beschäftigten zur Optimierung der betrieblichen Abläufe aktiv zu nutzen (Lehndorff/Voss-Dahm 2005).

Diese Strategie verträgt sich nicht mit persönlicher Kontrolle durch Vorgesetzte im Rahmen einer auf Anweisung und Kontrolle ausgerichteten Arbeitsorganisation. Vielmehr kommt eine an sachlichen Zwängen ausgerichtete Kontrollstrategie zum Zuge, die über betriebliche Kennziffern vermittelt wird: Zum einen hat die Kommunikation solcher Kennziffern (etwa die innerhalb eines bestimmten Zeitraums zu erreichenden Umsätze, Erträge, Altwarenbestände oder Inventuren) innerbetrieblich einen hohen Stellenwert. Neben diesen Zielvorgaben werden auch die für die Erreichung eingesetzten Ressourcen offen kommuniziert: Ein bestimmter Personalkostenanteil am Umsatz oder Ertrag steuert die Personalbemessung in den jeweiligen Kostenstellen aus, wobei eine Überschreitung zu einer Reduzierung des zur Verfügung stehenden Arbeitszeitvolumens führt und nur in begründeten Ausnahmen Überstunden gestattet werden. Die Festlegung sowohl von Zielen als auch von Ressourcen macht das Arbeitsvermögen der Beschäftigten zur zentralen variablen Größe innerhalb der betrieblichen Abläufe, und je stärker es gelingt, die Beschäftigten zum gezielten Verkaufsverhalten oder zum Aufspüren von Rationalisierungspotenzialen in Eigenregie zu bewegen, desto eher werden die festgelegten Größen auch erreicht (Voss-Dahm 2003). Auch über *Wal-Mart* wird berichtet, dass Kostenziele einen fundamentalen Einfluss auf die Arbeitssituation in den Betrieben haben (Rosen 2006). Vor allem Manager werden unter Druck gesetzt, und in beiden Ländern bleibt ihnen gar nichts anderes übrig, als diesen Druck an die Beschäftigten weiter zu geben. Aber vermutlich besteht ein Unterschied zwischen der Art und Weise, wie das geschieht. Während aus den amerikanischen Berichten herauszulesen ist, dass der Arbeitsdruck für Beschäftigte bei *Wal-Mart* durch direkte Anweisung des Managements steigt, internalisieren deutsche Einzelhandelsbeschäftigte die über die Unternehmenshierarchie vermittelten Kosten- und Leistungsziele und setzen sie mehr oder weniger selbstständig in aktives Handeln um. Ob eine »demokratischere« Verteilung von Informationen über die restriktiven Rahmenbedingungen einen Unterschied für die faktische Belastungssituation der Belegschaften macht, ist aber mehr als fraglich.

Für die Beschäftigen sind die Folgen ambivalent: Auf der einen Seite stimmten 81 Prozent der Beschäftigten der Aussage »Ich fühle mich für meine Abteilung verantwortlich« zu, gleichzeitig antworteten 40 Prozent der Beschäftigten auf die Aussage »Umsatzvorgaben üben Druck aus« mit »stimme voll zu« beziehungsweise »stimme zu« und 26 Prozent mit »teils/teils« oder gaben keine Antwort. Auch in den Kommentaren zum Antwortverhalten kam zum Ausdruck, dass die Einbeziehung der Kompetenz der Beschäftigten in die betrieblichen Arbeitsabläufe einerseits begrüßt wird: »Verantwortung ist immer mit Stress, aber positivem Stress verbunden.« Andererseits ist dies bei einigen Beschäftigten auch mit spezifischen Belastungen verbunden: »Abends habe ich immer noch die Zahlen im Kopf, darüber mache ich mir Gedanken. Es regt mich auf, dass ich nicht abschalten kann. Dann habe ich die Leute vor mir. Dann stell ich mir den Tagesablauf für den nächsten Tag vor.« Jedoch verfügen andere Beschäftigte offensichtlich über alternative Bewältigungsmechanismen, wenn sie sagen: »Nach 25 Jahren Arbeitserfahrung kann man sich schon gut organisieren. Viele Dinge gleichzeitig zu schaffen ist doch motivierend« oder: »Abschalten? Also damit hatte ich noch nie Probleme. Wenn ich hier raus bin, dann bin ich raus.«

5.3 Funktionale Differenzierung und Outsourcing

Die Strategie der funktionalen Integration innerhalb von teambezogener Arbeit ist die dominante, aber nicht die einzige in den Unternehmen praktizierte Flexibilitätsstrategie, sondern sie wird – insbesondere im Lebensmitteleinzelhandel – um funktionale Differenzierung ergänzt. Damit wird das Ziel verfolgt, die anfallenden Tätigkeiten je nach Qualifikationsanforderungen systematisch zu entmischen und einfache Anlerntätigkeiten von Tätigkeiten mit höheren Qualifikationsanforderungen abzuspalten. Dabei werden die einfachen Tätigkeiten vor allem von geringfügig Beschäftigten ausgeübt, die dann ausschließlich in der Warenverräumung und an der Kasse zum Einsatz kommen. Auch dies wird mit Produktivitätsüberlegungen begründet: »Die Produktivität der Leute mit kurzen Arbeitszeiten ist einfach höher. Zwei Hände werden nach fünf bis sechs Stunden langsam und kraftlos, vier Hände schaffen in je vier Stunden allerdings einiges weg.«

Nun wird gemeinhin angenommen, die flexible Randbelegschaft hätte im besonderen Maße die zeitlichen Flexibilitätslasten zu tragen, während die Stammbeschäftigten von diesen Belastungen verschont blieben. Das stimmt mit Blick auf die Lage der Arbeitszeit, denn geringfügig Beschäftigte an der Kasse werden vorwiegend in den Abendstunden und am Wochenende eingesetzt. Jedoch setzt die Arbeitskräftestrategie in diesem Segment nicht die zeitliche Verfügbarkeit der Aushilfen voraus, sondern die Minijob-Beschäftigten verfügen häufig über besonders verlässliche Arbeitszeiten. Das ist dem Umstand geschuldet, dass geringfügig Beschäftigte – häufig »Hausfrauen« und Schüler/innen oder Studierende – familien- oder bildungsbezogenen Zeitrestriktionen unterliegen und die Erwartung zeitlicher Verfügbarkeit die Rekrutierung dieser Beschäftigtengruppe erschweren, wenn nicht ganz ausschließen kann (Voss-Dahm 2000). Daher sind es vor allem die voll sozialversicherungspflichtig Beschäftigten, denen als Preis für ein stabileres Beschäftigungsverhältnis und ganz im Sinne der oben geschilderten Einbeziehung in die betrieblichen Abläufe offensichtlich ein höheres Maß an flexiblem Arbeitseinsatz (zum Beispiel bei Krankheit, Urlaub, erhöhtem Arbeitsanfall) abverlangt wird.

Outsourcing-Strategien, verstanden als ein breites Konzept, mit dem Unternehmen das Ziel zu verbinden, Risiko und Kostendruck zu externalisieren, sind in den Fallstudienbetrieben nicht oder nur in geringem Umfang verbreitet. In einem Betrieb des Lebensmitteleinzelhandels ist Zeitarbeit anzutreffen (in der Metzgerei für den Ausgleich der saisonalen Schwankungen). In zwei weiteren untersuchten Betrieben wird ein geringer Anteil der Waren von einer Servicefirma verräumt, die Kosten für die Servicefirma belaufen sich jedoch nur auf etwa 1 Prozent des Umsatzes. In einigen anderen Lebensmitteleinzelhandelsbetrieben werden bestimmte Warengruppen, die nicht zum Kernsortiment gehören (zum Beispiel Haushaltswaren, Schreibwaren, Gewürze), von der Industrie gepflegt; die Außendienstmitarbeiter/innen kommen in die Betriebe und bestellen, räumen auf, füllen nach. Es ist zu vermuten, dass Minijobs – insbesondere dort, wo sie untertariflich entlohnt werden – dem Einzelhandel als funktionales Äquivalent zur kostenmotivierten Auslagerung von Funktionen dienen. In den Interviews gingen Marktleiter auf die spezifischen Vorteile der Beschäftigung von eigenem Personal ein: »Bei der Warenverräumung geht es um einen Kernbereich des Einzelhandels. Ich will wissen, *wer* die Ware anfasst und *wie* die Ware behandelt wird«. Damit bringt der Geschäftsleiter zum Ausdruck, dass im Fall der Funktionsexternalisierung die direkte Kontrolle auf den Arbeitsbereich verloren geht, was zu Qualitätseinbußen führen kann. Andere betonen die Kontrollkosten, die mit einer Auslagerung der Warenverräumung verbunden sind: »Die von den Servicefirmen wissen manchmal nicht, was neue und was alte Ware ist. Dann schieben die die neue Ware einfach wieder ins Lager. Darum muss immer jemand daneben stehen.«

6 Aussichten für die Beschäftigung im deutschen Einzelhandel

In Einzelhandelsunternehmen sind die Spuren des institutionellen Umfelds deutlich zu erkennen. Das berufliche Ausbildungssystem und branchenweit geltende Tarifverträge sind als ein institutionelles Zwillingspaar zu charakterisieren, das dem Beschäftigungssystem des deutschen Einzelhandels ein hohes Maß an Stabilität verleiht. Beschäftigte entscheiden sich für eine Ausbildung und den langjährigen Verbleib im Einzelhandel, nicht zuletzt weil die Einkommenssituation und die Arbeitsbedingungen durch branchenweit geltende Tarifverträge berechenbar und offensichtlich auch annehmbar sind. Einzelhandelsunternehmen profitieren von dieser Situation, weil Fluktuation kein betriebliches Problem darstellt oder weil qualifizierten Beschäftigten mit langjähriger Berufserfahrung erweiterter Handlungsspielraum zugestanden werden kann.

Auf den ersten Blick sieht es so aus, als repräsentierten die Fallstudienunternehmen den stabilen Kern des Einzelhandels: In allen Betrieben werden Ausbildungsplätze angeboten und auch die Aufstiegsfortbildungen werden genutzt, um Führungskräfte zu schulen. Die Qualifikation der Beschäftigten wird als Ressource im Arbeitsprozess genutzt. Das wird besonders daran deutlich, dass der Einsatz moderner Technologie in den untersuchten Betrieben keinen durchgängigen Trend zur Dequalifizierung ausgelöst hat. Ebenso stabil scheint auf den ersten Blick die Situation hinsichtlich der Einbeziehung in das System der industriellen Beziehungen zu sein, denn zwei Drittel der Fallstudienbetriebe unterliegen der Tarifbindung, so dass die durch Tariflöhne gesetzten Mindeststandards in diesen Betrieben zur Geltung kommen. Entsprechend ist der Anteil derjenigen Beschäftigten, die Niedriglöhne beziehen – zumindest innerhalb der sozialversicherungspflichtigen Beschäftigung – gering.

Ein etwas differenzierteres Bild entsteht, wenn der Blick nicht nur auf die sozialversicherungspflichtige Beschäftigung gerichtet wird, sondern auch Minijobs in die Betrachtung einbezogen werden. In einigen Fallstudienunternehmen werden Beschäftigte in einem Minijob untertariflich entlohnt, wodurch diese Beschäftigungsform für die Unternehmen aus Kostengründen attraktiv ist. Solange die Regulierung von Minijobs nicht verändert wird, ist daher davon auszugehen, dass die Beschäftigten in solchen Jobs häufig diejenigen sind, die für Niedriglöhne arbeiten. Die Minijob-Beschäftigung ist angesichts des hohen Wettbewerbsdrucks, dem Einzelhandelsunternehmen ausgesetzt sind, auch in der Branche insgesamt als eine treibende Kraft für die Zunahme von Niedriglohnbeschäftigung anzusehen.

Das vormals flächendeckend stabile Beschäftigungssystem bekommt jedoch nicht nur über die Zunahme von Minijobs zunehmend Risse und wird dadurch instabil: Wegen des starken Kostenwettbewerbs entscheiden sich vor allem kleinere Einzelhandelsunternehmen zunehmend gegen die Anwendung von Tarifverträgen mit der Folge, dass der Druck auf die Absenkung von Löhnen steigt. In den untersuchten Unternehmen, die nicht tarifgebunden sind, wurde deutlich, dass hier häufig keine Zuschläge für die Arbeit zu besonderen Zeiten und kein Urlaubs- und Weihnachtsgeld gezahlt werden oder auch ein Teil des festen Gehalts in variable Entgeltbestandteile umgewandelt wird.

Die über die Fallstudien gewonnenen Erkenntnisse zeigen also auf der einen Seite ein gewisses Maß an Kontinuität der maßgeblich institutionell flankierten Stabilität des Beschäftigungssystems im Einzelhandel, denn die großen Unternehmen sind mehrheitlich noch in das System der Berufsausbildung eingebunden und wenden die Branchentarifverträge an. Doch diese Stabilität ist fragil, denn wenn auch diese Einzelhandelsunternehmen in größerem Ausmaß damit beginnen sollten, ihre Wachstums-, Profit- und Kostenziele über Niedriglohnstrategien durchzusetzen, könnten dadurch auch die berufsfachlichen Standards und damit die gesamte institutionell flankierte Stabilität der Branche ins Trudeln geraten. Die abnehmende Bedeutung von tarifvertraglicher Entlohnung im deutschen Einzelhandel und die niedrigeren Löhne für Beschäftigte in Minijobs könnten sich langfristig also als Einfallstor für die Absenkung von Standards auf vielen Ebenen entpuppen.

Literatur

Abernathy, Frederick/Dunlop, John/Weil, David (2000), »Retailing and Supply Chains in the Information Age«, *Technology in Society*, Jg. 22, H. 1, S. 5–31.

Autor, David H./Levy, Frank/Murnane, Richard J. (2003), »Computer-Based Technological Change and Skill Demands: Reconceiling the Perspectives of Economists and Sociologists«, in: Eileen Appelbaum/Annette Bernhardt/ Richard J. Murnane (Hg.), *Low-Wage America. How Employers Are Reshaping Opportunity in the Workplace*, New York, S. 121–154.

Baethge, Martin (2001), »Qualifikationsentwicklung im Dienstleistungssektor«, in: Martin Baethge/Ingrid Wilkens (Hg.), *Die große Hoffnung für das 21. Jahrhundert? Perspektiven und Strategien für die Entwicklung der Dienstleistungsbeschäftigung*, Opladen, S. 85–106.

Bailey, Thomas/Bernhardt, Annette (1997), »In Search of the High Road in a Low-Wage Industry«, *Politics & Society*, Jg. 25, H. 6, S. 179–201.

Bernhardt, Annette (1999), *The Future of Low-Wage Jobs: Case Studies in the Retail Industry*, IEE Working Paper, No. 10.

BIBB, Bundesinstitut für Berufsbildung (2006), *Datenblätter zur Situation der beruflichen Ausbildung*, Internetdokumentation, Bonn.

Bieber, Daniel/Jacobsen, Heike/Naevecke, Stefan/Schick, Christian/Speer, Franz (2004), *Innovation der Kooperation. Auf dem Weg zu einem neuen Verhältnis zwischen Industrie und Handel?*, Berlin.

Carré, Françoise/Holgate, Brandynn/Tilly, Chris (2006), *What's happening to retail jobs? Wages, gender, and corporate strategy*, Paper presented at the annual meeting of the International Association for Feminist Economics and the Labor and Employment Relations Association, Boston.

Christopher, Martin (1998), *Logistics and Supply Chain Management*, London.

Christopherson, Susan (2006), »Challenges Facing Wal-Mart in the German Market«, in: Stanley D. Brunn (Hg.), *Wal-Mart World*, New York/Oxon, S. 261–275.

Christopherson, Susan (2001), »Lean Retailing in marktliberalen und koordinierten Wirtschaften«, in: Hedwig Rudolph (Hg.): *Aldi oder Arkaden? Unternehmen und Arbeit im europäischen Einzelhandel*, Berlin, S. 57– 80.

Ellguth, Peter/Kohaut, Susanne (2004), »Tarifbindung und betriebliche Interessenvertretung: Aktuelle Ergebnisse aus dem IAB-Betriebspanel«, *WSI-Mitteilungen*, Jg. 57, H. 8, S. 450–454.

Ernst & Young (2004), *Händler am Scheideweg. Chancen und Risiken auf dem Weg aus der Krise*, Heilbronn/Düsseldorf.

Esping-Anderson, Goesta (2000), *Social foundations of postindustrial economies*, Oxford.

Hacker, Winfried (1986), *Arbeitspsychologie. Psychische Regulation von Arbeitstätigkeiten*, Bern/Stuttgart/Toronto.

Haman, Andreas/Giese, Gudrun (2005), *Schwarzbuch Lidl*, Ver.di Dienstleistungsgewerkschaft, Berlin.

Hinz, Thomas/Gartner, Hermann (2005), *Lohnunterschiede zwischen Frauen und Männern in Branchen, Berufen und Betrieben*, IAB Discussion Paper, 4/2005, Nürnberg.

Holgate, Brandynn (2006), Unpublished calculations based on the U.S. Current Population Survey and Current Employment Statistics. Center for Social Policy, University of Massachusetts, Boston.

Jaehrling, Karen/Kalina, Thorsten/Vanselow, Achim/Voss-Dahm, Dorothea (2006), »Niedriglohnarbeit in der Praxis – Arbeit in Häppchen für wenig Geld«, in: Gabriele Sterkel/Thorsten Schulten/Jörg Wiedemuth (Hg.), *Mindestlöhne gegen Lohndumping: Rahmenbedingungen, Erfahrungen, Strategien*, Hamburg, S. 114–141.

Jany-Catrice, Florence/Lehndorff, Steffen (2005), »Work organisation and the importance of labor markets in the European retail trade«, in: Gerhard Bosch/Steffen Lehndorff (Hg.), *Working in the service sector – a tale from different Worlds*, London/New York, S. 211– 236.

Kalina, Thorsten/Voss-Dahm, Dorothea (2005), *Fluktuation und Mobilität im Einzelhandel: Analysen auf Basis von Auswertungen des Beschäftigtenpanels der Bundesagentur für Arbeit*, Working Paper, Gelsenkirchen.

Kohaut, Susanne (2007), »Tarifbindung und tarifliche Öffnungsklauseln: Ergebnisse aus dem IAB-Betriebspanel 2005«, *WSI-Mitteilungen*, Jg. 60, H. 2, S. 94–97.

Kraemer, Klaus/Speidel, Frederik (2005), »Prekarisierung von Erwerbsarbeit. Zum Wandel eines arbeitsweltlichen Integrationsmodus«, in: Wilhelm Heitmeyer/Peter Imbusch (Hg.), *Integrationspotentiale einer modernen Gesellschaft*, Wiesbaden, S. 367–390.

Lehndorff, Steffen/Voss-Dahm, Dorothea (2005), »The delegation of uncertainty: flexibility and the role of the market in service work«, in: Gerhard Bosch/Steffen Lehndorff (Hg.), *Working in the service sector – a tale from different worlds*, London/New York, S. 289–315.

Malcher, Wilfried/Paulini-Schlottau, Hannelore (2005), »Handelsfachwirte und Handelsfachwirtinnen: eine Fortbildung mit Aufstiegsoption«, *Berufsbildung in Wissenschaft und Praxis*, Jg. 34, H. 4, S. 40–44.

Marsden, David (1999), *A Theory of Employment Systems: micro-foundations of societal diversity*, Oxford.

Rosen, Ellen Israel (2006), »How to make more out of a Penny«, in: Nelson Lichtenstein (Hg.), *Wal-Mart. The Face of Twenty- First-Century Capitalism*, New York, S. 243–260.

Sengenberger, Werner (1987), *Struktur und Funktionsweise von Arbeitsmärkten. Die Bundesrepublik Deutschland im internationalen Vergleich*, Frankfurt/New York.

Voss-Dahm, Dorothea (2000), *Service Sector Taylorism and changing demands on working time organisation. The example of the retail trade*, Paper presented on the International Conference »The Economics and Socio-Economics of Services: International Perspectives«, Lille/Roubaix, June 2000.

Voss-Dahm, Dorothea (2003), »Zwischen Kunden und Kennziffern – Leistungspolitik in der Verkaufsarbeit des Einzelhandels«, in: Markus Pohlmann/Dieter Sauer/Gudrun Trautwein-Kalms/Alexandra Wagner (Hg.), *Dienstleistungsarbeit: Auf dem Boden der Tatsachen. Befunde aus Handel, Industrie, Medien und IT-Branche*, Berlin, S. 67–112.

Wortmann, Michael (2004), »Aldi and the German Model: Structural Change in German Grocery Retailing and the Success of Grocery Discounters«, *Competition & Change*, Jg. 8, H. 4, S. 425–441.

7. Arbeiten für wenig Geld – Zusammenfassung und politischer Handlungsbedarf

Gerhard Bosch/Claudia Weinkopf

1 Einleitung

Deutschland war lange für seine ausgeglichene Einkommensstruktur bekannt. Im Unterschied zum allgemeinen internationalen Trend ging der Anteil der gering Bezahlten in den achtziger und Anfang der neunziger Jahre sogar noch leicht zurück. In den meisten OECD-Ländern, darunter auch den USA, nahm hingegen die Einkommensungleichheit vor allem in den achtziger Jahren zu (OECD 1996 und 1997; CBO 2006). Allerdings hat sich dieser Trend inzwischen umgekehrt. Seit etwa 1995 steigt die Niedriglohnbeschäftigung in Deutschland, während ihr Anteil in den meisten anderen Ländern der EU-15 und auch in den USA gesunken ist. Im Jahre 2000 lag die Niedriglohnbeschäftigung in Deutschland erstmals sogar über dem EU-Durchschnitt (European Commission 2004: 168).

Wie sich Niedriglohnbeschäftigung in der Gesamtwirtschaft und in bestimmten Branchen und Tätigkeiten entwickelt und warum sie in Deutschland zugenommen hat, war Gegenstand unserer Untersuchung. Die zentralen Ergebnisse werden im Folgenden zusammengefasst. Zunächst resümieren wir die wichtigsten Ergebnisse unserer Datenanalysen zur Niedriglohnbeschäftigung (Abschnitt 2) und zu den gesamtwirtschaftlichen und institutionellen Ursachen ihrer Zunahme (Abschnitt 3). Anschließend stehen die Erkenntnisse aus den betrieblichen Fallstudien in unterschiedlichen Branchen im Mittelpunkt (Abschnitt 4). Zum Abschluss skizzieren wir den aktuellen Stand der Debatte, ob die Zunahme von Niedriglöhnen beschäftigungspolitisch begrüßenswert ist oder eher ein Problem darstellt, und leiten auf der Basis unserer Ergebnisse Schlussfolgerungen zum politischen Handlungsbedarf ab (Abschnitt 5).

2 Steigende Niedriglohnbeschäftigung und ihre sich wandelnde Struktur

Die Niedriglohnbeschäftigung in Deutschland hat in den letzten Jahren nicht nur stark zugenommen, sondern gleichzeitig auch ihre Struktur verändert. Die Löhne haben sich nach unten ausdifferenziert, so dass sich innerhalb des Niedriglohnsektors ein wachsender Niedrig*st*lohnbereich ausbreitet. Bemerkenswert ist, dass die Expansion des Niedriglohnsektors die Beschäftigungschancen der gering Qualifizierten nicht verbessert hat. Drei Viertel aller gering Bezahlten in Deutschland haben eine berufliche Ausbildung – ein deutlich höherer Anteil als in der Vergangenheit, der im Übrigen in keinem anderen Land vergleichbar hoch ist. Während niedrige Bezahlung früher gleichmäßiger über die gesamte Wirtschaft verteilt war, konzentriert sie sich heute mehr auf bestimmte Beschäftigtengruppen und Betriebstypen. Sie ist gleichsam an den Rand des Arbeitsmarktes gewandert. Zu diesen für uns unerwartet deutlichen Ergebnissen sind wir durch Analysen mit zwei Datensätzen gelangt.[1] Wegen der großen Lohnunterschiede zwischen Ost- und Westdeutschland haben wir die Niedriglohnanteile im Rahmen dieser Studie auf der Basis der unterschiedlichen Medianlöhne für Ost- und Westdeutschland berechnet.

Der Anteil von niedrig entlohnten Vollzeitbeschäftigten sank in West-Deutschland von 15,3 Prozent im Jahre 1980 auf 13,8 Prozent im Jahre 1993 und nahm seitdem bis 2003 auf 17,3 Prozent zu. Im gesamten Deutschland lag der Niedriglohnanteil im selben Jahr mit 17,7 Prozent etwas über den westdeutschen Werten, was auf den höheren Niedriglohnanteil in Ostdeutschland zurückzuführen ist. Die Einkommensverteilung in Ostdeutschland war nach der Wiedervereinigung zunächst wesentlich egalitärer als in Westdeutschland. Seitdem ist der Anteil der Niedriglohnbeschäftigten in Ostdeutschland jedoch deutlich angestiegen (bedingt unter anderem durch die hohe Arbeitslosigkeit und eine deutlich geringere Tarif-

1 Die Beschäftigtenstichprobe der Bundesagentur für Arbeit ist der bei weitem umfangreichste verfügbare Datensatz, so dass auch sehr differenzierte Auswertungen (zum Beispiel für einzelne Berufsgruppen) möglich sind. Allerdings lassen sich hiermit nur Analysen für Vollzeitbeschäftigte erstellen, da für Teilzeitbeschäftigte keine genauen Angaben zur Arbeitszeit enthalten sind. Das sozio-ökonomische Panel (SOEP) ermöglicht hingegen die Einbeziehung von Teilzeitbeschäftigten und die Berechnung von Stundenlöhnen. Aufgrund wesentlich geringerer Fallzahlen sind differenzierte Branchen- und Tätigkeitsanalysen jedoch nur begrenzt möglich.

bindung) und liegt seit 1996 mit wachsendem Abstand über den westdeutschen Werten.

Nach den Berechnungen mit dem zweiten Datensatz (SOEP), der eine Einbeziehung von Teilzeitbeschäftigten ermöglicht, lag der Niedriglohnanteil bezogen auf alle abhängig Beschäftigten mit 20,8 Prozent (2004) um mehr als 3 Prozentpunkte höher als unter den Vollzeitbeschäftigten. Dies ist vor allem darauf zurückzuführen, dass Teilzeitbeschäftigte von Niedriglöhnen stärker betroffen sind. Dies gilt insbesondere für Minijobs, in denen mehr als vier Fünftel der Beschäftigten für Niedriglöhne arbeiten. Im Unterschied zu Ländern mit einem Mindestlohn oder einer höheren Gewerkschaftsdichte ist die Streuung der Löhne nach unten in Deutschland extrem groß. Beachtliche Teile der Beschäftigten (ca. 1,5 Millionen beziehungsweise rund 5 Prozent) verdienen weniger als 5 Euro pro Stunde – also weniger als ein Drittel des Medianlohnes. 876.000 Beschäftigte in Deutschland haben sogar einen Stundenlohn von 4 Euro oder weniger. So niedrige Löhne sind selbst in den USA unzulässig, denn der dortige staatliche Mindestlohn liegt etwa auf dem Niveau von 33 Prozent des amerikanischen Durchschnittslohnes.

Ähnlich wie in anderen Ländern sind von Niedriglöhnen in Deutschland Jüngere, Frauen und Ausländer/innen überproportional betroffen. Im Vergleich zu 1980 fällt hierbei auf, dass die Niedriglohnanteile unter westdeutschen Vollzeitbeschäftigten bei nahezu allen Gruppen angestiegen sind. Hohe Zuwächse sind bei Ausländer/innen (von 14,1 Prozent 1980 auf 26,6 Prozent 2003), bei den gering Qualifizierten (von 22,6 Prozent 1980 auf 29,8 Prozent 2003) und bei den unter 25-Jährigen (von 33,5 Prozent 1980 auf 42,3 Prozent 2003) erkennbar. Die stärkste Zunahme ist jedoch bei den Hochschulabsolvent/innen festzustellen, deren Niedriglohnanteil sich – allerdings von einem sehr niedrigen Ausgangsniveau – zwischen 1980 und 2003 verdoppelte (von 1,8 Prozent auf 3,7 Prozent). Die einzige Ausnahme sind Frauen, deren Niedriglohnanteil 2003 mit 31,9 Prozent etwas niedriger war als 1980 (36,3 Prozent).

Im Vergleich zu anderen Ländern ist der Zusammenhang zwischen Qualifikation und Entlohnung in Deutschland weniger eng. Zwar ist unter den formal gering Qualifizierten ohne abgeschlossene Berufsausbildung fast jede/r Dritte von Niedriglöhnen betroffen, aber gut drei Viertel der Niedriglohnbeschäftigten in Deutschland verfügen über eine höhere Qualifikation (Berufsausbildung oder akademischer Abschluss). Im Unterschied zur öffentlichen Wahrnehmung ist der Niedriglohnsektor also kein besonderes Arbeitsmarktsegment für gering Qualifizierte. Der Anteil von Niedriglohnbeschäftigten mit einer abgeschlossenen Berufsausbildung ist seit 1980 sogar um 15 Prozentpunkte (von 59 Prozent auf 74 Prozent) gestiegen. Im Gegensatz dazu haben rund 70 Prozent der Niedriglohnbeschäftigten in den USA keinen oder nur einen *High School*-Abschluss, also ein Bildungsniveau unterhalb einer abgeschlossenen beruflichen Ausbildung in Deutschland (CBO 2006: 18; Appelbaum u.a. 2003). Dieser markante Unterschied im Qualifikationsprofil der Niedriglohnbeschäftigten dürfte zum einen der anhaltend hohen Arbeitslosigkeit in Deutschland geschuldet sein, die den Druck, eine gering bezahlte Tätigkeit anzunehmen, auch für gut Qualifizierte erhöht. Zum anderen ist die Gruppe der gering Qualifizierten in Deutschland durch das ausbaute System der beruflichen Bildung im internationalen Vergleich relativ klein.

Bemerkenswert ist weiterhin, dass der Anteil von gering Bezahlten bei den Teilzeitbeschäftigten in Deutschland höher liegt als bei Vollzeitkräften. Dies betrifft insbesondere geringfügig Beschäftigte (Minijobs), von denen nur 14 Prozent Stundenlöhne *oberhalb* der Niedriglohnschwelle erhalten. Unter den sozialversicherungspflichtig Teilzeitbeschäftigten ist der Niedriglohnanteil mit gut 21 Prozent zwar erheblich niedriger, liegt aber auch höher als bei den Vollzeitbeschäftigten (14,6 Prozent). Der Grundsatz, dass Teilzeitbeschäftigte gegenüber Vollzeitbeschäftigten nicht benachteiligt werden dürfen, und die Beseitigung von Ungleichbehandlungen in Tarifverträgen haben offenbar zwar die Diskriminierung reduziert, aber nicht zu einer echten Gleichbehandlung geführt. Zum Teil dürften die Unterschiede allerdings auch darauf zurückzuführen sein, dass Teilzeitbeschäftigung und Minijobs am unteren Rand des Lohnspektrums weiter verbreitet sind als in qualifizierten Positionen. Unsere Analysen zeigen allerdings, dass selbst hoch Qualifizierte in Minijobs vielfach Stundenlöhne unterhalb der Niedriglohnschwelle erhalten (Kalina/Weinkopf 2006c).

Insgesamt lässt sich in Deutschland eine Verdrängung guter durch schlechtere Beschäftigungsformen beobachten. Gering bezahlte Beschäftigung verlagert sich zunehmend in marginale Teilzeit (Minijobs), Zeitarbeit und durch Outsourcing in Zonen mit geringer Tarifbindung, schwachen Gewerkschaften und wenig Betriebsräten. Während die Niedriglohnbeschäftigung in der Vergangenheit gleichmäßiger über die gesamte Wirtschaft verteilt war, ist sie in den letzten Jahren an den Rand des Arbeitsmarktes gewandert. Der Anteil der gering Bezahlten ist in Großbetrieben zurückgegangen, während er vor allem in Kleinbetrieben deutlich zugenommen hat. In Unternehmen mit mehr als 500 Beschäftigten ist der Anteil von Niedriglöhnen von 4,5 Prozent im Jahre 1980 auf 3,2 Prozent (2003) gesunken. In Unternehmen mit weniger als 20 Beschäftigten wuchs er hingegen von 33,6 Prozent 1980 auf 36,4 Prozent 2003. Ebenso hat sich der Anteil von Niedriglöhnen in den Kernbereichen der Wirtschaft mit hoher Tarifbindung und starken Gewerkschaften und Betriebsräten verringert, während er vor allem in den neuen Dienstleistungsbranchen gestiegen ist.

An den Rändern des Arbeitsmarktes werden nicht nur geringere Stundenlöhne gezahlt, auch die sonstigen Arbeitskosten liegen unter dem Niveau in den Kernbereichen des Arbeitsmarktes. Vor allem in Betrieben mit weniger als 50 Beschäftigten sowie in Niedriglohnbranchen sind die freiwilligen Sozialleistungen in den letzten Jahren abgebaut worden. Ein Indikator hierfür ist die Entwicklung der Arbeitskosten zwischen 1992 und 2004. Sie nahmen in Betrieben mit über 250 Beschäftigten um über 40 Prozent zu, in Betrieben mit weniger als 50 Beschäftigten hingegen nur um 21,4 Prozent, was deutlich unter der Inflationsrate lag. Oft ist in Kleinbetrieben nicht mehr als der gesetzlich vorgegebene Mindeststandard gesichert. Wie wichtig diese Mindeststandards als Barriere gegen weitere Einschnitte in das Einkommen der gering Bezahlten sind, wird im Vergleich zu den USA deutlich. Der weiteren Absenkung der sonstigen Arbeitskosten sind in Deutschland insofern Grenzen gesetzt, als im deutschen Sozialmodell Erwerbseinkommen aus abhängiger Beschäftigung mit obligatorischen Sozialleistungen verknüpft sind. Außerdem muss der Lohn nicht nur für die tatsächlich geleistete Arbeit gewährt werden, sondern auch für bestimmte Zeiten, in denen nicht gearbeitet wird (zum Beispiel Urlaub, Krankheit, Feiertage). Hinzu kommen Beiträge an die gesetzlichen Sozialversicherungen sowie gegebenenfalls tariflich vereinbarte und freiwillige Sozialleistungen. Hieraus ergeben sich Ansprüche auf bestimmte Leistungen bei Krankheit, Unfall, Pflegedürftigkeit, Arbeitslosigkeit und im Alter. Durch diese an den Lohn gebundenen Sozialleistungen unterscheidet sich die Qualität der Arbeitsbedingungen von Beschäftigten und insbesondere von gering Bezahlten in Deutschland deutlich von der in den USA, wo sich aus einem Stunden- oder Monatslohn teilweise erheblich weniger zusätzliche Leistungsansprüche ableiten. Der Hauptunterschied zwischen beiden Ländern liegt dabei weniger im Niveau als in der Verteilung der nicht lohnbezogenen Arbeitskosten. Auch in den USA entfällt mit rund 37 Prozent (2000) ein beträchtlicher Teil der Arbeitskosten auf Lohnnebenkosten (im Vergleich zu 43,3 Prozent in Deutschland) (EBRI 2006). Allerdings sind in den USA viele Sozialleistungen (zum Beispiel Bezahlung von Ferien, Feier- und Krankheitstagen) nicht gesetzlich geregelt. Der *National Compensation Survey* zeigt, dass in den USA gerade gering Bezahlte und Teilzeitbeschäftigte von Sozialleistungen häufig ausgeschlossen bleiben. Während 76 Prozent der Beschäftigten in den USA Anspruch auf bezahlten Urlaub und 57 Prozent auf bezahlte Krankheitstage haben, liegen diese Anteile bei den Beschäftigten mit einem Stundenverdienst von weniger als 15 Dollar mit 67 Prozent beziehungsweise 46 Prozent und bei Teilzeitbeschäftigten mit 37 Prozent bzw. 22 Prozent deutlich niedriger (US Department of Labor 2006). Allerdings hat auch das deutsche Sozialsystem Lücken. Vor allem geringfügig Beschäftigte sind von vielen Leistungen ausgeschlossen. Sie erwerben mit ihrer Arbeit keine Ansprüche auf Rente, Arbeitslosengeld und eine eigenständige Krankenversicherung. Außerdem werden ihnen in der Praxis zum Teil auch – obwohl dies gegen geltendes Recht verstößt – Ansprüche auf bezahlten Urlaub und Lohnfortzahlung im Krankheitsfall nicht gewährt.

Die Verschiebung der Niedriglohnbeschäftigung geht nur in einigen Bereichen mit einer physischen Verlagerung der Arbeitsplätze einher. In vielen Fällen bleibt der Ort des Arbeitseinsatzes derselbe, aber der Arbeitgeber wechselt (Subunternehmen, Zeitarbeitsfirma). Oft ändern sich auch die Kooperationsbeziehungen in der konkreten Arbeit nicht oder nur wenig. Allerdings werden institutionelle Hürden zwischen verschiedenen Tätigkeiten errichtet, die eine niedrigere Bezahlung ermöglichen und zudem häufig auch die Chancen auf Übergänge in besser bezahlte Beschäftigung mindern. Durch diese wachsende Segmentation des deutschen Arbeitsmarktes hat sich die *Einkommensmobilität* verringert. Für junge gut Qualifizierte ist sie noch vergleichsweise hoch, weil diese relativ häufig eine gering bezahlte Beschäftigung nur für eine kurze Übergangszeit ausüben und anschließend auf einen besser bezahlten Job zumeist in einem anderen Unternehmen wechseln. Für die anderen verliert Niedriglohnbeschäftigung hingegen offenbar zunehmend den Charakter einer »Übergangsbeschäftigung« (Schmid 1993). Dies betrifft Frauen noch deutlich stärker als Männer. Es ist offensichtlich, dass vor allem Zeitarbeitskräfte, Minijobber/innen und Beschäftigte in ausgelagerten Tätigkeiten seltener als in der Vergangenheit zum Rekrutierungspool für Tätigkeiten im primären Arbeitsmarktsegment zählen.

Nicht alle, die schlecht bezahlt werden, sind arm. Sie können über Vermögen verfügen oder in einem Haushalt mit anderen Personen zusammenleben, die ebenfalls erwerbstätig sind. Die Zunahme der Niedriglohnbeschäftigung ist allerdings neben der hohen Arbeitslosigkeit der wichtigste Grund, dass der Anteil der armen Haushalte in Deutschland seit 1991 angestiegen ist und inzwischen sogar leicht über dem europäischen Durchschnitt liegt. Gleichzeitig hat die Einkommensmobilität der armen Haushalte abgenommen, was auf eine Verfestigung der Armut schließen lässt.

3 Ursachen der steigenden Niedriglohnbeschäftigung

Die bis Mitte der neunziger Jahre im internationalen Vergleich geringe Einkommensungleichheit wird in der Literatur über das deutsche Beschäftigungs- und Produktionsmodell vor allem auf das besondere Produktportfolio der deutschen Wirtschaft, die so genannte *»diversified quality production«* (Streeck 1991), und die hohe Produktivität der Beschäftigten zurückgeführt. Voraussetzung dafür war auf der Kapitalseite ein *»patient capital«*, das an langfristiger Rendite interessiert ist. Die »Geduld« des Kapitals war Folge stabiler Besitzverhältnisse, die sich aus der engen Kapitalverflechtung zwischen großen Aktienunternehmen untereinander und mit ihren Hausbanken, dem hohen Anteil von Unternehmen im Familienbesitz und der großen Bedeutung öffentlicher Unternehmen ergaben. Die Qualitätsorientierung der Produktion wurde durch hohe Investitionen in Forschung und Entwicklung, die Kooperation von Ingenieur/innen mit im dualen System der Berufsausbildung gut ausgebildeten Facharbeitskräften und die sukzessive Spezialisierung deutscher Unternehmen in den hochpreisigen Qualitätssegmenten der Märkte gefördert. Auf den Arbeitsmärkten dominierten langfristige Vertragsbeziehungen, die Folge eines ausgebauten Kündigungsschutzes, hoher Investitionen in die Berufsausbildung der Stammbelegschaften und enger Kooperationsbeziehungen zwischen Kapital und Arbeit über flächendeckende Tarifverträge und Mitbestimmung in den Aufsichtsräten und über Betriebsräte waren. Die durch den Kündigungsschutz und die Mitbestimmung garantierte hohe Beschäftigungssicherheit förderte »Produktivitätskoalitionen« bei der Modernisierung der Berufsbildung und der Reorganisation von Unternehmen.

In den fast ausschließlich auf die exportorientierten Teile des Produktionssektors konzentrierten Analysen des deutschen Modells wird den in diesem Buch untersuchten einfachen Produktions- und Dienstleistungstätigkeiten, die auch in den besten Zeiten des deutschen Modells unterdurchschnittlich entlohnt wurden, wenig Beachtung geschenkt. Es wurde implizit unterstellt, dass man die in der Exportindustrie beobachteten Strukturen und Akteurskonstellationen für das Ganze nehmen könnte. Diese Unterstellung hatte in der Vergangenheit eine gewisse Berechtigung. Vor allem im öffentlichen Sektor und in Bereichen, die überwiegend oder teilweise öffentlich finanziert wurden, sorgte ein hoher gewerkschaftlicher Organisationsgrad der Beschäftigten dafür, dass auch geringer Qualifizierte vergleichsweise gut verdienten. Die *Governance*-Strukturen waren ähnlich wie der Produktionssektor von kurzfristigem Marktdruck entlastet. Zudem beschränkte sich das duale System der Berufsbildung nicht auf das Handwerk und die Produktion, sondern wurde in fast alle Dienstleistungsbereiche ausgedehnt. Deutschland hat somit in fast allen Branchen einen deutlich höheren Anteil ausgebildeter Fachkräfte als die meisten anderen OECD-Länder. Traditionell erhielten viele dieser Fachkräfte höhere Löhne als die an- und ungelernten Beschäftigten in der betreffenden Branche.

In der gelegentlich fast zu optimistischen Typisierung des deutschen Beschäftigungsmodells wurde allerdings oftmals übersehen, dass Niedriglohnbeschäftigung in Deutschland keineswegs ein neues Phänomen ist. Im Unterschied zu den skandinavischen Ländern waren die Gewerkschaften auch in der Vergangenheit nicht stark genug und nicht ausreichend zentralisiert, um eine solidarische Lohnpolitik zu verfolgen und Lohnunterschiede sowohl zwischen Branchen als auch zwischen Männern und Frauen nachhaltig zu verringern. Lohnpolitik fand weitgehend auf Branchenebene statt. Den Gewerkschaften gelang es zwar, regionale Lohnunterschiede innerhalb einzelner Branchen zu reduzieren und Verbesserungen der Löhne und Sozialleistungen in den Vorreiterbranchen auch auf die schwächeren Branchen zu übertragen; die Unterschiede zwischen den Kernbranchen der Exportindustrie und den mit ihr verbundenen Dienstleistungen und vielen konsumtiven und sozialen Dienstleistungen blieben jedoch hoch. Der Staat mit seinem großen öffentlichen Dienst garantierte als Arbeitgeber in vielen Branchen Mindeststandards. In den Branchen der privaten Wirtschaft, in denen die Tarifpartner schwach waren, wurden Mindeststandards – wenn überhaupt – nur über die Allgemeinverbindlichkeitserklärung von Tarifverträgen gesetzt.

Durch die in der Regel nicht allgemeinverbindlichen Branchentarifverträge und das Fehlen branchenübergreifender Mindeststandards für die Lohnfestsetzung war das deutsche Modell also schon immer anfällig für eine Zunahme der Lohnunterschiede. Dies liegt auch daran, dass durch das deutsche Wohlfahrtssystem und seine starke Subvention des männlichen Alleinverdieners das Arbeitsangebot von Frauen begrenzt und fragmentiert wird. Verheiratete Frauen erwerben ihre soziale Sicherung oft über die Erwerbstätigkeit des Ehepartners und der Staat setzt starke Anreize für Nichterwerbstätigkeit oder marginale Teilzeitbeschäftigung (Minijobs). Esping-Andersen (1990) bezeichnet Deutschland als Musterbeispiel für einen konservativen Wohlfahrtsstaat, der im Unterschied zu anderen Ländern Reformen zur Modernisierung versäumt hat. Während die Frauenerwerbstätigkeit in den meisten entwickelten Industriestaaten anstieg, blieb sie in Deutschland lange recht niedrig. Die skandinavischen Länder konnten neue Beschäftigungsfelder bei den sozialen Dienstleistungen vor allem in der Kinderbetreuung, der Pflege und der Bildung erschließen. Mit der Zunahme der Erwerbsorientierung von Frauen erwies sich die Nichtreform des Wohlfahrtsstaats in Deutschland geradezu als Einfallstor für die Zunahme schlecht bezahlter marginaler Teilzeitarbeit. Dies wurde lange nicht politisch thematisiert, da die gut bezahlten männlichen Beschäftigten und auch viele Frauen selbst nur einen subventionierten Zuverdienst, nicht aber einen existenzsichernden Lohn erwarteten.

Das deutsche Beschäftigungsmodell bestand also eigentlich auch schon früher aus zwei unterschiedlichen Teilmodellen – einem eher egalitären Produktionsmodell und einem Modell einer dualen Ökonomie mit größerer sozialer Ungleichheit. Das zweite Modell blieb infolge der Dominanz des Produktionsmodells lange verdeckt, hatte aber als »schlafende Alternative« (»*dormant alternative*« – Crouch/Farrell 2002) unter veränderten Bedingungen das Potenzial, dominant zu werden. Die Vorherrschaft des Produktionsmodells basierte nicht alleine auf den beschriebenen ähnlichen *Governance*-Strukturen in vielen öffentlich dominierten Dienstleistungsbranchen, sondern auch auf dem hohen wirtschaftlichen Wachstum und einer geringen Arbeitslosigkeit, die die Verhandlungsmacht auch der Beschäftigten in den gewerkschaftlich schwächer organisierten Industrien stärkte, sowie einer vergleichsweise geringen Frauenbeschäftigung und einem wenig entwickelten Dienstleistungssektor.

In den neunziger Jahren kamen alle Bedingungen zusammen, um die Dominanz des egalitären deutschen Produktionsmodells in Frage zu stellen. Sie ergaben sich aus einer historisch einmaligen Gemengelage von internationalen politischen Entwicklungen, die schließlich zur Wiedervereinigung führten, der Deregulierung nationaler *Governance*-Strukturen in wichtigen Dienstleistungsbranchen durch die Europäische Union, dem Umbau der Institutionen des deutschen Modells auf nationaler Ebene sowie dem Bedeutungsgewinn des Dienstleistungssektors mit hohen Frauenanteilen.

Von zentraler Bedeutung waren das im Vergleich zu anderen OECD-Ländern geringe wirtschaftliche Wachstum und die steigende Arbeitslosigkeit, die die Konkurrenz auf dem Arbeitsmarkt verschärften und die Löhne vor allem im unteren Bereich unter Druck setzten. Wichtigster Auslöser der Wachstumskrise waren die politischen und ökonomischen Maßnahmen im Zusammenhang mit der deutschen Wiedervereinigung. Durch die Übertragung der westdeutschen Institutionen auf Ostdeutschland kamen die in den achtziger Jahren diskutierten Reformen des westdeutschen Beschäftigungs- und Produktionsmodells für etwa ein Jahrzehnt zum Stillstand, was zu erheblichen Innovationsrückständen führte. Durch die Währungsreform wurde die Ostmark erheblich aufgewertet und die ostdeutschen Betriebe mit veralteten Produkten und Technologien wurden über Nacht wettbewerbsunfähig. Schließlich muss Westdeutschland bis heute rund 3 Prozent seines Bruttosozialproduktes zur Finanzierung des Aufbaus Ost und der Folgen der hohen Arbeitslosigkeit nach Ostdeutschland transferieren. Diese Mittel wurden durch Erhöhungen der Steuern und der Sozialversicherungsbeiträge und die Kürzung der öffentlichen Investitionen in Infrastruktur und Bildung finanziert, was ebenfalls das Wachstum beeinträchtigte. Die restriktive Finanzpolitik in dieser Sondersituation zur Einhaltung der Schuldengrenze nach den Maastricht-Kriterien und zur Finanzierung großer Steuersenkungsprogramme zur selben Zeit verstärkte diese Effekte.

Gleichzeitig wurden die *Governance*-Strukturen der Unternehmen verändert. Die alte »Deutschland AG« befindet sich in der Auflösung und wird zunehmend durch einen an kurzfristiger Rendite interessierten Finanzkapitalismus ersetzt. Den Anstoß hierzu gab die durch EU-Regulierungen erzwungene Öffnung der Märkte ehemaliger Staatsmonopole in den Bereichen Energie, Telekommunikation, Verkehr und Gesundheitswesen für private Anbieter. Dies ging einher mit einer strategischen Neuorientierung der Banken, die sich aus ihrer Rolle als langfristiger Industriefinanzier zurückzogen, um sich frei von Bindungen an einzelne Unternehmen auf das profitablere Geschäft des *Investmentbanking* zu konzentrieren. Die lukrative Veräußerung ihrer Industriebeteiligungen wurde durch die Steuerbefreiung von Veräußerungsgewinnen durch die rot-grüne Koalition ermöglicht. In vielen öffentlichen Einrichtungen (zum Beispiel Krankenhäusern) oder bei der Vergabe öffentlicher Aufträge (zum Beispiel Bauaufträge) wurden neue Strategien der Kostensenkung eingeführt, die zu ähnlichen *Governance*-Strukturen wie in der Privatwirtschaft führten.

Obwohl sich auch in den skandinavischen Ländern, den Benelux-Ländern oder Frankreich die *Governance*-Strukturen verändert haben, hat dies dort nicht zu einer vergleichbaren Zunahme gering bezahlter Arbeit wie in Deutschland geführt. Dies liegt zum einen daran, dass diese Länder keinen ähnlichen externen ökonomischen Schock wie die Wiedervereinigung verkraften mussten. Zum anderen schützen ihre Institutionen aber auch besser vor einem Lohnwettbewerb nach unten. Allgemeinverbindliche Tarifverträge, wie in Frankreich und den Niederlanden, oder starke Gewerkschaften, die eine hohe Tarifbindung in der gesamten Wirtschaft sicherten, nahmen die Löhne aus dem Wettbewerb und verhinderten die Konkurrenz zwischen tarifgebundenen und nicht tarifgebundenen Betrieben, die die Lohnentwicklung in Deutschland seit Mitte der neunziger Jahre zunehmend prägt. Der Lohnwettbewerb entfaltete sich zunächst in Ostdeutschland, wo das westdeutsche Tarifsystem wegen der prekären wirtschaftlichen Lage der Unternehmen und der hohen Arbeitslosigkeit nur teilweise Fuß fassen konnte, und breitete sich dann auch in Westdeutschland aus. Das »*dormant*« Modell sozialer Ungleichheit gewann durch das Fehlen flächendeckender Mindeststandards zunehmend an Gewicht.

Dabei sind die konkreten Formen der Zunahme gering bezahlter Arbeit in Deutschland sehr unterschiedlich. Sie reichen vom Outsourcing bestimmter Tätigkeiten in nicht-tarifgebundene Betriebe, den Ersatz regulärer Beschäftigung durch prekäre Arbeitsformen bis hin zur Absenkung der tariflichen Standards für Beschäftigtengruppen, die im Wettbewerb zu tariffreien Konkurrenten stehen. Der Staat hat durch die gezielte Deregulierung einiger Beschäftigungsformen – vor allem von Zeitarbeit und Minijobs – und die Abschaffung der einkommensbezogenen Arbeitslosenhilfe für Langzeitarbeitslose sowie die Verschärfung der Zumutbarkeitsregelungen in den letzten Jahren den Handlungsspielraum für Unternehmen zur Absenkung des Lohnniveaus erhöht. Der ausgebaute Kündigungsschutz bremste das Outsourcing zum Teil, so dass sich heute in vielen Bereichen duale Lohnstrukturen mit unterschiedlichen Löhnen für vergleichbare Tätigkeit finden. Es handelt sich allerdings nur um ein Übergangsphänomen. Die vor Kündigung geschützten Beschäftigten mit höheren Löhnen werden nach ihrem Ausscheiden durch geringer bezahlte Beschäftigte ersetzt. Dass dies nicht das gesamte deutsche Produktionsmodell erfasst hat, liegt auch daran, dass die Unternehmen, die seit Anfang der neunziger Jahre an Wettbewerbsfähigkeit verloren hatten, ihre traditionellen hierarchischen und an funktionaler Arbeitsteilung orientierten Strukturen inzwischen umgebaut haben. In einer Art deutschen Form der »schlanken Produktion« (»*lean production*«), die auf hoher funktionaler Flexibilität durch den Einsatz breit qualifizierter Facharbeitskräfte und hoher numerischer Flexibilität durch sehr flexible Arbeitszeiten beruht, konnten die internen beruflichen Arbeitsmärkte für die durch das Outsourcing vieler Tätigkeiten allerdings deutlich verkleinerten Kernbelegschaften wieder stabilisiert werden. Unterstützt wurde diese Entwicklung durch die Modernisierung der Berufsausbildung und die Ausdehnung der Mitbestimmungsrechte von Betriebsräten. Der Umbau der Unternehmen und die durch vergleichsweise niedrige Lohnabschlüsse wiedergewonnene preisliche Wettbewerbsfähigkeit führte die deutsche »*diversified quality production*« zu neuen Exportrekorden.

Trotz aller Strukturveränderungen ist die gut bezahlte Mittelklasse in Deutschland noch so stark geblieben, dass viele Haushalte am traditionellen Modell des männlichen Hauptverdieners und der zuverdienenden Frau festhalten. Dies ist vermutlich der Grund dafür, dass sich in Deutschland trotz des steigenden Bildungsniveaus der Frauen und ihrer zunehmenden Erwerbsorientierung die Institutionen um das konservative Familienmodell so lange halten konnten und selbst heute noch eine große Anhängerschaft in den politischen Parteien und auch in der Wählerschaft haben. Durch die deutliche Erhöhung der Verdienstgrenzen für Minijobs, die ohne Verlust der Vorteile des Ehegattensplittings und der abgeleiteten Sozialversicherungen ausgeübt werden können, wurde es ausgerechnet von der rot-grünen Koalition im Jahre 2003 noch einmal gestärkt. Erst langsam beginnt der Umbau nach schwedischem Vorbild mit dem Ausbau von Kindertagesstätten und Ganztagsschulen und dem Anfang 2007 eingeführten einkommensabhängigen Elterngeld nach Geburt eines Kindes. Diese neuen Maßnahmen sind allerdings unterfinanziert, da die Masse der Familientransfers noch in die Stützung des alten Modells der Hausfrauenehe fließt. Noch wagt kaum ein Politiker der beiden großen Parteien, das Ehegattensplitting, die mit 21 Milliarden Euro pro Jahr teuerste Subvention, in Frage zu stellen. Erste Schritte zur Reform des konservativen Familienmodells wurden zwar eingeleitet, haben aber bislang noch keine sichtbaren Auswirkungen auf das Arbeitsangebot von Frauen entfaltet. Es ist allerdings nicht auszuschließen, dass sie den Übergang in ein neues Familien- und Servicemodell darstellen, das nicht mehr auf dem Zuverdienst-Status von Frauen basiert. Ob sich hier ein neues Modell einer egalitären Serviceökonomie wie in Skandinavien oder aber ein eher angelsächsisches Modell mit einer dualen Ökonomie andeutet, ist noch nicht erkennbar. Dies hängt auch nicht alleine von der Familienpolitik, sondern vor allem auch von der künftigen Arbeitsmarkt- und Sozialpolitik ab. In der deutschen Politik ist bislang kein klarer »Masterplan« für die Auflösung oder die Stabilisierung des bisherigen deutschen Beschäftigungsmodells zu erkennen. In den letzten Jahren dominierte die Tendenz zur Deregulierung, was zunehmend auch dazu führt, dass die Kerninstitutionen des Arbeits- und Sozialrechts in Frage gestellt werden.

4 Entlohnung und Arbeitsbedingungen in den untersuchten Branchen und Tätigkeiten

Was in der allgemeinen Analyse des deutschen Beschäftigungsmodells gelegentlich als Randphänomen erscheinen mag, ist bei den Branchenstudien wie durch ein Vergrößerungsglas betrachtet ins Zentrum gerückt. Gerade weil die Niedriglohnbeschäftigung in bestimmten Branchen und Tätigkeiten besonders stark gewachsen ist, stehen hinter kleinen Prozentverschiebungen in der Gesamtwirtschaft erhebliche Umbrüche in einigen Teilarbeitsmärkten, die zudem durch das Outsourcing und die Verlagerung von Tätigkeiten in andere Branchen statistisch nicht voll erfasst werden. Nicht zuletzt erschweren Änderungen der Brancheneinteilung in der Statistik im Zeitablauf eine Analyse der Entwicklung in Branchen und Tätigkeiten über einen längeren Zeitraum. Tabelle 7.1 zeigt daher nur einen Vergleich zwischen 1999 und 2003. Aber selbst innerhalb dieser vier Jahre haben sich die Anteile von Niedriglöhnen teilweise deutlich erhöht. Während in der Gesamtwirtschaft der Anteil der Niedriglöhne unter den sozialversicherungspflichtig Vollzeitbeschäftigten 2003 17,7 Prozent betrug, lagen die untersuchten Tätigkeiten mit Anteilen zwischen 24,5 Prozent (Krankenpflegehelfer/innen) und 90,8 Prozent bei Raum- und Hausratreiniger/innen in Hotels deutlich über diesem Niveau. Dem vergleichsweise moderaten Anstieg von Niedriglöhnen in der Gesamtwirtschaft (+ 1,1 Prozentpunkte) zwischen 1999 und 2003 stehen in den meisten untersuchten Tätigkeiten nochmals kräftige Steigerungen von einem ohnehin bereits hohen Niveau gegenüber. Besonders deutlich waren die Zuwächse bei den Beschäftigten in der Fleischproduktion (+ 3,8), in der Zimmerreinigung in Hotels (hauswirtschaftliche Betreuer/innen: + 4,6), dem Reinigungspersonal in Krankenhäusern (+ 6,9) und den Pflegehilfskräften (+ 7 Prozentpunkte).

Tabelle 7.1: Entwicklung der Niedriglohnanteile in den untersuchten Tätigkeiten, Vollzeitbeschäftigte

	West		*Ost*		*Deutschland*	
Branche/Tätigkeit	*1999*	*2003*	*1999*	*2003*	*1999*	*2003*
Ernährungsgewerbe, Tabakverarbeitung (NACE 15, 16)	31,3%	34,3%	41,0%	45,9%	33,1%	36,6%
Fleisch-, Wurstwarenhersteller (BKZ 402)	31,8%	34,8%	33,5%	40,4%	32,2%	36,0%
Zucker-, Süßwaren-, Speiseeishersteller (BKZ 433)	39,0%	40,2%	(22,6%)	(19,7%)	35,9%	35,5%
Einzelhandel (NACE 52)	32,7%	33,1%	35,4%	34,9%	33,2%	33,4%
Verkäufer (BKZ 682)	42,0%	41,5%	48,4%	46,8%	43,4%	42,6%
Kassierer (BKZ 773)	37,4%	36,8%	(23,5%)	(27,5%)	35,1%	35,2%
Hotel- und Gaststättengewerbe (NACE 55)	69,5%	72,0%	63,6%	65,5%	68,1%	70,5%
Übrige Gästebetreuer (BKZ 913)	84,2%	82,0%	75,2%	78,4%	82,7%	81,3%
Hauswirtschaftliche Betreuer (BKZ 923)	82,9%	88,3%	75,7%	75,9%	81,6%	86,2%
Raum- und Hausratreiniger (BKZ 933)	92,6%	91,7%	88,0%	86,4%	91,8%	90,8%
Gesundheitswesen (NACE 85)	21,4%	23,5%	16,5%	19,4%	20,3%	22,6%
Helfer in der Krankenpflege (BKZ 854)	19,3%	25,3%	9,3%	21,3%	17,5%	24,5%
Raum- und Hausratreiniger (BKZ 933)	37,1%	43,3%	23,4%	32,3%	34,5%	41,4%
Gesamtwirtschaft	16,3%	17,3%	17,5%	19,5%	16,6%	17,7%

Quelle: BA Beschäftigtenpanel, eigene Berechnungen.

In den anderen Tätigkeiten stagnierte der Anteil der Niedriglohnbeschäftigten auf hohem Niveau. Im Einzelhandel dürfte dies auf den zunehmenden Einsatz von Beschäftigten in Minijobs, die in dieser Statistik nicht enthalten sind, und bei den Beschäftigten in der Süßwarenindustrie auf die Automatisierung und die räumliche Verlagerung von Tätigkeiten zurückzuführen sein.

Wenn sich diese Daten auf alle abhängig Beschäftigten (einschließlich Teilzeitbeschäftigte und Minijobber/innen) beziehen würden, lägen die Niedriglohnanteile noch höher.[2] Weiterhin ist zu berücksichtigen, dass eine allein auf die Branchen und Tätigkeiten bezogene Analyse nur einen Teil der Realität wiederspiegelt, weil dem Outsourcing in den meisten Branchen eine wachsende Bedeutung zukommt. Dies betrifft in besonderem Maße Reinigungstätigkeiten in *Hotels* und *Krankenhäusern*, aber auch die *Call Center* und die *Ernährungsindustrie*. Teilweise sind hierbei Lohnunterschiede zwischen den Ursprungsbranchen und denjenigen, in die die Tätigkeiten verlagert werden, eine wichtige Triebkraft, aber nicht in jedem Fall steht dies im Vordergrund. Vielmehr spielen auch Unterschiede bei den Lohnzusatzkosten oder Arbeitsbedingungen eine Rolle und das Bestreben der Unternehmen, die Kosten variabler zu gestalten und Auslastungsrisiken auf die Unterauftragnehmer zu verlagern. Das Beispiel von Dienstleistern in der Zimmerreinigung in *Hotels* zeigt, dass diese teilweise sogar in der Lage sind, die Risiken auf die Beschäftigten abzuwälzen, die mitunter keinen Festlohn mehr erhalten, sondern nach tatsächlichem Arbeitsanfall und Leistung (pro gereinigtem Zimmer) bezahlt werden.

Bezogen auf die insgesamt stark zunehmende Nutzung von Zeitarbeit in Deutschland spielen offenbar beide Faktoren eine wichtige Rolle. Zeitarbeitsunternehmen übernehmen einerseits das Risiko schwankender Arbeitsauslastung und weisen andererseits einen besonders hohen Anteil von Niedriglohnbeschäftigten auf (71,5 Prozent aller Beschäftigten – vergleiche die Kategorie »Personal- und Stellenvermittlung, Überlassung von Arbeitskräften« (WZ 74.5 in Tabelle A.1).[3] Allerdings spielt Zeitarbeit in den untersuchten Tätigkeiten meist eine eher untergeordnete Rolle. Andere

---

2 Das sozioökonomische Panel schließt auch Teilzeitarbeitsplätze und Minijobs ein, erlaubt aber wegen seiner geringen Fallzahlen keine detaillierten Branchen- und Tätigkeitsanalysen.

3 Da in dieser Kategorie eine Unterscheidung zwischen dem internen Stammpersonal der Unternehmen (Vermittlungs- und Verwaltungskräfte) und den Beschäftigten, die in anderen Unternehmen zum Einsatz kommen, nicht möglich ist, dürfte der Niedriglohnanteil bei den Zeitarbeitskräften tatsächlich sogar noch höher sein.

Formen des Outsourcings und eine verstärkte Nutzung von Minijobs sind – allerdings in unterschiedlichen Ausprägungen – die dominierenden Strategien zur Flexibilisierung und Kostenreduzierung, wie Tabelle 7.2 im Überblick zeigt.

Tabelle 7.2: Die Untersuchungsbranchen und ihre Hauptstrategien zur Kostenreduzierung und Erhöhung der Flexibilität

Branche	*Zeitarbeit*	*Outsourcing*	*Minijobs*
Ernährungsindustrie	+	++ (inkl. ausländischer Werkauftragnehmer)	-
Einzelhandel	-	-	++
Hotels	-	++	+
Krankenhäuser			
Pflegehilfen	-	-	-
Reinigungspersonal	-	++	++
Call Center	-	++	-

++: sehr wichtig; +: relevant; -: nicht oder nur selten genutzt

Quelle: Eigene Branchen- und Betriebsfallstudien

Allerdings haben unsere Fallstudien neben diesen generellen Trends durchaus auch differenzierte Entwicklungen in einzelnen Bereichen gezeigt, die mit dem unterschiedlichen Grad der Verankerung der Unternehmen im traditionellen Beschäftigungsmodell, aber auch mit unterschiedlichen Unternehmensstrategien zu tun haben:

- Das weitaus breiteste Lohnspektrum haben wir in *Call Centern* vorgefunden, was auch an der Heterogenität der Tätigkeiten und an der Zugehörigkeit von Call Centern zu unterschiedlichen Branchen und Unternehmen liegt. Aufgrund des Mangels verlässlicher Daten lässt sich hier allerdings nicht genau beziffern, wie hoch der Niedriglohnanteil unter Call Center-*Agents* ist und wie sich dieser im Zeitablauf entwickelt hat. Da externe Dienstleister jedoch typischerweise geringere Löhne zahlen, ist davon auszugehen, dass ihre steigenden Marktanteile auch mit einer Zunahme von Niedriglöhnen einhergehen.
- In den *Krankenhäusern* haben die Niedriglohnanteile erst in jüngster Zeit mit neuen Budgetierungsregelungen und der Einführung von Niedriglohngruppen durch das *concession bargaining* zugenommen. Während der Anstieg der Niedriglohnbeschäftigung in der Branche insgesamt mit +2.3 Prozentpunkten zwischen 1999 und 2003 relativ moderat war, wa-

ren die untersuchten Tätigkeiten erheblich stärker betroffen. Trotzdem liegt der Niedriglohnanteil vor allem bei den Pflegehilfskräften im Vergleich zu anderen Tätigkeiten nach wie vor relativ niedrig. Dies dürfte auch daran liegen, dass das Lohnniveau in den Gesundheitsberufen trotz einiger Verschlechterungen in jüngster Zeit noch vergleichsweise hoch ist. Anders sieht es mit den Reinigungstätigkeiten aus, deren Bezahlung durch die neuen Tarifverträge deutlich abgesenkt wurde, um ein Outsourcing zu vermeiden.

- »Spitzenreiter« bei den Niedriglöhnen ist mit weitem Abstand zu den anderen Branchen und Tätigkeiten die Zimmerreinigung in *Hotels* mit einem Niedriglohnanteil von über 86 Prozent. Obwohl diese Tätigkeiten ohnehin bereits traditionell sehr niedrig bezahlt wurden, hat sich der Anteil der Niedriglöhne noch weiter erhöht. Dies dürfte zum einen auf die zunehmende Konkurrenz durch externe Dienstleister, die oftmals noch niedrigere Löhne zahlen, zurück zu führen sein; zum anderen aber auch auf die zunehmenden Schwierigkeiten, die Einhaltung bestehender Tarifverträge in der Praxis durchzusetzen.
- Im *Einzelhandel* liegen die Niedriglohnanteile bei den untersuchten Tätigkeiten (Verkäufer/innen: 42,6 Prozent und Kassierer/innen: 35,2 Prozent) ebenfalls hoch; in den Fallstudien allerdings niedriger, weil es sich überwiegend um tarifgebundene größere Unternehmen handelte. Hier werden die Lohnkosten vorrangig über eine Verringerung des eingesetzten Arbeitsvolumens durch zunehmende Nutzung von Teilzeitarbeit und Minijobs – also Arbeitsverdichtung – reduziert. Bezogen auf Minijobs kommen häufig Lohnabschläge gegenüber anderen Beschäftigten hinzu.
- In der *Ernährungsindustrie* als einziger gewerblicher Branche im Rahmen unserer Studie ist der Anteil von Niedriglöhnen auf Branchenebene mit 36,6 Prozent ebenfalls hoch. Der Niedriglohnanteil ist zudem im Zeitablauf gestiegen. Die Niedriglohnanteile in den untersuchten Tätigkeiten haben sich zwischen 1999 und 2003 unterschiedlich entwickelt: Während in der Fleischindustrie ein deutlicher Zuwachs erkennbar ist, hat sich der Anteil der Niedriglohnbeschäftigten in der Süßwarenindustrie leicht verringert. Dahinter verbergen sich allerdings unterschiedliche Trends in Ost- und Westdeutschland. Eine zentrale Ursache für die unterschiedlichen Entwicklungen in den beiden Teilbranchen dürfte in den unterschiedlichen Bedingungen zur Durchsetzung von tariflichen Standards liegen, aber auch in der zunehmenden Automati-

sierung in der Süßwarenindustrie, die mit einem Rückgang von niedrig bezahlten Tätigkeiten einhergeht.

In vielen Betrieben der unterschiedlichen Branchen sind Auslagerungen und Lohnsenkungen durch den Bestandsschutz für bereits Beschäftigte oder einige andere Regulierungen abgebremst worden, die die Flucht aus Tarifverträgen erschweren. Derartige Regelungen sind allerdings vor allem in größeren Betrieben mit starken Gewerkschaften und Personalvertretungen wirksam. In Klein- und Mittelbetrieben gilt hingegen nur ein abgeschwächter Kündigungsschutz und oft gibt es keine Betriebsräte, die die Beschäftigten vor Entlassungen oder der Verschlechterung von Arbeitsbedingungen schützen würden.

In allen untersuchten Branchen haben wir einen gestiegenen Kostendruck und verschärften Wettbewerb festgestellt, der die Löhne erheblich unter Druck setzt. Die Ursachen sind zum Teil ähnlich, teilweise aber auch branchenspezifisch. So sind es in den *Krankenhäusern* vor allem veränderte Finanzierungsregeln und die angespannte Lage der Sozialversicherungen, die das Lohnniveau unter Druck setzen, während in den anderen Branchen veränderte Marktbedingungen eine größere Rolle spielen. Inwieweit dieser Kostendruck tatsächlich auf die Entlohnung durchschlägt, hängt auch von der Stärke der Gewerkschaften und betrieblichen Interessenvertretungen in der Branche und in den Unternehmen ab. Während etwa im *Einzelhandel* und in *Hotels* die Tariflöhne bislang nicht abgesenkt worden sind, sind in anderen Branchen zum Teil neue Tarifverträge mit niedrigeren Lohngruppen abgeschlossen worden (*Krankenhäuser, Versorgungsunternehmen, Banken*) oder wird es sogar insgesamt zunehmend schwieriger, überhaupt noch Tarifverträge abzuschließen (*Fleischindustrie*). Darüber hinaus bestehen zwar in manchen Beschäftigungsbereichen noch Tarifverträge, deren faktische Bindungskraft in der Praxis aber sinkt (*Hotels*). In fast allen Branchen stehen darüber hinaus Zusatzleistungen wie Zuschläge und Jahressonderzahlungen und Arbeitsbedingungen wie etwa die tarifliche Wochenarbeitszeit erheblich unter Druck.

Unterschiede in der Qualität der Arbeitsplätze zwischen den untersuchten Unternehmen sind zum Teil dadurch bedingt, ob die Unternehmen tariflich gebunden sind und über eine betriebliche Interessenvertretung verfügen oder nicht. Selbst dort, wo Gewerkschaften und Betriebsräte Einfluss auf Löhne und Arbeitsbedingungen nehmen können, sind sie unter dem Druck der Unternehmen häufig in der Zwickmühle: Entweder gelingt ihnen die Sicherung vergleichsweise hoher Löhne und guter Arbeitsbedingungen für die eigenen Beschäftigten um den Preis, dass Unternehmen nach Schlupflöchern suchen und bestimmte Dienstleistungen auslagern, oder sie müssen Zugeständnisse für die eigene Branche beziehungsweise das Unternehmen hinnehmen, um Arbeitsplätze zu sichern oder im besten Fall sogar zurück zu gewinnen. Ähnliche Muster existieren auch bei innerbetrieblichen Verhandlungsprozessen für verschiedene Beschäftigtengruppen: So stimmen etwa manche Betriebsräte Lohnabschlägen für Minijobber/innen zu, wenn sich hierdurch im Austausch Verbesserungen (oder zumindest die Erhaltung bestehender Standards) für die Kernbeschäftigten erreichen lassen.

In einigen Branchen spielt aber auch die Unternehmensstrategie eine nicht unwichtige Rolle für die Qualität der Arbeitsplätze. Dies gilt zum Beispiel für Call Center, in denen wir große Unterschiede zwischen den Unternehmen nicht nur bei den Löhnen, sondern zum Beispiel auch in Bezug auf die Nutzung von externen Dienstleistern und von befristeten Arbeitsverträgen festgestellt haben. Trotz erheblichen Kostendrucks setzen die meisten untersuchten Unternehmen zudem auf langjährig Beschäftigte mit vergleichsweise hoher Qualifikation, die eine hohe funktionale Flexibilität ermöglichen. Ähnliche Tendenzen sind auch in einigen Krankenhäusern festzustellen, die statt Pflegehilfskräften qualifizierte Beschäftigte bevorzugen, weil diese – bei insgesamt sinkendem Niveau in der Personalbesetzung – flexibler einsetzbar sind.

5 Politische Schlussfolgerungen

Die starke Ausdifferenzierung der Löhne nach unten und eine zunehmende Fragmentierung der Beschäftigungsverhältnisse konnten sich in Deutschland besonders stark entfalten, weil die Bindungskraft der Tarifverträge gerade in Niedriglohnbranchen zurückgegangen ist und der Staat bislang keine gesetzlichen Mindeststandards für die Entlohnung verankert hat. Statt dessen hat die Politik mit der umfassenden Deregulierung der Zeitarbeit und veränderten Rahmenbedingungen bei den Minijobs, die deren Ausweitung begünstigt haben, sogar weitere Schleusen geöffnet, die eine Zunahme der Niedriglohnbeschäftigung gefördert haben und das Lohnniveau insgesamt unter Druck setzen. Verstärkt wird dieser Trend weiterhin dadurch, dass eine nachhaltige Modernisierung des Familienmodells noch aussteht. Die ersten Schritte hierzu sind als eher zögerlich und teils auch als widersprüchlich anzusehen.

Die Frage, ob die Ausweitung von Niedriglöhnen in Deutschland eher als ein Problem oder als eine begrüßenswerte oder sogar politisch zu unterstützende Entwicklung, die zum Abbau der Arbeitslosigkeit beiträgt, anzusehen ist, ist in Politik und Wissenschaft nach wie vor höchst umstritten. Entsprechend unterscheiden sich auch die Positionen zum politischen Handlungsbedarf ganz erheblich. Im Kreis der Befürworter/innen einer weiteren Ausweitung von Niedriglöhnen lassen sich zwei Grundrichtungen unterscheiden:

- Einige – darunter auch der Sachverständigenrat zur Begutachtung der gesamtwirtschaftlichen Entwicklung (2006) – fordern eine deutliche Absenkung des Arbeitslosengeldes II, um den Anreiz zur Aufnahme gering bezahlter Tätigkeiten zu erhöhen. Gleichzeitig sollen die Freibeträge bei der Anrechnung von Erwerbseinkommen auf das Arbeitslosengeld II vor allem für Tätigkeiten mit längerer Arbeitszeit erhöht werden. Dies soll die Löhne im unteren Bereich noch weiter absenken und zu einer verstärkten Nachfrage nach gering bezahlter Arbeit führen. Menschen, die trotzdem keine Arbeit finden, sollen in öffentlichen Arbeitsgelegenheiten arbeiten, um weiterhin einen Anspruch auf die Mindestsicherung zu haben.
- Andere wollen das Niveau der Transferleistungen nicht antasten, aber die Nachfrage nach gering bezahlter Arbeit durch Subventionen stimulieren. Der Staat soll die Lohnkosten im unteren Einkommensbereich durch Lohnkostenzuschüsse oder die Übernahme der Sozialversicherungsabgaben subventionieren und damit Niedriglohnbeschäftigung für Beschäftigte und Unternehmen attraktiver machen. Für solche so genannten »Kombilöhne« liegen zahlreiche unterschiedliche Vorschläge vor. Die umfassendsten zielen auf eine dauerhafte Subvention von allen Niedriglohnjobs, während andere solche Subventionen nur zeitlich befristet für bestimmte Zielgruppen (zum Beispiel Jugendliche oder Ältere) gewähren wollen.

Kombilohnmodelle sind in allen politischen Lagern populär, da sie ein hohes Beschäftigungsniveau in Kombination mit einem sozialen Ausgleich für die gering Bezahlten versprechen. Dass es in den vergangenen Jahren zahlreiche politische Programme auf Bundes- und Länderebene zur Erprobung unterschiedlicher Kombilohnmodelle gab, deren Beschäftigungseffekte den begleitenden Evaluationen zufolge – wenn überhaupt – nur gering waren, bleibt dabei häufig unbeachtet. Dasselbe gilt auch für Modellrechnungen, die gezeigt haben, dass eine flächendeckende Ausdehnung sehr teuer würde und aufgrund der Substitution von regulärer durch subventionierte Beschäftigung kaum positive Nettoeffekte zu erwarten wären (Jaehrling/Weinkopf 2006). Mit dem Arbeitslosengeld II ist überdies – quasi durch die Hintertür – bereits ein flächendeckender bedarfsgeprüfter Kombilohn eingeführt worden, mit dem niedrige Erwerbseinkommen aufgestockt werden: Im Oktober 2006 erhielt bereits gut jede/r Fünfte von denjenigen, die Leistungen der Grundsicherung beziehen, diese nicht aufgrund von Arbeitslosigkeit, sondern ergänzend zu eigenem Erwerbseinkommen, weil dieses nicht ausreicht, um den haushaltsbezogenen Mindestbedarf zu decken (Bundesagentur für Arbeit 2006). Die Gesamtzahl der Beschäftigten, die Anspruch auf eine solche Zuzahlung hätten, diesen aber bislang nicht geltend machen, wird noch deutlich höher geschätzt (Becker 2006).

Erst seitdem die Zahl dieser so genannten »Aufstocker/innen« steigt und einige Untersuchungen in den letzten Jahren (darunter erste Ergebnisse unserer eigenen Analysen – zum Beispiel Bosch/Kalina 2005; Kalina/Weinkopf 2006a und 2006b) belegt haben, dass das Ausmaß von Niedriglohnbeschäftigung in Deutschland auch im internationalen Vergleich bereits beträchtlich ist, wird verstärkt auch über die Notwendigkeit von Mindestlöhnen diskutiert. Die Vermeidung von Armut trotz Vollzeitarbeit wird hierfür ebenso angeführt wie die Unterbindung betrieblichen Lohndumpings. In der Politik sind die Meinungen nach wie vor sehr gespalten. Von konservativer Seite und den Dachverbänden der Arbeitgeber wird die Einführung eines gesetzlichen Mindestlohnes strikt abgelehnt. Breite Unterstützung findet diese Position bei den meisten Ökonomie-Professor/innen in Deutschland, die auf negative Beschäftigungswirkungen verweisen, ohne dabei die Vielfalt der Ergebnisse der vorliegenden empirischen Studien aus dem Ausland zu berücksichtigen (Bosch/Weinkopf 2006). Auch die deutlich differenziertere Haltung der Wirtschaftswissenschaftler/innen in vielen anderen Ländern wird hierbei schlicht ignoriert oder sogar bewusst verschwiegen. Eine Kampagne von mehreren hundert Ökonom/innen unter dem Motto »*Raise the minimum wage – hard work deserves fair pay*«, wie sie im Jahre 2006 in den USA gestartet worden ist (EPI 2006), wäre in Deutschland derzeit noch völlig undenkbar.

Gleichzeitig hat die Zahl der Befürworter/innen von Mindestlöhnen jedoch deutlich zugenommen. Die apokalyptischen Thesen über drastische Beschäftigungseinbrüche bei Einführung eines Mindestlohnes haben vor allem durch die positiven britischen Erfahrungen und die Untersuchungen von Card/Krüger (1995), die ausgiebig rezipiert wurden, an Glaubwürdigkeit eingebüßt. Für den Stimmungswandel zugunsten der Einführung eines Mindestlohns sprechen daneben vor allem folgende Gründe: Nur mit gesetzlichen Mindestlöhnen kann man nach der Öffnung der Grenzen nach Osteuropa faire Wettbewerbsbedingungen zwischen heimischen und ausländischen Arbeitskräften schaffen. Die stark wachsenden Subventionen von Niedriglöhnen durch Arbeitslosengeld II lassen erkennen, dass man den Sozialstaat vor missbräuchlicher Nutzung durch Unternehmen mit schlechten Arbeitsbedingungen schützen muss. Schließlich ist durch den starken Anstieg der Einkommen und Vermögen im oberen Bereich bei gleichzeitiger Stagnation oder sogar Absenkung geringer Löhne das Gerechtigkeitsgefühl vieler Menschen verletzt worden. Als Gegenargument bleibt die nicht ganz unberechtigte Sorge, dass ein Mindestlohn in Ostdeutschland mit seiner fragilen Beschäftigungssituation negative Auswirkungen haben könnte. Diese Sorge kann erst durch einen länger andauernden wirtschaftlichen Aufschwung abgebaut werden.

Wesentlich beigetragen zum Stimmungswandel hat die Veränderung der Haltung der Gewerkschaften. In der Vergangenheit haben sie solche staatlichen Eingriffe in die Lohnfindung abgelehnt, weil dies einen Bruch mit der Tradition, Löhne selbst auszuhandeln, darstellen würde. Vor allem die relativ starken Gewerkschaften im produzierenden Gewerbe befürchteten, dass ihr überdurchschnittlich hohes Lohnniveau unter Druck geraten könnte, wenn ein niedrigerer gesetzlicher Mindestlohn eingeführt würde. Insofern traten sie dafür ein, branchenbezogene Mindeststandards zu verallgemeinern. Die Gewerkschaften im Dienstleistungssektor, in dem das Lohnniveau traditionell teilweise deutlich niedriger ist, machten demgegenüber die Erfahrung, dass es zunehmend schwieriger wurde, akzeptable Mindeststandards in Tarifverträgen zu vereinbaren. Vor diesem Hintergrund traten sie als erste offensiv für einen gesetzlichen Mindestlohn ein. Der innergewerkschaftliche Dissens war für die Politik über Jahre ein willkommenes Argument dafür, das Thema Mindestlohn auf die lange Bank zu schieben, zumal die Ausweitung der Niedriglohnbeschäftigung in weiten Kreisen als notwendig erachtet wird, um die Arbeitslosigkeit zu verringern. Erst im Mai 2006 haben sich die DGB-Gewerkschaften zur gemeinsamen

Forderung nach einem gesetzlichen Mindestlohn durchgerungen. Sie fordern nunmehr einen bundesweiten gesetzlichen Mindestlohn in Höhe von 7,50 Euro pro Stunde (etwa 50 Prozent des Vollzeit-Medianlohnes). Auch im Arbeitgeberlager, das sich traditionell – mit Ausnahme der Bauwirtschaft – gegen Mindestlöhne ausspricht, hat sich die Haltung zumindest bei den Arbeitgeberverbänden der am meisten betroffenen Branchen (zum Beispiel Gebäudereinigung und Zeitarbeit) gewandelt. Sie entdecken immer mehr die Vorteile von Mindestlöhnen zur Unterbindung von Lohndumping und fordern nunmehr nach dem Vorbild der Bauindustrie branchenbezogene allgemeinverbindliche Mindestlöhne.

Nach neueren Umfragen befürwortet eine große Mehrheit der Deutschen (über 70 Prozent im Juni 2007) einen Mindestlohn. Diese Umfrageergebnisse haben mit dazu beigetragen, dass die SPD, die sich noch 2006 für eine Kombination von Kombilöhnen mit allgemeinverbindlichen Tarifverträgen ausgesprochen hatte, nunmehr für einen gesetzlichen Mindestlohn eintritt. Nach langem Ringen hat das Kabinett im Juni 2007 die Ausdehnung des Entsendegesetzes auf weitere Branchen und eine Modifikation des »Gesetzes über die Festsetzung von Mindestarbeitsbedingungen« von 1952, die es dem Arbeitsminister erlaubt, in bestimmten Branchen ohne gewerkschaftliche Repräsentanz und ohne Tarifverträge Mindestlöhne zu erlassen, beschlossen. Die Einführung eines einheitlichen Mindestlohnes scheiterte an dem erbitterten Widerstand der Unionsparteien. Allerdings ist nicht damit zu rechnen, dass die beschlossenen Maßnahmen nachhaltige Wirkungen entfalten. Die Voraussetzungen für die Durchsetzung wirksamer branchenbezogener Lohnuntergrenzen durch das Entsendegesetz sind nur in wenigen Branchen gegeben: In vielen Niedriglohnbranchen gibt es keine bundesweiten Tarifverträge (z.B. Fleischindustrie). Hinzu kommt, dass nur einzelne Arbeitgeberverbände (Zeitarbeit, Gebäudereinigung) bereit sind, Tarifverträge über Mindestlöhne zu vereinbaren. Unsere Fallstudien haben gezeigt, dass die Arbeitgeber in nicht wenigen Branchen darauf drängen, die Standards weiter abzusenken. Auch die Hürden für die Anwendung des Gesetzes zu Mindestarbeitsbedingungen sind so hoch, dass es in Deutschland auch weiterhin keine wirkungsvollen Lohnuntergrenzen geben wird.

Vor diesem Hintergrund halten wir die Einführung gesetzlicher Mindestlöhne in Deutschland für dringend erforderlich, um einen weiteren Anstieg von Niedrig- und Niedrigstlöhnen zu verhindern. Darüber hinaus zeigt unsere Studie, dass besonderer Handlungsbedarf bei der Regulierung spezieller Arbeitsverhältnisse – insbesondere Zeitarbeit und Minijobs – besteht, bei denen Niedriglöhne überdurchschnittlich weit verbreitet sind, was die Entlohnung und Arbeitsbedingungen auch bei anderen Arbeitsverhältnissen unter Druck setzt.

Bezogen auf die Zeitarbeit verweisen aktuelle Entwicklungen darauf, dass die Politik mit ihrer umfassenden Deregulierung im Jahr 2003 zu weit gegangen ist: Dies bezieht sich zum einen auf die Regelungen zur Entlohnung und zum anderen auf die Aufhebung der zeitlichen Begrenzung des Einsatzes von Zeitarbeitskräften. Das als Kompensation für die Lockerung zahlreicher Beschränkungen der Zeitarbeit angepriesene *Equal Pay*-Gebot ist durch die im Gesetz enthaltene Ausnahmeregelung faktisch außer Kraft gesetzt worden: Es gilt nicht, wenn sich die Zeitarbeitsunternehmen an Tarifverträgen orientieren, die für die Branche abgeschlossen worden sind. Die christlichen Gewerkschaften haben mit dem Abschluss mehrerer Tarifverträge mit extrem niedrigen Einstiegslöhnen die Verhandlungsposition der DGB-Gewerkschaften so sehr geschwächt, dass die Tariflöhne in der Zeitarbeit deutlich unter denjenigen der Branchen liegen, in denen Zeitarbeit traditionell stark genutzt wird. Darüber hinaus ist es in Deutschland – anders als in den meisten anderen Ländern – nunmehr möglich, Zeitarbeitskräfte ohne jede zeitliche Befristung in einem Betrieb einzusetzen. Die niedrige Entlohnung und die Möglichkeit, diese dauerhaft zu nutzen, schafft offenbar hohe Anreize für Unternehmen, verstärkt auf Zeitarbeitskräfte zurück zu greifen oder sogar selbst Tochterunternehmen zu gründen, in denen die niedrigen Zeitarbeitstarife zur Anwendung kommen können (Weinkopf 2006; Esslinger 2007).

Im Bereich der Minijobs, deren Zahl seit 2003 erheblich gestiegen ist, ist es offenbar besonders schwierig, gesetzliche Ansprüche wie etwa die Lohnfortzahlung im Krankheitsfall, den Kündigungsschutz und eine Gleichbehandlung bei der Entlohnung durchzusetzen. Deshalb und weil diese Arbeitsverhältnisse teilweise auch zulasten sozialversicherungspflichtiger Beschäftigung wachsen, ist die Sonderbehandlung dieser Jobs nach unserer Einschätzung dringend auf den Prüfstand zu stellen. Dies gilt umso mehr, als die arbeitnehmerseitige Subventionierung dieser Art von Beschäftigung gänzlich ohne Zielgruppenbezug und Überprüfung der Bedürftigkeit erfolgt. Zudem werden diese Begünstigungen offenbar häufig von den Unternehmen durch Lohnabschläge »einkassiert«, obwohl dies gegen das Teilzeit- und Befristungsgesetz verstößt, das eine Benachteiligung von Teilzeitbeschäftigten ausdrücklich untersagt. Um die Anreize zur

Fragmentierung von Beschäftigung zu verringern, müsste entweder eine wirksame Kontrolle des Gleichbehandlungsgebotes eingeführt oder die Sonderbehandlung der Minijobs (Befreiung von Steuern und Sozialabgaben auf Seiten der Beschäftigten) abgeschafft werden. Beides könnte vor allem in den Branchen mit besonders hohen Anteilen von geringfügig Beschäftigten wieder größere Chancen bieten, trotz relativ niedriger Stundenlöhne durch eine Ausweitung der Arbeitszeit ein höheres Einkommen zu erzielen.

Für erforderlich halten wir darüber hinaus auch eine Modernisierung des Familienmodells im deutschen Wohlfahrtsstaat. Schon heute entspricht dessen weitgehende Orientierung auf das Modell des männlichen Alleinverdieners nicht mehr den Erwerbsmustern der meisten Paarhaushalte. Durch das Ehegattensplitting im Steuerrecht und nach wie vor bestehende umfassende abgeleitete Ansprüche von Ehepartner/innen auf Leistungen der Sozialversicherungen wird insbesondere das Arbeitsangebot von verheirateten Frauen so beeinflusst, dass diese häufig bereit sind, niedrig bezahlte Jobs mit begrenzter sozialer Absicherung zu akzeptieren. Unterstützt und gefördert wird dies durch das vor allem in Westdeutschland nach wie vor unzureichende Angebot öffentlicher Kinderbetreuung und Ganztagsschulen. Nicht zuletzt besteht eine besondere Herausforderung in Deutschland darin, Bildungsinvestitionen nachhaltig zu steigern. Dabei muss es vor allem darum gehen, den (seit einigen Jahren wieder steigenden) Anteil von Personen ohne abgeschlossene Berufsausbildung spürbar zu verringern. Denn eine gute Ausbildung ist (trotz des hohen Anteils formal Qualifizierter in Niedriglohnbeschäftigung) nach wie vor der beste Schutz gegen niedrige Entlohnung, schlechte Arbeitsbedingungen und Arbeitslosigkeit.

Literatur

Appelbaum, Eileen/Bernhardt, Annette/Murnane, Richard J. (2003), »Low-Wage America: An Overview«, in: Eileen Appelbaum/Annette Bernhardt/ Richard J. Murnane, (Hg.), *Low-Wage America. How Employers Are Reshaping Opportunity in the Workplace*, New York, S. 1–29.

Becker, Irene (2006), *Armut in Deutschland: Bevölkerungsgruppen unterhalb der Alg II-Grenze*, Johann Wolfgang Goethe Universität, Arbeitspapier des Projekts »Soziale Gerechtigkeit« Nr. 3, Frankfurt.

Bosch, Gerhard/Kalina, Thorsten (2005), »Entwicklung und Struktur der Niedriglohnbeschäftigung in Deutschland«, in: Institut Arbeit und Technik, *Jahrbuch 2005,* Gelsenkirchen, S. 29–46, http://www.iaq.uni-due.de/aktuell/veroeff/jahrbuch/jahrb05/01-bosch-kalina.pdf

Bosch, Gerhard/Weinkopf, Claudia (unter Mitarbeit von Thorsten Kalina) (2006), *Mindestlöhne auch in Deutschland?* Expertise im Auftrag der Friedrich-Ebert-Stiftung, Gesprächskreis Arbeit und Qualifizierung, Bonn, http://www.iaq.uni-due.de/aktuell/veroeff/2006/bosch02.pdf

Bundesagentur für Arbeit (2006), *Beschäftigung von erwerbsfähigen Hilfebedürftigen*, Oktober 2006, Nürnberg.

Card, David/Krueger, Alan B. (1995), *Myth and Measurement: The New Economics of the Minimum Wage*, Princeton.

CBO (2006), *Changes in the low-wage labor markets between 1979 and 2005*, Congress of the United States, Congressional Budget Office, Washington.

Crouch, Colin/Farrell, Henry (2002), *Breaking of the Path of Institutional Development? Alternatives to the New Determinism*, European University Institute, Florence, EUI Working Papers SPS No. 2002/4, Badia Fiesolana/San Domenico (FI).

EBRI (2006), *EBRI Databook on Employee Benefits*, Employee Benefit Research Institute, Washington. http://www.ebri.org/publications/books/index.cfm?fa=databook

Economic Policy Institute (2006), *EPI on the minimum wage*. EPI-news October 27, 2006, Washington (including: Hundreds of Economists Say: Raise the Minimum Wage).

Esping-Andersen, Gøsta (1990), *The Three Worlds of Welfare Capitalism*, Cambridge.

Esslinger, Detlef (2007), »Weniger Geld für gleiche Arbeit. Unternehmen drücken Löhne durch Gründung eigener Leihfirmen«, *Süddeutsche Zeitung* vom 28. Juni 2007.

European Commission (2004), *Employment in Europe 2004*, Luxemburg.

Jaehrling, Karen/Weinkopf, Claudia (unter Mitarbeit von Bettina Hieming und Bruno Kaltenborn) (2006), *Kombilöhne – neue Wege, alte Pfade, Irrweg?* Expertise im Auftrag der Friedrich-Ebert-Stiftung, Gesprächskreis Arbeit und Qualifizierung, Bonn, http://library.fes.de/pdf-files/asfo/03978.pdf

Kalina, Thorsten/Weinkopf, Claudia (2006a), »Einführung eines gesetzlichen Mindestlohnes in Deutschland – eine Modellrechnung für das Jahr 2004«, in: Institut Arbeit und Technik, *Jahrbuch 2006*, Gelsenkirchen, S. 97–109, http://www.iaq.uni-due.de/aktuell/veroeff/jahrbuch/jahrb06/08-kalina-weinkopf.pdf

Kalina, Thorsten/Weinkopf, Claudia (2006b), *Ein gesetzlicher Mindestlohn auch in Deutschland? Modellrechnungen für Stundenlöhne zwischen 5,00 und 7,50 € – und wie machen es die anderen?* IAT-Report 2006-06, Gelsenkirchen, http://www.iaq.uni-due.de/iat-report/2006/report2006-06.pdf

Kalina, Thorsten/Weinkopf, Claudia (2006c), *Mindestens sechs Millionen Niedriglohnbeschäftigte in Deutschland: Welche Rolle spielen Teilzeitarbeit und Minijobs?* IAT-Report 2006-03, Gelsenkirchen, http://www.iaq.uni-due.de/iat-report/2006/report2006-03.pdf

OECD (1996), *Employment Outlook*, Paris.

OECD (1997), *Employment Outlook*, Paris.

Sachverständigenrat (2006), *Widerstreitende Interessen – ungenutzte Chancen, Jahresgutachten des Sachverständigenrates 2006/2007*, Wiesbaden.

Schmid, Günther (1993), *Übergänge in die Vollbeschäftigung. Formen und Finanzierung einer zukunftsgerechten Arbeitsmarktpolitik*, WZB-discussion paper 93-208, Berlin.

Streeck, Wolfgang (1991), »On the Institutional Conditions of Diversified Quality Production«, in: Egon Matzner/Wolfgang Streeck (Hg.), *Beyond Keynesianism. The Socio-Economics of Production and Employment*, London, S. 21–61.

US Department of Labor (2006), *National Compensation Survey: Employee Benefits in Private Industry in the United States*, March 2006.

Weinkopf, Claudia (2006), *Mindestbedingungen für die Zeitarbeitsbranche?* Expertise im Auftrag des Interessenverbandes Deutscher Zeitarbeitsunternehmen (iGZ), Institut Arbeit und Technik, Gelsenkirchen, http://www.iaq.uni-due.de/aktuell/veroeff/2006/weinkopf13.pdf

Tabellenanhang

Tabelle A.1: Niedriglohnanteil in den Fallstudienbranchen, Deutschland 2003 (sozialversicherungspflichtig Vollzeitbeschäftigte)

WZ 2003	*Branche*	*Niedriglohnanteil*
15.11	Schlachten (ohne Schlachten von Geflügel)	25,07%
15.12	Schlachten von Geflügel	57,66%
15.13	Fleischverarbeitung	49,41%
15.81	Herstellung von Backwaren (ohne Dauerbackwaren)	62,41%
15.82	Herstellung von Dauerbackwaren	30,77%
15.84	Herstellung von Süßwaren (ohne Dauerbackwaren)	28,84%
52.11	Einzelhandel mit Waren verschiedener Art, Hauptrichtung Nahrungsmittel, Getränke und Tabakwaren	28,65%
52.12	Sonstiger Einzelhandel mit Waren verschiedener Art	22,71%
52.2	Fach- Einzelhandel mit Nahrungsmitteln, Getränken und Tabakwaren (in Verkaufsräumen)	62,49%
52.45	Einzelhandel mit elektrischen Haushaltsgeräten, Geräten der Unterhaltungselektronik und Musikinstrumenten	26,46%
55.1	Hotellerie	61,09%
74.5	Personal- und Stellenvermittlung, Überlassung von Arbeitskräften	71,50%
74.7	Reinigung von Gebäuden, Inventar und Verkehrsmitteln	56,19%
74.86	Call Center	52,63%
85.11	Krankenhäuser	5,66%

Quelle: BA-Beschäftigtenpanel, schwach anonymisierte Version, Datenfernverarbeitung

Tabelle A.2: Niedriglohnanteil in den Fallstudienbranchen und Berufen, Deutschland 2003 (sozialversicherungspflichtig Vollzeitbeschäftigte)

WZ 2003	*Branche*	*Tätigkeit*	*Niedriglohn-anteil*
15.11	Schlachten (ohne Schlachten von Geflügel)	Fallstudienberufe[1]	25,32%
15.12	Schlachten von Geflügel	Fallstudienberufe	63,89%
15.13	Fleischverarbeitung	Fallstudienberufe	40,97%
15.81	Herstellung von Backwaren (ohne Dauerbackwaren)	Fallstudienberufe[2]	44,32%
15.82	Herstellung von Dauerbackwaren	Fallstudienberufe	36,99%
15.84	Herstellung von Süßwaren (ohne Dauerbackwaren)	Fallstudienberufe	39,78%
52.11	EH mit Waren verschiedener Art, Hauptrichtung Nahrungsmittel, Getränke und Tabakwaren	Verkäufer (BKZ 682)	41,12%
52.11	EH mit Waren verschiedener Art, Hauptrichtung Nahrungsmittel, Getränke und Tabakwaren	Kassierer (BKZ 773)	26,42%
52.12	Sonstiger EH mit Waren verschiedener Art	Verkäufer (BKZ 682)	28,30%
52.12	Sonstiger EH mit Waren verschiedener Art	Kassierer (BKZ 773)	(27,08%)[3]
52.2	Fach-EH mit Nahrungsmitteln, Getränken und Tabakwaren (in Verkaufsräumen)	Verkäufer (BKZ 682)	74,61%
52.2	Fach-EH mit Nahrungsmitteln, Getränken und Tabakwaren (in Verkaufsräumen)	Kassierer (BKZ 773)	(100,00%)
52.45	EH mit elektrischen Haushaltsgeräten, Geräten der Unterhaltungselektronik und Musikinstrumenten	Verkäufer (BKZ 682)	23,74%

1 In der Fleisch und Geflügelherstellung sind die relevanten Berufe: BKZ 402, BKZ 522, BKZ 531, BKZ 744.

2 Bei der Herstellung von Süß- und Backwaren sind die relevanten Berufe: BKZ 391, BKZ 433, BKZ 522, BKZ 531, BKZ 744.

3 Zahlen in Klammern basieren auf Fallzahlen unter 20 und sollten mit Vorsicht interpretiert werden.

WZ 2003	*Branche*	*Tätigkeit*	*Niedriglohn-anteil*
52.45	EH mit elektrischen Haushaltsgeräten, Geräten der Unterhaltungselektronik und Musikinstrumenten	Kassierer (BKZ 773)	48,84%
55.1	Hotellerie	Übrige Gästebetreuer (BKZ 913)	72,78%
55.1	Hotellerie	Hauswirtschaftliche Betreuer (BKZ 923)	89,74%
55.1	Hotellerie	Raum- und Hausratreiniger (BKZ 933)	93,86%
85.11	Krankenhäuser	Helfer in der Krankenpflege (BKZ 854)	8,78%
85.11	Krankenhäuser	Raum- und Hausratreiniger (BKZ 933)	19,64%

Quelle: BA-Beschäftigtenpanel, schwach anonymisierte Version, Datenfernverarbeitung

Tabelle A.3: Beschäftigte nach Arbeitszeitform und Branche/Tätigkeit, Deutschland 2003 (alle sozialversicherungspflichtig Beschäftigten)[4]

Branche/Tätigkeit	*Vollzeit*	*Teilzeit*	*Minijob*	*Gesamt*
Ernährungsgewerbe, Tabakverarbeitung (NACE 15, 16)	75,6%	7,4%	17,0%	100,0%
Fleisch-, Wurstwarenhersteller (BKZ 402)	89,0%	3,7%	7,3%	100,0%
Zucker-, Süßwaren-, Speiseeishersteller (BKZ 433)	93,3%	4,0%	2,8%	100,0%
Einzelhandel (NACE 52)	49,8%	24,8%	25,4%	100,0%
Verkäufer (BKZ 682)	38,7%	33,1%	28,2%	100,0%
Kassierer (BKZ 773)	22,8%	66,9%	10,3%	100,0%
Hotel- und Gaststättengewerbe (NACE 55)	51,3%	12,5%	36,2%	100,0%
Übrige Gästebetreuer (BKZ 913)	41,5%	17,2%	41,3%	100,0%
Hauswirtschaftliche Betreuer (BKZ 923)	56,0%	12,9%	31,1%	100,0%
Raum- und Hausratreiniger (BKZ 933)	26,7%	17,2%	56,1%	100,0%
Gesundheitswesen (NACE 85)	61,6%	26,3%	12,2%	100,0%
Helfer in der Krankenpflege (BKZ 854)	54,0%	33,1%	12,9%	100,0%
Raum- und Hausratreiniger (BKZ 933)	17,1%	29,0%	53,9%	100,0%
Gesamtwirtschaft	71,8%	13,7%	14,5%	100,0%

Quelle: BA-Beschäftigtenpanel, eigene Berechnungen

4 Die Tabelle A., Tabelle A. und Tabelle A 14 basieren auf einem Datensatz der Bundesagentur für Arbeit (BA-Beschäftigtenpanel). Anders als in allen anderen Tabellen, die sich auf diesen Datensatz beziehen, sind in diesen Tabellen Teilzeitbeschäftigte enthalten. Dies ist möglich, weil die enthaltene Information sich nicht auf den Niedriglohnbereich bezieht, sondern auf die Gesamtbeschäftigung in der Branche bzw. Tätigkeit.

Tabelle A.4: Beschäftigte nach Qualifikationsniveau und Branche/Tätigkeit, Deutschland 2003 (alle sozialversicherungspflichtig Beschäftigten)

Branche/Tätigkeit	*Ohne Berufsausbildung*	*Mit Berufsausbildung*	*FH/Uni*	*Gesamt*
Ernährungsgewerbe, Tabakverarbeitung (NACE 15, 16)	22,6%	74,6%	2,8%	100,0%
Fleisch-, Wurstwarenhersteller (BKZ 402)	50,2%	49,4%	0,4%	100,0%
Zucker-, Süßwaren-, Speiseeishersteller (BKZ 433)	59,5%	40,5%	0,0%	100,0%
Einzelhandel (NACE 52)	16,6%	80,6%	2,8%	100,0%
Verkäufer (BKZ 682)	17,4%	82,2%	0,4%	100,0%
Kassierer (BKZ 773)	22,2%	77,4%	0,3%	100,0%
Hotel- und Gaststättengewerbe (NACE 55)	33,9%	64,7%	1,5%	100,0%
Übrige Gästebetreuer (BKZ 913)	40,3%	58,9%	0,8%	100,0%
Hauswirtschaftliche Betreuer (BKZ 923)	57,2%	42,5%	0,3%	100,0%
Raum- und Hausratreiniger (BKZ 933)	64,4%	34,4%	1,2%	100,0%
Gesundheitswesen (NACE 85)	12,1%	77,7%	10,1%	100,0%
Helfer in der Krankenpflege (BKZ 854)	29,1%	70,4%	0,6%	100,0%
Raum- und Hausratreiniger (BKZ 933)	61,9%	37,7%	0,4%	100,0%
Gesamtwirtschaft	16,3%	73,3%	10,4%	100,0%

Quelle: BA-Beschäftigtenpanel, eigene Berechnungen

Tabelle A.5: Beschäftigte nach Geschlecht und Branche/Tätigkeit, Deutschland 2003 (alle sozialversicherungspflichtig Beschäftigten)

Branche/Tätigkeit	*Männer*	*Frauen*	*Gesamt*
Ernährungsgewerbe, Tabakverarbeitung (NACE 15, 16)	45,8%	54,2%	100,0%
Fleisch-, Wurstwarenhersteller (BKZ 402)	59,3%	40,7%	100,0%
Zucker-, Süßwaren-, Speiseeishersteller (BKZ 433)	36,8%	63,2%	100,0%
Einzelhandel (NACE 52)	27,3%	72,7%	100,0%
Verkäufer (BKZ 682)	17,1%	82,9%	100,0%
Kassierer (BKZ 773)	4,6%	95,4%	100,0%
Hotel- und Gaststättengewerbe (NACE 55)	37,9%	62,1%	100,0%
Übrige Gästebetreuer (BKZ 913)	34,9%	65,1%	100,0%
Hauswirtschaftliche Betreuer (BKZ 923)	4,5%	95,5%	100,0%
Raum- und Hausratreiniger (BKZ 933)	20,3%	79,7%	100,0%
Gesundheitswesen (NACE 85)	19,2%	80,8%	100,0%
Helfer in der Krankenpflege (BKZ 854)	23,6%	76,4%	100,0%
Raum- und Hausratreiniger (BKZ 933)	4,2%	95,8%	100,0%
Gesamtwirtschaft	51,3%	48,7%	100,0%

Quelle: BA-Beschäftigtenpanel, eigene Berechnungen

Tabelle A.6: Logistische Regression der Wahrscheinlichkeit, zum Niedriglohnsektor zu gehören, Deutschland 2003 (Odds-Ratios; sozialversicherungspflichtig Vollzeitbeschäftigte)

Unabhängige Variable		*Ohne Unternehmensmerkmale*	*Mit Unternehmensmerkmalen*
Geschlecht	Ref.: Männer		
	Frauen	4,20**	4,19**
Alter	Ref.: 45 bis 54		
	unter 25	4,10**	3,94**
	25 bis 34	1,30**	1,21**
	35 bis 44	1,09**	1,06**
	55 und mehr	1,02	0,99
Nationalität	Ref.: Deutsche		
	Ausländer	1,48**	1,68**
Qualifikationsniveau	Ref.: Mit Berufsausbildung		
	Ohne Berufsausbildung	2,16**	2,61**
	FH/Uni	0,21**	0,31**
Wirtschaftsgruppe	Ref.: Produzierendes Gewerbe		
	Landwirtschaft		2,54**
	Bauwirtschaft		0,56**
	Infrastruktur- und Transportdienstleistungen		1,23**
	Unternehmensnahe Dienstleistungen		2,62**
	Ökonomische Transaktionsdienstleistungen		1,12**
	Politische Transaktionsdienstleistungen		0,50**
	Haushalts- und personenbezogene Dienstleistungen		3,22**
Berufsgruppe	Ref.: Produktionsorientierte Tätigkeiten		
	Primäre Dienstleistungen		0,84**
	Sekundäre Dienstleistungen		0,29**
Betriebsgröße	Ref.: 1 bis 19		
	20 bis 99		0,41**
	100 bis 499		0,22**
	500 und mehr		0,06**
Ost/West	Ref. Westdeutschland		
	Ostdeutschland		1,09**
Pseudo R^2		0,1615	0,2845
Signifikanz: **: p<=0,01 *: 0,01<p<=0,05 (andere Werte sind nicht signifikant)			

Quelle: BA-Beschäftigtenpanel, eigene Berechnungen

Autorinnen und Autoren

Prof. Dr. Gerhard Bosch, geb. 1947, Professor für Soziologie und Geschäftsführender Direktor des Instituts Arbeit und Qualifikation der Universität Duisburg-Essen. E-Mail: gerhard.bosch@uni-due.de.

Lars Czommer, geb. 1967, Diplom-Sozialwissenschaftler, bis 2006 wissenschaftlicher Mitarbeiter am Institut Arbeit und Technik. Seit 2007 Büro für sozialwissenschaftliche Arbeit, Herne. *Info: www.czommer.de*

Dr. Karen Jaehrling, geb. 1971, MA, wissenschaftliche Mitarbeiterin der Forschungsabteilung Flexibilität und Sicherheit des Instituts Arbeit und Qualifikation der Universität Duisburg-Essen. E-Mail: karen.jaehrling@uni-due.de.

Thorsten Kalina, geb. 1971, Diplom-Sozialwissenschaftler, wissenschaftlicher Mitarbeiter der Forschungsabteilung Flexibilität und Sicherheit des Instituts Arbeit und Qualifikation der Universität Duisburg-Essen. E-Mail: thorstenkalina@uni-due.de.

Prof. Robert M. Solow, geb. 1924, seit 1958 Professor für Volkswirtschaftslehre am Massachusetts Institute of Technology (MIT). Er erhielt 1987 den Nobelpreis für Wirtschaftswissenschaften für seine Arbeiten über ökonomische Wachstumstheorien.

Achim Vanselow, geb. 1964, Diplom-Politologe, wissenschaftlicher Mitarbeiter der Forschungsabteilung Flexibilität und Sicherheit des Instituts Arbeit und Qualifikation der Universität Duisburg-Essen. E-Mail: achim.vanselow@uni-due.de.

Dorothea Voss-Dahm, geb. 1968, Sozial-Ökonomin, wissenschaftliche Mitarbeiterin der Forschungsabteilung Arbeitszeit und Arbeitsorganisation des Instituts Arbeit und Qualifikation der Universität Duisburg-Essen. E-Mail: dorothea.voss-dahm@uni-due.de.

Dr. Claudia Weinkopf, geb. 1963, Diplom-Volkswirtin, stellvertretende Geschäftsführende Direktorin des Instituts Arbeit und Qualifikation der Universität Duisburg-Essen und Leiterin der Forschungsabteilung Flexibilität und Sicherheit. E-Mail: claudia.weinkopf@uni-due.de.